Da

»N … er, was du kannst, sol … noch du oder sie, un … was du von ihnen der … er Erzählung Fay We … eit geäußerte Ratschlag ist das Lebensresümee einer starken Frau. Starke Frauen finden sich viele in der Geschichte und in der Literatur Großbritanniens, wo mit Mary Wollstonecrafts Kampfschrift ›A vindication of the rights of women‹ 1792 die Frauenbewegung quasi mitbegründet wurde, aber es soll auch einmal eine Redensart gegeben haben, die da lautete: ›Unglücklich wie ein Hund in der Türkei oder eine Frau in England.« Widersprüchliche Signale aus einem Land, das heute unter erheblichen sozialen Spannungen und wirtschaftlichen Problemen leidet und nicht umsonst eine sehr aktive neue Frauenbewegung hat, in der vor allem die farbigen Frauen eine immer größere Rolle spielen. Zwei von ihnen sind auch in diesem Band mit literarischen Beiträgen vertreten, außerdem fünfzehn weitere Autorinnen, Kriminalistinnen ebenso wie Spezialistinnen der phantastischen Literatur, moderne Klassikerinnen wie auch Meisterinnen der feministischen Satire und Frauen der jungen Generation, die in den 80er Jahren zu veröffentlichen begannen. Einige der Geschichten liegen hier zum erstenmal in deutscher Sprache vor.

Die Herausgeberin

Christine Flitner, geboren 1957 in Berlin, machte eine Buchhandelslehre in Freiburg, studierte Literaturwissenschaft in Berlin, lebte längere Zeit in London und arbeitet heute als Sachbuchlektorin in Basel.

Frauen in Großbritannien
Erzählungen

Herausgegeben von Christine Flitner

Deutscher
Taschenbuch
Verlag

dtv

Ebenfalls im Deutschen Taschenbuch Verlag erschienen:
Frauen in der DDR (1174)
Frauen in Lateinamerika 1 (10084)
Frauen in Lateinamerika 2 (10522)
Frauen in China (10532)
Frauen in Persien (10543)
Frauen in Afrika (10777)
Frauen in der Sowjetunion (10790)
Frauen in der Türkei (10856)
Frauen in Indien (10862)
Frauen in der arabischen Welt (10934)
Frauen in Japan (11039)
Frauen in Spanien (11094)
Frauen in Thailand (11106)
Frauen in Frankreich (11128)
Frauen in New York (11190)
Frauen in Italien (11210)
Frauen in Irland (11222)
Frauen in der Schweiz (11329)
Frauen in Südafrika (11347)
Frauen in Skandinavien (11384)
Frauen in Griechenland (11396)

Originalausgabe
März 1992
Deutscher Taschenbuch Verlag GmbH & Co. KG,
München

(Siehe auch Quellenhinweise S. 227ff.)
Umschlaggestaltung: Celestino Piatti
Umschlagbild: Siggi Grunow
Satz: IBV Satz- und Datentechnik GmbH, Berlin
Druck und Bindung: C. H. Beck'sche Buchdruckerei,
Nördlingen
Printed in Germany · ISBN 3-423-11520-3

Inhalt

Sylvia Townsend Warner

Das Haus mit dem Flieder

Es war im Jahr 1937 – sie lebten schon gut ein Jahr in ihrem Haus, das den Reiz der Neuheit für sie verloren und sie dafür mit anderen Reizen entschädigt hatte, und sie litten nicht mehr unter seinen Schönheitsfehlern –, als Mrs. Finch, die so sprach, als hätte sie lange über die Angelegenheit nachgedacht und sich schließlich berechtigt gefühlt, ihre Schlußfolgerung kundzutun, sagte, sie wünschte manchmal, sie hätten letztendlich doch das Haus mit dem Flieder gekauft.

»Welches Haus mit dem Flieder, Mutter? Wir haben Dutzende angeschaut. Meinst du das mit dem ausgetrockneten Brunnen?«

»Nein, mein Lieber. Das Haus mit dem Flieder, mit dem Flieder. Du erinnerst dich doch. Es war ein weißes Haus mit einem Schieferdach. Wir haben es an diesem furchtbar stürmischen Tag angeschaut, und der Wind hat mir einen Fliederzweig an den Hut geschlagen, so daß ich ganz naß wurde. Es war der richtige Flieder, die Sorte, die die Türken nach Wien gebracht haben.«

»Wo war dieses Haus?«

»Am Ende eines langes Weges.«

»Ja, aber wo? In welcher Grafschaft?«

»Wie soll *ich* das wissen?« Sie sah ihren Mann aufmerksam an. »Man könnte denken, Henry, daß wir ein Wochenende in Brighton verbringen, statt hier inmitten unserer großen Kinder zu sitzen.«

»Warum möchtest du, daß wir dieses Haus statt unseres jetzigen gekauft hätten? War es schöner?« Das kam von Arden, dem zwölfjährigen Sohn der Finches, der im Begriff war, ein Mathematikgenie zu werden.

»Ich weiß nicht, ob es schöner war. Aber es hatte so etwas Liebenswertes, Schrulliges an sich, das man mit der Zeit ins Herz geschlossen hätte. Mir gefielen die alte Waschküche mit dem Steinfußboden und die Rundbogenfenster und der Feigenbaum, der die ganze Hauswand einnahm. Erinnert ihr euch? Auf einer Seite des mit Ziegeln gepflasterten Hofes, wo unter einer Art Strohdach ein Schleifstein war.«

»Hat der Schleifstein zum Haus gehört?«

»Aber ja! Er war eine der Besonderheiten, die mir gefielen; zu dem Haus gehörten so viele merkwürdige Dinge: der gelbe Ponywagen und die Melonenmieten und das Butterfaß und die Tausende von Blumentöpfen im Schuppen und der Flaschenbaum.«

»Der Flaschenbaum, Mutter?«

»Du kennst ihn doch. Man sieht doch immerzu Flaschenbäume. Wie ein eisernes Diagramm eines Weihnachtsbaums, der rundherum gleichmäßig mit langen Nägeln gespickt ist, und auf die Nägel stülpt man leere Flaschen.«

»Aber warum?«

»Um der Ordnung und Sauberkeit willen, mein Kind.«

»Ich kann mich überhaupt nicht an das Haus erinnern«, sagte Cordelia. Clara konnte sich auch nicht daran erinnern. Keiner konnte sich an ein Haus erinnern mit so etwas wie einem Flaschenbaum, der in einem mit Ziegeln gepflasterten Hof stand, in dem auch ein Schleifstein unter einer Art Strohdach war.

»Ist es nicht seltsam«, sagte Mrs. Finch und staunte sie alle an wie Wesen aus einer anderen Welt. »Dabei könntet ihr in diesem Moment darin wohnen!«

Mrs. Finch galt als Gesprächspartnerin, deren Gedankengängen man nicht so leicht folgen konnte. Nicht, daß sie sich undeutlich ausdrückte: sie war so verständlich wie der Kuckuck; aber ihr zu folgen, war ebenso schwierig wie dem Kuckuck, denn man konnte nie wissen, in welchen Baum sie geflogen war. Deshalb ist es wahrscheinlich, daß viele ihrer Anspielungen auf das Haus mit dem Flieder unbeachtet geblieben wären, weil man sie als Assoziationen zu den Masern im Pfarrhaus oder dem Tod unter den Zwerghühnern aufgefaßt hätte; aber einige ihrer Behauptungen waren unwiderlegbar. Zu den bemerkenswertesten Aspekten des Hauses mit dem Flieder gehörte ein Maulbeerbaum, der ganz allein auf einem Stück Rasen stand, ein Flügel in einem Dachzimmer (Mrs. Finch hatte das selbst ziemlich seltsam gefunden und sich gefragt, wie er dahin gekommen war), ein Karton mit ausgestopften Eulen in einem Wäscheschrank, eine kleine Treppe aus Draht (also gut, aus Eisen, wenn du so pedantisch sein mußt), die durch das Badezimmer nach oben lief, und der Wetterhahn, der ein Fisch war.

»Das wundert mich nun doch, daß ihr euch nicht an den Fisch erinnert. Erinnert ihr euch denn nicht an den alten Herrn, der uns erzählt hat, daß er bei dem Sturm von 1929 in einen Teich geweht wurde?«

»Was für ein alter Herr?«

»Der alte Herr, der mit seinen beiden Schwestern dort lebte. Das hättest du, Arden, mit Cordelia und Clara sein können. Die eine war stocktaub, und die andere hatte eine sehr große dunkle Brille auf. Sie paßten so gut in das Haus, und es hat mir so leid für sie getan, daß sie raus mußten.«

»Warum haben sie es aufgegeben?«

»Sie gingen nach Bulgarien, um sich ihren Rosen zu widmen. Sie lebten von Rosenöl. Ich meine, sie verdienten sich damit ihren Lebensunterhalt. Nicht wie Kolibris. Das ist natürlich eine Erklärung dafür, daß das Haus so voller Ikonen hing, und als ich die Eulen in dem Wäscheschrank sah, glaubte ich einen Moment lang, es handle sich um die Heilige Familie.«

»Wieviel wollten sie dafür?«

»Zehntausend. Ja, Henry, dasselbe Gesicht hast du damals auch gemacht. Oder waren es drei? Egal wieviel, jedenfalls hast du bei Nennung der Summe genauso eine amtliche Miene aufgesetzt.«

Es war alles andere als unwahrscheinlich, dachte Mr. Finch, daß er aussah wie eine Amtsperson, fühlte er sich doch so unbehaglich wie beim Kreuzverhör eines Zeugen aus Wales. Er wäre sehr erleichtert gewesen, wenn er Elinor eine Lüge hätte nachweisen können. Aber ihre Aussagen waren beunruhigend folgerichtig. Obwohl ihre Erinnerungen an das Haus mit dem Flieder scheinbar kein Ende nehmen wollten, fügte sich eine jede mit Mozartscher Reinheit in das Ganze. Die Jahreszeit, das Wetter, die Abmessungen des Hauses – nichts störte die Harmonie. Niemals tauchten Aprikosen zwischen den Fliederbüschen auf, nicht eine Maulbeere fiel zu Boden, der Wind kam immer noch von Süden, das Haus schaute unverändert nach Südosten, und der Boden blieb ein leichter Lehmboden. Diese unerschütterliche Folgerichtigkeit (sie Schlauheit zu nennen, wäre falsch) ist eine der Eigenheiten, die Personen mit einer Wahnvorstellung von gewöhnlichen Lügnern unterscheiden. In seinem ängstlichen Bestreben, sich davon zu überzeugen, daß Elinor nichts weiter als eine gewöhnliche Lügnerin sei, stellte er immer neue Fragen; doch jede ihrer Antworten ließ sie immer unbefleckter als die Wahrhaftigkeit selbst dastehen, immer offenkundiger als Trägerin eines Symptoms, das Cordelia als Zwangsvorstellung bezeichnete und Clara als Ding. Für Cordelia und Clara, normale wohlerzogene Mädchen ihrer Zeit und ihres Standes, war es nicht sonderlich beunruhigend, daß ihre Mutter Anzeichen von Wahnsinn zeigte, es war genau das, was ihre Lektionen in Psychologie und Physiologie sie erwarten ließen. Arden war zu jung oder zu sehr mit seiner Mathematik beschäftigt, als daß er sich darüber Gedanken gemacht hätte, ob seine Mutter verrückt wurde oder Lügenmärchen erzählte; er hörte einfach gerne Geschichten über das Haus. Wenn Arden nicht so viele Fragen stellte, dachte Mr. Finch, dann würde die ganze Sache zehn zu eins langsam an Interesse verlieren und in Vergessenheit geraten. Eines kam jedenfalls auf gar keinen Fall in Frage, nämlich, daß das Haus mit dem Flieder existierte und sie es besichtigt hatten: Es war zu unwahrscheinlich, daß er und seine beiden Töchter – alle drei bei klarem Verstand – einmütig jede Erinnerung an den Flaschenbaum, den Flügel im Dachzimmer, die zwei Spargelbeete, das Badezimmer, durch das eine kleine Eisentreppe führte, die Ikonen in allen Räumen und die Besitzer, die diesen außergewöhnlichen Besitz für eine Rosengärtnerei in Bulgarien aufgaben, verdrängt haben sollten.

Er konnte nur hoffen, daß all das vorüberging und so häufige Beschwörungen eines nicht vorhandenen Hauses Elinor nicht gegen das Haus, in dem sie wohnte, einnahmen. Es war schwierig genug gewesen, sich dafür zu entscheiden, und jetzt sollten womöglich all diese Monate der hoffnungsvollen Aufbrüche und unschlüssigen Rückfahrten, mit Schreibtischen, die mit übertriebenen Lobeshymnen von Maklern übersät waren, mit Schlüsseln, die nicht paßten, mit Reifenpannen in unbefahrenen Nebenstraßen, mit Stops, um sich bei tauben alten Frauen und Leuten, die dort selbst fremd waren, nach dem Weg zu erkundigen, umsonst gewesen sein... Elinor schien jedoch ihr Gleichgewicht zu bewahren, fuhr sie doch fort, in der Wirklichkeit zu leben und das Unwirkliche zu beschreiben und dadurch keinen Schaden zu leiden.

Im Sommer darauf verstauchte sie sich den Fuß, aber auf ganz erklärliche Weise, sie fiel nämlich von der Leiter, während sie Schattenmorellen pflückte. Ihr Kommentar – »Jetzt kann ich endlich lernen, Harfe zu spielen!« – war auch nicht exzentrischer als ihre üblichen Wunschträume. Da er seine Elinor in ihrer Hilfsbedürftigkeit vergötterte (wie die meisten Männer empfand Mr. Finch ganz besonders viel Zärtlichkeit für seine Frau, wenn sie physisch krank war), fuhr er in die Kreisstadt, um eine Harfe zu kaufen, nahm aber seine Töchter mit, weil er sich nicht lächerlich machen wollte. Es gelang ihnen nicht, eine Harfe zu finden; aber Mrs. Finches Enttäuschung wurde durch zwei Dinge gemildert: Zum einen hatte sie gar nicht mitbekommen, warum sie in die Stadt gefahren waren, und war von der unbestimmten Annahme ausgegangen, es habe etwas mit dem Fischteich zu tun, und zum anderen hatte sie während ihrer Abwesenheit eine neue Freundschaft geschlossen, mit einem jungen Mann auf Wanderschaft, der am Haus geklingelt hatte, um einen Schluck Wasser zu erbitten.

»Und ist es nicht wunderbar?« sagte sie. »Mr. Doubrov kennt das Haus mit dem Flieder. Er war als Kind dort. Er erinnert sich an alles.«

»Ich war bei meinem Patenonkel«, sagte Mr. Doubrov. »Er ist erst vor kurzem gestorben.« Er offerierte seine Auskunft, als ob er seiner Gastgeberin einen Blumenstrauß überreichen würde. Die zärtliche Begeisterung, mit der er lächelte, wies ihn eindeutig als einen der zahlreichen jungen Männer aus, denen Mrs. Finch den Kopf verdreht hatte.

»Mr. Doubrov war im Juli dort, deshalb hat er den Flieder nicht gesehen. Aber er hat Maulbeeren und Walderdbeeren gegessen und durfte im Ponykarren fahren und erinnert sich an ein Gartenhaus aus Holz, das inzwischen verfallen sein muß, denn es war nicht mehr da, als wir den Garten sahen. Während er dort war, wurde das Haus vom Blitz getroffen.«

Mr. Finch, Cordelia und Clara murmelten »Wie interessant« und »Wie köstlich« und warfen einander verstohlen unglückliche Blicke zu. Mr. Finch wischte sich zusätzlich noch mit dem Taschentuch über die Stirn.

»Wo war dieses Haus?« fragte Cordelia.

»Es war auf dem Land. Es war mitten auf dem Land. Keine anderen Häuser waren da.«

»Am Ende dieses ganz langen Weges«, sagte Mrs. Finch bestätigend. »Aber als Mr. Doubrov dort war, stand der Flügel im Erdgeschoß, in dem Zimmer mit den Verandatüren und dem großen Vogelkäfig.«

»Aber in welchem Teil von England, Mr. Doubrov? Sie müssen wissen, daß meine Mutter, obwohl sie sich so gut an das Haus erinnert, vergessen hat, in welcher Grafschaft es lag. Und wie es nun einmal so geht, haben wir es alle vergessen.«

Mr. Doubrov zog seine ungewöhnlich schwarzen Augenbrauen in die Höhe, und sein Gesicht nahm einen bekümmerten Ausdruck an.

»Ach! Das kann ich jetzt nicht sagen. Ich war ein Fremder, wissen Sie. Ein Kind. Wir kamen mit dem Zug aus London. Wir stiegen aus. Wir fuhren weiter. Meine Mutter sagte zu mir, schau, was für Felder! Wie Parkanlagen! Dann wurde mir übel. Aber wo all das war, kann ich Ihnen nicht sagen.«

Sensibel genug, um zu fühlen, daß sich ein Verhängnis anbahnte, wandte sich Mr. Doubrov aufmunternd an die einzige Person, die keine Aufmunterung nötig hatte, und sagte mit einer tiefen Verbeugung: »Wenn ich auf meiner Tour dieses Haus wiederfinde, Madame, dann wird es mir ein Vergnügen sein, Ihnen ein Photo davon zu schicken.«

Doris Lessing
Er

»Mein Gott: Hast du mich erschreckt, Mary...«

Mary Brooke saß ruhig strickend neben dem Herd. »Dachte, schaust mal vorbei«, sagte sie.

Annie Blake nahm den Hut ab und ließ ein Netz mit Brot und Gemüse auf den Tisch plumpsen; gleichzeitig überprüften ihre Augen besorgt die Küche: Ein ungespülter Teller lag im Ausguß, ein Geschirrtuch hing über einem Stuhl. »Alles ist so unordentlich«, sagte sie verärgert.

Mary Brooke sagte, wobei sie auf ihr Strickzeug blickte: »Setz dich. Sauberer kann's doch gar nicht sein.«

Nach kurzem Zögern ließ Annie sich auf einen Stuhl fallen und schloß die Augen. »Puh, diese Treppe...«, keuchte sie. Danach: »Möchtest du 'ne Tasse Tee, Mary?«

Mary legte rasch das Strickzeug beiseite und sagte: »Du bleibst ruhig sitzen. Ich mach das.« Sie stemmte ihren breiten, müden Körper hoch, füllte einen Kessel mit Wasser aus dem Hahn und stellte ihn auf den Herd. Dann, dem besorgten Blick ihrer Freundin folgend, hängte sie das Geschirrtuch dort auf, wo es hingehörte, und schloß die Tür. Die Küche war so blitzsauber, daß man sie öffentlich hätte ausstellen können. Sie setzte sich, griff nach dem Strickzeug und strickte, ohne hinzublicken, weiter, die Augen auf die gegenüberliegende Wand gerichtet. »Letzte Nacht hat er eine Szene gemacht, die alles übertrifft«, bemerkte sie.

Annies schlaff herunterhängenden Lider hoben sich abrupt, ihr schlanker Körper straffte sich. »Ja?« murmelte sie wie beiläufig. Ihr Gesichtsausdruck wurde angespannt.

»Was kann man denn von so einer erwarten? Die macht die Betten nicht vorm Abendessen. Überall Dreck. Er hat's ihr gründlich gegeben. Dreckige Hure, hat er sie beschimpft.«

»Sie würde für ihn nie das tun, was ich getan habe, das steht jedenfalls fest«, sagte Annie in bitterem Ton.

»Ein Geschrei und Schlagen bis in den Morgen – wir haben es alle gehört.« Sie zählte links, rechts, links und fügte hinzu: »Hat nicht lange gedauert, nicht? Sechs Monate ist er jetzt mit ihr zusammen?«

»Gegen mich hat er nie die Hand erhoben, das wenigstens steht fest«, sagte Annie triumphierend. »Niemals. Ich habe da meinen Stolz, ich schon.«

»Hast recht, meine Liebe. Zwei links, eins rechts.«

»Einen miesen Charakter hat er. Den ganzen Sommer und Winter bin ich um vier aufgestanden, hab bis zehn die Büros geputzt, dann bei Mrs. Lynd, bis es Zeit zum Abendessen war. Wenn er dann nach Hause kam und sein Essen nicht fertig war, hat er angefangen zu schreien und ein Theater zu machen – ich hab gesagt, wenn du nicht mal fünf Minuten warten kannst, komm doch nach Hause und koch dir das Essen selbst, habe ich gesagt. Ich bring genausoviel Geld heim wie du, oder etwa nicht? Aber er hat nie einen Finger gerührt. Stinkfaul. Die Männer sind doch alle gleich.«

Mary warf ihrer Freundin einen raschen, forschenden Blick zu, dann murmelte sie: »Heh, das brauchst du *mir* doch nicht zu sagen...«

»Ich hatte die Kinder, mußte putzen und kochen, dazu den ganzen Tag die Arbeit – manchmal, wenn er arbeitslos war, hab ich das ganze Geld heimgebracht... und er hat nicht einmal den Kessel für mich aufgesetzt. Weiberarbeit, hat er gesagt.«

»Zwei links, rechts.« Marys freundliches Gesicht schien darauf hinzudeuten, daß sie darauf wartete, etwas anderes zu sagen. »Wir wissen doch alle, wie das ist«, stimmte sie schließlich geduldig zu.

Annie stand behend auf, zog den pfeifenden Kessel von der Flamme und griff nach der Teekanne. Von hinten sah sie wie zwanzig aus, schlank und gerade gewachsen. Als sie sich mit der dampfenden Teekanne umdrehte, erblickte sie sich flüchtig im Spiegel; sie setzte die Kanne ab und trat vor ihn hin. Vor dem Spiegel betastete sie besorgt ihr Gesicht. »Schau mich doch mal an!« Sie schob eine lange, herunterhängende Locke zurecht, zuckte dann mit der Achsel. »Nun, wen kümmert's denn überhaupt, wie ich aussehe?«

Sie stellte die Tassen auf. Sie hatte ein schmales Gesicht, das durch Kummer und Sorge verhärmt war, und kleine scharfblickende blaue Augen. Als sie sich setzte, befühlte sie nervös ihr Haar. »Ich muß mir die Lockenwickler rein tun«, murmelte sie.

»Was von den Jungen gehört?«

Annies Hand sank herab und ballte sich auf dem Tisch zur Faust. »Von Charlie seit Monaten kein Wort. Denken nicht dran... Eines schönen Tages wird er aufkreuzen und erwarten, daß für ihn gedeckt ist, so wie ich meinen Charlie kenne. Tommy ist hinter einem Job in Manchester her, hat Mrs. Thomas erzählt. Aber von Dick habe ich einen netten Brief bekommen...« Ihr Gesichtsausdruck wurde weich; ihre Augen blickten sanft, und sie schien in Erinnerung zu schwelgen. »Er hat von seinem Vater geschrieben. Ob er nicht mal runter kommen soll und mit dem alten So-und-so wegen mir reden, sagt er. Ich hab geantwortet, das ist keine Art, von seinem Vater zu reden. Er soll ihn respektieren, hab ich gesagt, egal, was er getan hat. Ihm steht es nicht zu, seinen Vater zu kritisieren, hab' ich gesagt.«

»Du bist glücklich dran mit deinen Jungen, Annie.«

»Die arbeiten tüchtig, da kann niemand was gegen sagen. Und sie haben nie was Unrechtes getan. Sie schlagen nicht ihrem Vater nach, *das* steht jedenfalls fest.«

Bei diesen Worten blitzte in Marys Augen eine gewisse müde Ironie auf. »Hör mal, Annie – wir tun doch alle mal Dinge, die wir eigentlich nicht tun sollten.« Da sie darauf von der verbitterten Annie keine Antwort erhielt, fügte sie behutsam hinzu: »Ich hab ihn heute auf der Straße getroffen.«

Annies Tasse klirrte auf die Untertasse. »War er allein?«

»Nein. Aber er hat mich beiseite genommen – er sagte, ich könnte dir eine Nachricht geben, wenn ich hier vorbeikäme – er kommt vielleicht schon heute abend statt morgen mit deinem Geld vorbei, hat er gesagt. Am Donnerstag geht *sie* zu ihrer Mutter – meint wohl, wenn die Katz aus dem Haus ist...«

Annie war entsetzt aufgesprungen. Sie zwang sich dazu, wieder Platz zu nehmen, und rührte in ihrem Tee herum. Der Löffel klingelte beim Zittern ihrer Hand in der Tasse. »Jedenfalls ist er pünktlich mit dem Geld«, sagte sie ernst. »Ich mußte ihn nicht erst verklagen. Er hat es selbst angeboten. Und vermutlich braucht er das jetzt nicht mal, wo die Jungen doch weg sind und für sich selbst aufkommen.«

»Er empfindet immer noch was für dich, Annie...« Mary lehnte sich vor und sprach sie unmittelbar an. »Wirklich, das ist wahr.«

»Er empfindet nur was für sich selbst, nie was für andere«, fauchte Annie. »Niemals.«

Mary seufzte kurz auf. »Nun denn...«, murmelte sie. »Also, ich mach' mich jetzt auf, um das Abendessen zu richten.« Sie stopfte ihr Strickzeug in ihre Einkaufstasche und sagte tröstend: »Du bist gut dran. Niemand, der gleich hinter dir her ist, wenn dir ein wenig nach Ausruhen zumute ist. Niemand, um den du dich zu kümmern brauchst, nur du zählst...«

»Ach, glaub doch nicht, daß ich *ihm* eine Träne nachweine. Zum erstenmal in meinem Leben lasse ich's mir gutgehen. Da hast du dir die Seele aus dem Leib geschuftet für deinen Mann und deine Kinder – und dann auf einmal sind sie weg, nicht mal ein Dankeswort fällt ab. Jetzt kann ich tun, was mir gefällt.«

»Ich hätte nichts dagegen, an deiner Stelle zu sein«, sagte Mary als gute Freundin. An der Tür ließ sie, anscheinend ganz nebenbei, die Bemerkung fallen: »Dein Boden ist so sauber, da könnte man drauf essen.«

Sobald Mary gegangen war, band sich Annie blitzschnell eine Schürze um und begann zu putzen. Sie kniete sich hin, um den Boden auf Hochglanz zu bringen, dann zog sie das Kleid aus und wusch sich am Ausguß. Sie kämmte sich ihre herunterhängenden blonden Haarsträhnen und steckte sie ordentlich eine nach der anderen mit Haarklammern hoch, bis sie sich um ihr Gesicht in lauter Löckchen ringelten. Sie zog ihr Kleid wieder an und setzte sich an den Tisch. Keinen Augenblick zu früh. Die Tür öffnete sich, und Rob Blake stand da.

Er war ein dünner, recht gebeugter Mann, dessen Miene um Verzeihung zu bitten schien. Er fragte höflich: »Bist beschäftigt, Annie?«

»Setz dich«, befahl sie scharf. Er bückte sich kurz im Türeingang, kam dann vorsichtig näher. Doch trotzdem zuckte sie zusammen, als sie die Staubspuren auf dem glänzenden Linoleum sah. »Nimm's nicht so schwer«, sagte er mit freundlich-sarkastischem Ton. »Einmal in der Woche kannst du dich doch mit meinem Schmutz abfinden, oder?«

Sie lächelte steif, ihre blauen Augen starrten ihn angstvoll an, während er einen Stuhl heranzog und sich setzte. »Nun, Annie?«

Auf diese versöhnlichen Anfangsworte reagierte sie nicht. Nach einer Weile bemerkte sie: »Ich habe was von Dick gehört. Er will sich verheiraten.«

»Sich verheiraten, jetzt schon? Damit sind wir wohl auf dem Altenteil, nicht?«

»*Du* jedenfalls scheinst ja nicht zum Altenteil zu gehören«, sagte sie bissig.

»Ruhig – Annie ...«, sagte er abwehrend, sie flehentlich anlächelnd. Sie zeigte keine Anzeichen von Besänftigung. Als er ihr unerbittliches Gesicht sah, verschwand sein Lächeln, er holte einen Umschlag aus der Hosentasche und schob ihn ihr hin.

»Danke«, sagte sie, schenkte jedoch dem Umschlag kaum Beachtung. Auf einmal wallte diese schreckliche Bitterkeit in ihr auf, und er hörte, wie sie sagte: »Wenn du das von *ihr* erübrigen kannst.«

Er ließ ihr diese Bemerkung durchgehen; er blickte seine Frau beharrlich an, als suche er einen Weg, diesen Panzer aus Wut zu durchdringen. Er beobachtete sie, wobei seine Zungenspitze nervös über die Lippen fuhr.

»Gewisse Frauen wissen nur zu gut, wie man sich von Kindern und sonstiger Verantwortung frei hält. Sie tun mal dies, mal jenes, bändeln mit jedem an, der ihnen gefällt. Für *sie* keine solche Drecksarbeit.«

Er seufzte und war im Begriff, aufzustehen, als sie sich erkundigte: »Möchtest du 'ne Tasse Tee?«

»Ich hab nichts dagegen.« Er ließ sich wieder zurückfallen.

Während sie am Herd arbeitete, den Rücken ihm zugewandt, blickte er sich in der Küche um; auf seinem Gesicht lag ein Ausdruck müder, resignierter Ironie. Ein alternder Mann, doch seine Schultern verrieten Zähigkeit. Im Bemühen, die rechten Worte zu finden, sagte er: »Jetzt gibt's doch nicht mehr soviel Arbeit für dich, Annie.«

Aber sie antwortete nicht darauf. Sie kam mit zwei Tassen zurück und tat ihm Zucker in den Tee. Diese vertraute Geste ermutigte ihn. »Annie«, begann er. »Annie – können wir das nicht mal in Ruhe besprechen ...« Er rührte, ohne hinzublikken, im Tee und beugte sich vor. Die Tasse kippte um. »Sieh doch, was du da angestellt hast«, schrie sie auf. »Was für eine Schweinerei.« Sie griff nach einem Tuch und wischte den Tisch ab.

»Es ist doch bloß ein Tropfen Tee, Annie«, entgegnete er schließlich, zurückschreckend vor ihrem wütenden Arbeitseifer.

»Bloß ein Tropfen Tee – ich kann den halben Tag lang putzen und schrubben, und nach einer Minute sieht's dann wie im Schweinestall aus.«

Sein Gesicht verdüsterte sich in Erinnerung an frühere Szenen.

»Ja, ich hab's gehört«, fuhr sie vorwurfsvoll fort, »sie macht die Betten erst vorm Abendessen, und die Wohnung wird nur einmal in der Woche geputzt.«

»Zumindest kümmert sie sich mehr um mich als um einen sauberen Boden!« schrie er. Jetzt blickten sie einander haßerfüllt an.

In diesem kritischen Augenblick war ein Rufen zu hören: »Rob! Rob!«

Sie lachte wütend auf. »Die hat dich ja richtig am Gängelband – wartet auf dich, spioniert dir nach, und jetzt kommt sie sogar hinter dir her.«

»Rob! Bist du da, Rob?« Es war eine laute, selbstbewußte Frauenstimme.

»Sie hört sich genau nach dem an, was sie ist, eine richtige –«

»Schluß jetzt«, unterbrach er sie. Er atmete schwer. »Du hältst jetzt deinen Mund.«

Ihre Augen standen voller Tränen, doch das Blau schimmerte funkelnd vor Rache durch. »›Rob, Rob‹, und schon trottest du wie ein Hündchen davon.«

Er erhob sich schwerfällig, als es laut an der Tür klopfte.

Annies Mund zitterte bei diesem Affront. Und *sein* erster Impuls war es, sich an ihre Seite zu stellen – sie konnte das sehen. Er schaute sie um Verzeihung bittend an, ging dann zur Tür, öffnete sie einen Spalt und sagte mit lauter wütender Stimme: »Hör ja damit auf, du. Hast du mich verstanden!« Er schloß die Tür, lehnte sich dagegen und blickte Annie ins Gesicht. »Annie«, sagte er wieder mit flehentlicher Unbeholfenheit. »Annie...«

Aber sie saß am Tisch, die Hände zitternd vor sich verschränkt, ihr Gesicht Abwehr und Verschlossenheit.

»Ach, was soll's!« sagte er schließlich verzweifelt, wütend. »Du mußt ja in allem recht behalten, das stimmt doch? Das ist doch das einzige, was für dich zählt – recht zu haben. Eine verdammte Gipsheilige bist du.« Er ging schnell aus dem Zimmer.

Sie blieb regungslos sitzen und lauschte, bis es ruhig war. Dann atmete sie tief ein und legte beide Fäuste an ihre Wangen, als wollte sie diese beruhigen. Sie saß noch da, als Mary Brooke hereinkam. »Du hast ihn weggehen lassen?« fragte sie ungläubig.

»Ja, den wär ich los!«

Mary zuckte die Achsel. Dann faßte sie sich ein Herz: »Du solltest nicht so hart mit ihm sein, Annie – gib ihm eine Chance.«

»Erst wenn er tot ist«, sagte Annie mit bebenden Lippen. »Ich bin jetzt fünfundvierzig, und ich könnte ebensogut auf dem Müllhaufen liegen.« Und dann nach einer Pause mit entrückter kalter Stimme: »Wir haben fünfundzwanzig Jahre zusammengelebt. Drei Kinder. Und auf einmal geht er davon mit dieser... mit dieser...«

»Du bist ihn jetzt für immer los, das steht fest«, pflichtete ihr Mary schnell bei.

»Ja, stimmt, ich weiß das auch...« Annie schwankte auf dem Stuhl hin und her. Ihr Gesicht war wie versteinert, doch die Tränen rannen eine nach der anderen den eingefurchten Weg von der Nase zum Kinn hinunter. Sie kullerten davon und zerplatzten auf ihrem weißen Kragen.

»Annie«, beschwor Mary ihre Freundin. »Annie...«

Annies Gesicht zuckte, Mary sprang zu ihr hin und nahm sie in die Arme.

»Ist schon recht, Liebes, ist schon recht, ist ja schon gut, Liebes«, beschwichtigte sie leise, fast singend.

»Ich versteh nicht, was in mich gefahren ist«, weinte Annie, ihre Stimme klang gedämpft unter Marys breiter Schulter. »Ich kann mein boshaftes Maul nicht halten. Er hat die Nase bis oben voll von dieser – Kuh, und ich jag ihn davon. Ich kann nichts dafür. Ich versteh einfach nicht, was in mich gefahren ist.«

»Ist ja schon gut, meine Liebe, ist schon gut, Liebes.« Die große korpulente, gelassene Frau wiegte die zerbrechliche Annie wie ein Baby in ihren Armen. »Nimm's leicht, Liebes. Er wird zurückkommen, du wirst sehen.«

»Glaubst du, er kommt wieder?« fragte Annie und hob ihr Gesicht, um zu sehen, ob ihre Freundin sie zum Trost anlog.

»Willst du, daß ich gehe und versuche, ihn dir zurückzuholen?«

Trotz ihres sehnsüchtigen Verlangens zögerte Annie.

»Glaubst du denn, daß das richtig ist?« fragte sie unschlüssig.

»Ich red mit ihm und laß, wenn *sie* nicht in der Nähe ist, was einfließen.«

»Willst du das wirklich tun, Mary?«

Mary stand auf, strich ihr zerknittertes Kleid zurecht. »Du wartest hier, Liebes«, sagte sie beschwörend. Sie ging zur Tür und meinte beim Hinausgehen: Nimm's jetzt aber leicht, Annie. Gib ihm eine Chance.«

»Ich renne hinter ihm her und soll ihn bitten, zurückzukommen?« Wimmernd machte sich Annies Stolz Luft.

»Willst du ihn nun zurück, ja oder nein?« wollte Mary wissen, geduldig bis zum letzten, wenn darin auch schon so etwas wie Erschöpfung mitschwang. Annie erwiderte nichts darauf, darum lief Mary hinaus.

Annie saß ruhig da und beobachtete voller Spannung die Tür. Aber unbestimmte, rebellisch wütende Gedanken gingen ihr durch den Kopf: Wenn ich ihn festhalten will, darf ich nie mehr sagen, was ich denke, ich kann niemals mehr die Wahrheit sagen – ich bin für ihn nichts als eine angenehme Gewohnheit, aber wenn ich das sage, springt er auf und ist fort...

Aber das war nicht die ganze Wahrheit; sie erinnerte sich an die Zuneigung, die aus seinem Gesicht sprach, und einen Augenblick lang verschwand die Bitterkeit. Dann kam ihr das lange harte Leben in den Sinn, das hinter ihr lag, die endlose Arbeit, Arbeit, Arbeit – sie erinnerte sich mit einemmal, so als wäre es heute, wie ihr der Rücken weh getan hatte, als die Kinder klein waren; sie konnte sehen, wie er auf dem Bett lag und Zeitung las, während sie sich kaum noch dahinschleppen konnte... Ist ja alles sehr gut, schluchzte sie auf, aber es ist nicht richtig, es ist einfach nicht richtig... Ein schreckliches Gefühl, daß ihr Unrecht getan würde, ergriff sie; und es war genau dieses Gefühl, das sie niederkämpfen, unterdrücken mußte, wenn sie ihn haben wollte. Denn sie wußte endlich – und dies war stärker als alles andere –, daß das Leben ohne ihn überhaupt keinen Sinn für sie haben würde.

Muriel Spark
Die Sonnenbrille

Als wir zum Seeufer kamen, blieben wir stehen, um unser Spiegelbild auf dem Wasser zu betrachten. In diesem Moment, als ihr Gesicht mir aus dem Wasser entgegensah, erinnerte ich mich an sie. Sie hatte ununterbrochen geredet.

Ich setzte meine Sonnenbrille auf, um die Augen vor dem hellen Licht zu schützen und um mir nicht anmerken zu lassen, daß ich sie erkannt hatte.

»Langweile ich Sie?« fragte sie.

»Nein, Dr. Gray, keineswegs.«

»Bestimmt nicht?«

Eine Sonnenbrille aufzusetzen, wenn jemand dabei ist, vertraulich über sein Leben zu sprechen, wirkt abschreckend. Es ging aber nicht anders, denn ich hatte sie erkannt und war aufgeregt und konnte mir ihre Geschichte anständigerweise nur quasi unsichtbar anhören.

»Müssen Sie diese Brille tragen?«

»Ja, das Licht blendet so.«

»Das Tragen von Sonnenbrillen«, sagte sie, »ist ein modernes psychologisches Phänomen. Es bezeichnet den Trend zum Unpersönlichen, es ist die Waffe des modernen Inquisitors, es... «

»An dem, was Sie sagen, ist etwas dran.« Gleichwohl setzte ich meine Sonnenbrille nicht ab, denn erstens hatte ich sie nicht um ihre Begleitung gebeten, und zweitens gibt es eine Grenze für das, was man sich mit dem bloßen Auge anhören kann.

Wir gingen auf dem neu asphaltierten Uferweg rings um den See, und sie fuhr fort, mir zu erzählen, was sie veranlaßt hatte, mit der Allgemeinmedizin aufzuhören und sich der Psychologie zuzuwenden. Und während sie sprach, beobachtete ich sie durch meine Sonnenbrille, und da Sonnenbrillen alles weicher erscheinen lassen, sah ich sie wieder, so, wie ich sie aus dem See hatte emporblicken sehen und wie ich sie in meiner Kindheit gesehen hatte.

Gegen Ende der dreißiger Jahre war Leesden End ein L-förmiges Städtchen. Unser Haus befand sich an der Spitze des L.

Am gegenüberliegenden Ende befand sich der Marktplatz. Mr. Simmonds, der Optiker, hatte sein Geschäft auf der Querachse. Er wohnte dort mit Mutter und Schwester direkt über dem Laden. Während alle anderen Geschäfte der Häuserzeile miteinander verbunden waren, war Mr. Simmonds' Geschäft ein separates Gebäude, mit einem Weg zu beiden Seiten, wie bei einem richtigen Haus.

Ich war zu ihm geschickt worden, um meine Augen prüfen zu lassen. Er führte mich in das abgedunkelte Hinterzimmer und sagte: »Setz dich, Kleines.« Er legte den Arm um meine Schulter. Sein Zeigefinger bewegte sich auf und ab an meinem Nacken. Ich war dreizehn und wollte nicht unhöflich zu ihm sein. In diesem Moment kam Dorothy Simmonds, seine Schwester, die Treppe herunter. Lautlos trat sie in ihrem weißen Kittel zu uns. Noch ehe sie das Zimmer durchquert hatte, um ein gedämpftes Licht einzuschalten, hatte Mr. Simmonds den Arm von meiner Schulter genommen, und zwar so ruckartig, daß mir klarwurde, daß es keine harmlose Berührung war.

Ich hatte Miss Simmonds schon einmal gesehen, auf einem Gartenfest, bei dem sie, angetan mit großem Hut und blauem Kleid, auf einer Tribüne gestanden und ›Sometimes between long shadows on the grass‹ gesungen hatte, während ich Fallobst aufgelesen hatte, Äpfel, die allesamt einen verfaulten Eindruck gemacht hatten. Jetzt, in ihrem weißen Kittel, drehte sie sich um und warf mir einen feindseligen Blick zu, als wäre ich im Begriff gewesen, ihren Bruder zu verführen. Ich hatte das Gefühl, in sexueller Hinsicht etwas Unrechtes getan zu haben, und fing an, mich mit unschuldiger Miene in dem dunklen Zimmer umzusehen.

»Kannst du lesen?« fragte Mr. Simmonds.

Ich hörte auf, mich umzusehen. »Lesen? Was denn?« sagte ich, denn man hatte mir gesagt, daß ich mehrere Buchstabenreihen würde ablesen müssen. Auf der Tafel, die unter dem schwachen Licht hing, waren Abbildungen von Eisenbahnen und Tieren zu sehen.

»Für den Fall, daß du nicht lesen kannst, haben wir nämlich Bilder für Analphabeten.«

Das war Mr. Simmonds Witz. Ich kicherte. Seine Schwester schmunzelte und tupfte sich mit ihrem Taschentuch das rechte Auge. Sie war in London am rechten Auge operiert worden.

Ich erinnere mich, daß ich die Buchstaben korrekt ablas, bis auf die letzten Reihen, die waren zu klein. Ich erinnere mich noch, daß Mr. Simmonds, als ich das Geschäft verließ, meinen Arm drückte, das sandfarbene, sommersprossige Gesicht rückwärts gewandt, um sicherzugehen, daß seine Schwester ihn nicht beobachtete.

Meine Großmutter sagte: »Hast du...«

»...Mr. Simmonds Schwester gesehen?« sagte meine Tante.

»Ja, sie war die ganze Zeit da«, sagte ich, zwecks Klarstellung.

Meine Großmutter sagte: »Es heißt, sie wird...«

»...auf einem Auge erblinden«, sagte meine Tante.

»Und wo ihre Mutter doch bettlägerig ist...«, sagte meine Großmutter.

»...ist sie bestimmt eine Heilige«, sagte meine Tante. Dann, es mag ein paar Tage, vielleicht auch Wochen später gewesen sein, war meine Lesebrille fertig, und ich trug sie, wenn ich nicht gerade vergaß, sie aufzusetzen.

Zwei Jahre später, in den Sommerferien, brach meine Brille entzwei, weil ich mich daraufgesetzt hatte.

Meine Großmutter seufzte und sagte: »Es wird Zeit, daß deine Augen mal wieder geprüft...«

»...sowieso mal wieder geprüft werden«, sagte meine Tante, nachdem sie geseufzt hatte.

Am Abend wusch ich mir die Haare und legte sie in Wellen. Am nächsten Vormittag um elf ging ich zu Mr. Simmonds, eine von Großmutters langen Hutnadeln in meiner Blazertasche. Die Geschäftsfassade war neu gestrichen, auf der Glastür prangte in goldenen Lettern BASIL SIMMONDS, OPTIKERMEISTER, dahinter zahlreiche Buchstaben, es waren, soweit ich mich erinnere, P.B.O.A., A.I.C. und andere.

»Eine richtige junge Dame, Joan!« rief er, mit einem Blick auf meinen jungen Busen.

Ich lächelte und steckte die Hand in die Blazertasche.

Er war noch kleiner als vor zwei Jahren. Ich schätzte ihn auf etwa fünfzig oder dreißig. Sein Gesicht war sommersprossiger denn je, und seine Augen waren mattblau, wie aus einem Tuschkasten. Miss Simmonds tauchte lautlos in ihren weichen Pantoffeln auf. »Eine richtige junge Dame, Joan!«

sagte sie hinter ihrer grüngetönten Brille hervor, denn auf dem rechten Auge war sie inzwischen erblindet, und das andere war angeblich auch nicht ganz in Ordnung.

Wir gingen zum Untersuchungszimmer. Sie glitt an mir vorbei und knipste das gedämpfte Licht über der Buchstabentafel an. Ich begann, die Buchstaben vorzulesen, während Basil Simmonds mit gefalteten Händen dabeistand. Jemand betrat das Geschäft. Miss Simmonds schlüpfte nach vorn, um nachzusehen, wer es war. Ihr Bruder streichelte meinen Nacken. Ich las weiter. Er zog mich an sich. Ich faßte in meine Blazertasche. Er rief »Oh!« und sprang beiseite. Die Hutnadel hatte durch meinen Blazer in seinen Schenkel gestochen.

Miss Simmonds erschien in ihrem weißen Rächerkittel an der Tür. Ihr Bruder, der sich verdutzt den Schenkel gerieben hatte, tat so, als wollte er ein Stäubchen von seiner Hose entfernen.

»Was ist los? Warum hast du gerufen?« sagte sie.

»Ach was, ich habe nicht gerufen.«

Sie sah mich an, machte dann wieder kehrt, um sich dem Kunden vorne im Geschäft zu widmen, die Verbindungstür weit geöffnet lassend. Fast im gleichen Moment war sie wieder zurück. Meine Untersuchung war rasch beendet. Mr. Simmonds brachte mich zu Ladentür, mir einen flehentlichen, unglücklichen Blick zuwerfend. Ich kam mir wie ein Verräter vor und fand, daß er gemein war.

Für den Rest der Ferien figurierte er in meinen Gedanken als »Basil«, und ich versuchte, mir sein Privatleben auszumalen, indem ich Fragen stellte und die Gespräche um mich herum mit größerem Interesse verfolgte als sonst. Dorothy, dachte ich, und Basil. Meine Phantasie beschäftigte sich so lange mit ihnen, bis ich ein Bild von den Wohnräumen über dem Laden entwickelt hatte. Beim Nachmittagstee blieb ich extra lange sitzen und, um das Gespräch auf Dorothy und Basil zu lenken, erzählte unseren Besuchern, daß meine Augen untersucht worden seien.

»Die Mutter bettlägerig und ein Vermögen wert. Aber was nützt ihr das?«

»Welche Chancen hat Miss Simmonds jetzt, mit diesem Auge?«

»Sie wird das Geld bekommen. Er wird nur den gesetzlichen Pflichtteil bekommen.«

»Nein, es heißt, er wird alles bekommen, zu treuen Händen.«

»Ich glaube, Mrs. Simmonds hat alles ihrer Tochter vermacht.«

Meine Großmutter sagte: »Sie sollte ihr Vermögen...«

»...zu gleichen Teilen vererben«, sagte meine Tante. »Gerechtigkeit muß sein!«

Ich malte mir eine immer wiederkehrende Szene aus: Bruder und Schwester treten aus dem Zimmer ihrer Mutter, und auf dem schmalen Treppenhaus treffen sich ihre Blicke, in stummem Kampf um die Erbschaft. Basils stumpfe Augen sind ausdruckslos, doch der nach vorne gereckte rote Hals verrät seine Absichten. Dorothy ihrerseits macht ihre Absichten dadurch deutlich, daß sie den Kopf spiralförmig bewegt – hin und her und aufwärts – und daß sie ihr gesundes Auge durch die grüne Brille funkeln läßt.

Dann erhielt ich die Benachrichtigung, daß ich meine neue Lesebrille abholen könnte. Ich hatte die Hutnadel bei mir. Ich war freundlich zu Basil, während ich vorne im Laden die neue Brille ausprobierte. Er wollte anscheinend eine Hand auf meine Schulter legen, konnte sich aber nicht entscheiden, hatte Angst. Dorothy kam herunter und tauchte vor uns auf, gerade in dem Moment, als seine Hand unschlüssig zitterte. Er machte aus dem Zittern seiner Hände eine Bewegung, die den Sitz des Brillenbügels hinter meinem Ohr korrigierte.

»Meine Tante sagt, ich soll sie richtig ausprobieren«, sagte ich, »wo ich schon mal hier bin.« Das gab mir die Gelegenheit, mich im vorderen Teil des Ladens umzusehen.

»Du wirst sie nur zum Lesen brauchen«, sagte Basil.

»Manchmal brauche ich aber eine Brille, wenn ich nicht lese«, sagte ich. Mein Blick fiel durch eine Tür in ein kleines Büro, in das wegen eines Baumes draußen auf dem Weg nur wenig Licht drang. In dem Büro befanden sich ein unförmiger grüner Safe, eine alte Schreibmaschine auf einem Tisch und am Fenster ein Schreibtisch mit einem Geschäftsbuch darauf. Andere Geschäftsbücher lagen...

»Unsinn«, sagte Dorothy. »Ein gesundes Mädchen wie du braucht eigentlich gar keine Brille. Zum Lesen, um die Augen zu schonen, vielleicht. Aber wenn du nicht liest...«

Ich erwiderte: »Großmutter hat gesagt, ich soll mich erkundigen, wie es Ihrer Mutter geht.«

»Es geht bergab mit ihr«, sagte sie.

Ich gewöhnte mir an, Basil ein bezauberndes Lächeln zuzuwerfen, wenn ich beim Einkaufen an seinem Geschäft vorbeikam. Das passierte sehr oft. Und dann stand er immer schon in der Ladentür, darauf wartend, daß ich auf dem Rückweg wieder bei ihm vorbeikäme. Ich habe ihm dann immer die kalte Schulter gezeigt. Ich fragte mich, wie lange er es ertragen würde, sich betören zu lassen und zehn Minuten später einen Korb zu bekommen.

Ich fing an, vor dem Abendessen in den Seitenstraßen herumzuspazieren, schlenderte immer wieder um das Simmondsche Haus und überlegte, was sich drinnen wohl abspielte. Einmal, als es schon dämmerte, setzte starker Regen ein, und ich stellte fest, daß ich unter dem Baum, der so dicht vor dem schmutzigen Bürofenster stand, einigermaßen geschützt war. Ich konnte gerade über das Fenstersims hinwegsehen und am Schreibtisch eine Gestalt erkennen. Bald, dachte ich, würde die Gestalt das Licht einschalten müssen.

Nachdem ich fünf lange Minuten gewartet hatte, erhob sich die Gestalt, ging zur Tür und schaltete das Licht ein. Es war Basil, dessen Haare plötzlich hellrot aussahen. Auf dem Rückweg zum Schreibtisch bückte er sich zum Safe und holte einen Stapel Papiere heraus, die mit einer Büroklammer zusammengehalten wurden. Ich wußte, daß er aus dem Stapel ein Blatt herausnehmen und daß es sich bei diesem Dokument um das eigentlich spannende, wichtige handeln würde. Es war wie bei einer Lektüre eines Buches, das man schon kennt. Man weiß, was kommt, will sich aber kein Wort entgehen lassen. Er holte tatsächlich ein Blatt Papier hervor und hielt es hoch. Es war maschinenbeschrieben, aber der unterste Absatz war, wie man vom Fenster aus sehen konnte, von Hand geschrieben. Simmonds legte das Blatt neben einen Bogen Papier, der schon auf dem Schreibtisch lag. Ich drückte mich an das Fenster und gedachte, falls ich gesehen würde, zu winken und zu lächeln und zu rufen, daß ich Schutz gesucht hätte vor dem Regen, der inzwischen herunterprasselte. Basil hielt den Blick aber auf die Blätter gesenkt. Es lagen noch andere Blätter auf dem Schreibtisch; ich konnte nicht erkennen, was auf ihnen stand. Ich war jedoch überzeugt, daß er auf ihnen Schriftzüge geübt hatte und daß er im Begriff war, das Testament seiner Mutter zu fälschen.

Dann griff er zum Federhalter. Ich kann noch heute den Regen riechen und höre ihn um mich herum niederprasseln und fühle, wie er durch das Astwerk auf mich herabtropft. Basil hob die Augen und sah in den Regen hinaus. Es schien, als ruhe sein Blick auf mir, auf genau der Stelle zwischen Fenster und Baum, an der ich mich befand. Ich verharrte reglos, an den Baum gedrückt, wie eine gejagte Kreatur, und hätte am liebsten die Farbe von Rinde und Blättern und Regen angenommen. Dann wurde mir klar, daß ich ihn ja viel deutlicher sehen konnte als er mich, denn es wurde dunkel.

Er griff nach einem Löschpapier. Er tauchte die Feder in die Tinte und begann, das vor ihm liegende Blatt unten zu beschreiben, es hin und wieder mit dem Blatt vergleichend, das er aus dem Safe genommen hatte. Ich war nicht überrascht, doch völlig gefesselt, als sich die Tür hinter ihm langsam öffnete. Es war, als sähe ich eine Verfilmung des Buches. Dorothy schlich sich heran, aber er hörte nichts, ließ Wort auf Wort aus der Feder fließen. Der Regen prasselte erbarmungslos hernieder. Durch ihre grüne Brille sah sie mit dem einen Auge hinterhältig über seine Schulter auf das Papier.

»Was machst du da?« sagte sie.

Er sprang auf und schob das Löschpapier über sein Werk. Ihr eines Auge funkelte ihn durch die grüne Brille an, obwohl ich das eigentlich nicht gesehen habe, sondern nur, wie sich die grünen Brillengläser von der Seite auf sein Gesicht richteten.

»Ich mache die Buchführung«, sagte er, mit dem Rücken zum Schreibtisch, die Papiere verbergend. Ich sah, wie sich seine Hand nach hinten schob und nervös herumtastete.

Ich schlotterte in meinen völlig durchnäßten Sachen. Dorothy sah mit ihrem Auge zum Fenster. Ich glitt zur Seite, um ihrem Blick auszuweichen, und rannte nach Hause.

Am nächsten Morgen sagte ich: »Ich habe versucht, mit dieser Brille zu lesen. Alles ist so verschwommen. Ich muß sie wohl zurückbringen.«

»Ist dir denn nichts aufgefallen, als du sie...«

»...im Laden probiert hast.«

»Nein. Im Laden ist es so dunkel. Muß ich sie zurückbringen?«

Ich brachte sie Mr. Simmonds am frühen Nachmittag zurück.

»Ich habe heute morgen versucht, damit zu lesen, aber es ist alles verschwommen.« Allerdings hatte ich sie zuerst mit Feuchtigkeitscreme beschmiert.

Im Handumdrehen stand Dorothy neben uns. Sie schaute einäugig auf die Brille, dann zu mir.

»Hast du Verstopfung?« fragte sie.

Ich schwieg, hatte aber den Eindruck, daß sie durch ihre grünen Brillengläser alles sah.

»Setz sie auf«, sagte Dorothy.

»Probier sie mal«, sagte Basil.

Sie hatten sich verbündet. Alles ging schief, denn ich war ja gekommen, um herauszufinden, wie nach der Sache mit dem Testament die Dinge bei ihnen lagen.

Basil ließ mich etwas lesen. »Jetzt geht es«, sagte ich, »aber heute morgen, als ich lesen wollte, war es ganz verschwommen.«

»Du solltest eine Medizin nehmen«, sagte Dorothy.

Ich wollte möglichst schnell mit der Brille aus dem Laden kommen, doch der Bruder sagte: »Ich werde mir deine Augen nochmals ansehen, wo du schon hier bist, sicherheitshalber.«

Er machte einen ganz normalen Eindruck. Ich folgte ihm in das dunkle Herrenzimmer. Dorothy schaltete das Licht ein. Beide machten einen normalen Eindruck. Die Szene in dem kleinen Büro am Abend zuvor kam mir immer weniger überzeugend vor. Als ich die Buchstaben auf der Tafel vor mir herunterlas, war Basil wieder »Mr. Simmonds« für mich und Dorothy »Miss Simmonds«, und ich hatte Angst vor ihrer Autorität und fühlte mich im Unrecht.

»Scheint ja alles in Ordnung zu sein«, sagte Mr. Simmonds. »Aber warte mal einen Moment.« Er zog ein paar bunte Lichtbilder hervor, auf denen Buchstaben standen.

Miss Simmonds warf mir einen, wie ich fand, einäugigen, triumphierend-höhnischen Blick zu und stieg die Treppe hoch, wie jemand, der mit einem anderen Menschen nichts mehr zu tun haben will. Offensichtlich wußte sie, daß ich für ihren Bruder nicht mehr interessant war.

Doch bevor sie den Treppenabsatz erreichte, hielt sie an und kehrte wieder um. Sie ging zu einem Regal und stellte ein paar Flaschen um. Ich las weiter. Sie unterbrach mich.

»Meine Augentropfen, Basil. Ich habe sie doch heute morgen hergestellt. Wo sind sie?«

Mr. Simmonds betrachtete sie plötzlich, als passierte etwas Unvorstellbares.

»Einen Moment, Dorothy. Warte, ich will nur noch die Augen dieses Mädchens prüfen.«

Sie hatte ein braunes Fläschchen heruntergeholt. »Ich will meine Augentropfen haben. Wenn du sie bloß nicht immer woanders hinstellen würdest. Sind es diese?«

Mir fiel die korrekte Formulierung »Sind es diese?‹ auf, und es kam mir ein wenig überkorrekt vor. Womöglich waren die zwei am Ende doch sonderbar, bösartig, schuldig.

Sie hatte die Flasche hochgehoben und las mit ihrem gesunden Auge das Etikett. »Ja, es sind meine. Mein Name steht darauf«, sagte sie.

Finsterer Basil, finstere Dorothy. Also doch, irgend etwas war nicht in Ordnung. Sie stieg mit ihren Augentropfen die Treppe hoch. Der Bruder legte die Hand auf meinen Ellbogen, hob mich auf die Füße und vergaß seine bunten Lichtbilder.

»Mit deinen Augen ist alles in Ordnung. Los, troll dich!« Er schob mich in den vorderen Geschäftsraum. Seine matten Augen waren weit geöffnet, als er mir meine Brille gab. Er zeigte zur Tür. »Ich habe viel zu tun«, sagte er.

Von oben her kam ein anhaltender Schrei. Basil riß die Tür für mich auf, aber ich bewegte mich nicht. Dorothy oben schrie und schrie und schrie. Basil hielt sich die Hand vor die Augen. Dorothy erschien, schreiend und schmerzgekrümmt, auf dem Treppenabsatz, das gesunde Auge mit beiden Händen bedeckend.

Ich fing an zu schreien, als ich wieder zu Hause war, und bekam ein Beruhigungsmittel. Am Abend wußten alle, daß Miss Simmonds für ihre Augen die falschen Tropfen genommen hatte.

»Wird sie auch auf diesem Auge erblinden?« wurde gefragt.

»Der Arzt sagt, es besteht Hoffnung.«

»Es wird eine Untersuchung geben.«

»Auf diesem Auge wäre sie sowieso erblindet«, sagte jemand.

»Schon, aber die Schmerzen...«

»Wer hat sich vertan, er oder sie?«

»Joan war dort, als es passierte. Joan hat die Schreie gehört. Wir mußten ihr ein Beruhigungsmittel...«

»...Beruhigungsmittel geben.«

»Aber wer war es denn nun?«

»Normalerweise fertigt sie die Augentropfen selbst an. Sie ist ja zugelassene...«

»...zugelassene Apothekerin.«

»Joan sagt, auf der Flasche stand ihr Name.«

»Wer hat den Namen auf die Flasche geschrieben? Das ist doch die Frage. Aufgrund der Handschrift wird man's feststellen können. Wenn es Mr. Simmonds war, wird er Berufsverbot bekommen.«

»Sie hat die Namen immer selbst auf die Flaschen geschrieben. Die Ärmste, man wird ihr die Zulassung entziehen.«

»Sie werden ihre Geschäftslizenz verlieren.«

»Ich habe erst vor drei Wochen Augentropfen von ihnen bekommen. Wenn ich gewußt hätte, was ich heute weiß, dann hätte ich nie...«

»Der Doktor sagt, die Flasche ist unauffindbar. Sie ist verschwunden.«

»Nein, der Wachtmeister sagt, die Flasche ist da, eindeutig. Es ist ihre Handschrift. Sie muß die Tropfen selbst angefertigt haben, die Ärmste!«

»Tollkirsche, genau das gleiche.«

»Atropin heißt das Zeug. Belladonna. Tollkirsche.«

»Es hätte aber Eserin sein müssen. Das hat sie sonst immer genommen, sagt der Doktor.«

»Dr. Gray sagt das?«

»Ja, Dr. Gray.«

»Dr. Gray sagt, wenn man von Eserin zu Atropin übergeht...«

Die Sache wurde als Unfall deklariert. Es bestand große Aussicht, daß Miss Simmonds eines Auge gesunden würde. Sie selbst hatte die verordnete Medizin angefertigt, weigerte sich aber, darüber zu sprechen.

Ich sagte: »Vielleicht hat irgend jemand sich an der Flasche zu schaffen gemacht. Habt ihr daran mal gedacht?«

»Joan liest zuviel!«

In der letzten Ferienwoche starb die alte Mrs. Simmonds in der Wohnung über dem Laden, und ihre Tochter erbte das gesamte Vermögen. Zur selben Zeit bekam ich Mandelentzündung und konnte nicht zur Schule zurück. Ich wurde von unserer Ärztin behandelt, der Witwe des einzigen Arztes der Stadt, der vor kurzem gestorben war. Das war das erste Mal, daß ich

Frau Dr. Gray sah, obwohl ich ihren Mann gekannt hatte; ihr Mann fehlte mir. Frau Dr. Gray war eine lebhafte, sportliche Frau. Es hieß, sie sei jung. Eine Woche lang besuchte sie mich jeden Tag. Nach reiflicher Überlegung sagte ich mir, daß sie normal sei und in Ordnung, jedoch langweilig. Während der Fieberphase meiner Krankheit sah ich, durch das Fenster, Basil am Tisch sitzen, und hörte ich Dorothys Schreie. Während meiner Genesung machte ich Spaziergänge, die mich stets am Simmondsschen Haus vorbeiführten. In bezug auf das Testament der Mutter hatte es keinen Streit gegeben. Jedermann sagte, die Sache mit den Augentropfen sei ein schrecklicher Unfall gewesen. Miss Simmonds arbeitete nicht mehr in ihrem Beruf und wurde angeblich immer wunderlicher.

Eines Abends, etwa um sechs Uhr, sah ich Frau Dr. Gray aus dem Simmondsschen Haus kommen. Sie muß die arme Miss Simmonds besucht haben. Sie bemerkte mich sofort, als ich vom Weg her auftauchte.

»Trödel nicht herum, Joan! Es wird kalt.«

Am folgenden Abend sah ich Licht im Bürofenster. Ich stand unter dem Baum und guckte hinein. Dr. Gray saß auf dem Tisch, den Rücken mir zugewandt, ganz nah. Mr. Simmonds saß auf seinem Stuhl, sprach zu ihr und kippelte. Auf dem Tisch stand eine Flasche Sherry. Jeder von ihnen hatte ein Glas, das zur Hälfte mit Sherry gefüllt war. Dr. Gray baumelte mit den Beinen, das war unrecht, sexy, wie unsere Haushaltshilfe, die auf dem Küchentisch saß und mit den Beinen baumelte.

Doch dann sprach sie. »Es wird lange dauern«, sagte sie. »Sie ist ja eine schwierige Patientin.«

Basil nickte. Dr. Gray baumelte mit den Beinen und sah wie ein Profi aus. Sie war in Ordnung, sie sah wie unsere Sportlehrerin aus, die manchmal auf einem Pult saß und mit den Beinen baumelte.

Bevor ich wieder zur Schule ging, sah ich Basil eines Morgens in der Ladentür stehen. »Geht's jetzt mit der Lesebrille?« rief er.

»Ja, vielen Dank!«

»Mit deinen Augen ist alles bestens. Paß auf, daß deine Phantasie nicht mit dir durchgeht!«

Ich ging weiter, überzeugt davon, daß er die ganze Zeit von meinen Verdächtigungen gewußt hatte.

»Mit der Psychologie habe ich während des Kriegs angefangen. Davor hatte ich als praktische Ärztin gearbeitet.«

Ich war zu der Sommerakademie gekommen, um dort Vorträge über Geschichte zu halten, und sie über Psychologie. Psychiater sind sehr oft bereit, Fremden von ihrem Seelenleben zu erzählen. Das liegt vermutlich daran, daß sie so viel Zeit damit verbringen, ihren Patienten zuzuhören. Als Frau Dr. Gray ihren ersten Vortrag über die »psychischen Ausdrucksweisen der Sexualität« hielt, hatte ich sie nicht wiedererkannt, höchstens als Typus. Sie sprach von Kind-Poltergeistern, und aus Langeweile fing ich an, genauer auf die kuriose Sprache ihres Faches zu achten. Mir fiel das Wort »Erregung« auf. »In einem Zustand sexueller Erregung«, sagte sie, »können Heranwachsende eine beinahe übersinnliche Einsicht entwickeln.«

Nach dem Lunch, die Anglisten waren Tennis spielen gegangen, heftete sie sich an meine Fersen. Wir gingen über den Rasen, an den Rhododendren vorbei, hinüber zum See. Dieser See war der Schauplatz des Todes einer liebeskranken Herzogin gewesen.

»... während des Krieges. Davor habe ich als praktische Ärztin gearbeitet. Es ist seltsam«, sagte sie, »wie ich zur Psychologie gekommen bin. Mein zweiter Mann hatte einen Zusammenbruch und war in psychiatrischer Behandlung. Natürlich ist er unheilbar, aber ich beschloß... Merkwürdig, aber das war mein Weg. So bin *ich* bei Verstand geblieben. Mein Mann ist ja noch immer in einer Anstalt. Seine Schwester ist absolut unheilbar. Er hat seine lichten Momente. Als ich ihn heiratete, war mir das natürlich nicht klar, aber heute würde ich sagen, daß bei ihm eine ödipale Übertragung stattgefunden hat, und...«

Wie ermüdend ich diese Worte fand! Wir waren am See angelangt. Ich beugte mich über das trübe Wasser und sah mein Gesicht zu mir hochblicken. Ich sah zu Dr. Grays Spiegelbild hinüber und erkannte sie. In diesem Moment setzte ich meine Sonnenbrille auf.

»Langweile ich Sie?« fragte sie.

»Nein, erzählen Sie ruhig weiter.«

»Müssen Sie diese Brille tragen...? Es ist ein modernes psychologisches Phänomen... der Trend zum Unpersönlichen... des modernen Inquisitors.«

Eine Weile schaute sie auf ihre Füße, während wir um den See gingen. Dann fuhr sie mit ihrer Geschichte fort.

»... ein Optiker ... Seine Schwester war blind – im Begriff zu erblinden, als ich sie das erste Mal behandelte. Nur das eine Auge war krank. Dann passierte ein Unfall, einer dieser psychologischen Unfälle. Sie war eine zugelassene Apothekerin, aber sie stellte sich die falschen Augentropfen zusammen. Normalerweise ist es ja sehr schwer, solch einen Fehler zu machen. Aber unbewußt wollte sie es, sie wollte es einfach. Sie war nicht normal, sie war nicht normal.«

»Ich habe nicht behauptet, daß sie normal war«, sagte ich.

»Wie bitte?«

»Bestimmt war sie nicht normal«, meinte ich, »wenn Sie es sagen.«

»Das Ganze läßt sich psychologisch erklären, und so haben wir es ja auch meinem Mann zu zeigen versucht. Wir haben es ihm immer wieder gesagt und ihn mit den verschiedensten Methoden behandelt – Schock, Insulin, alles. Und am Ende wirkte sich das Medikament bei seiner Schwester nicht unmittelbar aus, und als sie dann doch erblindete, war es akuter grüner Star. Sie hätte das Augenlicht wohl in jedem Fall verloren. Na ja, sie rastete dann völlig aus und beschuldigte ihren Bruder, absichtlich die falschen Tropfen in die Flasche getan zu haben. Aus psychologischer Sicht ist genau dies das Interessante – sie sagte, sie habe etwas gesehen, was er vor ihren Augen habe verbergen wollen, etwas Anrüchiges. Sie sagte, er habe das wissende Auge blenden wollen. Sie sagte ...«

Wir gingen jetzt das zweite Mal um den See. Als wir zu der Stelle kamen, wo ich ihr Spiegelbild gesehen hatte, hielt ich an und blickte über das Wasser.

»Ich langweile Sie.«

»Nein, nein.«

»Wenn Sie bloß diese Brille absetzen würden!«

Ich setzte sie für einen Augenblick ab. Ihre Arglosigkeit machte sie mir irgendwie sympathisch, denn sie erkannte mich nicht, obschon sie mich scharf ansah und dann sagte: »Im Unterbewußtsein gibt es einen Grund, warum Sie sie tragen.«

»Hinter dunklen Brillen verbergen sich dunkle Gedanken«, sagte ich.

»Ist das ein Sprichwort?«

»Nicht, daß ich wüßte. Aber jetzt ist es eins.«

Sie blickte mich erneut an, erkannte mich aber nicht. Diese Erforscher der Seele haben kein Auge für Äußerliches. Stattdessen ›erkannte‹ sie meine Gedanken. Bestimmt paßte ich in eine ihrer Kategorien.

Ich setzte meine Brille wieder auf, und wir gingen weiter.

»Wie hat Ihr Mann auf die Beschuldigungen seiner Schwester denn reagiert?« sagte ich.

»Er war erstaunlich liebenswürdig.«

»Liebenswürdig?«

»O ja, in Anbetracht der Umstände. Sie hatte ja allerlei Gerüchte unter den Nachbarn ausgestreut. Es war bloß eine kleine Stadt. Ich konnte ihn erst nach langer Zeit dazu bringen, seine Schwester in eine Blindenanstalt zu geben, wo sie versorgt werden würde. Sie hatten eine furchtbare Beziehung zueinander. Unbewußter Inzest.«

»Haben Sie das nicht gewußt, als Sie ihn heirateten? Ich könnte mir vorstellen, daß es offenkundig war.«

Sie sah mich wieder an. »Zu der Zeit hatte ich noch nicht Psychologie studiert«, sagte sie.

Ich auch nicht, dachte ich.

Wir schwiegen und begannen unsere dritte Runde um den See. Dann sagte sie: »Also, ich wollte Ihnen erzählen, wie ich zur Psychologie gekommen bin. Mein Mann hatte einen Nervenzusammenbruch, nachdem seine Schwester ausgezogen war. Er hatte Wahnvorstellungen. Er bildete sich ein, überall Augen zu sehen, die ihn anblickten. Von Zeit zu Zeit sieht er sie noch immer. Aber Augen, verstehen Sie! Das ist ja das Bezeichnende. Unbewußt fühlte er sich schuldig am Erblinden seiner Schwester. Weil er es unbewußt gewollt hat. Immer wieder bekennt er, daß er es getan hat.«

»Und versucht hat, das Testament zu fälschen«, sagte ich.

Sie hielt an. »Was sagen Sie da?«

»Gibt er zu, daß er versucht hat, das Testament seiner Mutter zu fälschen?«

»Von einem Testament habe ich doch gar nicht gesprochen!«

»Ach, mir war so.«

»Aber so lautete tatsächlich der Vorwurf seiner Schwester. Wie sind Sie denn darauf gekommen? Woher wußten Sie?«

»Ich muß wohl medial veranlagt sein«, sagte ich.

Sie nahm meinen Arm. Ich war eine außerordentlich interessante Fallgeschichte geworden.

»Sie müssen wirklich medial veranlagt sein«, sagte sie. »Sie müssen mir mehr von sich erzählen. Na ja, das ist jedenfalls die Geschichte, wie ich zu meinem jetzigen Beruf gekommen bin. Als mein Mann mit diesen Wahnvorstellungen und Geständnissen anfing, hielt ich es für notwendig, ein Verständnis für seelische Prozesse zu entwickeln. Und dann habe ich studiert. Es hat sich bezahlt gemacht. Ich bin bei Verstand geblieben.«

»Ist Ihnen mal der Gedanke gekommen, daß die Geschichte der Schwester stimmen könnte?« fragte ich. »Vor allem, da er sie ja zugibt.«

Sie nahm ihren Arm wieder weg und sagte: »Ja, ich habe die Möglichkeit in Betracht gezogen. Ich muß sagen, gründlich in Betracht gezogen.«

Sie merkte, daß ich ihr Gesicht beobachtete. Sie sah aus, als wollte sie sich persönlich rechtfertigen.

»Bitte, setzen Sie doch Ihre Brille ab!« sagte sie.

»Warum glauben Sie seinem eigenen Geständnis nicht?«

»Ich bin Psychiater, und Geständnissen glauben wir nur selten.« Sie sah auf ihre Uhr, als wollte sie mir zu verstehen geben, ich hätte das Gespräch angefangen und langweile sie nun.

Ich sagte: »Wenn Sie ihn beim Wort genommen hätten, vielleicht wäre er dann seine Wahnvorstellungen losgeworden.«

Sie rief: »Was sagen Sie da? Was denken Sie sich! Er wollte zur Polizei und dort eine Erklärung abgeben. Ist Ihnen klar...«

»Sie wissen, daß er schuldig ist«, sagte ich.

»Als seine Frau weiß ich, daß er schuldig ist«, sagte sie. »Als Psychiater muß ich ihn aber für unschuldig halten. Deswegen habe ich das Fach ja studiert.« Sie wurde plötzlich wütend und brüllte: »Sie verdammter Inquisitor! Solche Typen wie Sie kenne ich!«

Ich konnte kaum glauben, daß sie, die bisher so ruhig gewesen war, nun brüllte. »Ach, es geht mich nichts an«, sagte ich und nahm, zum Zeichen meiner guten Absicht, meine Sonnenbrille ab.

Ich glaube, in diesem Augenblick erkannte sie mich.

Shelagh Delaney
Pavane für einen toten Prinzen

Ein Tod, der für gewöhnlich Sorge und manchmal Freude bringt, zog in meiner Kindheit noch etwas anderes nach sich – Schaulustige. Damals war es üblich – wie auch heute noch –, daß Freunde, Verwandte und sonstwie Interessierte den Leichen der lieben Heimgegangenen vor der Verbrennung, Beerdigung oder Einbalsamierung einen Besuch abstatteten. Die meisten Leute legten nur Wert auf die Besichtigung solcher Leichen, die sie zu Lebzeiten gut gekannt hatten, aber einige waren weniger wählerisch und sahen sich jede Leiche an, ganz gleich, ob sie sie zu Lebzeiten gekannt hatten, oder nicht. Eine Frau, die eine Freundin meiner Mutter zu sein behauptete, obwohl meine Mutter aus ihrer Verachtung für sie niemals einen Hehl gemacht hatte, entwickelte diese Totenschau zu einer hohen Kunst. Sie pflegte jeden Abend die Todesanzeigen in der Zeitung unter die Lupe zu nehmen und dabei alle verstorbenen Personen anzukreuzen, die ihr interessant genug schienen, einen Besuch zu rechtfertigen.

»Frederick Corny – 95 Jahre – das ist aber ein schönes Alter – Maria Moravia – sechs Jahre alt – Gott gebe ihrer Seele Frieden – ein Baby – klingt ausländisch mmmm…«

Sie übertrug die Namen und Adressen auf die Seiten eines kleinen roten Büchleins, suchte in angemessenem Aufzug die Familien auf und bat, die Leiche ansehen zu dürfen. Diese Bitte wurde ihr selten, wenn überhaupt jemals, abgeschlagen.

Diese Besucherin hatte seit jeher ein ungewöhnliches Interesse für Tote an den Tag gelegt. Als ich klein war, dachte ich immer, eine Leiche zu sehen bringe Glück, so wie das Berühren eines Seemannskragens oder das Aufheben einer Nadel, die man irgendwo sieht, aber als ich älter wurde, merkte ich, daß es ein Steckenpferd war, dem man bei uns zu Hause sehr reserviert gegenüberstand. Die Frau redete, während meine Mutter arbeitete und mein Vater las.

»Ein Kind. Mehr war sie nicht. Ein Baby. Sie sah wunderschön aus. Ich könnte schwören, daß sie nicht tot war. Katholische Familie. Kerzen rings um den Sarg. Ihre Bäckchen waren so rosig, und ihre Lippen waren so rot.«

Dann zwinkerte mein Vater mir zu, meine Mutter spuckte auf das Bügeleisen. Die Spucketröpfchen zischten auf dem heißen Eisen und schossen wie Bleikügelchen nach allen Seiten.

Als er vierzehn war, verließ er die Schule und ging mit seinem Vater im Bergwerk arbeiten. Gemeinsam kamen die beiden jeden Abend kohleschwarz aus der Grube nach Hause. Sie mußten auch das letzte Stäubchen heruntergewaschen haben, bevor sie ihre Wohnung betreten durften. Also stellten sie sich bei jedem Wetter bis zum Gürtel nackt in den Hof und übergossen sich gegenseitig eimerweise mit Wasser, bis der Schmutz verschwunden war. Wenn Benjamin mit Schrubben fertig war, strahlte er wie neu. Er war schon immer ein starker Junger gewesen, und je länger er Kohlen schleppte, desto kräftiger wurde er. Seine Kraft war nicht wie die jener muskelbepackten Affenmenschen, die auf Body-Building schwören und an den jährlichen Adonis- oder Mister-Universum-Wettbewerben teilnehmen. Die Kraft seines Körpers war elegant und zierlich und subtil. Alle Mädchen flogen auf ihn. Sie pfiffen beifällig, wenn sie ihm auf der Straße begegneten. Sie warteten in Schlangen, um zu sehen, wie er seine Spitzhacke aufnahm. Sie schrieben ihm Liebesbriefe, die kleine Jungen persönlich überbrachten, womit sie sich einen Groschen oder einen Fünfziger verdienten – das hing von der Stärke der Leidenschaft ab. Jedesmal, wenn er ein Mädchen ausführte, stand von vornherein fest, daß sie tanzen gingen. Er tanzte sehr gern. Ihn tanzen zu sehen oder mit ihm zu tanzen war ein Fest.

An einem milden Septembersamstag nahm er mich abends mit zu einer Truppe spanischer Zigeunerschausteller, die plötzlich in unserem Schmierentheater aufgetaucht war. Sie gastierte unter der Schirmherrschaft eines Vereins, der es sich zur Aufgabe gemacht hatte, ein bißchen Kultur unter die Arbeiterklasse zu bringen. Wir beäugten das Plakat, das draußen am Theater angeschlagen war. *Echte spanische Zigeuner* stand darauf. Wir blickten uns an und sahen wieder auf das Plakat. Conchita. José. Maria. Yerma. Wir betrachteten die Photographien. Keiner von uns hatte etwas dagegen, daß man uns als zu einer Klasse gehörig betrachtete, die kulturell zu kurz kam, aber wir hielten es für geschmacklos, daß man uns für dumm verkaufen wollte. Dennoch nahmen wir die Chance wahr und bezahlten das Eintrittsgeld. Sobald diese echten spanischen Zigeuner über die Bühne stolzierten, erhärteten sich unsere argwöhnischen Vermutungen. In dem ganzen Haufen war nicht für fünf Pfennige spanisches Blut. Ich spüre das, denn ich habe selber spanisches Blut in den Adern, wenn auch ein bißchen verwässert seit dem Tag, da meine Urgroßmutter aus Barcelona am Arm meines Urgroßvaters, eines seefahrenden Edelmannes dieser stolzen Stadt, hier hereingeschneit kam.

Wir verübelten ihnen die Täuschung allerdings nicht. Die Truppe bestand aus einem kleinen, kräftigen Mann, dessen Haare wie ein zerrupfter Stahlwolleschrubber aussahen, einer langen, dünnen Frau, einer kurzen, mittelschweren Frau, einer großen, beleibten Frau und einem Knaben, der auf seiner Gitarre spielte, wenn er nicht gerade versuchte, sie in Stücke zu schlagen. Die lange Frau machte den Clown, sie schwang ihren Hintern und knirschte mit den Zähnen; die Nummer der kleinen Frau war wegen der Art, wie sie ihre Handvoll schneeweißer Porzellanzähne im Scheinwerferlicht blitzen ließ, sehenswert; die Dicke stapfte von einer Seite der Bühne zur anderen, wobei sie unter hochgehobenem Rock ihre Mordsschenkel zeigte und winzige goldene Glöckchen erklingen ließ, die an den Fingerspitzen der einen Hand befestigt waren. Und der kleine Mann – voll gespanntem Ernst und in dramatisches Schwarz gekleidet – reizte Stiere, focht Duelle aus, zähmte wilde Pferde und Frauen, verputzte ein Glas Wein nach dem anderen und warf seinen Kopf so enthusiastisch hin und her, daß er ihm nur wie durch ein Wunder nicht vom Stiel flog. Obwohl wir eine solche Tanzdarbietung noch nie zuvor gesehen hatten, brauchte uns nicht erst ein Professor zu erklären, daß wir da keine sehr gute Vorstellung gezeigt bekamen. Trotzdem hatten wir einen Heidenspaß. Wahrscheinlich, weil die Tänzer selbst so vergnügt waren. Das Publikum grölte, buhte manchmal, pfiff und machte rohe Bemerkungen, aber die Tänzer störten sich nicht daran und produzierten sich, so gut sie es vermochten. Am Ende der Darbietungen geriet der kleine Mann in Verzückung und tanzte sich in seiner Ekstase die Sohlen von den Stiefeln. Wir klatschten ihm Beifall, bis unsere Hände rot anschwollen, und gingen an diesem Abend endlich einmal recht zufrieden mit unserer Dosis Kultur ins Bett.

Wir wohnten in der gleichen Straße, in gegenüberliegenden Häusern. Die Häuser in dieser Straße, ob sie nun auf der rechten Seite standen, wo die Sonne schien, oder auf der linken, die immer im Schatten lag, waren einander alle gleich. Zwei Räume oben, zwei Räume unten, kein Bad, kein Garten, hinter jedem ein Hof. Mein Schlafzimmer und Benjamins Schlafzimmer lagen direkt gegenüber. Wenn wir die Vorhänge offen ließen, konnten wir uns in den Betten sehen, und oft sprachen wir über die enge Straße hinweg miteinander am Fenster. Als ich eines Abends schlafen ging, sah ich hinüber in Benjamins Zimmer. Was war mit ihm los? Zuerst dachte ich, ein heftiger Veitstanz-Anfall schüttele ihn, aber dann beobachtete und grübelte ich ein bißchen länger, und plötzlich hatte ich's. Dies Hüftenwakkeln, Fußstampfen, Händeklatschen und Kopfzucken. Er übte spanische Tänze. Ich beobachtete ihn heimlich eine lange Zeit; Abend für Abend übte er mit Hingabe. Es war herrlich anzusehen. Aber ich erwähnte seine Zigeunertanzübungen nie, ebensowenig tat er es.

Ostern erkrankte er an Gelenkrheumatismus. Er mußte ins Krankenhaus und blieb monatelang dort. Danach kam er nach Hause, und ich ging ihn besuchen. Aller Glanz hatte ihn verlassen. Wenn jemand, den man liebt, sehr krank gewesen ist, gibt es wenig, was man ihm sagen kann. Man kann ihm sagen, wie leid es einem tue, daß er krank gewesen sei. Man kann ihm sagen, wie sehr man ihn während seiner Abwesenheit vermißt habe. Man kann ihm sagen, wie sehr man ihn vermissen würde, wenn er für immer ginge. Man kann ihm baldige Genesung wünschen, aber irgendwie klingen die armseligen Worte, die man bei solchen Gelegenheiten stottert, nie so, wie man sie meint – also sagte ich nichts. Das Fieber hatte Benjamins Herz geschwächt, und er durfte sich nicht stark bewegen, weil man Angst hatte, er überanstrenge sich. Er mußte wochenlang im Bett bleiben. Sein Vater hatte das Bett heruntergeschafft und am Fenster aufgestellt, damit er sehen konnte, was auf der Straße vor sich ging. Durch dieses Fenster sah er alles mögliche. Wieviel er davon wirklich sah, und wieviel er sich aus Langeweile erdachte, weiß ich nicht, er erzählte mir jedenfalls eine ganze Menge, und ich hatte immer das Gefühl, über die Angelegenheiten anderer besser Bescheid zu wissen, als sie selber. Einige Leute sagten, es sei falsch, daß ich ihn so häufig besuche, sie behaupteten, meine

Gegenwart schade ihm mehr, als daß sie ihm nütze. Vielleicht war es so. Ich weiß es nicht. Ich hatte etwas dagegen, mich zu ihm zu setzen, wenn er noch anderen Besuch hatte. Die anderen gingen mir mit ihrem Mitleid immer auf die Nerven. Natürlich war es bedauerlich, daß Benjamin den ganzen Tag so herumliegen mußte, aber es war nicht nötig, ihn dauernd daran zu erinnern.

»Bald wirst du wieder auf den Beinen sein, mein Sohn.«

Die Ärzte haben keine Ahnung. Besonders die Heinis von der STAATLICHEN Krankenfürsorge nicht. »Nächstes Jahr um diese Zeit kannst du mit den anderen zusammen bei Madame Jones wieder das Tanzbein schwingen«, sagten sie mit jovialer Miene.

Wenn ich sie mir so ansah, fand ich immer, daß in Wirklichkeit sie mit ihrer schrecklichen, hoffnungsvollen Scheinheiligkeit diejenigen seien, die man bedauern müsse. Das Schlimme bei mir war, daß ich noch keine Erfahrungen mit Krankenbesuchen gesammelt hatte. Die kleinen Raffinessen des Verhaltens in einem Krankenzimmer waren mir fremd. Ich wurde zu meinem bleichen, mit dem Schlafanzug bekleideten Freund hineingeführt, zu dem Korb mit Früchten, dem Becher Orangensaft, überwacht von dem Geruch der Desinfektionsmittel; und ich hatte nur Gutes im Sinn. Am Beginn jener Abende war ich immer ganz reizend, geduldig und gutartig, aber man konnte zehn zu eins wetten, daß es nicht lange dauern würde, bis unsere Gemüter sich gegenseitig Schritt für Schritt bis zur Heftigkeit, Schärfe und völligen Unvernunft erhitzten und den Frieden durch wütende Streitereien zerstörten. Und schließlich mußte ich gehen und war an allem schuld. Wenn es nicht ein wilder und erbarmungsloser Streit war, der den Kranken gefährlich aufregte, dann entstand der Ärger durch zu heftiges Gelächter. Dieser Bursche konnte sich nur in Extremen bewegen. Kaum hatte ich was Lustiges gesagt, da kugelten wir uns, ehe wir's uns versahen, hielten uns den Bauch und mußten unsere Lachtränen trocknen. Die anklagenden Blicke seiner Mutter trieben mich dann fort. Oh, du kannst nicht dagegen an, sagte ich mir damals, und das sage ich auch heute noch.

Es kam der Tag, an dem er sein Bett verlassen durfte. Endlich. Er starb fast vor Aufregung. Er war sehr dünn geworden. Ich hielt einmal seine Hand gegen das Licht, weil ich sicher war, sie müsse durchsichtig sein. Sein Gesicht war weiß, und seine Augen sahen aus, als wühlten sie sich nach rückwärts in den Kopf, um dann hinten rauszukommen. Es wurde ihm erlaubt, zweimal täglich um den Park zu gehen.

»Große Klasse«, sagte er, als man es ihm mitteilte. Der Park war sehr klein und sehr dürftig. Die Bäume waren mit dem Schmutz überkrustet, den es in den Industriestädten statt der frischen Luft gibt. Wie ein fadenscheiniger Teppich breitete sich zähes Gras über den Boden. Teuflische Blumendiebe und Mörder, in der Verkleidung von winzigen Kindern und kleinen alten Damen, pirschten durch den Stadtgarten. Zweimal täglich umrundete Benjamin so schnell ihn seine Beine trugen diesen Park, denn er haßte ihn. Es gab schönere, aber weiter weg, und die Fahrt dahin war ihm nicht erlaubt. Er würde nie wieder im Bergwerk arbeiten können, hatte der Arzt gesagt, und er würde auch nie wieder tanzen können. Er war bedient.

»Du wirst eben was anderes tun müssen, das ist doch klar«, sagte ich eines Abends zu ihm.

»Was denn zum Beispiel?« fragte er.

»Zum Beispiel mal fünf Minuten lang aufhören, ein langes Gesicht zu ziehen.«

»Du würdest ein noch viel längeres Gesicht ziehen, wenn du an meiner Stelle wärest.«

»Ich weiß, das würde ich. Hast du vor, den Rest deines Lebens damit zu verbringen, hier einsam und elend herumzusitzen?«

»Ja.«

»Schön, solange du nicht erwartest, daß ich bei dir sitze, ist es gut.«

»Ich dachte, du liebst mich.«

»Das tue ich auch.«

»Du zeigst es aber nicht.«

»Was soll ich denn tun?«

»Tröste mich in meinem Kummer. Behandle mich lieb. Ich bin schwierig.«

»Ich werde dich noch mal mit einem dicken, harten Ziegelstein trösten, direkt aufs Auge. Du kannst zum Beispiel lesen.«

»Ich lese nicht gern.«

»Du kannst malen.«

»Ich kann nicht malen.«

»Warum lernst du dann nicht stricken oder nähen?«

»Und du fährst in die Grube und brichst Kohle.«

»Du nimmst mich nicht ernst.«

»O doch.«

Er haßte sein schwaches Herz. Oft stand er da, hielt sich die Hand auf die Brust und rezitierte langsam und mit Gefühl alle Schimpfworte, die er kannte: »Mistherz, Scheißherz, Sauherz, Schlappsack...«

Eines Abends gingen wir vom Kino nach Hause. Wir hatten einen Film über eine international berühmte, hinreißend schöne Konzertpianistin gesehen, die entdeckte, daß sie an Lungentuberkulose sterben würde. Benjamin lud mich zu einer Darbietung spanischer Flamenco-Tänze in sein Schlafzimmer ein.

»Und wer flamencot?« wollte ich wissen.

»Ich, Ferdinando Jones.«

»Du wirst dich in einem schmalen Stück Erde auf dem öffentlichen Friedhof von St. Jakob wiederfinden, wenn du nicht vorsichtig bist«, teilte ich ihm mit.

»Weiß ich«, sagte er und hüpfte, hopste und sprang durch ein Himmel-und-Hölle-Spiel, das Kinder mit Kreide aufs Pflaster gezeichnet hatten. »Aber *ein* Tanz steckt noch in dem alten Jungen drin, weißt du!« Die Darbietung war eine Sache, die notwendigerweise geheimgehalten werden mußte. Sie konnte nur stattfinden, wenn seine Eltern nicht zu Hause waren. Wenn sie von seinen Plänen erfahren hätten, wären sie verrückt geworden. Ich mußte Schweigen geloben und versprach beim Leben meiner Mutter, keiner Seele etwas zu erzählen. In der Nacht, die in Frage kam, führte er mich an der Hand in sein Schlafzimmer hinauf. Er hängte eine dicke, dunkle, schwere Armeedecke vors Fenster, um neugierigen Spähern, die immer auf der Lauer lagen, die Sicht zu verwehren. Er verstopfte alle Risse und Löcher in Wänden und Türen, durch die ein Laut hätte dringen können. Dann setzte er seinen Plattenspieler in Betrieb.

»Benjamin, ich hoffe, dieser Aufwand ist gerechtfertigt.«

»Das gibt etwas, woran du dich dein Leben lang erinnern wirst. Es wird der Höhepunkt deines und auch meines Daseins.«

Zuerst machte er sich über sich selber lustig, aber je stärker ihn die Sache gefangennahm, desto weniger war ihm bewußt, was er tat. Er ging völlig darin auf. Er tanzte wie ein Dämon. Er tanzte so gut er vermochte, und ein Strahlen verbreitete sich um ihn. Der Klang der Gitarre und sein Anblick machten mich trunken. Sein Gesicht glänzte, und ich fühlte wieder die unglaublich heftige, schreckliche Sehnsucht nach etwas Schönem, die wir miteinander empfunden hatten. Dann war es vorbei. Wir starrten uns an. Wir stierten uns an. Und da haßten wir uns wie Todfeinde. Er bekam keine Luft mehr. Er fiel quer übers Bett, lag bewegungslos und starrte mit weit offenen Augen an die Decke. Ohne Furcht oder Überraschung bemerkte ich, daß er im Sterben lag. Ob er jetzt gleich sterben würde, wußte ich nicht, das war auch unwichtig. Er würde sterben. Ich legte meine Hand auf sein rasendes Herz und hielt meinen Mund an seine Halsschlagader und beobachtete, wie das Ritual begann.

»Nicht Jahre.« Er bekam wieder Luft und konnte sprechen. »Nicht Jahre.«

»Hältst du mich für verrückt?« fragte er mich.

»Warum?«

»Weil ich so getanzt habe.«

»Warum solltest du verrückt sein?«

»Habe ich komisch ausgesehen?«

»Kümmert dich das?«

»Nein.«

»Du hast nicht komisch ausgesehen. Du hast wunderbar ausgesehen.«

»Wenn jemand herausbekäme, daß ich diese Tänze mag, würde er mich für verrückt erklären.«

»Nur solche Leute, die glauben, daß alles, was sie nicht interessiert und wovon sie keine Ahnung haben, dumm und unnütz sei.«

»Bevor ich krank war, habe ich geübt. Nachdem wir damals an dem Abend die falschen Spanier gesehen haben. Erinnerst du dich? Es hat mir Spaß gemacht, sie zu sehen. Ich mag diese Art von Tanz. Drückt mehr aus. Oder? Meinst du nicht? In einen Flamenco kannst du mehr Gefühl legen als in einen Foxtrott, das sage ich dir.«

Die Prozession formierte sich. Schweigende Männer und Frauen – Schaulustige, die Kummer heuchelten, um Neugier zu verbergen –, die Köpfe ernst und würdevoll gesenkt, be-

gannen sie das Trauerzeremoniell. Mützen in der Hand. Nasse Augen. Tiefes Mitgefühl. Stille. Geflüster –
– eine Tragödie
– so ein junger Bursche
– die Guten sterben zu früh
– seine arme Mutter
– welch ein Verlust.

Aber sein Gesicht hatte wieder geleuchtet.

»Was ist denn daran komisch, Kind?«

»Nichts.«

Nell Dunn

Die goldene Bluse

»Leiht mir eine ihren Mann fürs Wochenende?«

»Ja, meinen kannst du haben, er ist ein dreckiger Scheißkerl, wenn ich dir ein Geheimnis verraten darf.«

»Ich würd' dir ja meinen leihen, er wird dir bloß nicht viel nützen!«

»Schickt sie alle zu mir. Ihr wißt ja, wo ich wohne – gleich bei der Kirche.«

»Ist dir ein Blonder oder ein Dunkler lieber?«

»Die Haare interessieren mich eigentlich weniger!«

Wir lachen, fünfundzwanzig Frauen, die, über drei lange Tische gebeugt, billige Süßigkeiten für Weihnachten verpakken. Dicke rote Finger, die von der Kälte angeschwollen sind, bewegen sich blitzschnell von den Tabletts zu den Schachteln. In Sekunden sind sie ordentlich gepackt, ein kleiner Ring aus Pralinen mit drei rosa Mäusen in der Mitte.

Die Fabrik besteht aus nur zwei Räumen; der, in dem ich bin, ist der Raum, in dem wir die Pralinen verpacken. Dabei wickeln wir um jede Praline ein buntes Papierchen, lecken die Etiketten ab und kleben sie darauf: *Cognac, Cointreau, Dolcis et Forte* tun so, als seien sie Liköre, schmecken aber wie zum Erbrechen süßer Sirup. Im anderen Raum werden die Pralinen hergestellt; ein verschlissenes Fließband transportiert die farbige Füllung unter die tropfende Schokolade.

»Ich hab heut mit meiner Diät angefangen«, ruft mir die bucklige Sheila zu, und der Klang ihrer Stimme mischt sich mit der Musik, die aus einem Lautsprecher oben in der feuchten Wand kommt: »I remember you, you're the one who made my dreams come true... Yes I do.« Um den Lautsprecher wabern fettige Dunstschwaden, »... When my life is through, and the angels ask me to recall the thrill of them all...« Sheila nickt im Achteltakt mit dem Kopf. Um den Hals hat sie einen schmutziggelben Schal gewickelt, und ihre Haare stehen starr über dem Kragen ihrer Jacke ab.

»Darf man was essen?«

»Ja, wenn du dich nicht erwischen läßt.«

Hinter mir packen und sprechen abwechselnd Lily und

Rube, die Sortiererinnen. Dabei werfen sie die Pralinen geschickt in die Schachteln.

»Sie denkt sich nicht viel dabei. Ich würd' mich umbringen!«

»Ich auch. Ich würd' wahnsinnig werden.«

»Wir wollen hoffen, daß das Baby ihren Buckel nicht erbt.«

»Es ist ja was anderes, wenn's von dem Kerl ist, den man heiraten will, aber wenn man nicht einmal weiß, wer es war...«

»Vielleicht hat er's im Dunkeln gemacht.«

»Das würde mich nicht wundern – sie ist ja dermaßen blöd!«

An der anderen Seite neben mir spuckt eine alte Frau in einen Lappen und wischt sich damit die Hände ab – »Ich hab'n Katarrh, krieg ihn jeden Winter. Das hier war mal 'ne Wäscherei, weißt du – deshalb ist es so feucht. Heizen können sie nicht, sonst schmilzt die Schokolade. Ich hätt' beinahe einen Soldaten geheiratet. Zwei Jahre bin ich mit ihm gegangen, aber dann hat er mir einen Brief von einem Mädchen gezeigt, das Armeehelferin war, und gesagt, es war nichts dabei. Aber wenn sie's vor der Hochzeit so machen, dann machen sie's hinterher auch, deshalb hab ich gesagt, es ist aus mit uns. Er hat geweint wie ein Baby. Einmal hab ich ihn noch bei Woolworth gesehen, als ich mit meinem letzten Kind schwanger war, und ich hab so einen Klumpen in der Kehle gehabt, daß ich nichts rausbringen konnte. Ich mußte rauslaufen. Ich würde jetzt Mrs. Stacey heißen statt Mrs. Smith.«

Meine Augen beginnen in dem kalten künstlichen Licht zu schmerzen. Der Raum, in dem wir seit acht Uhr morgens sitzen und unsere fünfundzwanzig Pence die Stunde – die unter Achtzehnjährigen zehn Pence – verdienen, hat keine Fenster. Die Sirene heult. »Teepause. Du holst den Zucker, krumme Sheil!«

»Ich komme mit dir.« Sheila mit dem Buckel und ich gehen die gefährlich knirschende Treppe zum Dachboden hinauf und schalten das Licht an. Mäuse huschen in alle Richtungen. Sie fährt mit einem angeschlagenen Porzellanbecher in einen offenen Sack.

»Hast du Geschwister, Sheila?«

»Nein, wir sind nur zu zweit, ich und meine Mama. Du denkst vielleicht, ich bin verwöhnt, weil ich die einzige bin, aber das stimmt gar nicht.«

»Gehst du manchmal zum Tanzen, Sheila?«

»Nein, aber ich gehe ins Café. Die Männer gehen mit mir rauf, dahin, wo's dunkel ist.«

Ich schiebe meine Tasse unter die Teemaschine und beobachte, wie sie sich mit grauem Tee füllt, dann folge ich Rube und Lily in die Garderobe. Stühle gibt es nicht. Wir setzen uns zwischen die Fahrräder auf den Betonboden und lehnen die Köpfe an die Mäntel, die an der Wand hängen. Joyce, ein Mädchen mit langen kastanienbraunen Haaren, die sie mit zwei rosa Spangen zurückhält, kuschelt sich in eine Ecke und ißt aus einem Stück Zeitungspapier kalte Pommes frites.

»Wann heiratest du, Joyce?«

»Nächsten Monat, wenn ich sechzehn werde.«

»Ganz schön jung, meinst du nicht?«

»Was soll'n das für'n Sinn haben zu warten, bis ich eine alte Schachtel bin?«

»Hast du denn deine Aussteuer schon zusammen?«

»Nein.«

»Willst du deinen rosa Schlafanzug anziehen?«

»Nein, mein Geburtstagskostüm.«

»Habt ihr das gehört? Joyce feiert nackt.«

»Sei nicht gemein.«

»Es ist doch eine nette Gemeinheit.«

»Mach dir nichts draus, Joyce, ich finde es toll!« sagt die alte Mrs. Gordon, deren arthritische Finger steif aus ihren schwarzen fingerlosen Handschuhen hervorstehen.

Über den Waschbecken im nächsten Raum hängt ein Schild: WASCHEN SIE SICH DIE HÄNDE, WENN SIE AUF DER TOILETTE WAREN. SIE ARBEITEN IN EINER LEBENSMITTELFABRIK. Ich rufe Rube zu: »Könntest du bitte mal kurz herkommen?«

»Habt ihr das gehört! Wir müssen ein Auge auf sie haben – und ihr beibringen, wie man redet. Es heißt: ›Rube, verdammt noch mal, mach, daß du herkommst, Kollegin!‹«

»Weißt du, wo ein Handtuch ist?«

»Es gibt keins. Wasch deine Hände bloß nicht, es dauert

fünf Minuten, bis sie wieder auftauen. Außerdem, was ich nicht weiß, macht mich nicht heiß.«

»Hilf uns mit der Maschine.«

Zwei von den Mädchen kippen den Inhalt der Teemaschine in das Waschbecken. »Schaut euch das an! Da ist 'ne Zigarettenkippe drin.«

»Ich hab mir doch gedacht, daß er sauer schmeckt.«

Lily turnt auf einem Fahrrad herum.

»Wart auf mich!« Rube steigt vor Lily auf das Fahrrad, faßt sie um die Taille und stößt sie gegen die Sattelspitze. Sheila kichert. »Magst du ein Sandwich?« Ich nehme eins und beiße in ein dickes Brot, das mit Zitronensirup bestrichen ist.

»Mein Papa schläft unten, und ich schlafe oben bei meiner Mama. Meine Mama hat schon zehn Jahre nicht mehr mit meinem Papa geschlafen – sie hat sieben Kinder, und der Doktor sagt, wenn sie noch eins kriegt, geht sie drauf. Aber sie will sowieso nicht mehr mit meinem Papa schlafen – er ist ein ewig grantiger Scheißkerl.«

»Here they have a lot of fun ... twistin' the night away ...«, tönt es munter aus dem Lautsprecher.

»Komm her, Rube!« Lily knallt das Fahrrad an die Wand. Rube zieht den Bauch ein und streckt die Brust raus, so daß man das Wort CANDY, das auf ihre Brusttasche gestickt ist, sehr deutlich sieht.

»See the man in evening clothes ... How he got hit right on the nose ...« Lily lehnt sich zurück, und Rube beugt sich, die kräftigen Schultern schüttelnd, über sie und zwängt ihr dabei das Bein zwischen die tanzenden Schenkel.

»Zier dich nicht, Sheil, mach mit!«

Sheila grinst, rappelt sich schwerfällig auf und schwingt ihren massigen Körper im Takt hin und her; dabei hält sie ihre Jacke krampfhaft vor dem Bauch zusammen. »Oh, man, there ain't nothing like ... Twisting the night away.«

»Gut, Sheila!« Die Frauen drängen sich um sie und feuern sie an. »Hast du das bei den Soldaten gelernt, Sheil?«

Animiert, weil sie plötzlich im Mittelpunkt der Aufmerksamkeit steht, streckt sie ihre steifgefrorenen Hände aus und schwenkt ihr plumpes Bein, das purpurrot von der Kälte ist.

»Zieh deine Jacke aus, Sheil, tu dir keinen Zwang an!« Rube und Lily hören auf zu tanzen und gesellen sich zu den Zuschauern. Der Raum ist erfüllt von frischem Schweißgeruch.

Die Musik schmettert weiter... »See the fella in blue jeans, dancing with the older queen, who's dolled up in a diamond ring... Twistin', twistin', twistin' the night away.«

Sheila öffnet den Mund und wiegt sich dabei verwegen in den Hüften. Während die Musik dem Höhepunkt zustrebt, wirft sie ihre Jacke von sich; dabei wird eine goldene Damastbluse sichtbar. »Oh, man, you oughta see him go... Twistin', twistin', twistin' the night away.« Das Lied ist aus, und sie steht in dem Kreis aufgeheizter Frauen, auf dem Gesicht ein breites, einfältiges Grinsen, die reich bestickte viktorianische Bluse in den alten Tweedrock gestopft.

»Oho! Schaut euch das an!«

Anerkennendes Pfeifen: »Was für eine Bluse!«

»Wo hast du denn die her, Sheil, vom Jahrmarkt?«

»Das Leben ist so trist, da muß man wenigstens was Glänzendes anziehen, nicht, Sheil?«

»Meine Mama hat sie mir gekauft.« Ihre knochigen Arme stehen aus den niedlichen Puffärmelchen heraus.

»Schwindle nicht – einer von deinen Freunden im Café hat sie dir geschenkt.«

»Damit könntest du glatt als Armeehelferin gehen!«

»Schade, daß sie die Straßen gesäubert haben.«

Sheila spreizt sich geziert kichernd und läßt dabei ihr Kinn auf den gelben Schal sinken, den sie immer noch um den Hals gewunden hat.

»Weißt du was, Sheila, wir schneiden dir die Ärmel ab, das sieht viel besser aus!«

Mit einer riesigen Schere schreitet Rube zur Tat, während die anderen schrille Pfiffe ausstoßen.

»Jetzt bist du bereit, startklar für den Jazz-Band-Ball.«

Die Bluse hat weite Armlöcher, und jetzt ist Sheilas schmuddliger BH zu sehen.

»Du hast dich unter den Armen nicht gewaschen, Sheil, das sieht man!« Brüllendes Gelächter.

»Weißt du was, Lily, wir machen ihr einen tiefen Rückenausschnitt.« Rube greift hastig nach der Schere und schneidet ein V in die Bluse. Die Bluse gleitet von Sheilas Schultern und läßt ein zerrissenes Unterhemd sehen. Die Tür geht auf »Zurück an die Arbeit!«

Sheila, die immer noch grinst, setzt sich auf den Boden und kreuzt die Arme vor der Brust, bis ihr jemand eine abgetragene Strickjacke zuwirft. Auf dem braunen Linoleum liegen inmitten von weggeworfenen Bonbonpapierchen und Zigarettenkippen, glänzend im harten Neonlicht, die goldenen Ärmel.

ELIZABETH TAYLOR
Berufung

In dem dunklen, getäfelten Restaurant zählte Silcox die Serviettenkegel, und von Tisch zu Tisch gehend hob er die Deckel der Senftöpfchen und schüttelte das Salz in den kleinen Fässern zurecht.

Zu Beginn ihrer Zusammenarbeit als Kellner und Kellnerin hatte Edith Gefallen daran gefunden, aus den Servietten Bischofsmützen oder Lilien oder Seerosen zu formen, und Silcox, der das höchst vulgär fand, wartete, bis sie seinen Antrag angenommen hatte, ehe er dem ein Ende bereitete. Sie hatte brav zugehört. »Altmodisch und vulgär« hatte er ihre Gewohnheit genannt. Er nahm das Brötchen aus dem leinenen Blütenkelch, zog die Serviette mit einem energischen Handgriff glatt und faltete sie geschickt zu einer Narrenkappe.

Edith kam immer ein wenig nach Silcox herunter. Er verließ das Schlafzimmer so früh, daß ihr reichlich Zeit blieb, sich ihr schwarzes Kleid und die weiße Schürze anzuziehen. Sein Antrag hatte weder eine Heirat noch irgendwelche anderen Intimitäten eingeschlossen, und obwohl sie jede Nacht nebeneinander im selben Zimmer lagen, benahmen sie sich immer wohlanständig, ja geradezu fanatisch prüde; er hatte ihr noch nicht einmal beim Bürsten der Haare zugesehen, wie er selbst es ausgedrückt hätte. Es war jedoch niemand da, zu dem er das hätte sagen können, und für die Welt waren sie Mr. und Mrs. Silcox, ein unauffälliges, ehrenwertes Ehepaar. Beide waren ehrgeizig, beide waren versessen darauf, von dem Hotel, in dem sie sich kennengelernt hatten und das Silcox als aufgemotztes Gasthaus bezeichnete, wegzukommen. Da sie Snobs waren, rieben sie sich beide wund daran, daß sie lärmende, sonnenverbrannte Leute bedienen mußten, die groteske und indezente Ferienkleidung trugen und *Crêpes de Volaille* nicht aussprechen konnten, geschwiege denn wußten, was sich dahinter verbarg.

Als Silcox von der freien Stelle im Royal George erfuhr, war er bereits über jedes Maß hinaus verzweifelt, bei jeder Gelegenheit verärgert über das pöbelhafte Benehmen der Leute in einem Badeort. Glücklicherweise lag das Royal

George so weit im Landesinneren, wie es in England nur möglich ist. Der Gedanke an die alten Grafschaften um London besänftigte ihn. Er stellte sich die Landschaft von blühenden Bäumen überwölbt vor.

Bei seinem Bewerbungsgespräch mit der Managerin war er von der Atmosphäre des Hotels angenehm berührt. Die Themse floß jenseits des mit Geranien umsäumten Rasens vorbei; den ganzen Sommer würde es festliche Ereignisse geben: den 4. Juni, Henley, Ascot. Zwar war das Restaurant klein, aber es hatte durchgehende Polsterbänke, und die Weinkarten waren in wattiertes Leder gebunden. Auf den Aschenbechern war keine Reklame, und die Blumen stammten nicht aus dem Garten.

»Meine Frau«, sagte er wiederholt während des Gesprächs. Er habe sie aus Rücksicht auf ihren Chef nicht mitbringen können. Das gefiel der Managerin und vieles andere ebenfalls. Sie konnte sich ihn gut im Frack vorstellen, und er schien den grauen Anzug zu tragen, als sei er ein bedauerlicher Verstoß gegen die Form, den er nicht hatte vermeiden können. Er war stattlich, hatte Augen wie eine Statue und einen Mund wie ein Karpfen. Er würde zwar ehrerbietig sein, aber mit diesem gewissen Anflug von Herablassung, der die Gäste dazu brachte, sich um seine Gunst zu reißen. Die, bei denen er schließlich auftaute, indem er eine Bemerkung über das Wetter machte oder ihnen frohe Feiertage wünschte, würden immer wieder kommen und ihre Freunde mitbringen, denen sie ihre bevorzugte Stellung vorführen konnten. »Maurice ist immer für mich da«, würden sie sagen.

Als er in das Inferno – das ordinäre Touristenhotel, den schreiend blauen Himmel – zurückgekehrt war, machte er Edith seinen Antrag. »Ein Ehepaar« hatte sich die Anzeige ausbedungen, und es war eine notwendige Bedingung, weil es nur ein Schlafzimmer gab. »Es hat zwei Einzelbetten, dessen habe ich mich versichert«, sagte er.

Eine Heirat, erklärte er, könne man nicht in Betracht ziehen, weil er bereits verheiratet sei. Wo die fragliche Person (so sprach er von seiner Frau) im Moment sei, sagte er, wisse er nicht. Er habe nichts mehr mit ihr zu tun.

Bis zu diesem Tag hatte er mit Edith niemals über seine Privatangelegenheiten gesprochen, obwohl sie bereits ein Jahr miteinander arbeiteten. Sie war ebenfalls äußerst zurückhaltend, und seine unerwartete Entgleisung berührte sie peinlich, wenngleich sie sich durch den Antrag als solchen überaus geehrt fühlte. Er besiegelte seine Anerkennung ihrer Arbeit.

»Ich glaube, ich habe recht, wenn ich sage, daß die Arbeit für uns beide an erster Stelle steht«, bemerkte er, und sie nickte. Sie sprach sehr wenig und lächelte nie.

Als Edith zu ihrem eigenen Bewerbungsgespräch angereist kam, fragte sich die Managerin des Royal George, ob sie nicht zu streng sei. Mit fünfundvierzig hatte ihr Haar bereits graue Strähnen und war im Nacken so kurz geschnitten wie bei einem Mann. Sie trug kein Make-up, und um ihren Mund hatten sich scharfe Falten gebildet, die von dem Ausdruck der Mißbilligung herrührten, den sie so oft zur Schau trug. Auf der anderen Seite war sie offensichtlich zuverlässig und tüchtig, sie würde nie die Suppe verschütten oder mit schmutzigen Manschetten bedienen oder heimlich ein Schlückchen Gin in der Vorratskammer trinken, wenn es einmal ein bißchen ruhiger zuging. Ihre Vorgängerin hatte alle diese Nachteile gehabt und war obendrein noch launenhaft gewesen.

So wurden Edith und Silcox eingestellt. Todernst und ohne dabei in Verlegenheit zu geraten, trafen sie Vorkehrungen, die beiden in dem gemeinsamen Schlafzimmer einen persönlichen Bereich sicherten. Dabei ging es schlicht darum, daß der eine im Bad blieb, während sich der andere im Schlafzimmer an- oder auszog. Edith ging als erste ins Bett und pflegte dann das Licht auszumachen. Silcox saß inzwischen in seinem Morgenrock auf einem Wäschekorb und blickte auf seine Armbanduhr, bis es Zeit war, ins Schlafzimmer zu gehen. Er pflegte im Dunkeln ins Bett zu schlüpfen. Er sagte ihr nie gute Nacht und gestand es sich kaum selbst ein, daß sie neben ihm lag.

Es war jetzt eine Woche vergangen, und es war alles so glatt gelaufen, daß er an diesem Abend ein wenig überrascht war, daß sie nicht Schlag sieben Uhr erschien. Nachdem er seine Tische überprüft hatte, wandte er sich der Liste mit den Reservierungen zu und las befriedigt den Namen eines seiner unangenehmsten Gäste. Sein Kommen würde ihn anspornen und den Abend über den Durchschnitt erheben. Nette, liebenswürdige Leute stellten nicht die gleiche Herausforderung dar.

Oben mußte sich Edith beeilen, etwas, wozu sie sich selten

herbeiließ. Sie war sogar ein wenig erregt, während sie im Zimmer hin und her schoß, nach sauberen Manschetten und einer frischen Schürze suchte, nach frischen Achseleinlagen und zinnfarbenen Strümpfen, und immer wieder hielt sie inne, um einen Blick auf eine Photographie auf der Kommode zu werfen. Sie war so groß wie eine Postkarte und zeigte in einem abgeschabten Lederrahmen einen heranwachsenden Jungen in Schuluniform.

Als sie nach dem Frühstück wieder auf ihr Zimmer gegangen war, hatte sie die Photographie zum erstenmal gesehen. Silcox hatte sie wortlos aufgestellt. Sie tat eine Weile, als sehe sie sie nicht, bekam dann aber Angst, daß eines der Mädchen sie danach fragen könnte, und diese Begründung gab sie auch Silcox, als sie ihn fragte, wer das sei.

»Unser Sohn«, sagte er.

Er halte es für angebracht, fügte er hinzu, Familienvater zu sein. Das würde den soliden Eindruck, den sie machten, noch verstärken, und ihnen einen gediegenen Hintergrund verleihen, etwas Wertbeständiges sozusagen, auf das man sich verlassen könne. Der Junge sei im Internat, fuhr er fort, und offenbare seinen Freunden nicht, was seine Eltern von Beruf seien. Silcox war, das stellte Edith voller Respekt fest, ein solcher Snob, daß er sogar auf sich selbst herabschaute.

»Wie alt ist er?« fragte sie schroff.

»Er ist siebzehn und bereitet sich auf die Zulassungsprüfung zur Universität vor.«

Damit wußte Edith nichts anzufangen, und sie fragte sich, was sie dazu beitragen könnte, sein Hirngespinst mit Leben zu füllen.

»Wir sagen von uns aus nichts dazu«, sagte Silcox, »da es nicht unserer Gewohnheit entspricht, über unsere Privatangelegenheiten zu sprechen. Aber falls es nötig wird, ist er da.«

»Wie sollen wir... wie heißt er?«

»Julian«, sagte Silcox, und seine Stimme klang weich und musikalisch.

Edith betrachtete das Gesicht in dem Rahmen neugierig. Es war ein höchst gewöhnliches Gesicht, und sie konnte sich vorstellen, daß die Mädchen ausführliche Mutmaßungen darüber anstellen würden, wem er ähnelte.

»Wer ist er in Wirklichkeit?« fragte sie.

»Ein junger Verwandter«, sagte Silcox.

In Ediths neuem Leben gab es ein oder zwei Probleme – das eine bestand darin, daß sie daran denken mußte, nicht dauernd an ihrem Ehering herumzudrehen –, schließlich sollte niemand auf die Idee kommen, daß sie ihn nicht gewohnt war, und das andere bestand darin, daß sie gezwungen war, Silcox »Maurice« zu nennen. Das erschien ihr ungehörig wie alle Vertraulichkeiten, und es durchzuhalten, erforderte beständige Wachsamkeit. Er hatte sie als ihr Vorgesetzter von Anfang an Edith genannt.

Nachts neben ihm zu schlafen, störte sie weniger. Die Modalitäten ihres Privatlebens waren eingeschliffen, und der Schlaf als solcher ohne Wert. Nach den vielen Stunden, die sie Tag für Tag auf den Beinen waren, schliefen sie auch beide auf der Stelle ein. Sie hätten vielleicht eher das Gefühl von Intimität verspürt, wenn sie am hellichten Tage nebeneinander in Liegestühlen gesessen hätten, denn dann hätte es die Fallgruben der Konversation gegeben. (Wie weit sollte man sich vorwagen? Wieviel Interesse zeigen, ohne neugierig zu wirken?)

Edith gehörte zu den Frauen, die von Kindheit an zu wissen scheinen, daß es ihnen nicht in die Wiege gelegt worden ist, auf Männer anziehend zu wirken, und die daher der Natur Vorschub leisten, indem sie ihr schroffes Wesen und den fehlenden Liebreiz bewußt pflegen, so daß sie nach einer gewissen Zeit geschlechtslos werden. In ihren Schuhen, die ihr eine Nummer zu groß waren, schlurfte sie schwerfällig dahin, und die Jacke und der Rock, die sie in ihrer Freizeit trug, waren so durch und durch vernünftig wie das Ausgehkostüm einer alten Gouvernante. Sie war nicht sonderlich an ihren Mitmenschen interessiert, obgleich sie ihnen gegenüber ihre Pflicht tat, ihrer verheirateten Schwester in Australien jede Woche schrieb und sie an Weihnachten großzügig beschenkte. Ihre Briefe, so leserlich geschrieben sie auch waren, waren im Grunde nicht lesbar – so voller Fakten und Zeitangaben steckten sie: wohin sie an ihrem freien Tag mit dem Bus fuhr, und welche Strecke dieser nahm, wo diese Straße sich gabelte und jene abzweigte und um welche Uhrzeit sie am Nachmittag dieses oder jenes Café betrat, um dann das Menü von der Grapefruit bis zum Dessert (zu fünf beziehungsweise sechs Pence) am Büffet zu beschreiben. Der Service sei gewöhnlich sehr schlecht, schrieb sie – auf dem Tisch lägen irgendwelche überzähligen Messer und Gabeln herum, während sie ihren Kaffee trank, denn heutzutage setze niemand mehr seinen Stolz darein.

Außer ihrer Schwester hatte Edith keine Verwandten; ihre Welt waren die Hotelangestellten und die Gäste. Den Kollegen gegenüber war sie abweisend und manchmal unwirsch, wenn sie ihre Arbeit nicht sorgfältig machten, und ihren Gästen gegenüber war sie abweisend und ehrerbietig. Sie reagierte kaum auf ihr Verhalten; allerdings gab es einige wenige – gewöhnlich fröhliche junge Männer oder vornehme und gutgelaunte ältere –, die sie auf eine Art unter ihre Fittiche nahm, die so gouvernantenhaft war, wie sie aussah, wenn sie ihre Freizeitkleidung trug.

Die andere Person in ihrem Leben – Silcox – war für sie der Rückhalt schlechthin. Nie hatte sie mit jemandem zusammengearbeitet, der ihr mehr Respekt abgenötigt hatte – in ihren Augen war er immer der Ober, und sie sah ihn nie anders vor sich als in seinem Kellnerfrack. An seinem freien Tag erschien er ihr durch das Tragen der Kleidung eines gewöhnlichen Mannes geradezu degradiert. Die Augen von ihm abwenden zu müssen, wenn sie ihn zufällig im Morgenmantel sah, war auch nicht schlimmer. Sie sahen ineinander nicht Mann und Frau, ja kaum menschliche Wesen.

Keines der Probleme, die ihnen während ihrer ersten Zeit im Royal George zu schaffen machten, konnte ihnen die Freude an der Arbeit verderben, der heiteren Vornehmheit des Restaurants, den erlesenen Mahlzeiten, die ihnen einiges abverlangten (etwas auf dem Rechaud zu flambieren, krönte jedesmal Silcox' Abend), der Überheblichkeit der Gäste und dem glänzenden Damast auf den Tischen. Die gewöhnlichen Leute hatten ihnen Höllenqualen bereitet, und die Tatsache, daß sie den Absprung in die elegante Welt geschafft hatten, war ihnen beiden eine Menge wert. Die Gefahren, die ihnen drohten, hatten nichts mit ihrer Arbeit zu tun, die sie beide von Anfang an souverän beherrschten, sondern mit ihrem Privatleben. Edith empfand es als äußerst qualvoll, daß sie ihre Freizeit selbstverständlich zusammen verbringen mußten. An ihrem ersten freien Tag fuhren sie mit dem Bus zu einem anderen Hotel am Fluß und aßen dort zu Mittag. Silcox orientierte sein Benehmen an seinem schwierigsten Gast und schien damit Vergeltung zu üben. Er war überaus hochmütig, besserwisserisch und kritisch. Edith, die gewöhnlich in den

Kaffeehäusern speiste, in denen sich Hausfrauen von ihrem Einkaufsbummel ausruhten, wurde ängstlich und unruhig. Als sie ihrer Schwester das nächstemal schrieb, ließ sie diesen Ausflug ganz weg und beschrieb statt dessen einige der Menüs, die sie im Royal George serviert hatte, natürlich mit Preisangaben. Neuerdings gab es, zum erstenmal in ihrem Leben, ganz viele Dinge, die sie in den Briefen weglassen mußte.

Sie fürchtete sich schon vor ihrem nächsten freien Tag und war erleichtert, als Silcox vorschlug, daß sie es sich zur Gewohnheit machen sollten, den Zug nach London zu nehmen und sich dort zu trennen. Wenn sie am Abend mit demselben Zug zurückkämen, würden sie keinerlei Mißtrauen erregen.

In London genoß sie es, in den Kaufhäusern herumzulaufen, wo sie sich ohne Verwunderung oder Neid all die leichtsinnigen, verschwenderischen Torheiten anschaute. Sie notierte sich die Preise, weil sie der Meinung war, daß es ihre Schwester aufschlußreich finden würde, sie mit denen in Melbourne zu vergleichen, und sie konnte einen ganzen Tag damit verbringen, ein Paar Handschuhe auszusuchen. Dabei ging sie von Geschäft zu Geschäft und bildete sich ein Urteil über deren Qualität. Eines Tages wollte sie den Zoo besichtigen.

Silcox erzählte, daß er gerne in die Schaufenster der Juweliere schaute. An den Nachmittagen ging er in ein Kino, in dem sie die Wochenschau zeigten. Auf der Heimfahrt las er Zeitung, und sie betrachtete die Rückseiten der Häuser und die kleinen Gärten und später die Felder oder Wälder; wie hypnotisiert starrte sie dabei aus dem Fenster.

Eines Morgens überraschte er sie dadurch, daß er ihr nach dem Frühstück in ihr Schlafzimmer folgte. Um diese Zeit streifte er sonst durch den Garten oder wanderte am Fluß entlang.

Als er die Tür hinter sich geschlossen hatte, sagte er leise: »Ich fürchte, ich muß dich um etwas bitten. Ich glaube, es wäre besser, wenn du hier drinnen weniger ordentlich wärst. Es ist mir heute morgen in den Sinn gekommen, daß du Anlaß zu Mißtrauen gibst, wenn du immer alles wegräumst.«

Er war früher einmal Zimmerkellner in einem Hotel gewesen, und weil er so vielen Ehepaaren das Frühstück gebracht hatte, wußte er, wie ihre Schlafzimmer gewöhnlich aussahen. Auf die Erfahrungen mit seiner eigenen Frau ging er nicht ein.

»Ich habe zufällig gehört, wie Carrie gesagt hat, was für ein ordentliches Paar wir seien, und ihr sei noch nie so jemand untergekommen, nicht einmal eine Nadel sei zu sehen, wenn sie in dieses Zimmer komme, sagte sie. Ich erkenne an, daß du es gut meinst«, fuhr er von oben herab fort, »aber nichts würde unserem Zweck weniger dienen, als wenn wir in irgendeiner Weise aus dem Rahmen fallen. Wenn du ein oder zwei Dinge herumliegen lassen könntest – deine Haarbürste vielleicht – aber das überlasse ich natürlich dir – nur ein Tiegelchen mit irgend etwas darin auf dem Frisiertisch. Eine Ehefrau würde niemals alles in den Schubladen verstecken. Carrie hat recht, im Moment ist nicht einmal eine Nadel zu sehen. Man sieht nicht, daß das Zimmer überhaupt bewohnt ist, abgesehen von dem Photo.«

Edith errötete und preßte die Lippen aufeinander. Sie wandte sich ab und gab keine Antwort. Obwohl sie wußte, daß es ihm schwergefallen war, ihr den Vorschlag zu machen, und sie ihn für vernünftig und notwendig hielt, ärgerte sie sich darüber. Sie fragte sich, warum sie seine Worte als so demütigend empfand, und konnte keinen Grund dafür finden. Er hatte schon gelegentlich an ihrer Arbeit etwas auszusetzen gehabt – die Seerosen-Servietten zum Beispiel –, aber er hatte sie nie dadurch verärgert.

Sie wartete, bis er gegangen war, und holte dann eine große Bürste mit harten Borsten aus der Kommode, eine Schachtel mit Manschettenknöpfen und Sicherheitsnadeln und ein Tiegelchen Vaseline, die sie bei kaltem Wetter benutzte, wenn ihre Lippen rissig waren. Als sie am frühen Abend heraufkam, um sich umzuziehen, fand sie Silcox' Bürsten neben der ihren, seitlich vom Spiegel baumelte ein Schuhlöffel, und sein Morgenmantel hing nicht mehr im Kleiderschrank, sondern an der Tür.

Sie wurde angesichts dieser Dinge von einem seltsamen Gefühl beschlichen, und als sie die Treppe hinunterging, versuchte sie, alle ihre Gedanken auf die Arbeit zu richten.

»Er könnte gar keine anderen Eltern haben«, sagte Carrie Hurt, das Zimmermädchen, während sie das Photo betrachtete. Sie besaß die Unverfrorenheit, es in die Hand zu nehmen und damit ans Fenster zu treten, um besser sehen zu können.

»Die Leute finden, daß er mehr auf seinen Vater hinauskommt«, sagte Edith, die der Versuchung erlag, die Unterhaltung fortzusetzen. Gleichzeitig wunderte sie sich über sich selbst.

»Ich nehme an, es ist die Seite seines Vaters, die das sagt«, erwiderte Carrie. »Dabei kann ich Sie deutlich erkennen! Er hat den gleichen Haaransatz. Der von seinem Vater läuft eher spitz zu.«

Edith ertappte sich dabei, wie sie über Carries Schulter blickte, als hätte sie das Photo noch nie gesehen.

»Es stimmt, er ähnelt ein wenig dem ältesten Jungen meiner Schwester«, räumte sie ein. »Seinem Vetter«, fügte sie hinzu und war über ihre eigenen Worte erstaunt.

»Tja, Sie müssen stolz auf ihn sein. So ein offenes Gesicht«, sagte Carrie, stellte die Photographie an ihren Platz zurück und fuhr mit einem Staubtuch über das Glas.

»Ja«, sagte Edith. »Er ist ein braver Junge.«

Sie ließ Carrie allein, ging nach unten und spazierte durch den Garten, bis es Zeit war, wieder an die Arbeit zu gehen. Sie schlenderte die Kieswege auf und ab und am Fluß entlang, aber es gelang ihr nicht, der freudigen Erregung Herr zu werden, die sie seit kurzem so beunruhigte, weil sie das Gefühl hatte, daß sie ihr nicht zustand.

An der Biegung des Flusses traf sie auf Silcox, der seine freien Stunden neuerdings mit Angeln verbrachte – eine nützliche Entschuldigung, um Ediths Gesellschaft zu vermeiden. Er stand am Ufer, die Augen auf die Angelrute an der Stelle gerichtet, wo sie ins Wasser tauchte, und wandte kaum den Kopf, als Edith auf ihn zukam.

»Wo geht er – wo geht Julian in den Ferien hin?« fragte sie.

»Er geht zu Verwandten«, antwortete Silcox.

Sie wußte, daß sie ihn störte und daß sie weitergehen mußte. Dabei hörte er sie besorgt murmeln: »Ich hoffe so sehr, daß sie nett zu ihm sind.«

Mit einem Ruck wandte er sich um und schaute ihr nach, aber sie war schon in Gedanken versunken über den Rasen zurückgegangen. Der erstaunte Ausdruck blieb noch lange danach auf seinem Gesicht, und als sie vor dem Mittagessen ihren Platz im Restaurant einnahm, schaute er sie voller Sorge an; doch war sie wieder ganz die alte – abweisend und tüchtig.

»Besuchen wir ihn denn nie?« fragte sie ein paar Tage später. »Wird man es nicht merkwürdig finden, daß wir nie zu ihm fahren?«

»Was wir in unserer Freizeit machen, geht niemanden etwas an«, sagte er.

»Ich habe nur gedacht, sie könnten es merkwürdig finden.«

Es gibt ihn nicht wirklich, nichts davon ist wahr, rief sie sich jetzt ständig ins Gedächtnis, denn zuzeiten wurden ihre Schuldgefühle wegen des verlassenen Jungen zu heftig.

Manchmal brachten Eltern ihre Söhne zum Lunch in das Hotel mit, wenn diese an Sonntagen ihr Internat verlassen durften, und Edith mußte feststellen, daß sie viel Aufhebens um sie machte, ihnen riesige Portionen auf die Teller häufte und mit ihren Eltern über ihren gesunden Appetit sprach.

»In dem Alter sind sie alle gleich«, pflegte sie zu sagen. »Ich weiß das.«

Es paßte so gar nicht zu ihr, daß sie mit den Gästen plauderte, und verstieß gegen Silcox' Ehrenkodex. Als er geringschätzige Bemerkungen über ihr ungewöhnliches Verhalten machte, schien sie ihm kaum zuzuhören. Am Sonntag darauf wandte sie sich, während sie einem Jungen eine doppelte Portion Eiscreme servierte, an dessen Mutter und lächelte: »Ich habe selbst einen Sohn, Madam«, sagte sie. »Ich weiß Bescheid.«

Silcox, der das zufällig mit angehört hatte, war zu aufgebracht, um sich an diesem Nachmittag zum Angeln hinzusetzen. Er suchte nach Edith und fand sie in ihrem Schlafzimmer, wo sie einen Brief an ihre Schwester schrieb.

»Es war ein Fehler – das mit dem Jungen«, sagte er, nahm das Photo in die Hand und starrte es böse an. »Du hast kein Feingefühl in diesen Dingen. Du übertreibst die Täuschung maßlos. Du gehst zu weit.«

»Zu weit?« fragte sie fröhlich, schrieb dabei aber eifrig weiter.

»Unsere Stellung ist gefestigt. Ich glaube, die kleinen Schnörkel, die ich mir ausgedacht habe, haben ihren Zweck erfüllt.«

»Aber es waren alles *deine* kleinen Schnörkel«, sagte sie zu ihm aufblickend. »Du hast es mir nicht erlaubt, *mir* auch welche auszudenken, nicht wahr?«

Er blickte sie unbewegt an, und nach kurzer Zeit begannen

ihre Augenlider zu zucken, und sie wandte sich wieder ihrem Brief zu.

»Es wird keine mehr geben«, sagte er. »Weder von deiner noch von meiner Seite. Auch keine Gespräche mehr über unsere Angelegenheiten, hast du das verstanden? Jeden Morgen ist Carrie hier oben und klatscht, du plauderst mit den Gästen und bindest ihnen einen Bären auf – als ob etwas Wahres daran wäre und als ob es sie interessieren würde. Du weißt genauso gut wie ich, wie wenig so etwas mit unserer Berufsehre zu vereinbaren ist. Ich hätte so etwas von dir nie gedacht. Selbst als wir in diesem schrecklichen Hotel in Paignton waren, hast du dich nicht so würdelos benommen.«

»Ich sehe kein Unrecht darin«, sagte sie sanft.

»Und ich sehe keine Notwendigkeit dazu. Dagegen spricht schon allein die Tatsache, daß du mit dem Feuer spieltst – wenn du dich derartig in die Sache verwickelst. Wir wollen unsere Privatangelegenheiten für uns behalten, sonst kommen wir noch in eine heikle Lage.«

»Wann geht die Post weg?«

Ohne ihren Brief noch einmal durchzulesen, schob sie ihn in einen Umschlag. Wer weiß, was sie geschrieben hat, dachte er. Ein Glück, daß ihre Schwester weit weg in Australien ist.

Das Photo – den Stein des Anstoßes – stieß er zur Seite, als ob er es gerne los gewesen wäre.

»Ich habe den Eindruck, daß du mir gar nicht richtig zuhörst«, sagte er. »Ich kann dir nur raten, auf mich zu hören. Es sei denn, du willst uns beide zum Gespött der Leute machen.«

Bevor sie die Adresse auf den Umschlag schrieb, schaute sie ihn einen Augenblick lang ernst an und überlegte dabei, daß es vielleicht das Schlimmste sei, was ihm zustoßen konnte, das, was er immer am meisten gefürchtet hatte, zum Gespött der Leute zu werden, seine Würde zu verlieren. Ich war genauso, dachte sie und griff nach ihrem Stift.

»Ja, ich habe einen Fehler gemacht«, sagte er. »Ich gebe es offen zu. Aber wir werden dazu stehen, da es nun einmal geschehen ist. Wir können den Jungen ja kaum umbringen, wo wir ihn nun einmal haben.«

Sie drehte sich mit einem Ruck um und schaute ihn an. Ihr Gesicht war noch blasser als sonst geworden; dann schien sie sich wieder zu fangen und neigte den Kopf. Ziemlich langsam und mit zittriger Schrift schrieb sie die Adresse zu Ende.

»Ich hoffe, ich habe in Zukunft keinen Anlaß mehr zur Klage«, sagte er – in der Art, wie ein Vorgesetzter mit ihr sprechen würde, und letztlich hatte er auch immer das Gefühl, er sei es. Mit diesen Worten, die er als passenden Abschluß des Gesprächs empfand, ließ er sie allein, aber er runzelte ärgerlich die Stirn, als er nach unten ging. Sie benahm sich merkwürdig, irgend etwas stimmte nicht mit ihr, und er machte sich Sorgen.

Edith lächelte, während sie sich anzog, um zum Briefkasten zu eilen. Das ist die erste Meinungsverschiedenheit, die wir je gehabt haben, dachte sie. Seit wir verheiratet sind.

»Ich finde *sie* ganz in Ordnung«, sagte Carrie Hurt zur Kaffeeköchin. »Überhaupt nicht eingebildet, wirklich nicht, wenn du sie erst näher kennengelernt hast.«

»Aber ihn kann ich nicht ausstehen.«

»Sie tut mir leid. Wie er sie behandelt.«

»Und kannst du dir vorstellen, wie schnell er wütend wird? Man hat das Gefühl, findest du nicht, daß ihn jede Kleinigkeit zur Weißglut bringt?«

»Ja, sie tut mir leid. Wenn er nicht da ist, redet sie gerne. Und ihren Jungen vergöttert sie ja geradezu.«

»Es muß schon komisch sein, wenn man ihn kaum sieht.«

»Sie fährt bald hin, hat sie mir erzählt, wenn er Geburtstag hat. Sie hat mir den Pullover gezeigt, den sie ihm strickt. Sie kann gut stricken.«

Silcox fand Edith an einem einsamen Plätzchen hinter dem Hotel, wo es dem Personal erlaubt war, frische Luft zu schnappen. Es handelte sich um einen mit Kopfsteinen gepflasterten Hof, in dem zahlreiche leere Bierkästen standen und Geschirrtücher zum Trocknen an Wäscheleinen hingen. Auf den Dächern der Nebengebäude wanderten Tauben auf und ab, und die Küchenkatze saß zu Ediths Füßen und beobachtete sie. Edith strickte einen weißen Zopfpullover, und auf ihrem Schoß lag ein Handtuch, damit die Wolle sauber blieb.

»Ich habe gerade zufällig gehört, wie sich Carrie Hurt und die Kaffeeköchin über dich unterhalten haben«, sagte Silcox, nachdem er in die Runde geblickt hatte, um sich davon zu überzeugen, daß ihn keiner belauschte. »Was soll der Unsinn, daß du den Jungen besuchen willst, oder habe ich mich verhört?«

»Sie denken, wir benehmen uns nicht wie richtige Eltern. Ich habe mich deswegen so geschämt, daß ich gesagt habe, ich fahre zu seinem Geburtstag.«

»Und wann ist *der*, bitteschön?«

»Nächsten Monat, am achtzehnten. Bis dahin bin ich mit dem Pullover fertig.«

Sie nahm die Strickanleitung zur Hand und las sie stirnrunzelnd.

»Oh, wirklich, ach ja? Das hast du dir ja wunderbar ausgedacht. Aber sein Geburtstag ist zufällig im März.«

»Man kann doch irgendeinen Tag wählen«, sagte sie. Sie fuhr fort zu stricken und zu lächeln.

»Ich verbiete dir, noch irgend etwas über den Jungen zu sagen.«

»Das kannst du nicht. Schließlich fragen mich die Leute, wie es ihm geht.«

»Ich wünschte, ich hätte mit dieser verdammten Sache nie angefangen.«

»Ich nicht. Ich bin froh darüber.«

»Du bringst uns noch ins Gefängnis, ist dir das klar? Und was strickst du da überhaupt?« Er wußte es von der Unterhaltung, die er belauscht hatte.

»Einen Pullover für ihn, für Julian.«

»Weißt du was?« sagte er, beugte sich zu ihr herunter und spie ihr die Worte fast ins Gesicht, eines nach dem anderen: »Ich glaube, du bist dabei, den Verstand zu verlieren. Du wirst von hier weggehen müssen. Vielleicht sollten wir beide gehen, und das bedeutet, daß sich unsere Wege trennen.«

»Ich sehe keinerlei Grund dafür«, sagte Edith. »Ich bin noch nie so glücklich gewesen.«

Aber ihr Glück sollte bald ein Ende haben: Noch bevor sie den Pullover fertig gestrickt hatte, war der Zauber gebrochen.

Von ihrer Schwester Hilda in Melbourne kam ein Brief an. Sie schrieb wesentlich seltener als Edith und gewöhnlich nur, wenn sie sich mit etwas großtun konnte – dieses Mal war es einer ihrer Söhne, der ein Tennisturnier gewonnen hatte.

Sie hat immer auf mich herabgesehen, dachte Edith. Ich bin

nie derart auf Julians Erfolgen herumgeritten. Ich sehe nicht ein, warum ich all die Jahre sein Licht unter den Scheffel gestellt habe.

Sie setzte sich auf der Stelle hin und schrieb einen langen Brief über seine diversen Erfolge. Was Hildas Söhne auch immer erreicht haben mochten, für Julian schien es ein leichtes, sie zu übertreffen. »Wir schicken ihn in den Ferien auf den Kontinent als Belohnung für sein bestandenes Examen«, schrieb sie als letzten Satz. Sie hatte ihre Zurückhaltung und Bescheidenheit satt. Diese Eigenschaften hatten ihr nie irgendeine Freude bereitet – nicht die wunderbare Heiterkeit und das Gefühl, reich zu sein, das sie jetzt verspürte. Sie war dem Leben zu freudlos und anspruchslos gegenübergestanden; das war ihr jetzt klar geworden.

Sie brachte den Brief ins Dorf und gab ihn dort auf. Ihre Schwester stellte sie sich verstimmt – nicht verwirrt – vor, während sie ihn las.

Als sie zurückkam, stand Silcox im Schlafzimmer. Er schob rasch eine Schublade zu und machte sich voller Hingabe daran, seine Uhr aufzuziehen. »Ich glaube, es ist Zeit, mich wieder an die Arbeit zu machen«, sagte er weniger kalt als in letzter Zeit, während er aus dem Zimmer ging.

Edith machte der Ton, der für ihr Gefühl zu herzlich war, mißtrauisch, und sie schaute sich im Zimmer um, um zu sehen, ob sich jemand an ihren Sachen zu schaffen gemacht hatte. Sie war vor allem um ihr Strickzeug besorgt, das für sie so kostbar war; aber es hing ordentlich zusammengerollt in einem sauberen Wäschebeutel in ihrem Schrank.

Sie öffnete die Schublade, die Silcox so flink zugeschoben hatte, und fand einen Brief, der auf einem Stapel schwarzer Wollsocken lag. Aus dem Umschlag schaute ein Photo heraus. Zwar hatte er den Brief sofort weggesteckt, als sie hereinkam, aber es war ihr klar, daß er ihn ganz unbesorgt da ließ, wo er war, denn es würde in keiner Weise zu dem Bild passen, das er sich von ihr machte, daß sie in seinen Sachen herumspionierte. Er kennt mich überhaupt nicht, dachte sie und trat mit dem Photo ans Fenster, damit sie es besser sehen konnte.

Sie erschrak über die Heftigkeit, mit der ihr Herz zu schlagen und zu hämmern begann, und sie preßte die Hand an die Brust und flüsterte, »Pscht«, damit es nicht so laut klopfte. »Pscht, pscht«, flehte sie es an und setzte sich auf ihr Bett, um abzuwarten, bis das Schwindelgefühl vorbei war.

Als sie sich etwas beruhigt hatte, schaute sie die beiden Köpfe auf dem Photo noch einmal an. Es konnte keinen Zweifel darüber geben, daß der eine Julian war, wenn er auch älter war, als sie ihn sich vorgestellt hatte, und ausgeprägtere Gesichtszüge hatte als auf dem anderen Photo – dem, das immer auf der Kommode stand.

Er ähnelte unverkennbar der Frau in mittleren Jahren, um die er liebevoll den Arm gelegt hatte und die das selbstgefällige, erfreute Lächeln einer Mutter auf dem Gesicht trug, deren Sohn sie gerade liebevoll geneckt hatte. Sie strahlte vor Vergnügen und schien drauf und dran, ihren Sohn zärtlich in seine Schranken zu weisen. Sie sah hübsch und etwas einfältig aus und trug ein geblümtes Kleid mit einem weiten Rock, das für sie zu mädchenhaft war und über der Brust zu eng anlag. Die beiden standen in einem kleinen Garten am Holzzaun. Hinter ihnen wuchsen ungepflegte Stockrosen, und die Wäsche, die im Wind geflattert war, als die Kamera klickte, hing verwackelt über ihren Köpfen. Julian hatte den Photographen dümmlich grinsend angestarrt, fast zog er eine Grimasse. Es ist alles gestellt, dachte Edith. Alles auf Wirkung aus.

Als ihre Beine nicht mehr zitterten, ging sie noch einmal zu der Kommode und holte den Brief aus der Schublade. Mehr als einen kurzen Abschnitt konnte sie nicht auf einmal lesen, weil sich ihrer immer wieder ein Gefühl von Schwäche und Brechreiz bemächtigte. Dann wartete sie jedesmal mit geschlossenen Augen, bis es ihr wieder besser ging. Nachdem sie »Lieber Vater« gelesen hatte, saß sie zur Salzsäule erstarrt da, ehe sie sich dazu aufraffen konnte, den in kindlicher Handschrift geschriebenen albernen Brief weiter und zu Ende zu lesen. Ohne Einleitung begann er mit einem unbeholfenen Dank für eine Armbanduhr, die er – wie er sich ausdrückte – zu seinem Einundzwanzigsten bekommen hatte. Edith hatte das Gefühl, daß er offensichtlich mehr erwartet hatte. Sie hatten gemeinsam einen schönen Tag verbracht, und Mama habe gerudert, so gut sie es eben konnte. Sie lebten immer noch in Streatham, und er arbeite in einem Autosalon, wo er – wie er durchblicken ließ – seine Zeit damit verbrachte, seine Kunden zu beneiden. Es sei alles nicht so einfach, allerdings sei Mama selbstverständlich wunderbar. Wenn er genug

Geld habe, sie auszuführen, wozu er gerne öfter in der Lage wäre, amüsiere sie sich wie ein junges Mädchen. Es sei nett von seinem Vater gewesen, daß er an ihn gedacht habe, beendete er seinen Brief vorwurfsvoll.

Carrie Hurt stieß die Schlafzimmertür im selben Moment, als sie anklopfte, auf. »Ich wollte fragen, ob du gleich hinunterkommen kannst, Edith. Es sind schon ein paar Leute im Restaurant.«

»Ich komme nicht hinunter«, sagte Edith.

»Fühlst du dich nicht wohl?«

»Sag ihm, daß ich nicht hinunterkomme.«

Edith wandte den Kopf ab und verharrte in dieser Haltung, bis Carrie gegangen war. Ganz ruhig saß sie da und wartete auf Silcox. Er würde kommen, das wußte sie, sobald er die Managerin oder ein Mädchen gebeten hatte, einen Augenblick lang seinen Platz einzunehmen. Es würde seinen Stolz verletzen, eine solche Krise eingestehen zu müssen, aber er wäre zu beunruhigt, um es auf sich beruhen zu lassen.

Ihr Haß war jetzt so abgrundtief, daß er sie betäubte, und sie war in der Lage, ganz ruhig und geduldig dazusitzen und auf ihn zu warten. Dabei legte sie sich nicht einmal irgendwelche Anklagereden zurecht, weil sie die Schnelligkeit, mit der das Unglück über sie hereingebrochen war, und die Unmöglichkeit, die Wahrheit zu akzeptieren, unfähig zum Handeln machten.

Es dauerte gar nicht sehr lange, bis sie seine eiligen Schritte hörte. Er betrat das Zimmer genauso, wie sie es sich vorgestellt hatte, berstend vor wichtigtuerischer Entrüstung. Sie beobachtete, wie seine Entrüstung nachließ und einer anderen Art von Ärger Platz machte, als er den Brief in ihrer Hand und das Photo auf dem Bett sah.

»Du kannst deinen Augen ruhig trauen«, sagte sie.

Zuerst fiel ihm nichts Besseres ein als zu sagen: »Wie kannst du es wagen!« Er sagte es zweimal, aber da es der Situation in keiner Weise angemessen war, ging er mit schnellen Schritten zu ihr hin, packte sie an den Handgelenken und schüttelte sie so lange, bis ihre Zähne klapperten. Jahrelang, nicht seit den Tagen seiner kurzen Ehe, hatte er keine Frau mehr so behandelt, und er hatte die überwältigenden Gefühle, die dieses Verhalten in ihm auslöste, vergessen. Er ließ sie los, aber nur, um sie erst mit dem Rücken der einen Hand und dann mit dem der anderen ins Gesicht zu schlagen.

Erschüttert, aber furchtlos starrte sie ihn an. »Es war alles wahr«, sagte sie. »Er war wirklich dein Sohn, und du hast ihn verleugnet. Und doch hast du dir diese Geschichte ausgedacht, nur damit du einen Grund hast, das Photo herauszuholen und es jeden Tag anzuschauen.«

»Was hätte ich davon gehabt? Er bedeutet mir nichts.« Er hoffte, sie durch sein plötzliches Umschwenken in Gleichgültigkeit aus der Fassung zu bringen.

»Und seine Mutter – schließlich war *ich* doch seine Mutter.«

Er lachte theatralisch über die Absurdität dieser Idee. Es war eine schlechte Aufführung. Als er aufgehört hatte, sich vor Lachen zu biegen, wischte er sich die Augen trocken und stieß mit einem Seufzer, der andeuten sollte, daß er sich soeben köstlich amüsiert hatte, aus: »Entschuldige.«

Als sie an diesem Mittag zum zweitenmal vor der Tür stand, wartete Carrie Hurt, nachdem sie geklopft hatte. Es hatte sie überrascht, daß Silcox so laut gelacht hatte, als sie den Korridor entlangging. Sie hatte von ihm noch nie auch nur die Andeutung eines Lachens gehört und fragte sich, ob er auf einmal verrückt geworden sei. Er öffnete ihr die Tür und sah wieder ernst und würdevoll aus.

»Ja, ich komme jetzt«, sagte er.

»Sie haben sehr viel zu tun. Ich soll Sie fragen, ob Sie bitte...«

»Ich wiederhole, ich komme jetzt. Edith geht es nicht gut, und wir müssen heute wohl oder übel ohne sie zurechtkommen. Sie wird hierbleiben und sich ausruhen«, fügte er hinzu, wandte sich um und sagte den letzten Satz direkt zu Edith. Dabei unterstrich er seinen ruhigen Tonfall durch einen unbeweglichen Blick. Er hätte die Tür hinter ihr versperrt, wenn Carrie nicht neben ihm gestanden hätte.

Jetzt war Edith allein, und sie begann zu weinen. Sie rieb sich die Handgelenke, die von seinem Griff immer noch gerötet waren, und warf den Kopf von einer Seite zur anderen, als ob sie versuchen wollte, die Gedanken, die sich ihr aufdrängten, zu verscheuchen.

Nach kurzer Zeit kam Carrie Hurt mit einem Glas Brandy zurück. »Der kann nicht schaden«, sagte sie. »Er hat zu mir gesagt, ich soll dich in Frieden lassen, aber ich habe mir gedacht, vielleicht braucht sie etwas.«

Sie stellte das Glas auf den Tisch neben dem Bett und trat ans Fenster, um die Vorhänge zuzuziehen. Edith saß still da, die Hände im Schoß gefaltet, und wartete darauf, daß sie ging.

»Meine Mutter hat auch manchmal so komische Zustände«, sagte Carrie zu ihr. Dann fragte sie, weil sie den Brief auf dem Bett bemerkte: »Oh, du hast doch nicht etwa eine schlechte Nachricht bekommen?«

»Doch«, sagte Edith. Sie beugte sich vor, um nach dem Glas zu greifen, nippte daran und schüttelte sich.

»Doch nicht dein *Junge?*« flüsterte Carrie.

Edith seufzte. Es war mehr als ein Seufzer – ein furchteinflößender Ton, mit dem ihr Körper schaudernd allen Atem, den er enthielt, auszustoßen schien.

»Er wird doch nicht krank sein?« fragte Carrie, die Schlimmeres erwartete – auch wenn sich Silcox zweifellos unter Kontrolle gehabt hatte. Aber was hatte sein furchtbares Lachen zu bedeuten gehabt?

Edith schwieg einen Augenblick lang und trank noch einen kleinen Schluck Brandy. Dann brachte sie mühsam und mit schwacher Stimme heraus: »Es steht viel schlimmer um ihn. Er ist entehrt.«

»O mein Gott!« sagte Carrie gespannt.

Ediths Blicke ruhten eine Sekunde auf dem Photo, das neben ihr auf dem Bett lag, und dann bedeckte sie es mit der Hand. »Wegen Diebstahls«, sagte sie, und ihre Stimme klang etwas kräftiger, »er hat gestohlen«, fügte sie hinzu.

»Ach du meine Güte, es tut mir ja so leid«, sagte Carrie besänftigend. »Ich kann es gar nicht glauben. Ich habe doch immer gesagt, was für ein offenes Gesicht er hat. Erinnerst du dich nicht, daß ich es immer gesagt habe? Wer hätte das gedacht? Bestimmt keiner. Es ist klar, daß ich niemandem auch nur ein Sterbenswörtchen verrate.«

»Du kannst es erzählen, wem du willst«, sagte Edith. »Die ganze Welt wird es wissen und kann entscheiden, wer schuld daran hat.«

Sie leerte das Glas mit geschlossenen Augen. Dann sagte sie: »In seinen Adern fließt schlechtes Blut.«

Als Silcox seine Arbeit beendet hatte, kam er herauf, aber die Tür war von innen versperrt, und es kam keine Antwort, als er sprach. Er nannte mehrere Male mit leiser Stimme ihren Namen, den Kopf zum Schlüsselloch hinuntergebeugt.

Er ging wieder und wanderte in seiner Kellnerkleidung am Fluß entlang, wo ihn alle anstarrten, die an ihm vorbeigingen. Als er zum Hotel zurückkehrte, wurde er auch dort angestarrt. Die Frau, die die Küche putzte, schien ihn neu einzuschätzen, schaute ihn neugierig an und redete in unverschämtem Ton mit ihm. Die Kaffeeköchin drückte sich an die Wand des Korridors, als er an ihr vorbeiging. Die anderen schienen ihm auszuweichen.

Die Schlafzimmertür war immer noch zu, aber nicht mehr versperrt. Er stand da und schaute auf das leere Zimmer: Die Haarbürste lag nicht mehr auf dem Frisiertisch, und an der Stange im Kleiderschrank hingen nur ein paar leere Bügel. Er nahm das Brandyglas und stand schnüffelnd da, als Carrie Hurt, die einen aufregenden Nachmittag verbracht hatte, in der Tür erschien.

»Wissen Sie schon, daß sie ihre Sachen gepackt hat und gegangen ist«, sagte sie. »Sie hat ein Taxi zum Bahnhof genommen. Ich hab gedacht, der Brandy hilft ihr auf die Beine«, fuhr sie fort und schaute auf das Glas in Silcox' Hand. »Ich nehme an, der Schock hat sie ganz schön durcheinandergebracht, und sie hat das Gefühl gehabt, sie muß zu ihm. Es ist klar, daß sie ihn sehen will, egal was passiert ist. Es muß ihr erster Gedanke gewesen sein. Ich wollte auch sagen, wie leid es mir tut. So was wünscht man seinem ärgsten Feind nicht.«

Er schaute sie ratlos an und ging dann langsam um das Bett herum, weil er merkte, daß ihr Blick, der seinem verlegen auswich, plötzlich an etwas hängenblieb, was er nicht sehen konnte. Da sah er, worauf sie starrte – den Papierkorb, der bis zum Rand mit ihrem weißen Strickzeug gefüllt war, das in lauter kleine Schnipsel zerschnitten war; sogar die Nadeln waren entzweigebrochen.

Bevor das neue Paar eintraf, schickte sich Silcox an zu gehen. Seit Ediths Abreise hatte er mit niemandem gesprochen, abgesehen von seinen Gästen, denen gegenüber er sich genauso würdevoll wie immer benahm. Wenn er seiner Tätigkeit über ein Rechaud oder eine Flasche gebeugt nachging, wirkte er geradezu andächtig – fast als versehe er ein heiliges Amt und fühle sich dazu berufen.

Am letzten Morgen räumte er seinen Schlafzimmerschrank und danach die Schubladen aus und packte mit gewohnter Sorgfalt. In der untersten Schublade entdeckte er zu seinem Entsetzen unter einem Stapel Hemden in eine Damastserviette gerollt ein Dutzend silberne Suppenlöffel aus dem Restaurant.

Jean Rhys
Lotus

»Garland sagt, sie ist eine Hure.«

»Eine Hure! Meine liebe Christine, hast du sie gesehen? Schließlich hat alles seine Grenzen.«

»Was, rund um die Portobello Road? Das bezweifle ich doch sehr.«

»Unsinn«, sagte Ronnie. »Sie schreibt einen Roman. Ja, liebes Kind«, er riß die Augen weit auf und zog die Mundwinkel nach unten, »er handelt von einem Mädchen, das verführt wird.«

»Na, wenn schon.«

»In einem Heuschober.« Ronnie brüllte vor Lachen.

»Vielleicht haben wir ein bißchen Glück; sie könnte ja heute abend mal schneller blau sein als sonst und gar nicht mehr aufkreuzen.«

»Nicht aufkreuzen? Wetten, daß sie kommt?«

Christine sagte: »Ich verstehe nicht, warum du sie überhaupt hergebeten hast.«

»Na ja, sie hat sich neulich ein Buch geborgt und gesagt, sie wolle heraufkommen und es zurückbringen. Was konnte ich da machen?«

Während sie noch stritten, klopfte es an der Tür, und er rief: »Herein ... Christine, das ist Mrs. Heath. Lotus Heath.«

»Guten Abend«, sagte Lotus mit heiserer Stimme. »Wie geht es Ihnen? Recht gut, hoffentlich ... Guten Abend, Mr. Miles. Ich bringe Ihnen Ihr Buch wieder. *Groß*artig.«

Sie war mittleren Alters, klein und korpulent. Ihre vollen Arme waren nackt, die Fingernägel leuchtend rot lackiert. Sie hatte den Mund ungeschickt in der Farbe der Fingernägel geschminkt, aber ihr Gesicht war sehr blaß. Ihr schwarzes Kleid war vorn grau von Puder.

»Wie diese Fenster klappern!« sagte Christine. »Geradezu hysterisch, finde ich.« Sie klemmte ein Stück Zeitung zwischen die Fensterrahmen und setzte sich auf den Diwan. Lotus rückte sofort an ihre Seite und beugte sich vor.

»Sie mögen mich doch, meine Liebe, nicht wahr? Sagen Sie, daß Sie mich mögen.«

»Natürlich mag ich Sie.«

»Ich finde es so nett von Ihnen, mich hier heraufzubitten«, sagte Lotus. Ihre traurigen Augen, die sehr weit auseinanderstanden, schweiften ziellos durchs Zimmer, das gelb gestrichen und mit Dampfer-Plakaten dekoriert war – »Marokko, Land der Sonne«, »Lockendes Bali«. »Ich hab's allmählich satt, kann ich Ihnen sagen, Abend für Abend allein da unten zu sitzen. Und Tag für Tag ja schließlich auch.«

Christine bemerkte steif: »Das ist hier eine schrecklich deprimierende Gegend von London finde ich.«

Ihre Nüstern weiteten sich. Dann preßte sie die Arme dicht an ihren Körper, rückte ein Stück weg und zündete sich eine Zigarette an; sie atmete den Rauch tief ein.

»Aber Sie haben es doch sehr hübsch hier oben, nicht wahr? Ist das eine Photographie von Ihrem Vater dort auf dem Kamin? Sie sehen ihm ähnlich.«

Ronnie sah seine Frau an und hustete. »Na, wie geht's mit der Dichtkunst?« fragte er und lächelte schlau bei dem Wort »Dichtkunst«, als hätte er einen unanständigen Witz gemacht. »Und der Roman, wie geht's damit voran?«

»Nicht allzu schnell«, sagte Lotus und schaute auf die Whiskykaraffe. Ronnie erhob sich als guter Gastgeber. Sie nahm das Glas, das er ihr reichte, verdrehte die Augen, leerte es mit einem Schluck und sah ihm geistesabwesend zu, während er es wieder füllte.

»Aber es ist wunderbar, wie es mir zuströmt«, sagte sie. »Es wird ein langes Buch. Ich will alles darin unterbringen – das ganze verdammte Zeug. Ich will ein Buch schreiben, wie noch niemand eins geschrieben hat.«

»Sie haben ganz recht, Mrs. Heath, machen Sie das Buch nur lang«, riet ihr Ronnie.

Seine höflich interessierte Miene ärgerte Christine.

Will er witzig sein? dachte sie, und es prickelte sie vor Gereiztheit am ganzen Körper. Sie stand auf und murmelte: »Ich guck mal nach, ob noch Whisky da ist. Wir werden ihn sicher brauchen.«

»Das Schreckliche ist«, sagte Lotus, als Christine hinausging, »wenn einem die richtigen Worte nicht einfallen. Das ist eine Qual – man hat die Sache, aber nicht die richtigen Wörter.«

Auch im Schlafzimmer nebenan konnte Christine noch den

eintönigen Singsang hören, die Stimme einer Frau, die oft mit sich selber spricht. Mir dieses gräßliche alte Stück aufzuhalsen! dachte sie. Ronnie muß verrückt sein.

Dieses Haus geht mir auf die Nerven, dachte sie. Die Haustür war zartblau gestrichen. Rechter Hand fanden sich vier kleine Messingschilder und Klingelknöpfe – Mr. und Mrs. Garland, Mr. und Mrs. Miles, Mrs. Spencer, Miss Reid – und darunter war eine schmutzige Visitenkarte mit Heftzwecken angebracht: Mrs. Lotus Heath. Ein gemalter Finger zeigte nach unten.

Christine puderte sich das Gesicht und zog sorgfältig die Lippen nach. Was mochte die verrückte Person bloß alles erzählen?

»Ist es wirklich so hoffnungslos?« sagte sie, als sie die Tür zum Wohnzimmer öffnete. Lotus weinte.

»Sehr gut.« Ronnie sah verlegen aus und scharrte mit den Füßen. »Wirklich sehr gut, aber ein bißchen traurig. Wirklich ein bißchen sehr traurig, finden Sie nicht auch?«

Christine lachte leise.

»Das meinte mein Freund auch«, sagte Lotus, ohne auf ihre Gastgeberin zu achten. »›Was du auch tust, sei nicht trübsinnig‹, sagte er, ›das geht den Leuten auf die Nerven. Und schreib nicht über Sachen, über die du Bescheid weißt, weil du da in Rage kommst und zuviel sagst, und das können sie auch wieder nicht vertragen. Erfinde; laß deine Phantasie spielen.‹ Und wie steht's nun mit meinem Buch? Das ist nicht traurig, nicht wahr? Und ich lasse meine Phantasie spielen. Trotzdem wünschte ich, ich könnte ein paar Sachen niederschreiben, die mir passiert sind, einfach so hinschreiben, ob sie nun traurig sind oder nicht. Ich habe ja auch meinen Spaß gehabt, das kann ich Ihnen sagen.«

Ronnie sah zu Christine hin, aber sie gab seinen Blick nicht zurück, sondern schaute weg und schob die Karaffe über den Tisch.

»Trinken Sie doch noch ein Glas, ehe Sie weitererzählen. Bitte. Dazu ist der Whisky doch da. Trinken Sie ihn mit Verstand, es ist nämlich leider keiner mehr in der Küche, und die Kneipe hat schon zu.«

»Sie denkt, ich trinke zuviel von Ihrem Whisky«, sagte Lotus zu Ronnie.

»Nein, das denkt sie bestimmt nicht.«

»Also – denken Sie's bitte nicht, liebe – wie heißen Sie doch? – Christine. Ich habe unten eine Flasche Portwein, ich gehe gleich hinunter und hole sie.«

»O ja«, sagte Christine, »wir wollen's uns recht gemütlich machen.«

»Ja, gut, meine Liebe. Also, wie ich gerade zu Mr. Miles sagte: das Beste, was ich je geschrieben habe, waren Gedichte. Der Roman ist mir verdammt schnuppe, unter uns gesagt. Den schreibe ich nur, um ein bißchen Geld zu verdienen. Im Grunde interessiere ich mich nur für Gedichte. Trotzdem, was ich für ein Gedächtnis habe, das werden Sie nicht glauben. Können Sie sich vorstellen, daß ich mich an Sachen erinnere, die jemand vor wer weiß wie langer Zeit zu mir gesagt hat? Wenn ich mir Mühe gebe, höre ich die Worte, und ich erinnere mich sogar an die Stimme, die sie gesprochen hat. Es ist wunderbar, mein Gedächtnis. Natürlich gelingt's mir jetzt nicht mehr so gut wie früher, aber es ist nun mal so, kein Mensch bleibt ewig jung.«

»Nein, ist das nicht ein Jammer?« sagte Christine, ohne sich an jemand Bestimmten zu wenden. »Die meisten Leute leben immer noch weiter, wenn sie schon längst tot sein sollten, nicht wahr? Vor allem Frauen.«

»Sie ist sarkastisch, nicht wahr? Ein niedliches kleines Ding, aber sarkastisch.« Lotus stand auf, schwankte und hielt sich am Kamin fest. »Sind Sie Mutter, Kindchen?«

»Meinen Sie mich?«

»Nein, ich sehe es, Sie sind's nicht – und Sie werden es nie sein, soweit es an Ihnen liegt. Sie sind zu raffiniert, nicht? Na, jedenfalls habe ich gerade ein Gedicht beendet. Ich schrieb es, während mir die Tränen über das Gesicht liefen, und was Besseres habe ich nie geschrieben. Es war, als ob mir jemand die ganze Zeit ins Ohr sagte: ›Schreib es, schreib es.‹ Gerade so. Es handelt von einer Frau, und sie steht vor Gericht und hört, wie der Richter ihren Sohn zum Tode verurteilt. ›Du mußt sterben‹, sagt er. ›Nein, nein, nein‹, sagt die Frau, ›er ist zu jung.‹ Aber der alte Richter bleibt dabei. ›... bis du stirbst‹, sagt er. Und, verstehen Sie –« sie erhob ihre Stimme – »er lebt gar nicht wirklich. Er ist eine Puppe, so ein Ding, wie es die Bauchredner haben, er ist gar nicht *wirklich*. Und niemand weiß das. Aber sie weiß es. Und deshalb sagt sie – warten Sie, ich sage es Ihnen auf.«

Sie ging in die Mitte des Zimmers und stellte sich ganz gerade hin, den Kopf zurückgeworfen und die Füße zusammen. Dann verschränkte sie die Hände locker auf dem Rücken und sagte mit hoher gekünstelter Stimme: »Die Mutter des Verbrechers.«

Christine fing an zu lachen. »Das ist zu komisch. Sie dürfen mich nicht für unhöflich halten, ich kann einfach nicht anders. Wenn jemand was deklamiert, muß ich mich immer schlecht benehmen.« Sie ging ans Grammophon und kramte in den Platten. »Tanzen Sie uns lieber etwas vor. Sie tanzen bestimmt wunderbar. Hier ist genau das richtige – *Just One More Chance.* Das ist doch recht, oder?«

»Kümmern Sie sich nicht um sie«, sagte Ronnie. »Sagen Sie's auf.«

»Nein, ich mag nicht. Was hat es für einen Sinn, wenn Ihre Frau sich nichts aus Gedichten macht?«

»O, sie ist nur ein albernes kleines Ding.«

»Sag mir, worüber du lachst, und ich sage dir, wer du bist«, sagte Lotus. »Die meisten Leute lachen, wenn man unglücklich ist – das reizt sie zum Lachen. Ich bin alt genug, um das zu wissen – und vielleicht erlebe ich auch noch, wie ihnen das Lachen vergeht.«

»Kümmern Sie sich nicht um sie«, wiederholte Ronnie. »Sie ist nun mal so.« Er nickte zu Christine hin, die ihm den Rücken zukehrte; seine Stimme war zärtlich und stolz. »Erst heute morgen hat sie mir gesagt, daß sie nichts davon halte, um anderer Leute willen sentimental zu werden. Nicht wahr, Christine?«

»Das habe ich absolut nicht gesagt.« Christine drehte sich um, blutrot im Gesicht. »Ich sagte, ich hätte Gefühlsduseleien satt – das habe ich gesagt. Und ich sagte, es widere mich an, Leute bemitleiden zu müssen, die nur kriegen, was sie verdient haben. Wenn es jemandem miserabel geht, dann kann man wetten, daß er selber dran schuld ist.«

»Nur weiter«, sagte Lotus. »Sie reden wie eine dumme Gans, meine Liebe. Sie haben in Ihrem ganzen Leben nie etwas gefühlt, sonst könnten Sie nicht so reden. Ein verkümmertes Herz, das ist Ihre Schwierigkeit. Und wenn Ihr Vater Pfarrer wäre – deshalb haben Sie doch ein verkümmertes Herz.« Sie stand immer noch mitten im Zimmer, die Hände auf dem Rücken. »Sagen Sie's ihr, Mr. Dingsbums. Sagen Sie die Wahrheit, nur heraus damit! Los, sagen Sie Ihrer kleinen Freundin, daß sie redet wie eine dumme Gans.«

»Na, na, na, na, was ist denn jetzt los?« Ronnie wurde es unbehaglich. Er langte nach der Karaffe und ließ die letzten Tropfen in sein Glas rinnen. »Immer, wenn man wirklich dringend was zu trinken braucht, ist nichts mehr da. Haben Sie das auch schon gemerkt? Was ist mit dem Portwein?«

Die zwei Frauen starrten einander an. Keine antwortete ihm.

»Wie wär's mit dem Portwein, Mrs. Heath? Nehmen wir uns doch den Portwein vor, den Sie uns versprochen haben.«

»Ach ja, der Portwein«, sagte Lotus, »der Portwein. Ja klar, ich hole ihn.«

Kaum war sie weg, begann Christine wütend im Zimmer auf und ab zu gehen. »Was fällt dir eigentlich ein? Warum redest du diesem gräßlichen Weibsbild auch noch zu? ›Ihre kleine Freundin‹, hast du das gehört? Glaubt sie, ich bin deine Konkubine, oder was ist? Macht es dir Spaß, wenn sie mich beleidigt?«

»Ach, sei nicht albern, sie wollte dich doch nicht beleidigen«, begütigte Ronnie. »Sie ist blau – das ist alles. Ich finde sie verdammt komisch. Sie ist das komischste Relikt aus vergangenen Zeiten, das mir seit langer Zeit über den Weg gelaufen ist.«

Christine redete weiter, als habe sie ihn nicht gehört. »Dieses verdammte schmierige Drecksviertel hier und mein elendes Leben darin! Und jetzt mußt du auch noch dieses Weibsstück herschaffen, das nach Whisky stinkt und nach allem möglichen, wovon man lieber nicht spricht, damit sie mir was *erzählt.* Sie mir! Aber es gibt Grenzen, wie du selbst gesagt hast, es gibt Grenzen... Man sollte sie noch nicht mal mit der Feuerzange anrühren.«

»Hör mal, gib acht«, sagte Ronnie. »Sie kommt schon wieder. Sie wird dich hören.«

»Soll sie mich doch hören«, sagt Christine.

Sie ging hinaus auf den Treppenabsatz und blieb da stehen. Als sie Lotus' Kopf auftauchen sah, sagte sie mit klarer, heller Stimme: »Ich kann mit diesem Weib wirklich nicht länger im gleichen Zimmer bleiben. Diese Mischung aus Whisky und Muffigkeit ist wirklich zu gräßlich.«

Sie ging ins Schlafzimmer, setzte sich aufs Bett und fing an zu lachen. Bald lachte sie so unbändig, daß sie den Handrücken auf den Mund pressen mußte, um nicht zuviel Lärm zu machen.

»Hallo«, sagte Ronnie, »da sind Sie ja wieder.«

»Ich kann den Portwein nicht finden.«

»Schon gut. Machen Sie sich deswegen keine Gedanken.«

»Ich hatte wirklich welchen.«

»Schon recht... Meine Frau fühlt sich nicht ganz wohl. Sie mußte sich zu Bett legen.«

»Ich merke, wenn ich nicht erwünscht bin, Mr. Miles«, sagte Lotus. »Aber lassen Sie uns nur noch ein Glas trinken. Wetten, daß Sie irgendwo noch was versteckt haben.«

Es fand sich noch etwas Sherry im Schrank.

»Heißen Dank.«

»Wollen Sie sich nicht setzen?«

»Nein, ich will gleich wieder gehen. Aber bringen Sie mich doch hinunter. Es ist so dunkel, und ich weiß nicht, wo die Schalter sind.«

»Gewiß, gewiß.«

Er ging voraus, machte auf jedem Treppenabsatz das Licht an, und sie folgte ihm, wobei sie sich am Geländer festhielt.

Draußen hatte der Regen aufgehört, aber es ging noch ein heftiger, eiskalter Wind.

»Helfen Sie mir diese verdammte Treppe hinunter, ja? Mir geht's nicht allzu gut.«

Er schob die Hand unter ihren Arm, und sie stiegen die Kellertreppe hinunter. Sie holte den Schlüssel aus ihrer Handtasche und schloß die Tür zur Souterrainwohnung auf.

»Kommen Sie eine Minute herein. Ich habe ein hübsches Feuer brennen.«

Das Zimmer war klein und mit Möbeln vollgestopft. Vier Stühle mit Rokokobeinen, Sessel, aus denen die Polsterfüllung quoll, Stöße alter Zeitschriften, Photographien von Lotus, stets in raffinierten Abendkleidern, lächelnd und leblos.

Ronnie stand da und wippte von den Fersen auf die Zehen und wieder zurück. Die Photographien gefielen ihm. Muß ein hübsches Mädchen gewesen sein vor zwanzig Jahren, dachte er, und wie als Antwort darauf sagte Lotus mit weinerlicher Stimme: »Ich hatte alles, lieber Gott, wirklich alles. Augen, Haare, Zähne, Figur, das ganze verdammte Zeug. Und was hat es genützt?«

Das Fenster war geschlossen, und ein brauner Vorhang davorgezogen. Das Zimmer war von dem sauren Geruch der drei Abfallkübel erfüllt, die draußen im Hof standen.

»Was zahlen Sie für diese Wohnung?« fragte Ronnie und strich sich das Kinn.

»Dreißig Schilling die Woche, unmöbliert.«

»Wissen Sie, daß dieser Frau vier Häuser hier in der Straße gehören? Und jedes Stockwerk vermietet, Kellergeschoß und alles. Aber da haben Sie's – Geld bringt Geld, und hat man keins, kann man lange darauf warten. Ja, Geld bringt Geld.«

»Soll es«, sagte Lotus. »Mich schert das einen Dreck.«

»Na na, reden Sie doch nicht so.«

»Einen Dreck schert mich das. Sie können es ruhig weitersagen. Einen Dreck. Darauf war ich nie aus. Dinge, die Sie interessieren, kümmern mich nicht.«

Verrücktes, armes altes Luder, dachte er und sagte: »Na, dann kann ich ja wieder gehen, wenn alles hier in Ordnung ist.«

»Wissen Sie – dieser Portwein. Ich hatte wirklich welchen. Ich hätte Ihnen nicht gesagt, ich habe welchen, wenn ich keinen gehabt hätte. So eine bin ich wirklich nicht. Sie glauben mir doch, ja?«

»Aber natürlich.« Er klopfte ihr auf die Schulter. »Machen Sie sich wegen so einer Kleinigkeit keine Gedanken.«

»Als ich herunterkam, war er fort. Und mir braucht niemand erst zu sagen, wo er hin ist.«

»Ah?«

»Manche Leute sind Halunken; manche Leute sind wirklich Halunken. Er nimmt alles, was er erwischen kann. Kommt mich nie besuchen, außer wenn es was zu schnappen gibt.« Sie stützte die Ellbogen auf die Knie, legte den Kopf in die Hände und begann zu weinen. »Ich habe genug. Ich habe genug, kann ich Ihnen sagen. Was die Leute für Sachen sagen! Mein Gott, was die für Sachen sagen...«

»Oh, lassen Sie sich doch von denen nicht unterkriegen«, sagte Ronnie. »Das nützt doch nichts. Es wird auch wieder besser.«

Sie antwortete nicht und sah ihn auch nicht an. Er zögerte verlegen. »Na, ich muß jetzt aber fort, leider Gottes. Wiedersehen. Denken Sie daran – es wird auch wieder besser.«

Sobald er oben ankam, rief Christine aus dem Schlafzimmer, und als er hineinging, sagte sie ihm, sie müßten hier weg, es sei zwecklos, immer nur zu sagen, er könne sich keine bessere Wohnung leisten – er müsse sich eben eine leisten.

Ronnie dachte, im Grunde habe sie recht, aber sie redete und redete, und nach einer Weile ging ihm das auf die Nerven. Er verzog sich also wieder ins Wohnzimmer, sah eine Liste gebrauchter Schallplatten durch, die ein Geschäft in der Nähe anbot, und unterstrich die Titel, die ihn interessierten. *I'm a Dreamer, Aren't We All? I've Got You Under My Skin* – die ganz bestimmt, er unterstrich sie zweimal. Dann nahm er die Gläser und stellte sie in die Küche, wo sie die Putzfrau am nächsten Morgen abwaschen würde.

Er öffnete das Fenster und sah hinaus auf die nasse Straße. »I've got you under my skin«, summte er leise vor sich hin.

Die Straße war dunkel wie eine Dorfgasse und wurde von gestutzten Bäumen gesäumt. Sie glänzte – ziemlich niederträchtig, fand er.

»Deep in the heart of me«, summte er. Dann fröstelte ihn – ein sehr kalter Wind für diese Jahreszeit –, er wandte sich vom Fenster ab und schrieb einen Zettel für die Putzfrau: »Mrs. Bryan. Bitte rufen Sie mich sofort an, wenn Sie kommen.« Er unterstrich »sofort« und lehnte den Zettel gegen eine der schmutzigen Schüsseln. In diesem Augenblick hörte er ein merkwürdiges quiekendes Geräusch. Er sah wieder zum Fenster hinaus. Eine weiße Gestalt lief die Straße entlang, in der Dunkelheit sah sie sehr klein und seltsam aus.

»Aber sie hat ja gar nichts an«, sagte er laut und reckte sich neugierig aus dem Fenster.

Eine Polizeipfeife ertönte. Das Quieken hielt noch immer an, und über ihm ging das Garlandsche Fenster auf.

Zwei Polizisten brachten Lotus zurück, die sich halb führen, halb schleppen ließ. Einer von ihnen hatte seine Pelerine um sie geschlagen, die ihr bis zu den Knien herabhing. Darunter bewegten sich unsicher ihre Beine. Das Trio ging die Kellertreppe hinunter.

Christine war in die Küche gekommen und sah ihm über

die Schulter. »Lieber Gott«, sagte sie. »Ja ja, auch eine Methode, Aufsehen zu erregen, wenn sonst nichts hilft.«

Es klingelte.

»Das ist einer von den Polizisten«, sagte Ronnie.

»Wozu muß er bei uns läuten? Wir wissen doch nichts von ihr. Warum läutet er nicht bei jemand anderem?«

Es klingelte wieder.

»Ich geh' am besten mal runter«, sagte Ronnie.

»Wissen Sie etwas über Mrs. Heath, Mrs. Lotus Heath im Souterrain?« fragte der Polizist.

»Ich kenne sie vom Sehen«, antwortete Ronnie vorsichtig.

»Sie ist etwas durcheinander«, sagte der Polizist.

»Ach je!«

»Sie ist umgekippt, eiskalt«, fuhr der Polizist in vertraulichem Ton fort. »Und wenn Sie mich fragen – es sieht aus, als käme das nicht bloß vom Alkohol.«

Ronnie sagte erschrocken – warum, wußte er selbst nicht – »Stirbt sie?«

»Sterben? Nein!« sagte der Polizist, und als er »Nein« sagte, wurde der Tod undenkbar, zur Ausgeburt einer Hysterie, etwas, das einfach nicht passierte. Einem normalen Menschen jedenfalls nicht. »Sie wird's überstehen. Gleich kommt ein Krankenwagen. Wissen Sie etwas über die Person?«

»Nichts«, sagte Ronnie, »nichts.«

»Aha?« Der Polizist schrieb in sein Notizbuch. »Was meinen Sie, gibt es sonst jemanden im Haus, der uns irgendwelche Auskünfte geben könnte?« Er leuchtete die Messingschilder am Türpfosten an. »Mr. Garland?«

»Mr. Garland nicht«, antwortete Ronnie rasch. »Bestimmt nicht. Mit den Garlands steht sie gar nicht gut, das weiß ich genau. Sie hat mit niemandem viel zu tun.«

»Vielen Dank«, sagte der Polizist. Klang das ironisch?

Er drückte auf Miss Reids Klingel, und als keine Antwort kam, sah er mit düsterer Miene nach oben. Aber Albion Crescent, Nummer 6, blieb stumm. Alle hatten das Licht gelöscht und die Fenster geschlossen.

»Wissen Sie –« begann Ronnie.

»Ja, ich weiß«, sagte der Polizist.

Als Ronnie wieder heraufkam, lag Christine im Bett.

»Na, was war nun eigentlich los?«

»Anscheinend hat sie schlappgemacht. Sie holen einen Krankenwagen.«

»Wirklich? Armes Ding.« (Sie sagte zwar »armes Ding«, aber das hatte nichts zu bedeuten.) »Ich fand, sie sah gräßlich aus, du nicht? Dieses totenblasse Gesicht, und die Lippen hatten eine komische Farbe, nachdem der Lippenstift weggewischt war. Hast du das bemerkt?«

Unten hielt ein Wagen, und Ronnie sah die Prozession die Kellertreppe heraufkommen; alle sahen sehr ernst und wichtig aus. Und sie machten das auch ganz tadellos, wie sie die Bahre in den Krankenwagen schoben. Er wußte, daß die Garlands vom Fenster im obersten Stockwerk zusahen und Mrs. Spencer vom Stockwerk unter ihm. Miss Reids Stockwerk lag im Dunkeln, da sie für ein paar Tage verreist war.

Komisch, wie mich heute nacht vor dieser Straße graust, dachte er. Es geht jemand über mein Grab – so heißt es doch, wenn man eine Gänsehaut bekommt.

Er mußte einfach bewundern, wie Christine die ganze abscheuliche Geschichte einfach nicht zur Kenntnis nahm, mit geschlossenen Augen dalag, sich die Steppdecke bis unters Kinn hochgezogen hatte und ein wenig lächelte. Sie sah sehr hübsch aus, warm und glücklich wie ein Kind, wenn man ihm ein Bonbon zum Lutschen gegeben hat. Und friedlich.

Ein entzückendes Kind. So entzückend, daß er ihr sagen mußte, wie entzückend sie war, und sie zu küssen begann.

Margaret Drabble
Über die Berge

> Das Schicksal, unsres Daseins Herz und Heimat,
> Ist im Unendlichen – und ist nur dort;
> Ist voller Hoffnung, welche niemals stirbt,
> Und Mühe und Erwartung und Verlangen –
> Und allzeit etwas, das noch kommen wird.*

Er konnte es erst gar nicht fassen. So viel Planung, so viele Vorbereitungen, solche Überredungskünste, solche Manöver – und all das so nutzlos vertan? Es war nicht möglich; er hätte es nicht für möglich gehalten, wäre er nicht schon die ganze Zeit im Grund seines Herzens auf das Schlimmste gefaßt gewesen. Aber die langsame, unbarmherzige Erfüllung dieser schlimmsten Erwartungen zerrüttete ihn unsäglich; als ihm das Ausmaß der Katastrophe zum Bewußtsein kam, protestierte er, litt er, stöhnte er innerlich. Er wußte, daß er es nicht überwinden konnte, daß er nie aufhören würde, sich dagegen aufzulehnen.

Er wußte, daß es seine eigene Schuld war. Das machte es natürlich noch schlimmer. Er hätte sich nicht die Haare waschen sollen. Oder wenigstens hätte er nicht mit so nassen Haaren zu Bett gehen sollen. Es war der Preis für Eitelkeit und Müßiggang; aber dieser Preis war so hoch, so schändlich übertrieben im Vergleich zum Verstoß, daß er das Gefühl hatte, der Vorsehung nie wieder trauen zu können. Die Vorsehung schien den beiden gewogen zu sein – wenigstens einen Augenblick lang; aber das war nur ein Trick, und wie bösartig hatte sie ihre Gunst zurückgezogen! Wäre es früher geschehen, so hätte er es eher verwunden; er hätte die Enttäuschung wie einen vertrauten Freund empfangen. Aber jetzt, nach so langer Zeit, nach all den überstandenen Prüfungen, den unerhörten Erfolgen... Er ächzte und schloß die Augen. Die Ironie des Schicksals, die Ironie! Fast wünschte er, tot zu sein; er hätte es sich wirklich gewünscht, hätte er sich nicht sowieso gefühlt, als läge er im Sterben.

* William Wordsworth, ›The Prelude‹, Buch IV, 1. 604, Cambridge and the Alps.

Zuerst hatte er sich etwas vorgemacht, er hatte sogar versucht, sich einzureden, daß es gar nicht passiert war, daß es gar nicht passieren würde. Als er dastand und auf sie wartete, auf ihre unwahrscheinliche Ankunft, nahm er keine Notiz von den Symptomen und sagte sich, er fühle sich gar nicht so schlecht, seine Kehle sei nur von der Aufregung ausgetrocknet und sein Kopf schmerze nur von der Erwartung der lang aufgeschobenen Entspannung; wenn sie erst da wäre, würde er sich wieder ganz wohl fühlen, denn sie würde ihn heilen auf wunderbare Weise, und er würde all die Vorahnungen sofort wieder vergessen, sobald sie aus dem Bahnhof auftauchte. Er starrte nervös auf den Ausgang und wieder zurück auf den Wagen. Die Straße schimmerte ein wenig in der Hitze. Es war so heiß: genau solch ein Tag, wie sie ihn erhofft hatten. Es war lächerlich, sich an so einem Tag krank zu fühlen. Er schauderte. Vielleicht würde sie gar nicht kommen; vielleicht war ihr schon etwas zugestoßen, vielleicht lag sie im Bett, krank oder sterbend, irgendwo im Bett, wo er sie nicht anrufen mochte; vielleicht war ihr Kind erkrankt oder ihre Schwester, vielleicht hatte der Zug schon bei der Ausfahrt vom Bahnhof Charing Cross einen Zusammenstoß gehabt. Er schaute auf die Uhr. Der Zug war in fünf Minuten fällig. Er nieste. Heuschnupfen, sagte er sich – ein Übel, unter dem er noch nie in seinem Leben gelitten hatte.

Dann fing er an, sich zu überlegen, warum er nicht nach London gefahren war, um sie abzuholen. Was für ein komplizierter Denkprozeß hatte sie veranlaßt, sich diesen Ort für ihr Rendezvous auszusuchen, der für ihn beinahe so unbequem war, wie er für sie sein mußte? Vielleicht würde sie auszusteigen vergessen und weitersausen nach Southampton und ihn hier stehen lassen. Dann würde sie in Southampton nach ihm suchen, aber er würde sie niemals finden, sie würden einander verfehlen, sie würden sich nie wiedersehen. Er tastete nach den Fahrkarten in seiner Tasche. Vielleicht hatte sie ihren Paß vergessen. Sie war, alles in allem, ungewandt, trotz ihrer ganzen Energie und harten Arbeit und Aufopferung. All das vergeudete sie großenteils durch Ungewandtheit. Wahrscheinlich hatte sie trotz der wochenlangen Planung tatsächlich den Zug versäumt. Vermutlich stand sie immer noch in London, weinte ein bißchen, gab alles auf, schickte sich an, nach Hause und zur Verzweiflung zurückzukehren, und sagte sich, sie hätte nie so verworfen sein sollen, einen wenn auch noch so kurzen Fluchtversuch zu machen. Wenn er nicht da war und sie an der Hand nahm, gab sie so schnell auf. Er machte sich Sorgen wegen ihres Charakters. Sie hatte keine Ausdauer. Sie würde schließlich aufgeben. Sie würde ihren abscheulichen Verpflichtungen treu bleiben, aber sich selbst aufgeben, ihn aufgeben, wenn er nicht da war, um sie bei der Stange zu halten und zu überreden. Aber wie konnte er sie erreichen, wenn sie da in Charing Cross stand, ein bißchen weinte und nicht wußte, wohin sie sich wenden sollte?

Er hörte das Pfeifen des einfahrenden Zuges. Er empfand eine leichte Übelkeit und nieste noch einmal. Er hatte mit ihr ausgemacht, daß er nicht auf den Bahnsteig kommen würde. »Komm nicht in den Bahnhof hinein«, hatte sie gesagt. »Bitte, tu's nicht. Ich komme heraus und schau mich nach dir um; warte auf mich. Ich möchte mir gern Sorgen machen«, hatte sie gesagt, »ob du vielleicht nicht da bist.« Er antwortete: »Du weißt, ich werde da sein«, und sie erwiderte: »Ja, ich weiß es, aber ich will diesen Augenblick der Angst erleben, wenn ich mich nach dir umsehe und denke, du bist vielleicht nicht da!«

Diesen Augenblick der Angst würde sie jetzt empfinden, falls sie da war, denn der Zug hatte angehalten und ergoß seine Passagiere auf den heißen, zitternden Asphalt. Er schaute weg, konnte aber die Augen nicht lange vom Ausgang abwenden; die Verfeinerung der Qual hatte ihre Grenzen, selbst für ihn. Eine ältere Frau kam heraus mit ein paar Paketen aus der Stadt, dann ein Kind – und da war sie selbst, unverkennbar, eine einfache Frau, eine private Leidenschaft; sie trug ihren Koffer, gab ihre Fahrkarte ab und schaute nicht in seine Richtung. Als sie durch die Sperre war, stellte sie ihren Koffer ab und hob jetzt unbeschwert den Kopf, um sich umzuschauen. Ihre Augen trafen sich über dem verlassenen Parkplatz. Sie ging auf ihn zu, scheinbar sehr langsam, und er konnte sich nicht rühren. Als sie ihn erreichte, merkte er, daß er lächelte, und er sagte zu ihr: »Jetzt hab ich dich doch hergekriegt!«

»Freust du dich, mich zu sehen?« fragte sie, streckte ihre Hand aus und berührte seinen Arm.

»Ich hatte Angst, du könntest vergessen zu kommen«, sagte er, und sie lachten beide; sie hätten solch eine Verabredung ebensowenig vergessen können wie das Datum, das man ihnen für den Tod vorausgesagt hätte. Doch wie sie lachte, erschreckte ihn: Ihr Gesicht zitterte dabei, und das beunruhigte ihn; er wünschte sich, das Zittern (in mancher Beziehung so notwendig) hätte bei ihnen beiden vermieden werden können – er hatte versucht, alles so einzurichten, daß sie beide, wenigstens eine kleine Weile lang, nicht mehr zu leiden brauchten.

Er machte ihr die Wagentür auf und sagte: »Steig ein«, in der Hoffnung, daß sie dort, in beschränktem Raum eingeschlossen, sich sicherer fühlen und ein wenig entspannen würde. Doch sie saß da, steif und gespannt. Als er losfuhr, begann er, seine Kräfte zu sammeln – etwas mürrisch, und wie sehr haßte er sich wegen seines Unmuts! –, um das Unvermeidliche zu tun, die richtigen Fragen zu stellen, zu trösten, zu beruhigen, zu beschwichtigen. Das brauchte manchmal so lange; wie konnte er zugeben, daß er gehofft hatte, sie würde dieses eine Mal, der Gelegenheit zu Ehren, darauf verzichten? Sie hatte ihm so oft gedroht: »Der Tag wird kommen, wenn du einfach nicht mehr imstande sein wirst, es weiter auszuhalten«, und er hatte es abgeleugnet, immer wieder und aufrichtig. Aber er wußte, sie hatte recht; jedes Menschen Ausdauer hatte ihre Grenzen, niemand kommt darum herum, schließlich nachzugeben, wie sie selbst es beschlossen hatte, vor zwei Monaten, als sie versuchte, sich und das Kind zu vergasen. Erfolglos versucht, natürlich; die Reue hatte sie noch rechtzeitig gepackt, und er nutzte sogar den Vorfall und das durch Ärzte und Krankenwagen erregte Aufsehen aus, um sie zu der Einsicht zu zwingen, daß sie eine Weile von der furchtbaren, über sie verhängten Strafe wegmußte; aber es hatte ihn zwei Monate harter Arbeit gekostet, sie zu überreden. »Du bist dumm«, hatte er zu ihr gesagt, sie geschüttelt und entsetzt in ihr fleckiges, geschwollenes Gesicht gestarrt, »dumm! Du stürzt dich so unbarmherzig in etwas hinein und vergißt, was das einzige ist, das du für dich und das Kind tun mußt: überleben.«

»Überleben – wofür?« hatte sie gefragt, teilnahmslos, und damit zum ersten Mal die Zwecklosigkeit ihrer Opfer zugegeben, denn das Kind war ohnehin verloren; es konnte nicht mit irgendwelcher Aussicht auf eine annehmbare Zukunft überleben. Und er war gezwungen, ihr ihre eigenen hartnäckigen Überzeugungen darzulegen, ihr ihre eigene tragische Beharrlichkeit zu bestätigen; sie ließ die moribunden, lustlosen Töne der Vernunft hören und er die lächerlichen, edlen, erhabenen Beteuerungen der Verehrung. Sie klangen in seinem Mund nicht sehr überzeugend, fand er, aber zum Schluß hatte sie nachgegeben, sich wie so oft an ihn gelehnt und gesagt: »Du, du weißt, wovon du redest, denn was tust du anderes für mich, als dich um mich zu kümmern – aber zu kümmern ohne Aussichten für die Zukunft, ohne jede Befriedigung oder Hoffnung. Ich bewundere dich deswegen«, sagte sie. »Ich liebe dich«, erwiderte er, »ich bin zufrieden damit, daß ich dich liebe, das gibt mir genug; du weißt nicht, was es mir gibt, doch es ist mehr, als ich je erhofft habe.«

»Das gibt es mir auch«, sagte sie und meinte das Kind. Und sie hatte ihre übliche Last wieder von dem Punkt aufgenommen, an dem sie sie abgelegt hatte, und war mit ihren erstaunlichen Fähigkeiten sogar imstande, ihm das Gefühl des Begehrtwerdens zu geben, ihn glücklich zu machen, ihn vergessen zu lassen, während sie redeten und nebeneinander lagen und sich ihre begrenzten Ausflüge ausdachten, die traurigen Bedingungen ihrer Abmachung. Tatsächlich verlebten sie eine schöne Zeit zusammen, unfähig, die Gegenwart des andern nicht zu genießen. Er hatte gedacht: Alles, was sie für ein paar Augenblicke völliger Glückseligkeit brauchten, war, ein paar Tage zusammen wegzufahren, mit Licht und Luft, weg von Wohnung und Kind, die sie deprimierten, weg von ihrer deprimierenden Arbeit, weg von seiner eigenen deprimierenden Frau. Er fuhr vorsichtig auf Southampton und die Freiheit zu, die breite, sommerliche Straße entlang, und wartete auf die ersten Anzeichen von Reue, so daß er anfangen mußte, sie zu trösten.

Aber sie bereute nicht. Sie saß da, und langsam, neben ihm, begann sie sich zu lockern. Sie war gern da; das merkte er an der Art, wie sie sich eine Zigarette anzündete und den Hecken, die draußen an ihnen vorbeizogen, zulächelte. Sie war ganz und gar angekommen; was immer für Gewissensbisse an ihr genagt haben mochten wegen ihrer Abreise und dem komplizierten Verlassen des Kindes – sie waren längst ausgestanden und überwunden: im Zug überwunden, oder vielleicht schon früher. Beim Aussteigen hatte sie nicht mehr als gewöhnliche Nervosität gezeigt. Es hat geklappt, sagte er sich: eine ganze Woche und das Wetter und die Fahrt und die Hotelschlafzimmer. Er griff nach ihrer Hand und nieste noch einmal.

»Du bist erkältet«, sagte sie kritisch.

»Heuschnupfen«, erklärte er und überholte nonchalant einen anderen Wagen.

»Unsinn«, erwiderte sie, »du bist nicht der Typ für Heuschnupfen. Das ist nicht etwas, was einen anfliegt, weißt du.«

»Du wirst mich pflegen müssen«, sagte er, ohne die geringste Ahnung, wieviel Pflege er von ihr brauchen würde.

»Ich hab Pillen mitgebracht, verschiedene Sorten«, sagte sie. »Ich werde dich kurieren.«

»Gestern abend habe ich mit deiner Schwester gesprochen«, bemerkte er, denn da jetzt eine Unterhaltung in Gang gekommen war, war er bereit, sogar bestrebt, über die Außenwelt und deren schwierige Komponenten zu reden.

»Wozu hast du das getan?«

»Ach, ich weiß nicht. Ich wollte mich nur vergewissern, daß alles in Ordnung ist. Was für eine merkwürdige Frau sie ist!«

»Wie meinst du das, merkwürdig?«

»Ach, ich weiß nicht. Sie hat es so ruhig hingenommen, daß ich dich entführe.«

»Aber das hat doch nichts mit ihr zu tun.«

»Nein, eigentlich nicht«, sagte er und konzentrierte sich wieder auf das Fahren und erinnerte sich dabei an die Stimme ihrer Schwester, der ihren so unheimlich ähnlich, so offenbar ungerührt von der ungewohnten Tatsache, daß er sie anrief; so unbeeindruckt von den Freuden und Leiden ihrer eigenen Schwester, so gelassen sogar in ihrer Bereitwilligkeit, an dieser Verschwörung teilzunehmen. Er hatte weiß Gott was erwartet – einen Ausdruck der Bestürzung, der Schuld als Mitwisserin, vielleicht sogar einen Augenblick gemeinsamer Zuneigung zu der Frau, die da neben ihm saß. Aber das hatte sie nicht geliefert; alles, was er empfing, war eine zerstreute, unbeteiligte, lässige Zusicherung, daß sie tun würde, was man von ihr erwartete: den Aufenthaltsort geheimhalten, sich um das Kind und die Pflegerin des Kindes kümmern und die schreckliche Mutter nicht wissen lassen, wohin sie gereist waren. Sie hatte noch nicht einmal interessiert geklungen; als er es überdachte, ärgerte es ihn, daß sie nicht interessiert geklungen hatte. Er und seine Angelegenheiten waren ja doch wohl von fesselndem Interesse? Er selbst fand das wenigstens.

Auf dem Schiff ging alles glatt. Er hatte schon Halsweh, aber sie gab ihm Aspirin und Pillen gegen Seekrankheit, und sie brachten es sogar fertig, etwas zu schlafen. Als sie aufwachten, frühstückten sie, weil der Wagen noch nicht ausgeladen war, und schauten sich die Landkarten an.

»Wir sind eigentlich verrückt, so weit wegzufahren«, sagte sie, als sie die Entfernungen sah, die sie zurücklegen wollten. »Hier ist es doch auch sehr hübsch«, und sie schaute auf Le Havre und das blaue morgendliche Meer.

»Hier können wir nicht bleiben, wir müssen weiterfahren«, sagte er, denn auch das hatte er geplant, weil er wußte, jede Art Untätigkeit würde Reue erwecken.

»Du könntest davon krank werden«, erwiderte sie, aber ohne Überzeugung, denn sie war ebenso gern unterwegs wie er. Sie führten ein so immobiles Dasein, jeder in seinem Heim.

»Ich werde nicht krank werden«, erwiderte er.

Aber gegen Abend bestand kein Zweifel mehr: Er fühlte sich sterbenselend. Sie waren zwar den ganzen Tag gefahren, hatten sich nicht viel Zeit zum Rasten gegönnt, und es war ermüdend, den großen Wagen zu fahren – er schien im Lauf des Tags schwerer zu werden und nach Einbruch der Nacht eine körperliche Anstrengung zu erfordern, ihn vorwärts zu treiben. Der Mann saß am Steuer, solange er konnte, und sie versicherte ihm, daß sie weit genug gekommen waren, um am nächsten Tag Jugoslawien zu erreichen, wie sie es geplant hatten. Also hielten sie in der erstbesten Stadt (die immer so viel weiter weg ist, als man denkt) in einem Land, das er für die Schweiz hielt.

Das Hotel, das sie aussuchte – er hatte zu diesem Zeitpunkt schon so weit aufgegeben, daß er es ihr überließ –, war groß und deutsch, und seine Lebensgeister erwachten etwas beim Anblick des riesigen Doppelbetts und dem Gedanken an eine Mahlzeit; sie erwachten auch nach zwei Gläsern des steuerfreien Whiskys, den sie auf dem Schiff gekauft hatten und von dem er bisher aus Nervosität nichts getrunken hatte. Sie saßen nebeneinander auf dem Bett; ihre Schultern berührten sich leicht, ihre Schuhe hatten sie abgestreift, und sie dachten – wie er glaubte – beide an die kommende Nacht: Denn das war's ja, weshalb sie gekommen waren. Aber als sie sprach, mit einem sanften Lächeln, um den Schock etwas zu mildern, und mit ihrem unendlichen Verständnis seine leichte Überraschung vorwegnehmend, da sagte sie: »Weißt du, Liebling, ich finde, ich sollte meine Schwester anrufen.«

»Selbstverständlich«, sagte er in seiner verträglichen, ihr alles nachsehenden Rolle, »selbstverständlich; soll ich hinausgehen oder dableiben?«

»Dableiben natürlich, dableiben«, antwortete sie und hielt ihn zurück. Er saß dabei, während sie mit England telefonierte, um Beruhigung zu erbitten. Sie versuchte, vor ihm die Demütigung ihrer Bitte zu verbergen, nachdem sie ihm nicht erlaubt hatte, das Zimmer zu verlassen, damit er nichts Schlimmeres vermuten sollte. Er hörte, wie sie im Gespräch seine bis jetzt verheimlichte Krankheit preisgab, und stellte auch fest (sie hatte damit recht gehabt), daß wenigstens nichts Schlimmeres geschah – keine Tränen, keine Klagen, keine offensichtliche Reue. Er hörte alles, hörte zu bis zum Schluß, so nah bei ihr, daß er sie anfassen konnte, und das tat er auch, als sie den Hörer wieder auflegte. Bei der Berührung wandte sie sich zu ihm um, und ihr Gesicht schien seine Frage mit dem vollen potentiellen, unzerstörbaren Ausmaß der Anziehungskraft zu beantworten. »Nun, es ist dort alles in Ordnung«, sagte sie und lachte. »Natürlich ist alles in Ordnung. Diese eine Woche wird sie doch weiß Gott nicht umbringen.« Sie sah ihn an; ihre Augen wurden schmaler und hefteten sich auf ihn. »Und selbst wenn, ich würde mir nicht viel daraus machen«, fügte sie hinzu. »Komm, wir wollen essen gehen, ehe alles zumacht.«

Sie gingen also ins Restaurant hinunter und saßen und starrten auf die Speisekarte; er hatte immer geglaubt, jeder Sprache gewachsen zu sein, jedenfalls auf dem Niveau von Speisekarten, aber Deutsch – da mußten sie erstaunlicherweise beide die Waffen strecken. Sie hatten geglaubt, das Wort für Eier und das für Fleisch wiederzuerkennen; aber sie legte die getippte Karte nieder und sah ihn mit hochgezogenen Augenbrauen an. »*Was* für Fleisch?« Fleisch, erklärte sie, sei eine gefährliche Sache, nichts, worauf man sich verlassen könne. Eier seien besser, riet sie ihm; sie bestellte Eier für sich. Aber er, unbesonnen und stets etwas beschämt wegen seines größeren Interesses am Essen (besonders angesichts ihres spartanischen Geschmacks, denn seine Frau war, wenigstens in dieser Beziehung, genießerischer), verlangte ein Beefsteak Tartar. Keines der beiden Gerichte, sollte man meinen, würde lange Vorbereitungen erfordern; sie rechneten damit, schnell zu essen und dann ins Bett gehen zu können. Aber eine dreiviertel Stunde lang kam leider nichts, und er hatte unterdessen Muße, sich zu überlegen, daß er ganz bestimmt fieberte, daß seine Halsschmerzen immer schlimmer wurden und daß sie, trotz all ihrer offensichtlichen Treue nach einem so langen Verhältnis, seiner überdrüssig sein mußte und nicht, wie er sich's in seiner Vernarrtheit vorgestellt hatte, mit dem gleichen Verlangen wie er darauf wartete, sich wieder von ihm umschlungen zu fühlen. Bezeichnenderweise äußerte er nur die letzte dieser Befürchtungen, da es die einzige war, der man etwas Humor abgewinnen konnte, und sie füllten die Zeit recht angenehm aus, indem sie diskutierten, ob sie ihn noch liebte oder nicht, ob er überhaupt zugab, daß sie ihn jemals geliebt hatte, warum sie ihn geliebt hatte und wann sie (vorausgesetzt, daß es überhaupt stimmte) damit angefangen hatte. Sie widmeten sich dem Thema, wie nett sie zueinander gewesen wären, wenn die Umstände ihnen die geringste Möglichkeit dazu geboten hätten (ein ungefährliches Thema, denn die Reihe der widrigen Umstände war ganz furchterregend, und man konnte nicht erwarten, daß sie je ernsthaftere Bindungen als die des Herzens eingehen würden), und während sie einander noch ihre grenzenlosen inneren Möglichkeiten darlegten, kam das Essen zu guter Letzt. Die höchst künstlerische Garnierung des Beefsteaks Tartar erklärte wenigstens einen Teil der Verzögerung, sagte er; allein das Arrangement der appetitlichen kleinen Häufchen von Pfeffer, Salz und Zwiebeln habe mindestens gute fünf Minuten gedauert, erwiderte sie, aber was war mit den übrigen vierzig? Sie schauderte beim Anblick des rohen Eis.

Als sie endlich schlafen gingen, war er müde, und alle Knochen taten ihm weh. Er fiel ins Bett und legte sich flach. Sie folgte später, da sie mehr Zeit als sonst darauf verwendet hatte, sich das Haar zu kämmen und das Gesicht zu waschen (sie war eine Frau ohne die geringste Eitelkeit, sträflich unbekümmert um ihr Aussehen); und er wußte, was sie sagen würde.

»Du bist zu müde«, sagte sie, als sie neben ihn ins Bett stieg, sich hoch auf das rollenförmige Kopfkissen setzte und auf seinen erschlafften Körper herabsah. »Du bist müde, mein Liebling, schlaf nur ein – soll ich dir was vorlesen? Ich habe ein gutes Buch für die Ferien mitgenommen; ich les' dir was daraus vor, ja?« Und sie zeigte ihm ihr Buch; es handelte von alten Leuten und Familienbeziehungen in einer heruntergekommenen Londoner Arbeitersiedlung. »Es ist sehr interessant«, sagte sie und sah ihn mit einem leicht ironischen Lächeln an, »wirklich sehr interessant. Ich les' dir ein paar Seiten vor, und du schläfst im Nu ein, sogar in diesem lächerlichen Bett.«

Sie wies mit einem nackten Fuß auf die verschiedenen Steppdecken, unter denen sie wohl schlafen sollten. »Mein armer Liebling«, sagte sie mit plötzlicher Innigkeit, und ebenso plötzlich wurde es ihm klar – eine schwache Überzeugung, und wie konnte man wagen, sie auszunutzen oder danach zu handeln? –, daß ihr Bedauern ihr selber galt, daß er ihr dort fehlte, wo sie kalt, hoch und weit weg von ihm thronte und nicht wagte, sich flach neben ihn zu legen, weil sie sich davor fürchtete, sie beide, sich und ihn, der gegebenen Situation auszusetzen und sie auszunutzen. Durch die Gewißheit, daß er ihr fehlte, fühlte er sich so viel besser, daß er nach ihrem gestikulierenden Knöchel griff, und sie ließ den Fuß auf seiner Brust ruhen und arbeitete sich selbst allmählich an ihn heran, und nun war alles gut; aber danach, als sie atemlos und von seinem unnatürlich kalten Schweiß durchnäßt dalag, murmelte sie doch: »Ach Gott, es tut mir so leid, ich hätte es dich nicht tun lassen sollen, ich wollte dich nicht lassen; es hat dir wahrscheinlich den Rest gegeben, und ich werde es bereuen, aber siehst du nicht ein, ich konnte nicht anders? Ich konnte nicht anders, ich konnte nicht anders, verstehst du?«

»Warum hättest du dich auch zusammennehmen sollen, wenn mir so sehr nach dir ist?« fragte er und versuchte, sich das Gesicht mit der Steppdecke abzuwischen, wobei er wünschte, er hätte dafür ein simples Leintuch gehabt; aber sein Herz pumpte, seine Brust knirschte, seine Kehle war rauh, und er erkannte: Man würde es zwar noch tun, wenn man gleich danach sterben müßte – aber hinterher würde man es doch weit vorziehen, nicht zu sterben.

»Tut's dir leid?« fragte sie, als er sie zum Schlafen bettete. Aber während er noch protestierte, wußte er, daß er es ein Jahr später zugegeben und »Ja« geantwortet hätte. Und wer weiß, sie hätte sich dann vielleicht einfach etwas fester an ihn geklammert und möglicherweise, oder nicht unmöglicherweise, gelacht. Er glaubte an solche Entwicklungen. Man muß Glauben haben, denn was würde man sonst anfangen? Sie, diese beiden, hatten weiter nichts.

Als er am Morgen aufwachte, konnte er kaum die Augen öffnen und konnte nicht sprechen. Sie war zuerst wach – das war sie immer. Die strenge Routine bei sich zu Hause gestattete ihr nie, weiterzuschlafen; sie war schon viele Jahre früh aufgestanden, um das Kind ins Heim, sich selbst zum Arbeitsplatz zu befördern und zuvor die Betten zu machen. Er lag mit geschlossenen Augen da und hörte zu, wie sie sich die Zähne putzte. Er fühlte sich so elend, daß er beinahe wünschte, sie wären wieder in London, wieder im komfortablen, langweiligen, entmutigenden Trott einer Durchschnittswoche und lächelten einander in der Kantine an, rauchten im Gang zusammen eine Zigarette, wenn sie einander zufällig trafen, und trennten sich wieder draußen an der Tür, ehe sie zu ihren jeweiligen Pflichten zurückkehrten. Da wußten sie wenigstens, woran sie waren, und eine gewisse melancholische Heiterkeit war ihnen so zur Natur geworden, daß sie wußten, sie hatten es beide sehr genossen – sie hatten ihre Zusammenkünfte und ihre Abschiede genossen, ihr Aufbegehren und ihre gelegentlichen Aufschreie der Verzweiflung. Er fühlte sich zu krank, um sich mit Feriengedanken abzugeben. Er ächzte und wälzte sich unruhig herum, und sie sagte zu ihm: »Wie geht's dir, Liebling? Wünschst du, wir wären wieder heil zu Hause?« Er stöhnte wieder. »Wären wir nicht hier«, sagte sie und kam näher, wie er verschwommen durch seine heißen roten Augenlider sah, »wenn wir also wieder dort wären, dann würdest du jetzt gerade ins Büro hineinschauen, um dich zu vergewissern, daß ich da bin. Und das wär' ich auch; das bin ich immer.«

»Ich fühle mich elend«, sagte er, »und es kann doch nicht schon nach zehn Uhr sein, oder?«

»Ich bin schon seit Stunden auf«, erwiderte sie. »Ich konnte nicht schlafen.«

Dann holte sie ihm ein Glas Wasser; er trank es, fühlte sich aber nicht besser. Sie schlug vor – schwach und unüberzeugend –, er solle den Tag über im Bett bleiben, aber sie pflichtete völlig seinem Entsetzen bei, als er sich wild im Hotelzimmer umschaute und sagte: »Was, *hier*?« Sie lächelte sogar.

Er nahm sich also zusammen, und sie standen auf, zahlten ihre Rechnung und fuhren ab. Lunch in Salzburg, hatten sie sich vor Wochen müßig vorgenommen, als sie bei einem verschwörerischen Mittagessen eine winzige Karte von Europa betrachteten, die sich hinten in einem seiner EG-Notizbücher befand. Und sie kamen auch zum Lunch hin, aber früh war es nicht. Sie bestellten sich wieder Eier, weil sie der Speisekarte nicht gewachsen waren, und überlegten, was man mit ihm machen sollte. In gewisser Beziehung fühlte er sich besser, aber eigentlich verdächtig besser: Er fühlte sich wirr und etwas wirklichkeitsfremd, und in seinen Gliedern hatte er ein vages, schwereloses Gefühl. Er goß sich Bier durch die Kehle, als wäre es eine Buße, und sie sagte plötzlich sehr klar und deutlich, als spräche sie zu ihm aus großer Entfernung durch dünne Bergluft (was es auch vielleicht war): »Ich weiß, was du brauchst. Du brauchst was Starkes zu trinken.«

»Was wird dann aber mit dem Fahren?« fragte er und schauderte bei dem Gedanken an all die noch zurückzulegenden Strecken.

»Ich werde fahren«, sagte sie.

»Aber du kannst doch gar nicht fahren«, protestierte er heiser.

»O doch, ich kann's«, sagte sie, und er schaute sie an (was für eine Vergeudung von Blicken diese Krankheit war – den letzten Tag und die Nacht über schien er nichts als das Innere seines eigenen Kopfes betrachtet zu haben), und er sah, daß sie geradezu vergnügt war, mit einer Art trotziger Befriedigung, als ob sie, obwohl zweifellos besorgt, dieses Mißgeschick genoß.

»Ich bin früher sehr gut gefahren«, erklärte sie. »Ich tu's gern. Ich werde fahren, und wir kaufen dir Codein, und dann wird's dir gleich besser gehen.«

»Der Wagen ist zu schwer für dich«, sagte er.

»Eine Weile kann ich auf jeden Fall fahren«, erwiderte sie. »Aber zuerst wollen wir dir ein paar Sachen kaufen, die dir helfen. Du bleibst hier und wartest, bis ich wieder da bin.«

»Laß mich nicht allein«, bat er. »Ich komme mit dir mit.«

Sie gingen also zusammen durch die sonnigen Straßen der berühmten Stadt und suchten nach einer Apotheke. Der Apotheker weigerte sich, ihnen Codein ohne Rezept zu verkaufen, und so mußten sie sich mit einem Hustenmittel und weiterem Aspirin begnügen. Sie führte ihn zum Wagen zurück, und er ließ sich mit einem Gefühl hoffnungsloser Ergebung zum allerersten Mal in den Beifahrersitz verfrachten.

Der Anfang war nicht sehr vielversprechend; sie fuhr zügig rückwärts in eine gelbe Mauer hinein, fluchte, setzte sich wieder davon ab, wählte die linke Straßenseite, konnte den Blinkerhebel nicht finden, aber dann ging es los. Er machte seine Whiskyflasche auf, lehnte sich zurück und überließ sich dann seinem Schicksal. Er machte die Augen zu und war wohl eingeschlafen, denn als er sie wieder aufschlug, fuhren sie durch Gefilde von Blumen und dunkelgrünen Bäumen, und am Horizont erhoben sich die Alpen. Sie sang vor sich hin, unvermeidlicherweise Mozart – eine Huldigung im Vorbeifahren.

»Hallo, Liebling«, sagte er, und sie hörte auf zu singen, um sich ihm zu widmen.

»Herrlich, nicht wahr?« sagte sie. »Herrlich! Aber ich traue diesen Bergen nicht. Wird es dir Spaß machen, über diese Berge gefahren zu werden?«

»Ich hab's aufgegeben«, antwortete er. »Ich kann genausogut hier sterben wie irgendwo anders, findest du nicht?«

»Nimm noch einen Schluck«, sagte sie und fuhr schneller auf den schneeigen Hintergrund zu.

»Mir gefällt es großartig«, bemerkte sie nach einer Weile, als die Straße jäh und gefährlich zu steigen begann. »Wie ist's mit dir?«

Er hielt den Whisky fest. Er wußte, daß er ihr einen Drink nicht verweigern konnte, wenn sie darum bat, und nach einer Weile tat sie es.

»Was ich brauche, ist ein kleiner Drink«, erklärte sie, während Fichten und eisige Wildbäche zu seiten des Wagens ins Nichts versanken.

»Selbstverständlich«, antwortete er und reichte ihr die Flasche. Vertrauen nannte man das, gegenseitiges Vertrauen. Er schrumpfte in seinem Sitz zusammen, bis sie größer zu sein schien als er. Sie hatte anscheinend eine besondere Qualität angenommen, die er nicht genau definieren konnte, aber er gestand sie ihr völlig zu, eingeschrumpft, wie er war, und fiebernd. Er wußte, er hatte Temperatur; vielleicht würde er bald Halluzinationen bekommen. Die Dämmerung senkte sich herab, und hungrig war er auch; aber wie konnte er, der angeblich Kranke, vorschlagen, daß sie etwas essen sollten? Und selbst wenn sie anhielten, würde sie ihm nur etwas Abscheuliches gestatten wie etwa noch ein Ei oder ein Sandwich. Er war in ihren Händen.

Das war ein so seltsames Gefühl nach all den vielen Monaten, fast Jahren, in denen er sich gesagt hatte, er sorge für sie – und nun, als er sich in seinem unnatürlichen Zustand zurücklehnte, fing er an, an die Zeit zurückzudenken, die sie einander gekannt hatten, und sich zu überlegen, ob es so gewesen war, wie er glaubte, oder – wie jetzt – ganz anders. Sie hatte so verzweifelt gewirkt bei ihrer ersten richtigen Unterhaltung, im Fahrstuhl des Ministeriums, als sie tatsächlich weinte; und er, der sie seit Monaten heimlich begehrt hatte, ohne sich darüber klar zu sein, wußte plötzlich, was er wollte, in seinem plötzlichen Entzücken beim Anblick dieser vom Himmel geschickten Schwäche.

Später, als sie ihm die Gründe für ihre Tränen erzählte, war er ein wenig zurückgeschreckt, denn er hatte nicht derartige Ketten von Tragödien erwartet, trotz der spärlichen Gerüchte, die ihn schon durch gemeinsame Freunde erreicht hatten: die verrückte Mutter, das grausam zurückgebliebene Kind, der grausam abtrünnige Ehemann. »Er konnte nichts dafür«, hatte sie über letzteren gesagt, blinzelnd und sogar lachend, als sie ihren Gin austrank. »Ich meine wirklich, wer hätte das ausgehalten? Es war doch so klar, daß ich das Kind ihm vorzog, und welcher Mann hätte das geduldet, daß seine Frau ihm ein solches Kind vorzieht? Ein nettes Kind vielleicht, das wäre natürlich, aber mein Gott, Sie sollten meines sehen!«

Und später hatte er es gesehen, und zu dieser Zeit war so viel Liebe zu ihr übergeflossen und hatte sie umgeben, daß er auch das Kind mit einer Art von Liebe betrachtet hatte. Gelegentlich hatte er die Rolle der Vernunft gespielt, Kliniken und geeignete Schulen vorgeschlagen und Nachsicht angeraten; doch er bewunderte ihre Hartnäckigkeit so sehr, daß er wußte, sie erkannte seine Versuche als bloße Worte, ermutigende Laute, die nur dazu dienen sollten, ihre richtigen Entscheidungen zu bestärken und zu unterstützen. Er fand sie heldenhaft, und er konnte nicht ableugnen, daß sein Eintritt in ihr Leben höchst einfach gewesen war, so ausgehungert war sie nach Gesellschaft und menschlichem Kontakt. Den

Lohn für den Kontakt hatte er vorausgesehen, und er war nicht enttäuscht.

Er hatte auch ihren Mann kennengelernt und herausgefunden, wie er es schon geahnt hatte, daß sie beide zusammen auf der Hochschule gewesen waren. Der Name war ihm bekannt vorgekommen. Und als er sich ihn jetzt wieder vorstellte, während sie durch die verwirrende Dunkelheit fuhren, erinnerte er sich an ihn mit beunruhigender Deutlichkeit: Er war schon immer ein widerlich munterer Mensch gewesen, dieser Derek, extrovertiert und trotzdem keineswegs dumm, mit dem man gut auskommen konnte, ja ein fast unwiderstehlich guter Gesellschafter und durchaus nicht der Typ, der lebenslange Wolken und Sorgen ins Auge faßte. Er war auch beinahe sofort ausgerissen; und in der Kneipe, in der sie sich getroffen hatten, sprach er ganz vergnügt von seiner eigenen Frau: »Ach Gott, Daniel, es macht ihr nichts aus, ihr ist es recht; das einzige, was sie nicht vertrug, war, daß ich es nicht mochte«, sagte er. »Ich wünsche dir alles Gute mit ihr. Sie wird sich gut mit dir vertragen; ihr habt ja beide eine Vorliebe für Trübsal. Schau dir bloß die Frau an, die *du* geheiratet hast!« Und wie konnte Daniel antworten, daß er Dereks Frau gar nicht trübselig fand, daß sie ihm, ganz im Gegenteil, eine bemerkenswerte Spannkraft zu besitzen schien? Aber vielleicht stimmte es, daß sie etwas für widrige Situationen übrig hatte. Vielleicht war sie deswegen jetzt so glücklich und fuhr recht sicher, weil sie sich gegen Schwierigkeiten behaupten konnte? Und er saß dabei, unfähig und leidend wie ein krankes Kind. Vielleicht fühlte sie sich zu Hause. Doch das war es nicht, was er vorgehabt hatte; er wollte Ferien.

Ein Stück weiter, gerade als er eingedöst war in der Überzeugung, daß sie die ganze Nacht durchfahren wollte, bremste sie plötzlich am Straßenrand und stieg aus. Sie entfernte sich aus seiner Sicht, und er beschloß, das gleiche zu tun, weshalb sie offensichtlich ausgestiegen war, aber er fand kaum die Kraft dazu. Schließlich tat er es doch, und als er fertig war, stellte er sich neben den Wagen und wartete auf ihre Rückkehr. Sie waren nun völlig von den ungeheuren Gebilden der Berge umgeben – riesenhaft türmten sie sich über dem zwergenhaft wirkenden Wagen und verschwanden unter ihm mit so steilen Abhängen, daß man sich wunderte, wie die Bäume ihren unglaublichen, trotzigen senkrechten Halt bewahren konnten. Es war beängstigend still; ein Vogel rief, und man hörte das schwache, aber sehr deutliche Seufzen eines Wasserfalls. Von ihr vernahm er keine Bewegung, kein Geräusch oder Rascheln, und als sich seine Augen an das Licht gewöhnt hatten, sah er sie am entgegengesetzten Ende des Parkstreifens stehen. Sie lehnte über der niedrigen Mauer und schaute hinunter. Er ging auf sie zu und stellte sich neben sie, und er berührte ihre Wange, die kalt von der Nachtluft war.

»Du solltest nicht in die Kälte hinaus«, sagte sie leise, ohne sich nach ihm umzudrehen. »Du bist krank.«

»Mir ist besser«, erwiderte er, und wirklich fühlte er sich derartig sonderbar, daß es schwer zu sagen war, ob es ihm besser oder schlechter ging. Jedenfalls, was immer ihm fehlte, er verspürte jetzt an weniger Stellen Schmerzen.

»Wo sind wir?« fragte er nach einer Weile, und sie drehte sich zu ihm um und antwortete: »Von nun an fahren wir bergab. Wir haben die Berge tatsächlich hinter uns. Wir können in Jugoslawien übernachten. Das hatten wir doch vor.«

»Es ist so still hier«, sagte er. »Horch!«

Sie lauschten dem Nichts, und dann meinte sie: »Ich kann's nicht verstehen – du vielleicht? –, daß Menschen Trost in der Natur finden. Was nützt mir das alles hier? Es ist ein Nichts, ohne Menschen«, und er stimmte ihr zu, aber als er wieder gehorsam auf dem Beifahrersitz Platz nahm, dachte er zum erstenmal in seinem Leben (und möglicherweise – wegen Krankheit oder Alkohol – im Delirium), daß es doch mehr bedeute und daß diese ungeheuren vorüberziehenden Formen und schroffen Abhänge und eisigen Gipfel doch Symbole von Umständen seien, in deren Griff er sich – in Gesellschaft dieser verwundbaren Frau – ebenfalls bewegte.

Sie hatten Jugoslawien erreicht. In einem Anfall von Übermut und Triumph sprang sie an der Grenze aus dem Wagen, redete fröhlich und in erbärmlichem Italienisch mit dem Grenzbeamten und ließ ihn benommen im Wagen sitzen, während sie ihm ein trockenes Schinkenbrot und eine Flasche Sliwowitz besorgen ging – angeregt, munter, die Haare schwenkend wie eine Filmheldin und lachend. »Armer, armer Liebling«, sagte sie, als sie sich wieder neben ihn sinken ließ und die Zähne in das grobgeschnittene Brot versenkte. »Ich wette, du bist zu krank, um auch nur daran zu denken, daß du mich liebst, nicht wahr?« Und erstaunlicherweise lachte sie.

»Warum um Himmels willen bist du so vergnügt?« murmelte er mühevoll, denn die trockenen Brösel verletzten seine unendlich empfindliche Kehle.

»Ich weiß es nicht«, antwortete sie und schaltete den Motor ein. »Vielleicht ist es die Befriedigung, etwas geleistet zu haben? Oder weil ich dich jetzt endlich so hilflos habe. Also, auf nach Ljubljana!«

Er hatte vollkommen vergessen, wo Ljubljana war, und prostierte daher auch nicht; er hatte keine Ahnung von der Zeit und von den Entfernungen, die sie schon zurückgelegt hatten oder noch zurücklegen mußten. Ab und zu, als er so im Halbschlaf zusammensackte, packte ihn ein schwerer Anfall von Unmut: Und dafür all das lange Warten!

Diese Exkursion war nun einmalig im ganzen Leben, ermöglicht durch eine Kette wunderbarer Zufälle (seine Frau war die Woche über mit sämtlichen Kindern nach Kanada gereist – wer hätte das im entferntesten voraussehen oder damit rechnen können?), und alles, was er damit anfangen konnte, war, mit Kopfweh und schmerzendem Leib zusammenzuschrumpfen und sich zu wünschen, sie würde ihn in einem bequemen Bett liegen lassen. Er hatte nicht einmal mehr Lust auf den Whisky; gehorsam, wie ein guter Patient, schraubte er den Verschluß des Sliwowitz auf, roch daran und versuchte einen Schluck. Er war recht gut, besser, als er ihn nach seiner letzten Erfahrung vor Jahren in Erinnerung hatte: herb und fruchtig und sehr stark nach seiner hellgelben Farbe schmekkend. Warum nicht purpurn, dachte er, als er einen weiteren Schluck nahm, warum ist er nicht purpurn wie Pflaumen? – und das war sein letzter bewußter Gedanke, ehe er in Ljubljana aufwachte und merkte, daß sie versuchte, ihn mit Hilfe eines Mannes, der wie ein Hotelportier aussah, aus dem Wagen zu heben. Sie und der Uniformierte lachten, zweifellos über ihn, und er stellte sich ärgerlich und unsicher auf die Beine. »Liebling«, sagte sie, als er etwas schwankte und sich an der offenen Wagentür festhielt, »wir sind da.«

Und da waren sie tatsächlich, wie in einem Alptraum oder einer Vision: Riesige Glastüren und Arkaden schwammen ihm vor den Augen, denn sie schien den Wagen mehr oder minder mitten ins Hotel gefahren zu haben. Es herrschte Totenstille, wie schon zuvor in den Bergen, und er wußte, es war wohl schon sehr spät. Sie stieß die Türen auf, und er wankte zerknittert hinter ihr her und wurde in den Fahrstuhl befördert. Als sie in das Zimmer kamen, konnte er sehen, daß sie schon oben gewesen war und alles hergerichtet hatte, denn ihr Nachthemd war auf dem Bett ausgebreitet; sie hatte alles vorbereitet, sie, die unfähig war, sich bei leichtem Zug eine Zigarette anzuzünden. Noch dazu hatte sie es getan, während er im Wagen schlief. Sie hatte ihn dort gelassen, so, wie er und seine Frau es gewöhnlich mit den kleinen schlafenden Kindern getan hatten, wenn sie zum Mittagessen in ein Restaurant auf dem Land gingen. Sie und der Portier schienen sich ausgezeichnet zu verstehen und unterhielten sich auf englisch, italienisch und französisch; wahrscheinlich machten sie sich über ihn lustig, aber es brummte und summte ihm so laut in den Ohren, daß er nichts hören konnte. Er setzte sich aufs Bett, und schließlich ging der Portier hinaus. Als sie sich dann von der Tür, die sie zugemacht und verschlossen hatte, wieder zu ihm umdrehte, fühlte er plötzlichen Ärger, als habe man ihn hinter seinem Rücken zum Narren gehalten oder ihn während seines Schlafs verlacht.

»Wo um Gottes willen sind wir denn eigentlich?« fragte er und sah sich gereizt um. Das Hotel war modern und sachlich, und Bett und Stühle waren mit einer Art schwarzem, prallem Leder gepolstert, wie es seit jeher in seinen erotischen Phantasien eine große Rolle gespielt hatte.

»Natürlich in Ljubljana«, sagte sie, während sie sich gelassen zum Schlafengehen auszog.

»Du mußt verrückt sein«, entgegnete er. »Warum hast du denn nicht schon früher gehalten?«

»Weil wir es so besprochen hatten. Wie geht's dir jetzt – besser?«

»Ich fühle mich abscheulich«, sagte er, und sie lächelte so gütig auf ihn herab, daß er den Tränen nahe war.

»Du solltest jetzt lieber schlafen«, meinte sie und begann, ihm die Schuhe aufzumachen. Er ließ sie sich von ihr ausziehen, und als sie vor ihm kniete, packte ihn der Jammer mit solcher Deutlichkeit, daß er nach ihr griff und sie festhielt. Sie legte ihm den Kopf auf die Knie, und er streichelte ihr Haar.

»Liebling«, sagte er, »es tut mir so leid, so leid. Es ist so hoffnungslos, wir haben keine Chance, wir haben nie eine Chance gehabt. Wir sind so lieb zueinander, aber es ist hoffnungslos, völlig hoffnungslos, und wir könnten ebensogut aufgeben. Was kommt dabei heraus, so vorsichtig zu sein, so lieb und vorsichtig?«

Er hatte sie zum Weinen gebracht: Sie fing an zu weinen, gehorsam und höflich, und er streichelte ihr das Haar.

»Es macht nichts, es macht nichts«, redete sie in seine Knie hinein.

»Die Sache ist die«, erklärte er, denn er hatte es endlich klar erkannt, »wenn ich dich hätte, dann würde ich dich ruinieren. Das weißt du, nicht wahr? Oder wenn du mich hättest? Es besteht keine Hoffnung, daß Menschen etwas Besseres miteinander machen. Keine Hoffnung.«

»Das stimmt nicht«, entgegnete sie. »Aber selbst wenn es stimmt, würde es keine Rolle spielen.«

»Natürlich würde es eine Rolle spielen«, sagte er unter Schmerzen. »Wir haben einander so lange versichert, daß wir... wenn man uns eine Chance geben würde... daß wir...«

Aber er konnte es nicht über sich bringen, von all den Dingen zu sprechen, die sie hätten haben, sein oder tun können: Liebe, Harmonie, die Abwesenheit von Schmerz, Täuschung und Grausamkeit, die Abwesenheit von Abwesenheit. Sie wußte, was er meinte; davon war er überzeugt, denn es waren diese angeblichen und unverwirklichten Möglichkeiten, die sie verbanden und in deren Schatten sie lebten, die idealen Formen, die unerreichbar waren. Unerreichbar – denn wie konnten sie die erreichen, ohne zu zerstören, was schon bestand? Die mögliche Verwirklichung konnte nie durchgeführt werden, ohne ein unmögliches Verbrechen zu begehen: Nie konnten sie einander ihr eigen nennen und den häuslichen Frieden, den sie sich so heiß wünschten, erzielen ohne ein häusliches Gemetzel, ein häusliches Opfer. Und was für ein Frieden würde auf sie, die Meuchelmörder, in einer solchen Zukunft warten? Genau das, was sie begehrten, würde ihnen verwehrt sein; denn weswegen bewunderte, liebte und begehrte er sie, wenn nicht wegen ihrer pflichtbewußten und hartnäckigen Treue zu ihren Bürden, und was liebte sie an ihm, wenn nicht gerade seine Treulosigkeit, seine beängstigende, unnatürliche, beharrliche Loyalität zu seiner Frau? Es war nicht so, daß sie einander liebten, weil sie einander nicht haben konnten, wie es die Tradition der westlichen Welt ist; sie liebten, was sie deswegen nicht haben konnten, weil es aufhören würde zu existieren, falls sie es hätten; es würde durch Besitz so zerstört werden, daß es nicht mehr da wäre. Es konnte nicht anders sein; es gab nichts zu begehren, keinen Ort, zu dem man gehen, keine Handlung, die man je unternehmen konnte – eine Beziehung, so beschaffen und eingefroren, daß jede Begebenheit oder Änderung sie nur in tausend nutzlose, zusammenhanglose Bruchstücke zersprengen würde. Eingefroren, wie sie waren, konnten sie einander wenigstens betrachten, doch besitzen konnten sie einander ebensowenig, wie man eine Eisblume in der Hand halten oder mit ins Bett nehmen kann. Er war im Glauben an ritterliche Liebe erzogen worden; er hatte, wie vorgeschrieben, ›Liebe und Gesellschaft‹ gelesen und als junger Mann den Grundgedanken für durchaus glaubwürdig gehalten; aber je länger er sie liebte, um so weniger schien er ihm als glaubwürdige Erklärung, und die Zeile, die ihm jetzt dauernd durch den Kopf ging, während sie an seinen Knien lehnte, waren Worte, die ihn abgestoßen und verwirrt hatten in einem Alter, als er wußte, daß seine Begabung für Liebe so viel größer war als seine Begabung für Ehre: »Nicht lieben könnt' ich dich so sehr, / liebt' ich nicht Ehre mehr« lauteten die Worte, und sie erstrahlten, wie es solche Worte manchmal tun, in blendender Klarheit, denn er erkannte: Wie konnte er ohne Ehre lieben oder geliebt werden? Man könnte ebensogut (wenn auch weniger poetisch) sagen: Nicht lieben könnt' ich dich so sehr, wär' ich vorige Woche gestorben. Vielleicht lag er im Sterben; jedenfalls wanderten seine Gedanken, und er wußte nicht mehr, ob er wünschte, daß sie ihn beruhigte und darauf bestand, daß sie beide Ausnahmen waren und sich unter anderen Umständen hätten durchsetzen können – oder ob er wünschte, sie würde mit ihm darin übereinstimmen, daß ihnen ein noch schlimmeres Schicksal erspart geblieben war. Und als sie sprach, sich im Knien auf ihre Fersen zurücksetzte und ihn anschaute und beinahe so krank und grau aussah, wie er sich fühlte (was für Ferien – wie sie lachen würden, die betrogenen Frauen und kritischen Mütter, wenn sie sie jetzt sehen könnten!), hörte er ihr mit Interesse zu, überzeugt, daß das, was sie sagte, wichtig war und sein mußte und daß es recht bedenklich sein würde, wenn sie jetzt nicht seiner verwirrten Logik folgte. Sie sagte:

»Aber siehst du denn nicht, wir haben einfach keine Chance, eine Chance zu bekommen? Es ist eigentlich wunderbar. Was könnte besser sein? Sogar jetzt, als wir eine kleine Chance hatten, zu sehen, wie alles sein könnte, da mußt du dir diese scheußliche Krankheit holen. Wir werden's also nie wissen. Wir können einfach ruhig weitermachen und sagen, wie schön es gewesen wäre. Wir werden nie einen Grund haben, zu wissen, daß wir's nicht schaffen würden!«

»Was nicht schaffen würden?« fragte er, obwohl er verstand,was sie meinte; er wollte nur herausfinden, ob sie es sagen würde.

»Ich weiß es nicht«, antwortete sie, von der Einfachheit des Gefühls in Verlegenheit gebracht. Sie stand auf und schlug die Bettdecke zurück. »Ich weiß es nicht. Glücklich zu sein, habe ich wahrscheinlich gemeint.«

Da war es also wieder, das ungeheure strahlende Bild. Sein Glaube an sie war grenzenlos.

»Ich bin glücklich«, sagte er und sah ihr zu, wie sie ihre Sachen auf dem Nachttisch anordnete: ihr Glas Wasser, ihr Buch über alte Leute, ihre Zigaretten und die Schachtel mit ihren Pillen. »Ich bin glücklich!«

»Weißt du«, bemerkte sie beiläufig, als er sich neben sie ins Bett legte, »das ist ein riesiges Gebäude, dieses Hotel, und der kleine moderne Teil hier ist bloß vorne drangebaut; in Wirklichkeit ist es ganz und gar nicht so. Es geht noch viel weiter, ganz alt und verblichen und schäbig, mit Wandgemälden aus dem vorigen Jahrhundert und schmutzigen Mosaikgängen und Jugendstilfenstern und Gott weiß was allem. Sie haben diesen Teil mit dem schwarzen Leder bloß drangebaut für Leute wie uns – ausländische Touristen. Morgen früh mußt du's dir anschauen gehen. Der Gegensatz ist ganz unheimlich, aber wie ein Zauber. Es wird dir gefallen.«

»Ich werd's mir ansehen«, erwiderte er, »wenn ich bis dahin noch nicht tot bin.«

»Soll ich dir was vorlesen, oder schläfst du jetzt?« fragte sie; tatsächlich hatte sie ihr Buch beim Lesezeichen aufgeschlagen.

»Du bist unglaublich«, sagte er.

»Das bin ich, nicht wahr?« meinte sie selbstgefällig und lächelte über ihn, ohne ihn anzusehen. »Und ich werde dir noch was sagen. Du wirst mich nie ruinieren, weil du nie genug Zeit haben wirst, dich richtig damit zu befassen. Jemanden zu ruinieren, das braucht Zeit.«

»Das ist ja dann in Ordnung«, sagte er und schloß die Augen, als sie anfing, ihr Buch zu lesen. Bilder zogen wirr durch sein Hirn: Fichten, Verkehrszeichen, vorbeifahrende Wagen, Bergabhänge; und er konnte nie entscheiden, ob er und sie Menschen waren von solch einem Format, daß sie mit den über sie verhängten Katastrophen fertigwerden könnten; und aus welchem Grund sie die Aufgabe hatte, sich mit diesem Kind abzugeben, und wie großartig das ihren Charakter gefestigt hatte. Vielleicht war es Format gewesen, was er erspäht hatte, als er neben ihr im Auto saß und sie über ihm thronte. Sie hatte vergessen, London anzurufen; am Morgen würde er sie an den Anruf erinnern. Alles (warum eigentlich alles?), was er dagegen auszuhalten hatte, war eine Erkältung, die er sich beim Zubettgehen mit nassen Haaren geholt hatte, und eine frigide, hysterische Frau. Aber vielleicht war's im Grunde lächerlich, solche Maßstäbe anzulegen, denn Tragödie und Liebe sind beides keine menschlichen Besitztümer, sie werden einem nicht zugeteilt, sie füllen die Luft, sie sind der Hintergrund wie die Fichten, und es gibt niemanden auf der Welt, der nicht unter diesen Bedingungen von ständiger Ebbe und Flut lebt, so daß ihre Leiden in wahrem Sinne die seinen und die aller Menschen waren, und er befaßte sich nicht kühl damit oder benutzte und manipulierte sie, wie er manchmal fürchtete: Sie war nicht er, denn sie waren alle ein Teil derselben Sache, verbunden, wie es dieses Leder mit jenen verblichenen Wandgemälden war. Er empfand ein mystisches Gefühl der Einheit allen Leidens, als er da lag im Fieberwahn von Grippe und Alkohol – und wenn das so war, wie konnte er sie da tadeln oder ruinieren?

Am Morgen konnte er sich kaum besinnen, was ihm am Vorabend durch den Kopf gegangen war; aber er besann sich fürsorglich darauf, sie daran zu erinnern, London anzurufen, um sich zu erkundigen, wie es ging; und sie bedankte sich, obwohl sie sich natürlich selbst erinnert hätte.

Und merkwürdigerweise, noch lange, nachdem sie nach England heimgekehrt waren, Jahre später, brauchte er nur an

Fichten und Alpenlandschaften zu denken, um sich an etwas Halbbewußtes zu erinnern: die Enthüllung eines Trostes, zu vage, um ihn in Worte zu fassen; eine Enthüllung, die ihre feinen Umrisse und ihre Bedeutung verloren hatte, aber nicht ihre Bilder. Er dachte an Fichten und an sie, und das Andenken (warum sollte er nicht, wenn auch nur für sich selbst, so ein würdevolles Wort wählen?) – das Andenken hielt ihn aufrecht.

Eva Figes
Obligato

und dann noch die Böden wann hab ich zuletzt die Treppe gemacht erst gestern ja gestern nachmittag und schau sie dir jetzt an nichts als Zeitverschwendung warum können sie nicht ein bißchen besser aufpassen ich höre nicht auf zu nörgeln bis ich meine eigene Stimme nicht mehr hören kann und es kommt nicht das Geringste dabei raus genausogut könnte ich meine Stimme schonen und wenn ich es täte würden wir vielleicht ein bißchen besser miteinander auskommen einfach alles laufen lassen warum sie nicht im Chaos ersticken lassen mal sehn wie ihnen das gefällt dann steht das Essen eben nicht pünktlich auf dem Tisch und die Betten sind nicht gemacht sie sind alt genug um sie selbst zu machen ich muß sie frisch beziehen sie sehen vielleicht aus Peggy hat einen Riß in ihrem Bezug und beschwert sich daß sie mit dem Fuß immer darin hängenbleibt natürlich wird er dadurch noch größer statt daß sie ihn selbst ausbessert sie ist ja nicht einmal imstande sich einen Knopf an den Mantel zu nähen obwohl sie recht gerne näht wenn es darum geht etwas Neues zu machen ein nutzloses Spielzeug zum Beispiel sie denken halt kein bißchen weiter ist es da vielleicht ein Wunder wenn ich gereizt bin ich hätte gute Lust ihnen meine Meinung zu sagen aber was würde das schon bringen neuerdings nennen sie mich blöde Kuh und solche Ausdrücke und ich kann mir sogar vorstellen daß es für sie so aussehen muß schließlich hören sie es ja von ihrem Vater nicht anders und man kann nicht erwarten daß sie Verständnis für mich haben sie haben das alles eben nicht durchgemacht noch nicht eines Tages werden sie auch an der Reihe sein arme kleine Schweine es wird wohl wieder Rosenkohl geben eine elende Fieselei die Hälfte erfroren die zehn Pence das Pfund nicht wert man zahlt ja in Wirklichkeit das Doppelte wenn man die Hälfte wegwerfen muß und die Arbeit darf man gar nicht rechnen auf der anderen Seite kosten halt die Sachen die schnell gehen auch mehr und wenn man kein Geld hat hat man keine Wahl und wenn wir uns auf ihn verlassen hätten dann hätte schon die letzten vier Monate gar nichts mehr auf dem Tisch gestanden ich will damit sagen von Luft und einer Menge Versprechungen kann man nicht leben während sie in ihrer Freizeit kleine Ausflüge an die See und solche Sachen machen das ist es was mich so wütend macht aber das sehen sie natürlich nicht wenn ich diese Woche Lauch gekauft hätte wäre ich letzten Endes billiger weggekommen aber das läßt sich jetzt nicht mehr ändern es ist kaum etwas zum Kochen übriggeblieben nicht daß ich hungrig bin bei dem Geruch von dem Braten dreht sich mir der Magen um ich bin heute morgen daneben ich habe ein Gefühl als ob in meinem Bauch nicht genug Platz wäre meine Periode ist noch nicht fällig das kann's also nicht sein ein Glück immerhin daß ich die letzten paar Jahre ohne Scherereien durchgekommen bin darin bin ich gut geworden wenn ich damals gewußt hätte was ich jetzt weiß aber dann hätte ich gar nicht erst zu heiraten brauchen doch das ist jetzt vorbei und damit bin ich fertig ich hoffe sie sind hungrig ich bringe heute keinen Bissen hinunter wenn ich nur einmal sagen könnte kommt diese Bruchbude kann uns gestohlen bleiben wir gehen groß essen – keine Vorbereitungen kein Abwasch ich nehme an das würde ich so genießen daß ich schließlich doch Appetit hätte aber es kostet einfach zuviel du weißt es doch gebrauch deinen gesunden Menschenverstand wenn ihn schon sonst keiner hat aber bei all dem Dank den du kriegst könntest du genausogut diese vier Wände diese verdammten vier Wände ein für allemal aufgeben sie abwaschen hat keinen Sinn sie müssen frisch gestrichen werden es wäre ja ein Mann im Haus aber sein Gesicht möchte ich sehen wenn ich ihn frage wahrscheinlich läßt er sich dann nie wieder blicken wahrscheinlich läßt er sich so und so nie wieder blicken hat schon fünf Tage nicht mehr angerufen das kann einen doch echt fuchtig machen oder die ganze Zeit die man darauf wartet daß das Telephon klingelt und die Kinder anschreit als ob sie daran schuld wären nicht darüber nachdenken davon wird es nicht besser vielleicht könnte ich die Küche an einem Abend einmal selber streichen ich muß es machen wenn sie im Bett sind ich habe sowieso nichts Besseres zu tun bloß dann möchte ich nur noch selbst ins Bett fallen ich weiß doch wie ich mich dann fühle vollkommen ausgelaugt vielleicht noch irgendwas im Fernsehen zu müde um auszuschalten etwas was mich aufbaut wäre jetzt das Rechte irgend etwas um mich aufzumöbeln hör auf du weißt genau daß du nur deprimiert bist daß du die Nase gründlich voll hast daß du heulen könntest wenn du nicht auf die Kinder Rücksicht nehmen müßtest vor ihnen mußt du die Fassade wahren darfst sie nicht sehen lassen daß du leidest wenn ich sie nur aus dem Weg schaffen könnte in eine Höhle kriechen und nie wieder herauskommen das ist der Haken du mußt immer wieder herauskommen und sie werden immer wieder dasein und ihr Essen verlangen du mußt den Schein wahren tu so als sei nichts passiert es ist ja letzten Endes auch nichts passiert Mütter haben kein Recht auf eigene Gefühle sie sind nur dazu da um hinterherzuräumen ich weiß daß er für immer gegangen ist hat sich eine neue Frau genommen eine jüngere keine Verpflichtungen keine Kinder die immer im Weg sind die noch wach sind wenn er will jedesmal das Theater Mrs Lyons zu bitten auf die Kinder aufzupassen ihm geht's doch nur um 'ne schnelle Nummer da tun's doch die einen Beine so gut wie die anderen oder doch nicht so gut meine werden allmählich schlaff ich möchte wissen ob er meine Krampfadern schon bemerkt hat aber so schlecht sind sie auch wieder nicht nicht bei gedämpftem Licht nächstes Jahr werde ich neununddreißig nicht einmal an meinem Geburtstag führt er mich richtig aus mit allem Drum und Dran chic angezogen nur Steak und Pommes wenn wir auswärts essen trinken tun wir in der Kneipe ins Kino wenn er dazu aufgelegt ist der Film muß natürlich ihm gefallen ich werde nicht gefragt und in zwei Jahren werde ich vierzig wer schaut mich dann noch an keiner nicht bei all der Arbeit und wo ich von früh bis spät auf den Beinen bin das macht alt und das war's dann wohl nicht wahr ich kann es mir nicht leisten Ansprüche zu stellen und mich aufs hohe Roß zu setzen und das Schlimmste ist daß ich

DAS ESSEN IST FERTIG

bei ihm gedacht habe ich hab es wirklich gedacht ich dumme Gans daß er anders ist warmherzig mein Typ gewissermaßen ich weiß nicht was es war aber ich hab gleich gespürt daß wir gute Freunde sein könnten ich hab an Kameradschaft gedacht wir sind ungefähr gleich alt haben beide eine Menge durchgemacht er hat Verständnis nicht unbedingt etwas Romantisches gut – ein bißchen was in der Richtung vielleicht auch – warum auch nicht im Grunde unseres Herzens sind wir alle jung

ICH HABE GESAGT DAS ESSEN IST FERTIG KÖNNT IHR NICHT KOMMEN WENN MAN EUCH RUFT
und wenn überhaupt noch dann jetzt die Zeit eilt und ich habe wirklich all die Jahre das Gefühl gehabt daß sich nie mehr etwas ändern wird es war ein einziger Betrug ein abgekartetes Spiel durch das man sich verführen ließ zu hoffen und das ist es was einen bei der Stange hält immer irgendwie weitermachen läßt aber als er auftauchte dachte ich hmm vielleicht habe ich recht gehabt und ich habe so ein erhebendes Gefühl unter den Rippen gespürt vielleicht habe ich recht gehabt zu warten mich nicht billig zu verkaufen nicht den ersten zu nehmen der mir über den Weg läuft
IHR ESST WAS AUF DEN TISCH KOMMT HALTET DIE KLAPPE
ich hab die ganze Zeit über recht gehabt wir verstehen einander ich fühle mich bei ihm sicher er ist einer an den man sich wirklich ein bißchen anlehnen kann nicht nur darauf aus abzusahnen nicht so ein egoistischer Schweinehund wie ihr Vater
ER HÄTTE EUCH DEM SOZIALAMT ÜBERLASSEN VERGESST DAS NICHT
ihr könnt ja mal versuchen ihn dazu zu bringen tagaus tagein für euch dazusein und dann seht zu wie euch das gefällt was dann passiert ihr undankbaren kleinen Biester alles hat er mir überlassen da rackerst du dich Tag für Tag für sie ab und in dem Moment wo du denkst sie sind alt genug um alles was du für sie getan hast was du noch immer tust anzuerkennen da schwenken sie um und beginnen dich zu kritisieren und berufen sich dabei auch noch auf ihren Vater es gehört schon eine gehörige Portion Unverfrorenheit dazu so mit ihnen zu reden nachdem er sich aus dem Staub gemacht hat daran können sie sich natürlich nicht mehr erinnern und ich glaube nicht daß er Manns genug war es ihnen zu erzählen haut einfach mit diesem Weibsstück das kaum neunzehn ist ab nicht einmal die Miete war bezahlt und kein Pfennig im Haus der Kohlenverschlag war leer und Weihnachten stand vor der Tür ich merke schon daß sie nicht allzu erpicht darauf ist eine Familie zu gründen o nein aber sie wird ihr Fett auch noch abbekommen wenn es der Richter erfährt und er wird es erfahren dafür werde ich sorgen er sagt er wird sich um Rechtshilfe küm-

mern es dauert nur seine Zeit – Monat um Monat wovon wir in der Zwischenzeit leben sollen soll mir mal einer sagen natürlich sagt's mir keiner vielleicht sollte ich das Telephon sperren lassen das würde ein bißchen sparen helfen auf der anderen Seite tut es mir so gut großer Gott wenn er jedem am Samstag einen Shilling gibt und sie losschickt damit sie sich einen Lutscher kaufen dann denken sie er ist der liebe Gott und dann die Rollschuhe – ich habe Angst um ihr Leben wenn sie Rollschuh laufen aber daran denkt er nicht ich bin bloß eine alte Frau die immerzu meckert

Können wir?

WAS?

Hast wieder nicht zugehört. Können wir rausgehen?

ES REGNET

Aber gestern hast du gesagt

GESTERN HABE ICH NICHT GEWUSST DASS ES HEUTE REGNET ODER?

LASST MICH JETZT IN FRIEDEN

wenn sie nur rausgehen würden aber schließlich regnet es und wo sollen sie sonst hingehen sie sind schlechtgelaunt genau wie ich den ganzen Tag eingepfercht ich habe das Gefühl ich sollte geduldiger sein nachsichtiger sie verstehen nicht wie ich mich fühle wie sollen sie auch nicht nur fühle sondern auch aussehe ein echt sehenswerter Anblick die Haare eine Woche lang nicht gewaschen kein Wunder daß er es auch nicht wissen will daß es ihn nicht interessiert ich bin bloß eine alte Frau die immerzu meckert sie haben ganz recht und ihr Vater auch ich nehme an ich mache ihnen manchmal die Hölle heiß wenn ich in einer Verfassung wie heute bin ich habe nur noch den Wunsch sie anzubrüllen wie der Tisch wieder aussieht wenn ich mir die Zeit nehmen könnte würde ich nicht nur meine Haare waschen ein ausgedehntes heißes Bad nehmen meine Kleidung von oben bis unten waschen waschen hilft da nichts mehr ich bräuchte neue Sachen die Tür hinter mir zuschlagen und irgendwohin gehen das ist der springende Punkt mir fehlt der Mumm aus eigener Kraft neu anzufangen kein Mut es hat ja doch keinen Sinn und es steht außer Frage daß ich einen neuen Mantel brauche vielleicht könnte ich den Saum wenden oder ein Stück Pelz um den Kragen machen das könnte ganz nett aussehen und meinem Gesicht schmeicheln denn der Fernseher knistert immerzu so komisch und wenn er kaputtgeht dann habe ich überhaupt keine Ruhe mehr vor ihnen abgesehen davon wird der Spannteppich auf der Treppe echt gefährlich ich bin schon zweimal mit dem Absatz darin hängengeblieben und wäre beinahe kopfüber die Treppe hinuntergestürzt und wenn eins von den Kindern einen Unfall hätte würde ich mir das nie verzeihen vielleicht wenn ich etwas anzahlen würde Telephon das Telephon bimmelt schnell jetzt kling als ob nichts wäre was ist denn schon dabei ein Tag mehr oder weniger wieder eine falsche Nummer wieder eine falsche verdammte Nummer ob ich das Odeon-Kino bin was zum Teufel was zum Teufel hast du denn erwartet

GIB IHM SEINEN BALL ZURÜCK. HÖRT AUF ZU STREITEN

können sie nicht eine Minute lang aufhören Krach zu machen die Männer sind alle gleich was hast du denn erwartet lernst du es nie in deinem Alter solltest du doch endlich Vernunft angenommen haben es dauert nicht mehr lang und ich verprügle alle beide es ist mir ganz egal wer angefangen hat es reicht um einen verrückt zu machen können sie nicht eine Minute still sein lieber Gott ich weiß nicht was ich tun werde aber es dauert nicht mehr lang und ich tue etwas was mir später leid tut wenn ich mich wieder beruhigt habe

Ich habe mir das Knie aufgeschlagen

GESCHIEHT DIR RECHT

und es geschieht ihm recht ich habe es ihm nicht nur einmal gesagt ich hab es ihm dutzendmal gesagt daß er nicht auf der Gartentreppe spielen soll jedenfalls ist es gar nicht schlimm nur ein Kratzer der schadet ihm nicht man sollte überhaupt nicht soviel Aufhebens um sie machen sie müssen es früher oder später lernen es schadet ihnen auch nicht wenn sie wissen daß ich auch nur ein Mensch bin und auch einmal die Geduld verlieren kann aber warum werde ich immer gleich so wütend man könnte denken daß ich sie nicht liebhabe daß ich sie hasse daß ich sie umbringen könnte dabei sind sie doch die Kinder die ich in den Armen gehalten habe als sie klein waren so hilflos waren sie und nachts haben sie mich wachgehalten der Geruch der warmen Milch die sie aufgestoßen hatten auf der Wolldecke die langen unterbrochenen Nächte Namen habe ich für sie ausgesucht einmal die Woche habe ich sie wiegen lassen impfen lassen habe ich sie

Ich hab Hunger

HÄTTEST DU DEIN MITTAGESSEN GEGESSEN TAPP MIR NICHT AUF DEM FRISCH GEWISCHTEN BODEN HERUM

ich fühle mich miserabel regelrecht kaputt ich könnte laut schreien das hätte ich mir nie träumen lassen wenn ich mir meine Mutter angeschaut habe – immerzu schlechtgelaunt und zum Davonlaufen in der ewig gleichen schmuddligen alten Schürze immerzu nörgelnd nie Zeit für einen Scherz oder so was ich hab immer gesagt Mama um Himmels willen laß dir die Haare machen kauf dir was Neues zum Anziehen sie war so eine Miesmacherin ich möchte bloß wissen wovon sagte sie und ich hatte natürlich kein Geld ich habe damals nicht gearbeitet so eine Miesmacherin während mir und Ted immerzu zum Kichern zumute war glücklich wie

HÖRT MIT DEM KRACH AUF

ich meine wir waren halt noch Kinder klar daß wir gutgelaunt waren aber sie eine Spielverderberin die keinen Spaß verstand wenn man's recht bedenkt ist jetzt kein so großer Unterschied mehr zwischen uns das ist es was ich mir immer wieder vorsage ich meine damals war ich doch glücklich ich muß neunzehn gewesen sein und nichts konnte mich je wirklich aus dem Gleichgewicht bringen es gab immer einen neuen Tag und jeder neue Tag bedeutete einen neuen Anfang eine neue Hoffnung nicht wie jetzt wo man weiß daß es nie wieder anders wird daß es nur schlimmer werden kann dann nämlich wenn sie einmal aus dem Haus gehen sie werden mich vermutlich hassen ich schreie sie ja auch nur an wie kann ich da erwarten daß sie mich nicht anschreien zurückschreien es ist nur natürlich

NEIN

von mir kommt immer nur ein Nein vielleicht sollte ich damit Schluß machen mit mir Schluß machen mir keine Sorgen mehr machen vielleicht gibt es gar keinen Grund sich Sorgen zu machen vielleicht würde ich mich besser fühlen wenn ich mich einmal richtig ausweinen könnte um die Zeit wird er schon in seinen Club gegangen sein es hat keinen Sinn auf einen Anruf zu warten

ICH HABE NEIN GESAGT

vielleicht könnte ich den oberen Stock auf morgen verschieben was macht schon der Dreck von einem Tag mehr oder weniger vielleicht sollte ich etwas mit ihnen unternehmen er denkt nicht einmal an ihre Geburtstage was kann man schon erwarten wenn man auf die Vierzig zugeht manchmal vergißt er sogar ihre Namen trotzdem glaube ich daß er anruft wenn es ihm paßt wenn er was will und wer bist du denn daß du die Anspruchsvolle oder Gekränkte spielen kannst warum sollte er sich anstrengen wenn er es so billig haben kann

Angela Carter
Die Braut des Tigers

Mein Vater verlor mich beim Kartenspiel an das Tier.

Es gibt eine bestimmte Verrücktheit, die überfällt die Reisenden aus dem Norden, wenn sie das liebliche Land erreichen, in dem die Zitronen blühen. Wir kommen aus Ländern mit kaltem Klima, zu Hause liegen wir immer im Kampf mit der Natur, aber hier – ach! Man könnte meinen, man sei in die gesegneten Gefilde geraten, wo der Löwe neben dem Lamm ruht. Alles blüht, kein kalter Hauch stört diese sinnenfreudige Luft. Die Sonne schüttet Früchte über uns aus. Und die tödliche, sinnliche Lethargie des lieblichen Südens befällt das verhungerte Hirn; es keucht: »Wohlleben! Mehr Wohlleben!« Aber dann kommt der Schnee, man kann ihm nicht entrinnen, er ist uns seit Rußland gefolgt, als wäre er hinter unserem Wagen hergelaufen, und in dieser düsteren, verbitterten Stadt hat er uns endlich eingeholt, treibt gegen die Fensterscheiben, um meinen Vater zu verspotten, der das ewige Vergnügen erwartet hatte. Die Adern an seiner Stirn schwellen und pochen, und seine Hände zittern, während er des Teufels Gebetbuch austeilt.

Von den Kerzen tropfte heißes, ätzendes Wachs auf meine nackten Schultern. Ich sah ihm zu mit dem wilden Zynismus, der jenen Frauen eigentümlich ist, die durch die Umstände dazu gezwungen sind, schweigend Zeuginnen der Torheit zu werden, während mein Vater, in seiner Verzweiflung von immer mehr Schlucken des Feuerwassers angespornt, das sie hier »Grappa« nennen, die letzten Reste meiner Erbschaft verschleudert. Als wir Rußland verließen, besaßen wir fruchtbare schwarze Erde, blaue Wälder mit Bären und Wildschweinen, Leibeigene, Kornfelder, Bauernhöfe, meine geliebten Pferde, die weißen Nächte kühler Sommer, das Feuerwerk der Nordlichter. Welche Last muß ihm dieser Besitz bedeutet haben, denn er lacht fröhlich, als er sich jetzt zum Bettler macht; er ist von einer solchen Leidenschaft gepackt, daß er alles dem Tier schenkt.

Jeder, der in diese Stadt kommt, muß mit dem Grandseigneur eine Partie Karten spielen, es kommen freilich nur wenige. Man hatte uns in Mailand nicht gewarnt, oder wir hatten es nicht verstehen können – mein holpriges Italienisch, der verwirrende Dialekt dieser Gegend. Ja wirklich, ich selber schlug dieses abgelegene Provinzstädtchen vor, das seit zweihundert Jahren aus der Mode gekommen, weil es sich, o Ironie, keines Kasinos rühmen kann. Ich wußte nicht, daß der Preis für den Aufenthalt in seiner dezemberlichen Einsamkeit ein Spiel mit dem Herrn war.

Es war schon spät. Die feuchte Kälte dieses Ortes kroch in Steine und Knochen und tief in die Lungenbläschen; sie drang mit einem Schauer selbst in unseren Salon, wohin sich der Herr begab, um in der Verschwiegenheit zu spielen, die zu seinem Wesen gehörte. Wer hätte die Einladung zurückgewiesen, die uns sein Diener in unserem Quartier überreichte? Gewiß nicht mein zügelloser Vater; der Spiegel über dem Tisch gab mir seine Besessenheit wieder, meine Reglosigkeit, die flackernden Kerzen, die sich leerenden Flaschen, die bunten Gezeiten der Karten, die auf und nieder gingen, die starre Maske, die alle Gesichtszüge des Tiers verbarg außer seinen gelben Augen, die dann und wann über seine unbehaarte Hand zu mir hinüberstreiften.

»La Bestia!« sagte unsere Wirtsfrau und betastete scheu einen Briefumschlag mit seinem riesigen Wappen, einem Tiger im Sprung, und halb Furcht, halb Staunen lag auf ihrem Gesicht. Und ich brachte es nicht über mich zu fragen, warum sie den Herrn dieser Gegend La Bestia nannten – hatte es wohl mit diesem heraldischen Zeichen zu tun? Ihre Sprache war durch die träge, bronchitische Redeweise der Gegend so erstickt, daß ich sie kaum verstehen konnte, außer als sie bei meinem Anblick sagte: *»Che bella!«*

Seit ich krabbeln konnte, war ich immer die Hübsche gewesen, mit meinen glänzenden, nußbraunen Locken, meinen Rosenwangen. Ich war am Weihnachtstag geboren – meine Christrose, nannte mich meine englische Kinderfrau. Die Bauern sagten: »Das leibhaftige Ebenbild ihrer Mutter«, und schlugen ein Kreuz zum ehrfürchtigen Gedenken an die Tote. Die Lebensblüte meiner Mutter hielt nicht lange an; nur ihrer Aussteuer wegen von einem solchen Windhund aus dem russischen Adel geheiratet, starb sie bald an seiner Spielleidenschaft, seiner Hurerei, seinen ausschweifenden Festen. Und das Tier reichte mir die Rose aus seinem tadellosen, wenn auch altmodischen Knopfloch, als es eintrat, während der Diener ihm den Schnee von dem schwarzen Rock klopfte. Diese weiße Rose, unnatürlich und nicht aus dieser Jahreszeit, die meine nervösen Finger jetzt zerpflückten, Blatt für Blatt, wie mein Vater glorreich seine Laufbahn beendete, die nur aus Katastrophen bestand.

Dies ist eine schwermütige, in sich versunkene Gegend; eine sonnenlose, gestaltlose Landschaft, der träge Fluß schwitzt Nebel aus, die kahlen Weiden stehen krumm. Und eine grausame Stadt; die düstere Piazza, ein Platz, wie geschaffen für öffentliche Hinrichtungen, unter dem übergreifenden Schatten einer scheunenhaften, bedrohlichen Kirche. Man pflegte die Verurteilten in Käfigen an die Stadtmauer zu hängen; Unfreundlichkeit ist den Leuten hier selbstverständlich, ihre Augen sitzen eng beieinander, sie haben schmale Lippen. Ihr Essen ist kärglich, Nudeln, die in Öl schwimmen, gekochtes Rindfleisch mit einer Sauce aus bitteren Kräutern. Ein Friedhofshauch liegt über dem ganzen Ort, die Bewohner sind gegen Eis und Kälte so vermummt, daß man kaum ihre Gesichter erkennen kann. Und sie lügen und betrügen, Wirtsleute, Kutscher, alle. Du liebe Zeit, wie sie uns gemolken haben!

Der trügerische Süden, wo man meint, es gäbe keinen Winter, und vergißt, daß man ihn mit sich schleppt.

Meine Sinne wurden immer verwirrter von dem berauschenden Parfum des Herrn, ein viel zu starker Duft nach Zibet für diesen kleinen Raum und diese Enge. Er schien in diesem Parfum zu baden, seine Hemden und seine Unterwäsche damit zu tränken; wonach mag er wohl wirklich riechen, daß er es so übertönen muß?

Ich habe noch nie einen so großen Mann gesehen, der so zweidimensional wirkt, obwohl das Tier wunderlich elegant ist in seinem altmodischen Gehrock, der seinem Aussehen nach in jenen fernen Jahren gekauft sein mochte, die vor seiner selbstgewählten Abgeschlossenheit lagen; es empfindet es nicht mehr als notwendig, mit der Mode zu gehen. Etwas Ungeschlachtes ist in seinem Äußeren, etwas Riesenhaftes, nichts Gewinnendes; das Tier strahlt eine sonderbare Selbstbeherrschung aus, als kämpfte es mit sich, aufrecht zu bleiben, obgleich es sich viel lieber auf allen vieren bewegen würde. Traurig verzerrt es unsere menschlichen Hoffnungen, göttergleich zu sein, das arme Ding; nur aus einer gewissen

Entfernung könnte man meinen, das Tier unterscheide sich kaum von irgendeinem anderen Mann, obgleich es eine Maske trägt, auf die ein sehr schönes Männerantlitz gemalt ist. O ja, ein wunderschönes Gesicht; aber eins mit einer zu strengen Symmetrie der Züge, um ganz menschlich zu sein: Die eine Hälfte seiner Maske ist das Spiegelbild der anderen, zu vollkommen, unheimlich. Er trägt auch eine Perücke, falsche Haare, die mit einer Schleife zu einem Zopf gebunden sind, eine Perücke wie auf altmodischen Porträts. Ein passendes Seidentuch, mit einer Perle festgesteckt, verbirgt seinen Hals. Dazu Handschuhe aus hellem Ziegenleder, die jedoch so riesig und ungeschlacht sind, daß sie wohl keine Hände bedecken.

Er ist eine Karnevalsfigur aus Pappmaché und Kreppapierhaaren; aber am Kartentisch ist er gerissen wie ein Teufel.

Wenn er sich über sein Blatt beugt, hallt seine maskierte Stimme wie aus einer großen Ferne, und er leidet an einem so grollenden Sprachfehler, daß nur sein Diener ihn versteht und übersetzen kann, so als wäre sein Herr eine tolpatschige Puppe und er selbst ein Bauchredner.

Der Docht sank in das zerschmolzene Wachs, die Kerzen flackerten. Als meine Rose all ihre Blätter verloren hatte, war auch meinem Vater nichts mehr geblieben.

»Außer dem Mädchen.«

Spielen ist eine Krankheit. Mein Vater sagte immer, er liebte mich, und dennoch setzte er seine Tochter aufs Spiel mit den Karten. Er fächerte sein Blatt auf; im Spiegel sah ich, wie wilde Hoffnung seine Augen funkeln ließ. Er hatte sich den Kragen zugeknöpft, seine zerzausten Haare standen zu Berge, er zeigte die Höllenqualen eines Mannes im letzten Stadium der Verkommenheit. Es zog durch alle alten Wände, und ich fror schlimmer als jemals zuvor in Rußland, wenn die Nächte dort am kältesten sind.

Eine Dame, ein König, ein As. Ich erkannte sie im Spiegel. Oh, ich wußte genau, daß er sich einbildete, er könnte mich nicht verlieren, mit mir würde sogar alles wieder zurückkommen, was er verloren hatte, mit mir wäre das verschleuderte Vermögen meiner Familie mit einem Schlag zurückgewonnen. Und wenn er nicht gewann, nun gut, dann also das Ahnenschloß des Tiers vor den Toren der Stadt, die unermeßlichen Einkünfte; die Ländereien entlang dem Fluß, die Renten, die Schatztruhe, die Mantegnas, Giulio Romanos, die Salzfässer von Cellini, die Titel... die ganze Stadt selbst.

Man darf nicht denken, daß mein Vater mich geringer schätzte als das Lösegeld für einen König, aber eben auch nicht höher.

Es war jetzt eiskalt in diesem Zimmer. Und mir, dem Kind aus dem unwirtlichen Norden, kam es vor, als wäre nicht mein Fleisch, sondern in Wahrheit meines Vaters Seele in Gefahr.

Mein Vater glaubte natürlich an Wunder; welcher Spieler tut das nicht? Waren wir nicht gerade zu der Jagd nach so einem Wunder aufgebrochen aus dem Land der Bären und Sternschnuppen?

So schwankten wir zum Rand des Abgrunds.

Das Tier brüllte und legte dann die drei übrigen Asse auf den Tisch.

Die ungerührten Diener glitten nun so glatt herbei, als ob sie auf Rollen liefen, um eine Kerze nach der anderen zu löschen. Wenn man sie betrachtete, so mochte man meinen, nichts von Bedeutung wäre geschehen. Sie gähnten ein wenig vorwurfsvoll; es war fast Morgen, wir hatten sie nicht ins Bett gehen lassen. Der Kammerdiener des Tiers brachte ihm den Mantel. Mein Vater blieb inmitten dieser Vorbereitungen zum Aufbruch sitzen und starrte noch immer auf die Karten, die ihn im Stich gelassen hatten.

Der Diener teilte mir knapp mit, daß er morgen um zehn Uhr mich und meine Koffer abholen und in den Palazzo des Tiers bringen würde. *Capisco?* Ich war so erschrocken, daß ich kaum etwas begriff. Geduldig wiederholte er die Anweisungen für mich, er war ein sonderbarer, dünner, behender kleiner Mann, der sich mit unregelmäßigen Schritten vorwärts bewegte, auf schief angesetzten Füßen, die in merkwürdigen, keilförmigen Schuhen steckten.

Hatte mein Vater vorher ein feuerrotes Gesicht gehabt, so war er jetzt weiß wie der Schnee, der auf der Fensterbank lag. Seine Augen schwammen, gleich würde er weinen.

»Wie der gemeine Inder«, sagte er; er liebte es, Gedichte zu rezitieren, »einer, dessen Hand eine Perle fortwarf, reicher als sein ganzer Stamm... Ich habe meine Perle verloren, meine unbezahlbare Perle.«

Daraufhin stieß das Tier plötzlich einen wilden Ton hervor, halb Grollen und halb Brüllen; die Kerzen flackerten. Der flinke Diener, der unverschämte Heuchler, übersetzte, ohne mit der Wimper zu zucken: »Mein Herr will sagen: wenn Sie so nachlässig mit Ihren Schätzen sind, dann sollten Sie damit rechnen, daß sie Ihnen abgenommen werden.«

Er bedachte uns mit der Verneigung und dem Lächeln, das uns sein Herr nicht bieten konnte, und sie verschwanden.

Ich schaute den Schneeflocken zu, bis sie, kurz vor der Morgendämmerung, zu rieseln aufhörten; starker Frost setzte ein, der nächste Morgen brachte ein Licht wie aus Eisen.

Die Kutsche des Tiers, ein elegantes, wenn auch altmodisches Modell, war kohlpechrabenschwarz und wurde gezogen von einem blanken schwarzen Wallach, der Dampf aus seinen Nüstern blies und so lebhaft auf dem festgetretenen Schnee herumstapfte, daß ich wieder Hoffnung schöpfte. Vielleicht war die ganze Welt doch nicht so von Eis umschlossen, wie ich es jetzt war. Ich hatte mich immer etwas an Gullivers Meinung gehalten, daß Pferde besser sind als wir, und an jenem Tage wäre ich ihm mit Freuden ins Königreich der Pferde gefolgt, wenn sich dazu nur eine Gelegenheit ergeben hätte.

Der Diener saß in einer schmucken schwarzgoldenen Livree hoch oben auf dem Bock und umklammerte ausgerechnet einen Strauß von seines Herrn verdammten weißen Rosen, als ob ein Blumengebinde eine Frau über irgendeine Demütigung hinwegtrösten könnte. Er sprang mit unnatürlicher Gelenkigkeit herab, um sie mir feierlich in meine widerstrebende Hand zu legen. Mein tränenüberströmter Vater will eine Rose zum Zeichen, daß ich ihm vergeben habe. Als ich eine abbreche, steche ich mir in den Finger, und so bekommt er seine Rose ganz mit Blut verschmiert.

Der Diener kroch um meine Füße herum, um mit einer sonderbaren Art von gleichgültiger Willfährigkeit die Decken um mich herum festzustopfen, vergaß jedoch seine Stellung so weit, daß er sich mit einem übermäßig beweglichen Zeigefinger genußvoll unter der Halbperücke kratzte, während er mir einen Blick zuwarf, den meine alte Kinderfrau »altmodisch« genannt hätte; er war spöttisch, verschlagen, eine Spur Verachtung lag darin. Und Mitleid? Nein, kein Mitleid. Seine Augen waren feucht und braun, sein Gesicht überzogen mit der unschuldigen Listigkeit eines uralten Babys. Er besaß die irritierende Angewohnheit, ununterbrochen Selbstgespräche zu führen, während er die Gewinne seines Herrn einlud. Ich zog die Vorhänge zu, um nicht das Lebwohl meines Vaters sehen zu müssen; mein Groll war scharf wie eine Glasscherbe.

Verspielt an das Tier! Und was an ihm, so überlegte ich, mochte genau das »Tierische« sein? Meine englische Kinderfrau hat mir einmal von einem Tigermann erzählt, den sie in London gesehen hatte, als sie ein kleines Mädchen war, das sollte mir einen Schreck einjagen, damit ich brav war, denn ich war ein wildes kleines Ding, und mit einem Stirnrunzeln oder einem Bestechungslöffel voll süßer Marmelade allein konnte sie mich nicht zähmen zur Unterwerfung. Wenn du nicht aufhörst, die Stubenmädchen zu ärgern, meine Schöne, dann kommt der Tigermann und nimmt dich mit. Sie haben ihn aus Sumatra von den indischen Inseln mitgebracht, erzählte sie; sein Hinterteil war ganz voll Fell, und einem Menschen ähnelte er nur vom Kopf abwärts.

Das Tier jedoch geht stets maskiert, sein Gesicht also kann nicht aussehen wie meines.

Aber der Tigermann konnte trotz seiner Behaarung wie jeder gute Christ ein Glas Bier in die Hand nehmen und leertrinken. Das hatte sie mit eigenen Augen gesehen, als sie gerade so groß war wie ich und noch stammelte und krabbelte. Dann pflegte sie aufzuseufzen vor Sehnsucht nach ihrem London jenseits der Nordsee und der vielen vergangenen Jahre. Wenn diese junge Dame aber nicht artig war und brav ihre roten Bete aufaß, dann würde sich der Tigermann seinen großen schwarzen Reisemantel umwerfen, der genau wie der Mantel von deinem Papa mit Pelz gefüttert ist, er würde das schnelle Pferd des Erlkönigs mieten und durch Nacht und Wind geradewegs zum Kinderzimmer reiten, und –

Ja, meine Schöne! VERSCHLINGEN WÜRDE ER DICH!

Wie habe ich immer gequietscht in wonnigem Schrecken, habe ihr halb geglaubt und halb gewußt, daß sie mich nur nekken will. Es gab auch Dinge, von denen ich genau wußte, daß ich sie ihr nicht erzählen durfte. Auf unserem einsamen Bauernhof, wo die kichernden Kindermädchen mich in das Geheimnis einweihten, was der Bulle mit den Kühen macht, hörte ich von der Tochter des Wagenmeisters. Pst, pst, das darf aber nicht deine Kinderfrau wissen, daß wir das gesagt haben; die Kleine vom Wagenmeister, Hasenscharte, Schielaugen, häßlich wie die Sünde, wer hätte die schon haben wollen? Und doch ist ihr zu ihrer Schande und unter dem grausamen Gespött der Pferdeknechte der Bauch dick geworden, und sie tuschelten, der Sohn, den sie geboren hätte, stammte von einem Bären. Kam mit einem Fell und ausgewachsenen Zähnen auf die Welt; das war der Beweis. Als er jedoch erwachsen war, wurde er ein guter Schäfer; nur geheiratet hat er niemals, er hauste vor dem Dorf in einer Hütte und konnte den Wind aus allen Himmelsrichtungen blasen lassen, und außerdem konnte er auch genau sagen, aus welchen Eiern Hähne und aus welchen Hennen schlüpfen würden.

Die verstörten Bauern hatten meinem Vater eines Tages einen Schädel gebracht, der auf jeder Stirnseite Hörner hatte, einen guten Finger lang, und sie weigerten sich, auf das Feld zurückzugehen, wo ihr armseliger Pflug das Ding aufgestöbert hatte, es mußte erst ein Priester kommen und mit ihnen gehen, denn dieser Schädel hatte den Kieferknochen eines Mannes, nicht wahr?

Altweibermärchen, Kinderstubenängste! Ich kannte nur zu gut den Grund für die Verzagtheit, die ich so angenehm herauskitzelte mit abergläubischen Wundergeschichten aus meiner Kindheit an jenem Tag, an dem diese Kindheit endete. Von nun an war meine Haut mein einziges Kapital auf der Welt, und heute mußte ich sie zum erstenmal zu Markte tragen.

Wir hatten die Stadt weit hinter uns gelassen und überquerten jetzt eine breite, flache Mulde aus Schnee, in der Weidenstümpfe mit geschorenen Köpfen gefrorene Tümpel säumten; Nebel löste den Horizont auf und zog den Himmel tiefer, bis er nur noch ein paar Handbreit über uns zu schweben schien. So weit das Auge reichte, kein Lebewesen. Wie kümmerlich und armselig war die tote Jahreszeit in diesem falschen Garten Eden, in dem alle Früchte dem Frost erlegen waren! Und meine zarten Rosen, schon verwelkt. Ich öffnete den Wagenschlag und warf den sinnlosen Strauß auf den hochgepreßten, festgefrorenen Schlamm der Straße. Plötzlich erhob sich ein scharfer, beißender Wind und warf mir trockene Schneekörner ins Gesicht. Der Nebel hob sich so weit, daß sich vor mir ein Areal von halb zerfallenen Fassaden aus reinem rotem Backstein enthüllte, die riesige Menschenfalle, die größenwahnsinnige Zitadelle seines Palazzos.

Es war eine Welt für sich, aber eine tote, ein ausgebrannter Planet. Ich erkannte, daß sich das Tier mit seinem Geld nicht Luxus, sondern Abgeschiedenheit erkauft hatte.

Das kleine schwarze Pferd trabte geradewegs durch das mit Figuren verzierte Bronzeportal, das sich dem Unwetter wie ein Scheunentor geöffnet hatte, und der Diener half mir aus dem Wagen auf die zersprungenen Fliesen in der großen Halle, in die duftende Wärme eines Stalles, süß von Heu, beißend von Pferdemist. Unter dem großen Dach, wo die Balken dicht besetzt waren mit den letzten Schwalbennestern des Sommers, brach ein Chor von Gewieher und dumpfem Hufgetrappel aus; ein Dutzend grazile Nüstern reckten sich aus den Krippen und wandten sich uns zu, mit steil gespitzten Ohren. Das Tier hatte seinen Pferden den Speisesaal überlassen. Die Wände waren passend bemalt mit einem Fresko von Pferden, Hunden und Männern in einem Wald, in dem die Bäume gleichzeitig Blüten und Früchte an den Zweigen trugen.

Der Diener zupfte mich höflich am Ärmel. Der Herr wartet schon.

Gähnende Türen und zerbrochene Fenster ließen überall den Wind ein. Wir stiegen eine Treppe nach der anderen hoch, unsere Schritte hallten auf Marmor. Durch Bögen und Türen erblickte ich gewölbte Gemächer, die wie in einem Irrgarten eins aus dem anderen hervortraten wie chinesische Schachteln und in die unendlich verzweigten Räumlichkeiten dieses Ortes führten. Er und ich und der Wind waren das einzige, das sich hier regte; alle Möbel lagen unter Schleiern von Staub, die Kronleuchter waren mit Tüchern verhängt, Gemälde von ihren Haken genommen und mit der Bildseite an die Wand gelehnt, als ob ihr Herr ihren Anblick nicht ertragen könnte. Der Palast war entkleidet, als wollte sein Eigentümer gerade ausziehen oder als wäre er noch niemals richtig eingezogen. Das Tier hatte sich entschieden, an einem unbewohnten Ort zu leben.

Der Diener warf mir aus seinen braunen beredten Augen einen beruhigenden Blick zu, in dem jedoch auch eine solch scheele Geringschätzung lag, daß er mich nicht trösten konnte, und hüpfte weiter auf seinen schiefen Beinen vor mir her, wobei er leise vor sich hin murmelte. Ich hob den Kopf und folgte ihm; mein Herz aber war schwer, trotz all meines Stolzes.

Der Herr hat seinen Königssitz hoch oben im Haus, in einem engen, stickigen, düsteren Raum; er hält die Fensterläden noch am Mittag geschlossen. Als wir ihn endlich erreicht hatten, war ich außer Atem und erwiderte das Schweigen, mit dem er mich begrüßte. Ich will nicht lächeln. Er kann nicht lächeln.

In seiner kaum je gestörten Abgeschiedenheit trägt das Tier ein Gewand mit osmanischen Mustern, einen losen Mantel aus stumpfem Purpur, goldbestickt, am Halse hochgeschlossen und so lang, daß er seine Füße verbirgt. Die Füße des Sessels, in dem er sitzt, sind schön gearbeitete Klauen. Er versteckt seine Hände in weiten Ärmeln. Das kunstvolle Meisterwerk seines Gesichtes erschreckt mich. Ein kleines Feuer auf einem kleinen Rost. Windstöße lassen die Läden klappern.

Der Diener hustete. Ihm fiel die delikate Aufgabe zu, die Wünsche seines Herrn zu übersetzen.

»Mein Herr...« Ein Scheit fiel in die Asche und krachte mächtig in diese unheimliche Stille hinein, der Diener fuhr zusammen, verlor den Faden und begann von vorn.

»Mein Herr hat nur einen einzigen Wunsch.«

Der schwere, üppige, wilde Duft, mit dem der Herr auch am vorigen Abend parfümiert gewesen war, hängt um uns in der Luft, steigt in blauen Wolken aus den Löchern eines kostbaren chinesischen Räuchergefäßes.

»Er wünscht sich nur...«

Hier begann der Diener im Angesicht meiner Teilnahmslosigkeit zu stammeln, seine spöttische Überlegenheit war dahin, denn der Wunsch seines Herrn, wie unbedeutend er auch sein mag, klang unerträglich anmaßend aus dem Mund eines Lakaien, und diese Rolle des Zwischenträgers war es offenbar, die ihn vor allem verlegen machte. Er schluckte, räusperte sich und stieß schließlich ohne Punkt und Pause eine Flut von Worten hervor.

»Der einzige Wunsch meines Herrn ist die schöne junge Dame unbekleidet zu sehen nackt ohne ihr Kleid und das nur ein einziges Mal wonach sie unbeschadet zu ihrem Vater zurückgebracht werden wird mit einem Barscheck in der Höhe jener Summe die er an meinen Herrn beim Kartenspiel verloren hat und außerdem einer Anzahl von schönen Geschenken wie Pelze, Juwelen und Pferde –«

Ich blieb ruhig stehen. Während dieses Gespräches waren meine Augen auf gleicher Höhe wie die hinter der Maske, die jetzt den meinen auswichen, als ob er sich jetzt, zur Rettung seiner Ehre, für sein Ansinnen ebenso schämte wie für das Sprachrohr, das sie in Worte kleidete. *Agitato, molto agitato* rang der Diener die Hände in den weißen Handschuhen.

»*Denuda* –«

Ich traute kaum meinen Ohren. Ich stieß ein heiseres Gelächter aus; so lacht keine junge Dame! pflegte mich meine alte Kinderfrau zu ermahnen. Ich tat es trotzdem. Und tue es noch. Vor dem rauhen Krächzen meiner herzlosen Heiterkeit prallte der Diener entsetzt zurück, rang die Hände, als ob er sie loswerden wollte, verzweifelt und in stummem Flehen. Ich spürte, ich schuldete ihm eine Antwort in einem so fehlerlosen Toskanisch, wie ich es nur zustande brachte.

»Sie können mich in ein fensterloses Gemach bringen lassen, mein Herr, dann verspreche ich Ihnen, daß ich für Sie meinen Rock bis zur Taille hochheben werde. Es muß jedoch ein Tuch über mein Gesicht gezogen werden, damit es verborgen bleibt; das Tuch muß so locker auf mir liegen, daß es mich nicht erstickt. So werde ich von der Hüfte aufwärts vollkommen bedeckt sein, und es gibt kein Licht. Dort dürfen Sie mich einmal besuchen, mein Herr, und nur das eine Mal. Danach will ich direkt in die Stadt zurückgefahren und auf dem Marktplatz abgeliefert werden, vor der Kirche. Wenn Sie wünschen, mir Geld zu zahlen, dann will ich es gerne entgegennehmen. Ich muß jedoch darauf beharren, daß Sie mir nur die Summe geben, die Sie unter diesen Umständen jeder anderen Frau auch zahlen würden. Wenn Sie es jedoch vorziehen, mir gar kein Geschenk zu machen, so ist das Ihr gutes Recht.«

Wie freute ich mich, als ich sah, daß ich das Tier ins Herz getroffen hatte! Denn nach einem Dutzend Herzschlägen quoll eine einzige Träne schimmernd im Winkel des maskierten Auges. Eine Träne! Eine Träne, wie ich hoffte, der Scham. Die Träne bebte einen Augenblick am Rande des gemalten Jochbeins, rann dann über die gemalte Wange und tropfte schließlich mit einem hellen Klang auf den gekachelten Boden.

Der Diener scheuchte mich hastig unter murmelnden Selbstgesprächen aus dem Raum. Eine malvenfarbene Wolke von seines Herrn Parfum wallte mit uns in den eisigen Korridor hinaus und löste sich dort im Luftzug auf.

Eine Zelle war für mich gerichtet, eine wahrhaftige Zelle, ohne Fenster, ohne Luft, ohne Licht, in den tiefsten Eingeweiden des Palastes. Der Diener zündete eine Lampe für mich an; ein schmales Bett, ein dunkler Schrank mit geschnitzten Früchten und Blumen zeigten sich im Dämmer.

»Ich werde mein Bettlaken zu einer Schlinge knüpfen und mich damit aufhängen«, sagte ich.

»O nein«, erwiderte der Diener und musterte mich mit seinen großen und plötzlich melancholischen Augen, »o nein, das werden Sie nicht. Sie sind eine Frau von Ehre.«

Und was trieb er in meiner Schlafkammer, diese zappelnde Karikatur eines Mannes? War er mein Wärter, bis ich mich den Wünschen des Tiers unterwarf oder es sich den meinen? War meine Lage so beschränkt, daß man mir keine Kammerzofe mehr zugestand? Der Diener klatschte, wie als Antwort auf meinen unausgesprochenen Wunsch, in die Hände.

»Um Ihre Einsamkeit zu lindern, Madame...«

Hinter der Schranktür Klopfen und Klappern, die Tür klappt auf, und heraus gleitet eine Soubrette aus einer Operette, schimmernde nußbraune Locken, rosige Wangen, blaue Kugelaugen; es dauert einen Augenblick, ehe ich sie erkenne in ihrer kleinen Haube, den weißen Strümpfen und gestärkten Unterröcken. In der einen Hand trägt sie einen Spiegel, in der anderen eine Puderquaste, und wo ihr Herz sitzen sollte, ist eine Spieldose; sie klingelt, während sie auf ihren winzigen Rädern auf mich zurollt.

»Hier lebt nichts Menschliches«, sagte der Diener.

Meine Kammerzofe hielt an, verneigte sich; aus einem gesäumten Schlitz an der einen Seite ihres Körpers ragt der Griff eines Schlüssels heraus. Sie ist eine wunderbare Maschine, das raffiniert ausbalancierte System von Schnüren und Rollen der Welt.

»Wir haben uns der Dienstboten entledigt«, sagt der Diener, »wir umgeben uns statt dessen zu unserm Nutzen und Vergnügen mit Attrappen, und wir sind nicht weniger zufrieden als die meisten anderen Herren.«

Mein Aufziehzwilling machte vor mir Halt, zirpte in ihren

Eingeweiden ein Menuett aus dem 18. Jahrhundert und bot mir ein kühles Lächeln. Klick, klick – sie hebt ihren Arm und pudert mir emsig die Wangen mit rosiger Kreide, daß ich husten muß; dann dreht sie mir ihren kleinen Spiegel entgegen.

Ich sah darin nicht mein eigenes Gesicht, sondern das meines Vaters, als hätte ich bei der Ankunft im Palast des Tiers wie eine Quittung für seine Schulden sein Gesicht aufgelegt. Was heulst du noch, du Narr in deinem Selbstbetrug? Betrunken dazu. Er stieß seinen Grappa zurück und warf den Becher fort.

Als der Diener meinen Schreck und mein Entsetzen sah, nahm er mir den Spiegel weg, hauchte ihn an, rieb ihn mit einer Kante seiner behandschuhten Faust blank und reichte ihn mir zurück. Jetzt sah ich nur mich selbst, hohläugig nach einer schlaflosen Nacht und so blaß, daß ich meine Kammerzofe und ihr Rouge brauchen konnte.

Ich hörte, wie sich der Schlüssel in der schweren Tür drehte und die Schritte des Dieners auf dem steinernen Gang verhallten. In der Zwischenzeit fuhr mein Ebenbild fort, die Luft zu pudern und ihre zirpende Melodie von sich zu geben, doch war sie, wie sich herausstellte, nicht unermüdlich; bald wurde ihr Pudern träger, ihr Metallherz in einer Nachahmung von Müdigkeit langsamer, ihre Spieluhr lief ab, bis sich die Töne so verzerrten, daß sie falsch klangen, wie einzelne Regentropfen, und schließlich, als ob der Schlaf sie überwältigt hätte, bewegte sie sich gar nicht mehr. Als sie eingeschlummert war, hatte ich nur den einen Wunsch, das gleiche zu tun. Ich sank wie gefällt auf das schmale Bett.

Zeit verstrich, aber ich weiß nicht, wieviel. Irgendwann weckte mich der Diener mit Brötchen und Honig. Ich winkte ihm, das Tablett wieder fortzunehmen, aber er setzte es energisch neben der Lampe ab, nahm eine kleine Dose aus Chagrinleder herunter und überreichte sie mir.

Ich wandte meinen Kopf ab.

»Oh, meine Dame!« Wie verletzt knarrte seine hohe Stimme! Geschickt öffnete er den goldenen Verschluß; in einem Bett aus rotem Samt lag ein einzelner Diamantohrring, vollkommen wie eine Träne.

Ich klappte die Dose wieder zu und warf sie in eine Ecke. Diese plötzliche, heftige Bewegung muß auf den Mechanismus der Puppe gewirkt haben. Sie ließ ihren Arm emporschnellen, fast wie um mich zu strafen, und gab ein paar Gavottetriller von sich. Dann war sie wieder ruhig.

»Nun gut«, sagte der Diener beleidigt. Und kündigte mir an, es sei für mich an der Zeit, meinen Gastgeber abermals zu besuchen. Er gestattete mir nicht, mich zu waschen oder mir die Haare zu bürsten. Im Inneren des Palastes herrschte so wenig natürliches Licht, daß ich nicht unterscheiden konnte, ob es Tag war oder Nacht.

Es sah nicht so aus, als hätte sich das Tier, seitdem ich es das letzte Mal gesehen hatte, überhaupt gerührt; er saß in seinem großen Sessel mit den Händen in den Ärmeln, und die schwüle Luft war vollkommen still. Ich mochte eine Stunde geschlafen haben, eine Nacht oder einen Monat, seine steinerne Reglosigkeit, die erstickende Atmosphäre hatten sich nicht verändert. Der Weihrauch stieg aus dem Gefäß und zog noch immer die gleichen Kringel durch die Luft. Das gleiche Feuer brannte.

Soll ich für Sie meine Kleider ablegen, wie ein Ballettmädchen? Ist das alles, was Sie von mir verlangen?

»Ein Blick auf die Haut einer jungen Dame, die noch kein Mann gesehen hat...«, stammelte der Diener.

Ich wünschte, ich hätte mich mit jedem Bauernburschen auf meines Vaters Höfen im Heu gewälzt, um nur nicht die Voraussetzungen für diesen demütigenden Handel zu erfüllen. Daß er so wenig forderte, war der Grund, warum ich es nicht gewähren konnte; ich mußte mit dem Tier nicht sprechen, damit es mich verstand.

Eine Träne stieg ihm in das andere Auge. Und dann bewegte er sich; er verbarg sein Karnevalspappgesicht mit den schweren geknüpften falschen Haaren in, wie ich sagen würde, seinen Armen; er zog seine, wie ich sagen würde, Hände aus den Ärmeln, und ich sah seine pelzigen Pfoten, seine Krallen, die Wunden reißen konnten.

Die Träne tropfte auf sein Fell und glänzte. Und in meiner Zelle hörte ich stundenlang diese Pfoten vor meiner Tür hin und her tappen.

Als der Lakai wieder mit seinem Silbertablett auftauchte, besaß ich ein ganzes Paar Diamantohrringe wie aus dem reinsten Wasser der Welt; ich warf den zweiten in die gleiche Ecke, in der der erste lag. Der Diener zitterte vor Kränkung und Bedauern, bot mir jedoch nicht wieder an, mich zum Tier zu führen. Statt dessen lächelte er einschmeichelnd und gab von sich: »Mein Herr, er sagt, er bittet die junge Dame zu einem Ausritt.«

»Was soll das?«

Er machte kurz das Galoppgetrappel nach und krächzte zu meiner Verwunderung tonlos: »Trapp trapp! Trapp trapp! Auf die Jagd wollen wir gehen!«

»Ich werde ausreißen, ich werde in die Stadt reiten.«

»O nein«, erwiderte er, »sind Sie nicht eine Frau von Ehre?«

Er klatschte in die Hände, und mein Kammermädchen klickte und hampelte sich zurecht für ihre Imitation von Leben. Sie rollte zum Schrank, aus dem sie gekommen war, und griff hinein, um mein Reitkleid herauszuholen und über ihren künstlichen Arm zu legen. Ausgerechnet das, mein eigenes Reitkleid, das ich in einem Koffer auf dem Dachboden jenes Landhauses vor Petersburg zurückgelassen hatte, das uns schon vor langer Zeit verlorengegangen war, lange bevor wir uns auf diese wilde Wanderschaft in den grausamen Süden gemacht hatten. Entweder war es wirklich das echte Reitkleid, das mir meine alte Kinderfrau genäht hatte, oder eine vollkommene Kopie, perfekt bis zum verlorenen Knopf am rechten Ärmel, bis zu dem ausgerissenen Saum, der nur mit einer Nadel festgesteckt war. Ich drehte und wendete den abgetragenen Stoff in meinen Händen, um einen endgültigen Beweis zu finden. Der Wind, der durch den Palast jagte, ließ die Tür in ihrem Rahmen beben; hatte der Nordwind meine Kleider quer durch Europa zu mir geblasen? Bei uns zu Hause konnte ein Bärensohn die Winde nach seinem Willen wehen lassen. Welche Zauberdemokratie herrschte in beidem, in diesem Palast und jenem Tannenwald? Oder sollte ich bereit werden, es als Beweis für das Lebensprinzip meines Vaters zu nehmen, der mir immer eingehämmert hatte: alles ist möglich, wenn man genug Geld hat?

»Hopp, hopp, Galopp«, schlug der Diener zwinkernd vor, ganz offensichtlich gefielen ihm das bevorstehende Vergnügen und meine Verwirrung. Das Aufziehmädchen hielt mir meine Jacke hin, und ich erlaubte mir, scheinbar widerstrebend hineinzufahren, dabei war ich halb verrückt danach, hinaus an die frische Luft zu kommen, fort von diesem todbringenden Palast, und wenn auch in einer solchen Gesellschaft.

Die Portale der Halle ließen den hellen Tag hinein; ich sah, daß es Morgen war. Unsere Pferde waren schon gesattelt und geschirrt, Tiere in Fesseln, und warteten auf uns. Sie schlugen mit ihren ungeduldigen Hufen Funken aus den Steinen, während ihre Stallgenossen gemütlich im Stroh lagerten und sich in der stummen Sprache der Pferde miteinander unterhielten. Ein oder zwei Tauben, das Gefieder aufgeplustert, um die Kälte abzuwehren, scharrten und pickten nach Körnern. Der kleine schwarze Wallach, der mich hergebracht hatte, begrüßte mich mit einem schmetternden Wiehern, das in dem dunstigen Gebäude widerhallte wie in einem Schalloch, und ich wußte, ihn sollte ich reiten.

Ich habe immer Pferde verehrt, diese edelsten aller Geschöpfe, sie haben eine so verwundete Sensibilität in ihren weisen Augen, diese kluge Beherrschung der Kraft in ihrer angespannten Hinterhand. Ich schnalzte meinem blanken, schwarzen Gefährten zu, und er erwiderte meinen Gruß durch einen Kuß mit seinen weichen Nüstern auf meine Stirn. Da stand noch ein kleines zottiges Pony, das an den *trompe-l'œil*-Ranken unter den Hufen der gemalten Pferde auf der Wand herumschnoberte, und in seinen Sattel sprang der Diener mit einem Schwung wie im Zirkus. Dann kam das Tier, in einen mit schwarzem Pelz gefütterten Mantel gehüllt, und hievte sich auf eine ernste graue Mähre. Kein geborener Reiter; er klammerte sich an ihre Mähne wie ein schiffbrüchiger Matrose an den Mast.

Kalt war dieser Morgen, aber er schimmerte in jenem grellen Wintersonnenlicht, das die Netzhaut sticht. Ein wirbliger Wind blies, er schien uns zu begleiten, als trüge ihn der Maskierte, Gewaltige ohne Worte in seinem Mantel und ließe ihn je nach Belieben frei, denn er zerzauste zwar die Mähnen der Pferde, hob aber nicht den Nebel über der Ebene.

Eine karge Landschaft in trüben braunen und sepiafarbenen Tönen des Winters lag rings um uns, die Marschwiesen streckten sich düster bis an den breiten Fluß. Diese geschorenen Weiden. Dann und wann ein Vogelschwarm, klagende Schreie.

Ein abgründiges Gefühl der Fremdheit begann allmählich von mir Besitz zu ergreifen. Ich wußte, daß meine beiden Gefährten in keiner Hinsicht waren wie andere Männer, der äffische Gefolgsmann nicht und nicht der Herr, für den er sprach, mit den krallenbewehrten Vorderpfoten, der mit den Hexen im Bunde war, die im hohen Norden, nahe der Grenze nach Finnland, die Winde aus ihren zugeknüpften Taschentüchern fahren ließen. Ich wußte, sie lebten nach einer anderen Logik, als ich getan hatte, bis mich mein Vater mit seiner menschlichen Gedankenlosigkeit den wilden Tieren ausgeliefert hatte. Dieses Wissen jagte mir noch immer eine gewisse Angst ein; aber, wie ich sagen muß, keine große... Ich war ein junges Mädchen, eine Jungfrau, und deshalb sprachen die Männer mir jeden Verstand ab, so wie sie ihn allen absprachen, die nicht genau wie sie waren, trotz ihres eigenen Unverstandes. Ich konnte in dieser verlassenen Wildnis um mich her keine einzige Seele entdecken, und auch wir sechs, Pferde wie Reiter, konnten uns nicht rühmen, daß es unter uns eine Seele gab, denn schließlich behaupten die besten Religionen der Welt kategorisch, daß weder Tiere noch Frauen mit solchen zerbrechlichen, unstofflichen Dingen ausgerüstet wurden, als Gott der Herr die Pforten des Gartens Eden aufstieß und Eva samt ihrer Sippe hinaustorkeln ließ. So wird man sicher verstehen, daß ich, wenn ich auch nicht gerade behaupten will, ich hätte mich insgeheim metaphysischen Spekulationen hingegeben, als wir so durch das Ried zum Fluß ritten, doch ganz gewiß über das Wesen meiner eigenen Situation nachdachte, wie ich gekauft und verkauft und von Hand zu Hand gegeben worden war. Das Aufziehmädchen, das mir meine Wangen puderte – war denn nicht auch mir nur das gleiche nachgeahmte Leben unter Männern zugewiesen worden, das der Puppenmacher ihr verliehen hatte?

Und dennoch, was die wahre Natur dieses krallenbewehrten Zauberers sein mochte, der auf seinem bleichen Pferd so ritt, daß ich mich daran erinnerte, wie Kublai Khans Leoparden auf Pferden zur Jagd geritten sein mochten, davon hatte ich noch keine Vorstellung.

Wir kamen an das Ufer des Flusses, der so breit war, daß wir nicht hinübersehen konnten, und so ruhig vor lauter Kälte, daß er kaum zu strömen schien. Die Pferde senkten ihre Köpfe, um zu trinken. Der Diener räusperte sich, wollte sprechen; wir befanden uns an einem Ort vollkommener

Abgeschiedenheit, jenseits eines Dickichts aus winterkahlen Binsen, einer Hecke aus Ried.

»Wenn Sie sich ihm nicht ohne Kleider zeigen wollen...«

Mechanisch schüttelte ich den Kopf.

»...dann müssen Sie darauf gefaßt sein, meinen Herrn zu sehen, nackt.«

Der Fluß klatschte mit einem leisen Seufzer auf die Kiesel. Meine Fassung ließ mich im Stich; plötzlich befand ich mich am Rand einer Panik. Ich glaubte nicht, daß ich seinen Anblick ertragen könnte, wie immer er auch sein mochte. Die Mähre hob das tropfende Maul und schaute mich geradewegs an, als ob sie mich ermuntern wollte. Das Wasser brach sich wieder zu meinen Füßen. Ich war weit fort von zu Hause.

»Sie«, sagte der Diener, »müssen.«

Als ich merkte, wie ängstlich er war, daß ich ablehnte, nickte ich.

Das Riedgras neigte sich unter einem jähen Windstoß, der einen Schwall des schweren Duftes seiner Verkleidung mit sich führte. Der Diener hielt den Mantel vor seinen Herrn, um ihn vor mir zu beschirmen, während er die Maske abnahm. Die Pferde scharrten mit den Hufen.

Nie wird sich der Tiger mit dem Lamm zur Ruhe legen; er erkennt keinen Vertrag an, der nicht gegenseitig ist. Das Lamm muß lernen, mit den Tigern zu laufen.

Eine große, katzenhafte, lohgelbe Gestalt, das Fell gemustert mit wilden geometrischen Gittern in der Farbe von versengtem Holz. Sein gewölbter, schwerer Kopf, so schrecklich, daß er ihn verbergen muß. Wie fein die Muskeln, wie fest sein Tritt. Die vernichtende Heftigkeit seiner Augen, wie Zwillingssonnen.

Ich spürte, wie es mir die Brust zerriß, als litte ich an einer herrlichen Wunde.

Der Diener trat vor, wie um seinen Meister zu verhüllen, nachdem ihn das Mädchen wahrgenommen hatte, aber ich sagte: »Nein.« Der Tiger saß still wie ein Wappentier in einem Pakt, den er mit seiner eigenen Wildheit geschlossen hatte, um mir kein Leid zu tun. Er war viel größer, als ich es mir hätte vorstellen können, wenn ich an die armseligen, schäbigen Tiere dachte, die ich einmal in der Menagerie des Zaren in Petersburg gesehen hatte, die goldene Frucht ihrer

Augen getrübt, dahinwelkend in ihrer Gefangenschaft im hohen Norden. Nichts an ihm erinnerte mich an Menschliches.

Deshalb knöpfte ich mir nun bebend die Jacke auf, ich wollte ihm zeigen, daß auch ich ihm kein Leids tun würde. Aber ich war ungeschickt und errötete ein wenig, denn noch kein Mann hatte mich nackt gesehen, und ich war ein stolzes Mädchen. Stolz war es, nicht Scham, der meine Finger so lähmte, und eine gewisse Besorgnis, daß dieses schwache, kleine Ding aus der menschlichen Polsterwerkstatt vielleicht doch nicht großartig genug war, um seine Erwartungen an uns zu erfüllen, denn sie konnten ja auch in der endlosen Zeit seines Wartens unendlich groß geworden sein. Der Wind raschelte im Röhricht und kräuselte den Fluß.

Ich zeigte seinem tiefen Schweigen meine weiße Haut, meine roten Brustwarzen, und auch die Pferde wandten ihre Köpfe, um mich zu betrachten, als wären sie ebenfalls ganz höflich neugierig auf die leibliche Natur der Frauen. Dann senkte das Tier seinen riesigen Kopf. Genug! sagte der Diener mit einer Geste. Der Wind erstarb, alles war wieder still.

Danach gingen sie zusammen fort, der Diener auf dem Pony reitend, der Tiger wie ein Hund vor ihm herlaufend, und ich ging eine Weile am Flußufer spazieren. Ich hatte das Gefühl, als ob ich zum erstenmal in meinem Leben frei wäre. Dann wurde die Wintersonne blasser, ein paar Schneeflocken wirbelten aus dem verdämmernden Himmel, und als ich zu den Pferden zurückkehrte, sah ich, daß das Tier wieder auf seiner grauen Mähre saß, in Mantel und Maske und allem Anschein nach wieder ein Mann, während dem Diener eine gute Strecke von Schwimmvögeln an der Hand hing und ein frisch erlegter junger Rehbock hinter ihm an den Sattel gebunden war. Ich schwang mich schweigend auf den schwarzen Wallach, und so kehrten wir in den Palast zurück, während der Schnee immer dichter fiel und unsere Spuren auslöschte.

Der Diener brachte mich nicht zurück in meine Zelle, sondern in ein elegantes, etwas altmodisches Boudoir voller Sofas, die mit verschossenem rosa Brokat bezogen waren, einem Feenschatz an orientalischen Teppichen, leise klirrenden Kristallkronleuchtern. Kerzen in Kandelabern aus Geweihen ließen Regenbogenglanz aus den Prismenherzen meiner Diamantohrringe sprühen, die auf meinem neuen Ankleidetisch lagen, neben dem schon mein aufmerksames Kammermädchen mit ihrer Puderquaste und dem Spiegel bereitstand. In der Absicht, die Schmuckstücke an meinen Ohren zu befestigen, nahm ich ihr den Spiegel aus der Hand. Aber er hatte gerade wieder einen seiner Zaubermomente, und ich sah nicht mein eigenes Gesicht, sondern das meines Vaters; zuerst glaubte ich, er lächelte mir zu. Dann sah ich, daß er aus reiner Genugtuung lächelte.

Er saß, wie ich erkannte, in dem Wohnraum in unserem Hotel, am gleichen Tisch, an dem er mich verloren hatte, war jetzt allerdings emsig damit beschäftigt, ansehnliche Banknotenstapel durchzuzählen. Meines Vaters Verhältnisse hatten sich also bereits geändert; er war gut rasiert, ordentlich am Kopf, trug anständige neue Kleider. Ein beschlagenes Glas Champagner stand griffbereit neben einem Eiskübel. Das Tier hatte augenblicklich für seinen Blick auf meine Brüste sofort bar gezahlt, als hätte ich dabei auch sterben können. Dann sah ich, daß meines Vaters Truhen gepackt waren, fertig für die Abreise. Konnte er mich wirklich so leichtherzig hier zurücklassen?

Neben dem Geld lag eine Note auf dem Tisch, in einer klaren, schönen Handschrift. Ich konnte sie ganz deutlich lesen. »Die junge Dame wird unverzüglich eintreffen.« Von irgendeinem Windhund, mit dem er in seiner abgrundtiefen Gemeinheit sofort die nächste Liaison ausgehandelt hatte? Keineswegs. Denn in diesem Augenblick pochte der Diener an meine Tür und kündigte mir an, daß ich den Palast ab sofort jederzeit verlassen könne. Er trug einen sehr schönen Zobelmantel über dem Arm, mein eigenes kleines Geschenk, die Morgengabe des Tiers, mit dem es mich zum Packen anhielt und fortschickte.

Als ich wieder in den Spiegel sah, war mein Vater verschwunden, und ich fand ein blasses, hohläugiges Mädchen, das ich kaum wiedererkannte. Der Diener fragte höflich, für wann er den Wagen bestellen solle, als zweifelte er gar nicht daran, daß ich mich bei der ersten Gelegenheit mit meiner Beute aus dem Staub machen würde, während mein Kammermädchen, dessen Gesicht nicht mehr das Abbild meines eigenen war, weiter über beide Wangen strahlte. Ich werde sie in meine eigenen Kleider stecken, aufziehen und zurückschikken, damit sie die Rolle von meines Vaters Tochter übernimmt.

»Laß mich allein«, sagte ich zu dem Diener.

Er brauchte jetzt nicht mehr die Tür zu verriegeln. Ich befestigte die Ohrringe an meinen Ohren. Sie waren sehr schwer. Dann zog ich meinen Reitanzug aus und ließ ihn auf dem Boden liegen, wo er war. Als ich jedoch bei meinem Hemd angelangt war, sanken mir die Arme herab. Ich war es nicht gewohnt, nackt zu sein. Ich war so wenig an meine eigene Haut gewöhnt, daß ich mich, als ich alle meine Kleider abgelegt hatte, fühlte, als würde ich gehäutet. Ich dachte, das Tier hatte wirklich wenig verlangt, verglichen mit dem, was ich mich anschickte, ihm zu geben. Aber für Menschen ist es nicht natürlich, nackt zu gehen, zumindest nicht mehr, seit wir uns zum erstenmal die Lenden mit Feigenblättern gürteten. Er hatte das Schändliche verlangt. Ich spürte eine so grausame Pein, als zöge ich mir mein eigenes Fell ab, und das lächelnde Aufziehmädchen stand erstarrt, vergaß, daß sie das Leben nur nachahmte, und schaute zu, wie ich mich entblößte bis auf das kalte weiße Fleisch unseres Kontrakts, und wenn sie mich nicht sah, dann war es um so mehr wie auf dem Marktplatz, wo die Augen, die einen beobachten, einem keine Existenz zumessen.

Und es kam mir vor, als wäre mein ganzes Leben, seit ich den Norden verlassen hatte, unter dem gleichgültigen Blick aus solchen Augen verlaufen, wie sie sie hatte.

Jetzt war ich splitternackt, bis auf seine untadeligen Tränen.

Ich hüllte mich in den Pelz, den ich ihm zurückgeben mußte, um mich vor den beißenden Winden zu schützen, die durch die Korridore pfiffen. Ich kannte den Weg zu seiner Höhle auch ohne den Diener.

Keine Antwort, als ich versuchsweise an seine Tür klopfte. Dann wirbelte der Wind den Diener den Gang entlang. Er hatte wohl beschlossen, daß, wenn einer nackt geht, alle nackt gehen. Ohne seine Livree zeigte er sich, wie ich vermutet hatte, als ein zartes Geschöpf mit seidigem, mottengrauem Fell, braunen Fingern, geschmeidig wie Leder, schokoladenfarbener Schnauze – das sanfteste Wesen der Welt. Er jieperte leicht, als er mich sah, mit meinem edlen Pelz und den Juwelen, zurechtgemacht, als ob ich in die Oper ginge, und in einer ganz zärtlichen Zeremonie zog er mir den Zobel von den Schultern. Der Zobel verwandelte sich daraufhin in eine Schar von schwarzen, quiekenden Ratten, die auf ihren harten kleinen Füßen sofort die Treppe hinunter raschelten und meinem Blick entschwanden.

Der Diener führte mich mit einer Verneigung in den Raum des Tiers.

Der purpurrote Morgenrock, die Maske, die Perücke lagen auf seinem Stuhl bereit, ein Handschuh schmückte jeden Ärmel. Die leere Hülle seiner äußeren Erscheinung war gerichtet für ihn, aber er hatte sie liegenlassen. Ein Geruch von Fell und Urin hing im Raum, das Weihrauchgefäß lag zerbrochen in Scherben auf dem Boden. Halbverbrannte Scheite aus dem verloschenen Feuer waren überall verstreut. Eine Kerze, die im eigenen Fett auf dem Kaminsims klebte, entzündete zwei winzige Flammen in den Pupillen seiner Tigeraugen.

Er trabte vor und zurück, vor und zurück, die Quaste seines schweren Schwanzes zuckte, während er die Länge und Breite seines Gefängnisses zwischen den abgenagten und blutigen Knochen abschritt.

Er wird dich verschlingen.

Kinderstubenängste erschufen Fleisch und Sehnen; früheste und archaischste aller Ängste, die Angst, verschlungen zu werden. Das Tier und sein Fleischfresserbett aus Knochen und ich, weiß, zitternd, roh. Ich näherte mich ihm, als wollte ich ihm mit mir selbst den Schlüssel zu einem friedlichen Königreich übergeben, in dem sein Appetit nicht meinen Untergang bedeuten muß.

Er wurde still wie ein Fels. Er fürchtete sich weit mehr vor mir als ich mich vor ihm.

Ich kauerte mich auf das feuchte Stroh und streckte meine Hand aus. Ich war jetzt im Kraftfeld seiner goldenen Augen. Er knurrte hinten in der Kehle, senkte seinen Kopf, ließ sich auf die Vorderpfoten nieder, fauchte, zeigte mir seine rote Kehle, seine gelben Zähne. Ich rührte und regte mich nicht. Er schnupperte, als wollte er meine Angst riechen. Es gelang ihm nicht.

Langsam, ganz langsam begann er, sein schweres, schimmerndes Gewicht über den Boden auf mich zuzuschleifen.

Ein ungeheures Dröhnen, wie von der Maschine, die die Erde dreht, erfüllte den kleinen Raum, er hatte begonnen zu schnurren.

Der süße Donner seines Schnurrens ließ die alten Mauern beben und die Läden gegen die Fenster schlagen, bis sie auseinanderbarsten und das weiße Licht des schneeigen Monds hereinließen. Ziegel fielen krachend vom Dach; ich hörte sie tief unten auf dem Hof zerschellen. Der Widerhall seines Schnurrens rüttelte an den Fundamenten des Hauses, die Mauern fingen an zu tanzen. Ich dachte: »Alles wird auseinanderbrechen, alles wird sich auflösen.«

Er schob sich immer dichter an mich heran, bis ich den rauhen Samt seines Hauptes an meiner Hand spürte, dann eine Zunge, schneidend wie Sandpapier. »Er wird mir die Haut vom Leibe lecken!«

Und jeder Schlag seiner Zunge riß mir eine Haut nach der anderen fort, all die Häute eines Lebens in der Welt, und übrig blieb eine eben geborene Patina aus glänzenden Haaren. Meine Ohrringe wurden wieder zu Wasser und sickerten mir auf die Schultern; ich schüttelte die Tropfen aus meinem wunderschönen Fell.

Joan Aiken

Wer geht durch diese dunkle Schlucht?

Wenn ich an mein erstes Gespräch mit Mrs. King denke, kommt es mir eigentümlich vor, daß ich keinerlei Vorahnung hatte, es nicht als Warnung empfand – und doch, wie hätte ich das voraussehen können? Wenn ich gewußt oder geahnt hätte, daß man mich hierher bringt – daß es mit diesem lästigen Eingesperrtsein endet, weil ich mich eingemischt hatte –, dann hätte ich mich zurückgehalten. Aber ich wußte es nicht.

Amanda King hatte keinen besonderen Eindruck auf mich gemacht, außer daß sie ein sehr *braves* kleines Mädchen war. Unter den Kindern in der Anfängergruppe zeichnete sie sich weder durch Intelligenz im Unterricht noch durch Lebhaftigkeit aus; sie hatte nicht die spontane Munterkeit und den Witz, die an manchen kleinen Kindern auffallen, sie war auch in keiner Weise bemerkenswert, wenn die Kinder spielten oder sangen oder etwas aufführten oder Geschichten erzählten. Aber als Mrs. King mich aufsuchte, war mir bereits klar, daß Amanda ein besonders zuverlässiges und angenehmes Mädchen in der Gruppe war. *Zuverlässig* scheint eine seltsame Bezeichnung für eine Sechsjährige zu sein, doch Zuverlässigkeit war Amandas hervorstechende Eigenschaft. Sie war immer pünktlich, höflich und freundlich; sie hatte wirklich bezaubernde Manieren. Zuerst hatte ich angenommen, daß Mrs. King die täglichen – und sehr geschmackvoll zusammengestellten – Blumensträußchen veranlaßte, die manchmal aus dem Garten der Kings kamen, manchmal von der Wiese; doch allmählich erkannte ich, daß sie Amandas eigene Idee waren. Ihr Äußeres war in keiner Weise auffallend, doch sie hatte etwas Nettes und Hübsches an sich: Ihre dunkelblaue Schulschürze und die weiße Bluse waren immer sauber und frisch, ihr helles, glänzendes Haar war schön gebürstet und ordentlich geflochten, ihre großen grauen Augen folgten ernst und aufmerksam allem, was geschah. Sie wirkte wie eine Musterschülerin, und obwohl sie in keinem Fach außer Rechtschreibung und Betragen je unter den ersten war, hielt ich es für unwahrscheinlich, daß sie ihren Eltern oder Lehrern den geringsten Kummer machen würde.

Es war deshalb eine ziemliche Überraschung, als Mrs. King sichtbar beunruhigt mich eines Nachmittags nach der Schule aufsuchte. Ich stellte gerade das Modell eines Sachsendorfes auf, das ich der Mittelstufe am nächsten Tag zeigen wollte.

»Oh, Mr. Thorneycroft, es tut mir so leid, daß ich Sie belästigen muß, wo ich doch weiß, wieviel Sie für die Kinder tun. Aber ich und Mr. King machen uns solche Sorgen um Amanda, wir wissen gar nicht, was wir tun sollen.«

»Um *Amanda*?« Ich war wirklich erstaunt. »Aber sie ist das bravste kleine Mädchen in der Schule.«

»Ich weiß, Mr. Thorneycroft, und so ist sie auch immer zu Hause gewesen, aber neuerdings ist irgendwas in sie gefahren; etwas – also, was Seltsames. Sie ist so aufsässig geworden, das können Sie sich nicht vorstellen!«

»Nun, selbst die bravsten Kinder machen unangenehme Phasen durch«, fing ich unbestimmt zu trösten an. »Wie äußert sich das bei Amanda, Mrs. King?«

»Es hat mit ihrem Haar zu tun.«

»Ihrem Haar?«

Dann fiel mir ein, daß seit ein oder zwei Wochen Amandas Haare nicht mehr so glänzten und so ordentlich geflochten waren wie zuvor. Und gerade an diesem Morgen, erinnerte ich mich jetzt, hatte ich gesehen, daß Amandas kornblonde Zöpfe abgeschnitten waren und ihr das Haar lose und ziemlich kurz um das kleine ernste Gesicht hing. Ich hatte irgendeine Bemerkung darüber gemacht, und sie hatte gesagt: »Mam findet, daß kurze Haare leichter in Ordnung zu halten sind.«

Das Kind neben ihr, Lily Thatcher, hatte gerufen: »Du solltest die Zöpfe unter das Kopfkissen stecken, Mandy, dann träumst du von dem Mann, den du mal heiratest!« Darauf hatten alle gelacht, aber Amanda hatte merkwürdigerweise, wie mir jetzt einfiel, gesagt, daß sie ihre Zöpfe im Garten vergraben habe.

»Was ist mit ihrem Haar, Mrs. King?«

»Also, Mr. Thorneycroft, ich weiß gar nicht, wie ich es sagen soll, damit Sie nicht denken, ich oder das Kind wären verrückt...«, ich bemerkte erstaunt, daß die so gelassen wirkende Mrs. King Tränen in den Augen hatte, »...aber sie bildet sich ein, daß Leute in ihren Haaren wohnen.«

Verschiedene Möglichkeiten schossen mir durch den Kopf. Vorsichtig sagte ich: »Wissen Sie genau, Mrs. King, daß es sich nicht um einen einfachen Fall von Nissen, von Kopfparasiten handelt – so etwas?«

»Mr. Thorneycroft! Wie können Sie so was bloß denken? Es gibt ein paar Familien im Dorf, denen würde ich das schon zutrauen, aber meine Amanda ist immer sehr sauber gewesen – ich habe ihr selber jeden Samstagabend die Haare gewaschen, seit sie auf der Welt ist.«

»Ich muß zugeben, ihre Haare sehen immer wunderbar sauber aus«, sagte ich rasch. »Nun, wenn das so ist, glauben Sie dann nicht, daß sie sich manchmal etwas in dieser Art *vorstellt*? Kinder haben manchmal ganz seltsame Sorgen...«

»Nein, nein, so etwas ist es nicht. Nein, es sind *Leute*, sagt sie, die auf ihrem Kopf leben. In ihrem Haar. Sie sagt...«, Mrs. Kings Stimme schwankte, »sie sagt, für die ist es wie ein Wald.«

»Sie macht ein Spiel mit Ihnen, Mrs. King«, sagte ich. »Sie tut nur so, als ob. Ich weiß noch, als ich ein Junge war, hatte ich einen eingebildeten Bären – oh, jahrelang habe ich ihn mit mir herumgetragen!«

»Vielleicht ist es ein Spiel, Mr. Thorneycroft, aber für sie ist es todernst«, sagte Mrs. King besorgt. »Jeden Tag habe ich eine verdammte Arbeit damit, entschuldigen Sie, ihr die Haare zu bürsten. ›*Mach* das nicht, Mam, du treibst sie aus dem Wald‹, sagt sie und schreit und schreit; es macht meinen Joe ganz verrückt, er hat ihr mit einer ordentlichen Tracht Prügel gedroht, wenn sie nicht vernünftiger wird. Und seit neuestem, Mr. Thorneycroft – oh, ich mache mir die schlimmsten Sorgen, ob es nicht was Psychisches wird!« Jetzt brach Mrs. King fast in Tränen aus. »Sie redet solchen Unsinn! Über Triumphwagen und Tempel und heilige Steine und Armeen und Seestreitkräfte – lauter Quatsch, wirklich. Und manchmal hat das, was sie sagt, überhaupt keinen Sinn, es ist wie eine Geheimsprache, man versteht kein Wort, und sie redet stundenlang so.«

»Haben Sie das gegenüber Dr. Button erwähnt?«

»Ja, das habe ich, Mr. Thorneycroft – ich habe Amanda nicht mit in die Sprechstunde genommen, weil ich sie nicht erschrecken wollte, ich habe es ihm nur erzählt, und er hat mich richtig angefahren und gesagt, daß sie ein ganz gesundes Kind ist, und ich soll ihn nicht mit Kinderphantastereien belästigen.«

Das klang plausibel. Vorsichtig sagte ich: »Nun, was soll ich Ihrer Meinung nach tun, Mrs. King?«

»Oh, wenn Sie nur mit Amanda ein bißchen darüber *reden* könnten! Sie hält so viel von Ihnen, wenn Sie ihr nur zureden könnten, daß sie sich diesen Unsinn aus dem Kopf schlägt...«

»Das haben Sie sehr gut ausgedrückt, Mrs. King.«

Sie sah mich recht verständnislos an, und ich versprach ihr, mein möglichstes zu tun. »Vielleicht mache ich mit Amanda einen Spaziergang, Mrs. King, morgen, nach der Schule – ich könnte sie bitten, mir zu zeigen, wo sie ihre schönen Blumensträuße pflückt. Dann wirkt es nicht wie ein feierliches Gespräch.«

»Oh, Mr. Thorneycroft, ich weiß gar nicht, wie ich Ihnen danken soll...«

Ich machte sie darauf aufmerksam, daß ich noch nichts getan hatte, aber als sie ging, war sie offensichtlich erleichtert, die Verantwortung weitergegeben zu haben, wenn auch nur vorübergehend.

Am nächsten Nachmittag war Amanda ernst und höflich damit einverstanden, mit mir zur Gemeindewiese zu gehen und mir zu zeigen, wo sie ihre Himmelsschlüssel und ihr Wiesenschaumkraut pflückte. Ich fand, es habe keinen Sinn, die Sache auf die lange Bank zu schieben, und sobald wir aus dem Dorf waren, sagte ich: »Deine Mutter hat mich gebeten, mit dir zu reden, Amanda, über diese Idee, die du da hast – äh, daß Leute in deinen Haaren wohnen.«

Sie sah mich ruhig mit einem überraschend erwachsenen Ausdruck in ihren grauen Augen an und sagte: »Ja, das hab ich mir gedacht.«

Ich sagte freundlich, denn ich wollte nicht mitleidlos oder spöttisch wirken: »Was für Leute sind das, Amanda?«

Sie antwortete sofort: »Das ist ein gallischer Stamm, die Veneter. Verstehen Sie, sie wurden bei einer großen Seeschlacht von den Römern besiegt und aus ihrer Heimat vertrieben. Sie haben eine neue Stadt gebaut, aber die wurde zerstört – sie versank im Meer. Und da haben sie soviel von ihrer Habe mitgenommen, wie sie konnten – und jetzt wohnen sie in meinem Haar. Es kommt ihnen vor wie ein Wald, verstehen Sie?«

Ich war überrascht, um es gelinde auszudrücken.

»Aber Amanda – woher weißt du etwas über die Veneter?«

»Ich kann sie hören«, sagte sie sachlich. »Wenn sie reden. Durch meinen Schädel.«

»Aber sie haben vor langer Zeit gelebt! Vor über zweitausend Jahren.«

»Ich nehme an, die haben sie irgendwie rasch hinter sich gebracht. Manche Leute machen das schneller als andere.«

Ich sagte: »Aber wie sind sie alle auf deinen Kopf gekommen? Sie waren ausgewachsene Menschen – ein ganzer Stamm. Wie kamen sie alle auf einem kleinen weizenfarbenen Kopf unter?«

Sie warf mir einen Blick zu, der der Ungeduld so nahe kam, wie es ihre natürliche Höflichkeit erlaubte.

»Verstehen Sie nicht, Dinge wirken verschieden groß, wenn sie an verschiedenen Orten sind. Wenn ich Sie in weiter Ferne sehe, dann sehen Sie klein aus, nicht wahr? Oder wenn Sie neben einem riesigen Ungeheuer stehen würden.« Ihre Augen weiteten sich, und mir fiel ein, daß sie trotz allem erst eine Sechsjährige war. Das Wort *relativ* war ihr vermutlich unbekannt.

»In welcher Sprache reden sie, diese Leute, Amanda?«

Die Geschichte, die sie sich ausgedacht hatte, war bisher wunderbar zusammenhängend; ich überlegte, wo sie etwas über die Veneter gelesen oder gehört haben könnte, die, soweit ich mich erinnerte, von Cäsar in Britannien besiegt worden waren.

»Nun, sie sprechen zwei Sprachen«, sagte sie.

»Kannst du dich an ein paar Worte erinnern?«

Sie sagte irgendwelche Wörter her, Wörter, die mir unverständlich waren, voller X- und Ch-Laute; ich wurde zunehmend interessierter und erinnerte mich an medizinische Fälle von Glossolalie, von »in Zungen sprechen«, die manchmal bei religiösen Fanatikern oder psychisch Kranken auftritt – aber bei einem sonst ganz sachlichen sechsjährigen Mädchen?

»Und die andere Sprache?«

Da verblüffte sie mich völlig, indem sie antwortete: *»Una salus victis nullam sperare salutem* (es gibt nur ein Heil für die Besiegten, nicht auf das Heil zu hoffen).«

»Großer Gott, Amanda! Wo hast du das gehört?«

»Einer von denen da oben hat es gesagt.« Sie deutete auf ihre flachsfarbenen Locken.

»Kannst du dich an noch etwas erinnern?«

»*Quid nunc it per iter tenebricosum ...*«

»*Illuc*«, stimmte ich ein, »*unde negant redire quemquam.*«

»Kennen Sie das auch?« Ihre Augen sahen mich fragend an.

»Ich habe es gehört, ja. Wie hieß die Stadt der Leute, Amanda – die Stadt, die im Meer versank?«

»Sie hieß Is.«

»Kennst du die Namen der Götter, die sie verehren?«

»Sie dürfen nicht ausgesprochen oder aufgeschrieben werden. Es gibt ein Schlangenei, das in die Luft geworfen werden muß.«

»Und dann fängt man es in einer weißen Decke auf?«

»Ja. Aber im Moment sind ihre heiligen Männer sehr besorgt«, sagte sie stirnrunzelnd – sie sah absurderweise ganz wie ihre Mutter aus.

»Warum sind sie besorgt, Amanda?«

»Sie haben Zeichen von – von denen, die in die Zukunft sehen können – daß wieder etwas sehr Schlimmes geschieht – und daß sie wieder weiterwandern müssen mit ihrem Kreis aus heiligen Steinen, und allen Leuten und allen Sachen. Oh!« rief sie und griff mit beiden Händen an ihren blonden Kopf. »*Hoffentlich* schneidet Mam mir nicht alle Haare ab! Sie hat gesagt, vielleicht macht sie es! Bitte sagen Sie ihr, daß sie es nicht tut, Mr. Thorneycroft!«

»Gut, Amanda – mach dir keine Sorgen, ich sage es ihr.«

»Sehen Sie«, sagte sie und wurde wieder fröhlicher, »hier wachsen die Himmelsschlüssel.«

Wir pflückten beide einen Strauß und machten uns auf den Heimweg. Ich war sehr still und nachdenklich. Amanda hatte mein Versprechen, daß ich mit ihrer Mutter wegen des Haareschneidens reden würde. Sie hüpfte jetzt mit ihrem Strauß Himmelsschlüssel recht übermütig neben mir her und summte etwas mit ihrer unmelodischen, kleinen Stimme, die aber nicht unangenehm war.

Ich machte mir natürlich Gedanken, was ich tun sollte, und achtete kaum darauf, wo ich ging. Deshalb hörte ich das Auto erst, als es direkt hinter uns war.

Am Steuer saß der junge Tunichtgut Colin Gadcock, der an der Tankstelle in Maynards Cross arbeitet; er fährt immer mit irrem Tempo nach Hause, ganz versessen darauf, zu seinem Feierabendvergnügen zu kommen. Der Außenspiegel verfing sich in der Jacke des Kindes, als er an uns vorbeischoß. Amanda schrie und wurde fünfhundert Meter die Straße entlanggeschleift, ehe er halten konnte.

Er sitzt jetzt wegen Totschlags; ich möchte gern glauben, er hat etwas daraus gelernt, doch ich fürchte, er gehört zu den hoffnungslosen Fällen, die aus dem Gefängnis kommen und genau das gleiche wieder tun.

Die Leute sagten, ich hätte einen Nervenzusammenbruch gehabt, und ich tat allen sehr leid. Aber in Wirklichkeit ist es viel einfacher. Die Veneter sind von Amandas Kopf auf meinen übergesiedelt.

Und ich mache mir jetzt Sorgen, weil ihre Druiden eine weitere Katastrophe vorhersagen.

Buchi Emecheta
Eine teure Lektion

An einem schönen Julimorgen wachte Adah voller Müdigkeit auf. Viele Gründe hätte sie für diese ihre Müdigkeit anführen können: ihre Lebensbedingungen, die sie zusammengepfercht in einem halben Zimmer zu hausen zwangen; ihre ständige Sorge darüber, wie Vicky und Titi behandelt wurden; ihre Schwangerschaft. Zu allem Überfluß redeten sie und Francis nur noch wenig miteinander und auch nur dann, wenn es absolut notwendig war.

Sie begann, den Glauben an sich selbst zu verlieren. War ihr Traum, ins Vereinigte Königreich zu kommen, wirklich richtig gewesen, oder war sie einfach eine hoffnungslose Träumerin? Aber Francis war doch einverstanden gewesen. Was hatte sie nur falsch gemacht? Sie wünschte, daß ihr heimlicher Begleiter noch bei ihr wäre, um ihr einen Hinweis zu geben, aber er schien sie verlassen zu haben, seit sie in England angekommen war. War dieser Begleiter ihr Instinkt? In Nigeria war er sehr rührig gewesen. Kam das daher, daß sie in Nigeria Mutter Natur näher gewesen war? Sie wünschte nur, daß ihr jemand sagen könnte, wo sie unrecht gehabt hatte.

Mit dieser Schwere, die ähnlich der schweren Last des Christian in ›The Pilgrim's Progress‹ war, stand sie widerstrebend auf. Sie blickte kurz auf ihren schnarchenden Ehemann, dessen behaarte Brust sich hob und senkte wie bewegte Wellen. Sie wollte ihn schütteln und ihm sagen, wie müde sie war und wie es ihr widerstrebte, das Haus und die Kinder an diesem Tag zu verlassen, aber sie wußte, daß er ihr erstens nicht zuhören würde und daß, selbst wenn er ihr zuhörte, er ihre Gefühle als puren Aberglauben abtun würde, genauso wie Cäsar den Traum seiner Frau über die Iden des März abgetan hatte.

Sie zog sich an, wusch die Kinder und machte ihnen das Frühstück. Das Klappern der Teller und Vickys Geschrei weckte Francis schließlich.

»Was soll der Lärm so früh am Morgen? Kann ich nicht einmal acht Stunden in Ruhe schlafen?« fragte Francis wütend.

»Vicky will seine Reisflocken nicht. Ich weiß nicht, was heute morgen mit ihm los ist. Er hat kein Fieber und nichts, regt sich nur über jede Kleinigkeit furchtbar auf«, erklärte Adah.

Francis sah seinen Sohn eine Weile an. Vicky stand in der Mitte des Zimmers; er machte vor Wut einen Schmollmund, und von seinem Lätzchen tropfte Milch. Francis seufzte und war kurz davor, sich auf die andere Seite zu drehen, als Adah sagte:

»Ich fühle mich heute morgen so schwer und habe auch keinen Appetit. Könntest du nicht die Kinder zu Trudy bringen? Ich bin sowieso schon zu spät dran.«

»O Gott«, grummelte ihr Mann.

»Bringst du sie für mich hin?« bettelte Adah.

»Hab' ich eine andere Wahl?« wollte Francis wissen.

Auf solche Fragen brauchte sie nicht zu antworten, entschied Adah, aber trotzdem war sie verärgert. Hätte Francis sie nicht mal fragen können, wie sie sich fühlte? War das zuviel verlangt? Sie befahl sich, nicht mehr so übertrieben romantisch zu sein und sich zu beruhigen. Kein Mann hätte Zeit, seine schwangere Frau so früh am Morgen zu fragen, wie sie sich fühlte. Das passierte nur in ›Wahre Geschichten‹ und in ›Wahre Romanzen‹, nicht im wirklichen Leben, vor allem nicht mit Francis. Doch obwohl sie sich das einredete, wollte sie immer noch geliebt werden, sich verheiratet fühlen, das Gefühl haben, daß man sich um sie sorgte. Sie begann zu verstehen, warum manche junge Frauen schließlich untreu wurden, nur damit sie sich wie Menschen fühlten, nur um einen anderen Menschen zu finden, der ihrer Stimme zuhörte, der ihnen sagte, daß alles wieder gut würde.

Francis war nur zum Kindermachen zu gebrauchen, zu nichts anderem. Sie hatte Rachegefühle. Sie räumte den Frühstückstisch nicht ab, wechselte nicht Vickys tropfnasses Lätzchen, wischte ihm nicht den milchverschmierten Mund ab; sie zog nur ihre Tasche aus dem Berg Kinderkleider hervor und ging zur Tür, wollte gehen.

Da begann Vicky zu weinen, weil er sah, daß seine Mutter ihn verließ. Als er eilig nach ihrem Rockzipfel greifen wollte, verschüttete er noch mehr Milch auf den teppichlosen Boden. Adah lächelte innerlich. Francis stand ein arbeitsreicher Tag bevor.

Sie hob Vicky hoch, gurrte ihm beruhigend etwas zu und küßte ihn. Aber Vicky wollte sie nicht gehen lassen. Er hielt sich an ihr fest. Das war merkwürdig, dachte Adah. Vicky war ein zufriedenes, rundes Baby, das meistens zu Adah am Morgen nur »iedersen« sagte. Doch heute nicht. Adah setzte sich wieder und drückte ihn an sich, sang ihm etwas vor, und da kam das »iedersen«. Allerdings nur ein tränenreiches und widerwilliges. Er ging zur Tür, diesmal hielt einen Teelöffel umklammert; immer noch hatte er sein tropfendes Lätzchen um. Um Titi dagegen brauchte sie sich keine Sorgen zu machen. Sie schien kaum zu bemerken, was um sie herum vorging. Sie schien sich völlig in die Unvermeidlichkeit des Ganzen gefügt zu haben. Sie schien sich zu sagen, daß Weinen nichts änderte und daß sie die Dinge so akzeptieren mußte, wie sie waren.

Adahs Gehalt reichte gerade, um die Miete, Francis' Kurs, seine Prüfungsgebühren, seine Bücher und Trudy zu bezahlen. Sonst blieb ihnen wenig, und deshalb war es für Adah unmöglich, in der Arbeit Mittag zu essen. Normalerweise nahm sie ein gekochtes Ei mit, anstatt es morgens zum Frühstück zu essen. Doch manchmal war sie es leid, nur ein gekochtes Ei zu essen und den Kaffee zu trinken, den es in der Bücherei gab, und dann aß sie nichts. Bei diesen Gelegenheiten spürte sie dann jene Art von Hunger, von dem sie gedacht hatte, sie hätte ihn hinter sich. Jenen Hunger, der beide Seiten des Magens festhielt und ihn so zusammenpreßte, daß man das Gefühl hatte, ohnmächtig zu werden. Manchmal greinte und rumorte ihr Magen vor Schmerz. Dieses Gemurmel in Adahs Magen störte sie jedesmal unendlich. So etwas ging in Nigeria an, als sie Dienstbotin und Waise gewesen war, doch für eine selbständige Frau und Mutter zweier Kinder war das unangenehm.

Während ihrer Mittagspause spürte sie, daß das Hungergefühl wieder anfangen wollte, so daß sie beschloß spazierenzugehen. Draußen war es naß; der Personalraum war warm und gemütlich. Die Mädchen hatten sich schon hingesetzt und sprachen über ihre Eroberungen und wie immer über die Ehe. Sie stimmte ihnen zu, daß manche Ehen zum Glück führen konnten, da die Mädchen ohnehin nur von den glücklichen sprachen. Nun, ihre war nicht glücklich, obwohl sie immer noch glaubte, daß eine glückliche Ehe das ideale Leben für ein

Mädchen war. Eines der Mädchen, Cynthia, war verlobt und ganz sicher, daß ihre Ehe klappen würde. Adah hatte ihr so oft beigepflichtet, daß sie an diesem Tag ihrem fröhlichen Geschnatter nicht länger zuhören konnte. Cynthia würde ihren knurrenden Magen bemerken und ihr etwas zu essen anbieten, sie würde sie fragen, ob sie o. k. war und so weiter, also ging sie lieber spazieren.

Normalerweise ging sie die Finchley Road entlang und schaute in die Restaurantfenster, an denen sie vorbeikam. Wenn Francis seinen Abschluß hatte und sie Bibliothekarin war, so sagte sie sich, würde er sie sicher in so ein Lokal zum Essen ausführen. Sie ahnte, daß dies in ihrem Fall nur ein Traum war. Selbst wenn Francis fertig werden sollte, brächte er nie den Mut auf, sie in ein Restaurant einzuladen, jedenfalls nicht in London, da er fest daran glaubte, daß solche Orte nicht für Schwarze gedacht waren. Adah wußte, daß seine Hautfarbe, das Gefühl, schwarz zu sein, sich fest in seinem Kopf eingenistet hatte. Sie wußte, daß es überall Diskriminierung gab, aber Francis' Kopf war auch ein fruchtbarer Boden, auf dem eine solche Haltung wachsen und gedeihen konnte. Sie persönlich wäre, wenn sie das Geld gehabt hätte, schnurstracks in so ein Restaurant gegangen, und sie war sicher, daß man sie bedient hätte. Doch was nützte es, wenn sie davon träumte, sie hatte das Geld nicht! Also weidete sie sich an dem ausgestellten Essen. Ein Gericht zog sie an diesem Nachmittag besonders an. Es war eine Fischfrikadelle in einem Fischgeschäft. Die Frikadelle war rundherum gelblich braun und sah sehr appetitlich aus. Ihr lief das Wasser im Mund zusammen wie bei einem hungrigen Hund, und so wandte sie sich ab. Das Unwohlsein, das sie schon in der Frühe empfunden hatte, schien sich mit einer solchen Kraft wieder auf sie zu senken, daß sie glaubte, sich erbrechen zu müssen. Ohne besonderen Grund eilte sie in die Bücherei zurück. Wenn sie dort ankam, würde sie etwas trinken und sich ausruhen, bevor sie wieder anfing zu arbeiten. Gott sei Dank war es einer der Tage, an denen sie früher nach Hause gehen konnte. Sie würde um fünf fertig sein.

Sie traf Cynthia am Eingang der Bücherei, als diese sich eiligst bemühte, in ihren leichten Sommermantel zu kommen.

»Gott sei Dank, da bist du ja. Ich wollte dich gerade suchen.«

»Meine Kinder. Was ist mit ihnen? Geht es ihnen gut?«

»Woher weißt du das?« fragte Cynthia bestürzt. »Wer hat es dir gesagt?« fragte sie weiter, während sie hinter Adah in die Bücherei trabte.

Ja, woher hatte sie es gewußt? Wie konnte eine Mutter einer anderen Frau, die nie ein Baby geboren hatte, erklären, daß sie manchmal in ihren Kindern lebte? Wie konnte sie erklären, daß, wenn ihr Sohn operiert wurde, ihr eigener Körper weh tat, wie konnte Adah Cynthia sagen, daß sie beim Betrachten dieser Fischfrikadelle Vickys nasses schmerzverzerrtes Gesicht erblickt hatte, das sich im Fenster spiegelte? Sie müßte zuviel erklären, das sie nicht wußte. Zuviel über sich selbst, über ihr Wesen. Sie fühlte diese Dinge einfach.

Adah weinte nicht. Victor war in Gefahr, aber nicht tot, und solange er lebte, würde Gott ihm helfen. Dann erfuhr Adah, was sie bereits gefühlt hatte. Trudy hatte angerufen, sagten sie; Vicky war sehr krank, und Trudy konnte ihn nicht ins Krankenhaus schicken und wartete darauf, daß Adah heimkam.

Mrs. Konrad, Gott segne sie, fuhr sie zum Bahnhof. Adah rannte von der Kentish Town Station bis zu Trudys Haus. Vor der Tür wartete ein Krankenwagen. Eine kleine Menschenmenge hatte sich bereits angesammelt, die redete, diskutierte und Mutmaßungen anstellte. Sie alle kannten Adah, da sie viele Male gesehen hatten, wie sie die Kinder zu Trudy brachte. Titi sah sie mitleiderregend an, als sie nach hinten in Trudys Wohnzimmer lief.

Trudy hielt Vicky fest, wischte sein Gesicht mit einem Lumpen ab, der so dreckig war wie ein alter Putzlappen. Sie tauchte den Lumpen in ebenso schmutziges Wasser und rieb damit Vickys Gesicht ab. So wollte sie seine Temperatur senken. Ein großer, kahlköpfiger Arzt stand mit der Tasche in der Hand da. Der indische Arzt, bei dem sich Francis und Adah angemeldet hatten, war zu beschäftigt gewesen, und der große, kahlköpfige Mann in dem schwarzen Dreiteiler war seine Vertretung. Ungerührt sah dieser Arzt Trudy bei ihren Bemühungen zu, als ginge ihn das nichts an.

Als Adah hereinkam, hob Vicky die Hand und rief nach seiner Mutter. Er erkennt mich noch, dachte Adah, als sie ihn Trudy entriß. Sie hielt ihn fest, als könne sie so Gesundheit in den kranken Jungen einhauchen.

»Was ist mit ihm?« fragte sie, zuerst den Arzt und dann Trudy. Als sie keine Antwort bekam, wandte sie sich an Miss Stirling, die nur dastand und die Hände rang. Wenn sie wußten, was los war, so wollten sie es nicht sagen.

»Der Krankenwagen wartet. Sie werden es bald wissen. Jetzt müssen wir ihn so schnell wie möglich ins Krankenhaus bringen«, ordnete der Arzt an.

Obwohl die Stimme des Arztes dringlich klang, war Vicky in Adahs Augen nicht sehr krank. Er war heiß, hatte fast 40° Fieber, doch Adah hatte nicht das Gefühl, daß Grund zur Panik bestand. Sie dachte, daß Vicky wahrscheinlich einen Malariaanfall hatte, was für sie soviel war wie eine gewöhnliche Erkältung. Malaria ließ das Fieber bei einem Kind steigen, und es sank wieder, sobald das Kind Nivaquine bekam. Das hätte sie ihm jedenfalls gegeben, wenn Vicky den Anfall zu Hause gehabt hätte. Soweit sie wußte und nach der Erfahrung, die sie mit Titi hatte, litten Kinder nur an Malaria. Warum also die ganze Panik? fragte sie sich. Jede Mutter konnte ein Kind von Malaria heilen, ohne den Krankenwagen zu rufen oder den Doktor zu holen, der nur dastand und zu nichts anderem fähig zu sein schien, als den Totenschein auszustellen.

»Vicky, sag ›Wiedersehn‹ zu Trudy«, sagte sie, als sie zur Tür gingen. Vicky winkte schwach und sang in seiner typischen Art ein »iedersen«.

Alle – Trudy, Miss Stirling und der Arzt – öffneten den Mund, als wollten sie ihr sagen, daß das Baby zu schwach sei, um sie reden. Doch sie verstummten, als Vicky sprach. Adah triumphierte. Ihr Sohn hatte nur hohes Fieber, das war alles. Er würde nicht sterben, daran mußten sie sich eben gewöhnen. Sie kam sich vor wie Jesus, der seine sprachlosen Jünger damit verblüffte, daß er sagte: »Lazarus ist nicht tot, er schlief nur.«

Der große Arzt erkannte ihren Schmerz, ihre Furcht und berührte leicht ihre Schulter, als sie auf die Straße gehen wollte. »Ihr kleiner Sohn ist sehr krank. Ich weiß nicht, was es ist, aber ich bin sicher, daß sie im Royal-Free-Krankenhaus für ihn das Beste tun werden.«

Adah dankte ihm, doch sie war entschlossen, sich nicht unglücklich machen, sich nicht einreden zu lassen, sie hätte das Schlimmste zu erwarten. »Ich glaube, ich weiß, was es ist«, brüstete sie sich. »Ich glaube, es ist Malaria. Zu Hause in Nigeria bekommen die Kinder es so, wie Sie hier eine normale Erkältung haben.«

»Es kann auch etwas anderes sein«, warnte der Arzt, während er und die Sanitäter ihr in den Krankenwagen halfen.

Im Krankenwagen verwirrten sich ihre Gedanken. Ihr Gehirn machte ticktack, wie man in Yoruba sagt. Wenn jemand fieberhaft nachdachte, so sagte er, sein Hirn arbeite wie eine tickende Uhr. Sie fragte sich, was einem Kind fehlen konnte, das noch am Morgen »Wiedersehn« zu ihr gesagt hatte. Was konnte los sein, daß ein Krankenwagen und ein Arzt nötig waren? In Lagos mußte man entweder ein Millionär oder der Verwandte eines Arztes sein, um seinen Besuch zu rechtfertigen. Er konnte nicht kommen, nur weil ein Kind Fieber hatte. Jetzt aber raste ein Krankenwagen mit ihr einfach so ins Royal-Free-Krankenhaus. Warum hieß es Royal Free? War es ein Krankenhaus für arme Leute, für Leute zweiter Klasse? Warum hatten sie das Wort »free« dazugesetzt? Furcht umhüllte sie. Schickten sie ihren Vicky in ein Krankenhaus zweiter Klasse, in eines, das kostenlos war, nur weil sie Schwarze waren? O Gott, worauf hatte sie sich eingelassen? Vielleicht benutzten sie sogar ein Organ ihres Kindes, um das Leben eines anderen Kindes zu retten, das wahrscheinlich weiß war und reich und das man sicherlich in ein Krankenhaus steckte, in dessen Name kein »free« vorkam. Ein Krankenhaus, für das man zahlen mußte. Adah glaubte nicht daran, daß etwas Gutes von etwas kommen konnte, für das man nicht zahlen mußte. Sie betrachtete alles, was umsonst war, mit Argwohn und Zurückhaltung. In Nigeria mußte man für die Behandlung zahlen. Je dicker der Geldbeutel, desto intensiver die Behandlung. Sie hatte nie von einem Ort gehört oder einen solchen gesehen, wo man einem Kind kostenlos soviel Aufmerksamkeit von seiten der Erwachsenen zuteil werden ließ. Irgendwo mußte da ein Haken sein. Als sie schließlich im Krankenhaus ankamen, war sie überzeugt, daß man Vicky seine inneren Organe nehmen würde.

Dieser Gedanke hatte sich so in ihr festgesetzt, daß sie sich zuerst weigerte, ihn loszulassen. Zwei Schwestern hielten sie und führten sie in einen kleinen Raum, in dem weiche Stühle an der Wand standen. Sie machten ihr Tee mit viel Zucker. Sie trank ihn dankbar und gierig und genoß sogar den Zuckergeschmack, den sie sonst haßte. Sie nahm kaum jemals Zucker, da afrikanische Mütter dachten, daß Zucker und Fleisch Würmer verursachten. Fleisch aß sie inzwischen ganz gern, aber an den Geschmack von Zucker konnte sie sich nie richtig gewöhnen. Doch an diesem Tag im Royal Free war sie zu hungrig, um sich darüber Gedanken zu machen. Der Tee schmeckte ihr, und man sagte ihr, sie solle warten, während Vicky untersucht würde. Sie wartete und wartete, bis sie fast einschlief. Dann begann sie sich um Titi zu sorgen. Sie hoffte, daß sich Francis daran erinnerte, sie abzuholen. Es war wirklich komisch, sie hatte nicht daran gedacht, nach Francis zu suchen. Sie wollte ihn nicht aufregen; es war nichts Ernstes. Francis glaubte immer noch, daß sie bei der Arbeit und Vicky bei Trudy war.

Etwas sagte ihr jedoch, daß sie ihren Mann verständigen mußte. Aber wie konnte sie das, wenn sie nicht wußte, wo er um diese Tageszeit war? Er besuchte nicht mehr regelmäßig die Vorlesungen und studierte ganz für sich. Das bedeutete, daß er in jeder Bibliothek Londons sein konnte, oder er war bei einer seiner Freundinnen. Adah wäre die letzte, die ihn bei einer dieser Beschäftigungen stören würde. Sie würde ihm alles erzählen, wenn sie heimkam.

Die Schwester und zwei junge Ärzte kamen auf sie zu. Sie sagten ihr, daß Vicky sehr krank sei. Sie hatten ihm alle möglichen Proben entnommen, und bevor sie die Ergebnisse nicht bekamen, konnten sie ihn nicht behandeln. Sie wollten ihn zur Beobachtung im Krankenhaus behalten.

Für Adah bedeutete Krankenhaus normalerweise zweierlei. Man ging dorthin, wenn man ein Kind bekam oder wenn man sterben mußte. Das erste Mal, als sie hinein durfte, war, als sie Titi bekam. Die einzige andere Person in ihrer Familie, von der sie wußte, daß sie im Krankenhaus gewesen war, war Pa. Er war für eine Untersuchung hineingegangen und nie wieder zurückgekommen. Diese Gedanken schossen ihr durch den Kopf, während sie zu überlegen versuchte, welche Entscheidung wohl die richtige war. Sie spürte irgendwie, daß sie keine Wahl hatte. Vicky hatte bereits ein Zimmer zugewiesen bekommen, für den Fall, daß seine Krankheit ansteckend war.

Sie durfte ihn sehen. Man hatte ihn in ein blaues Kinderbettchen gesteckt und sorgsam in flauschige blaue Decken gehüllt. Er schlief nicht, sondern starrte seine Mutter an wie jemand, der einen schlimmen Migräneanfall hatte. Es sah aus, als wäre es schwierig für ihn, die Augen zu bewegen. Hatten sie vielleicht doch recht? War Vicky sehr krank? Sie klammerte sich an das Gitter des Kinderbettes.

Durch die Glastür sah man ihr zu. Eine Schwester kam zu ihr und sagte ihr, es wäre Zeit zu gehen; Vicky brauchte Ruhe und Schlaf. Adah nickte und verabschiedete sich von ihm, doch Vicky antwortete nicht; seine müden Augen schienen auf etwas gerichtet, was nur er erkennen konnte. Adah durfte nicht bleiben, sie mußte gehen.

Warum, dachte sie bei sich, erlaubten die Behörden den Müttern von Kleinkindern nicht, bei ihrem kranken Nachwuchs im Krankenhaus zu bleiben? In Nigeria, wo das Wetter warm genug war, hätte sie vor dem Krankenhaus bleiben können, auf dem Gelände unter einem großen Baum. Nun wußte sie nicht, was sie tun sollte. Im Gang warten? Sie würden sie hinausscheuchen. Doch bis dahin würde sie es tun. Komisch, daß sie ein nicht einmal einjähriges Baby ins Krankenhaus holten und es dann nicht behandelten, da sie noch die Symptome diagnostizierten. Angenommen, das Kind bekam Krämpfe, wie sie ihre Kinder bei hohem Fieber immer hatten? Die Schwestern würden nur Spritzen in ihn hineinpumpen, doch sie hatte ihr Leben lang Babys an diesen Malaria-Anfällen leiden sehen und kannte die Erste-Hilfe-Maßnahmen. Das Krankenhaus vielleicht nicht, also würde sie bleiben.

Adah dämmerte auf einer Holzbank ein. Als sie die Augen aufmachte, war sie überrascht, die schöne Schwester mit der sanften Stimme zu sehen, die ihr vorher gesagt hatte, daß es Zeit zum Gehen sei. Sie sah Adah lange an und lächelte.

»Ist Victor Ihr einziges Kind?«

Adah schüttelte den Kopf, nein, sie hätte noch eins, doch das sei nur ein Mädchen.

»Nur ein Mädchen? Was meinen Sie mit ›nur ein Mädchen‹? Sie ist schließlich auch ein Mensch, genau wie Ihr Sohn.«

Adah wußte das alles. Doch wie sollte sie diesem schönen Wesen erklären, daß sie der Liebe ihres Mannes und der Anerkennung ihrer Schwiegereltern in ihrer Gesellschaft nur sicher sein konnte, wenn sie so viele Kinder wie möglich am Leben erhielt, und daß, obwohl ein Mädchen auch als ein Kind zählte, ein Junge für ihre Leute soviel bedeutete wie vier

Kinder zusammen? Und wenn die Familie dem Jungen eine gute Universitätsausbildung geben konnte, erhielt seine Mutter innerhalb des Stammes den Status eines Mannes. Wie sollte sie das alles erklären? Daß ihr Glück so sehr vom Leben ihres Sohnes abhing.

»Wissen Sie, ich werde noch ein Kind kriegen!« erbot sie sich, um der Schwester zu zeigen, was für eine gute Frau sie war.

Die Schwester, die entweder nicht verstand oder die eine andere Vorstellung von einer guten und wertvollen Frau hatte als Adah, nickte, sagte aber nichts.

Wenn Adah nicht ginge, würde man nach ihrem Mann schicken, sagte sie. Sie mußte gehen.

Adah entgegnete, sie ginge nur, wenn sie Gewalt anwendeten, und solange sie das nicht taten, blieb sie. Doch sie ging in den Flur im unteren Stockwerk, wo sie westindische Frauen zum Putzen eintreffen sah.

Später kam dann Francis. Titi verbrachte die Nacht bei Trudy, deshalb war er gekommen, um nach ihr zu sehen. Eine Zeitlang sah es so aus, als ob Vickys Krankheit die Eltern wieder zusammenbringen könnte. Francis sagte ihr nicht, sie solle sich keine Sorgen machen, denn er wußte nicht, wie man sich als Mann in einer solchen Situation verhielt. Statt dessen weinte er wie eine Frau mit Adah.

Drei Tage später entdeckte man, daß Vicky den Meningitis-Virus hatte. Also las Adah in der Bücherei alles über dieses schreckliche Ding mit seinem schrecklichen, unaussprechlichen Namen; sie studierte die Ursachen und die Wirkungen.

»Aber woher hat er das? In meiner Familie haben wir nie von so etwas gehört, und Ma hat auch nie erwähnt, daß es in deiner Familie vorgekommen ist. Woher hat er es also? Ich will es wissen, denn ich will es in Zukunft verhindern, wenn er überhaupt eine Zukunft hat.«

»Sie heilen hier alles«, erwiderte Francis und blickte ins Leere.

»Nach den Statistiken, die ich in einer medizinischen Enzyklopädie durchgesehen habe, sind seine Überlebenschancen sehr gering. Ich will wissen, woher mein Sohn diesen Virus hat. Die Medizinbücher sagen, daß er ihn durch den Mund aufgenommen haben muß. Ich bin sehr vorsichtig mit

Vicky und habe nicht so viele Fehler wie bei Titi gemacht. Ich will wissen, woher er ihn hat, und, Francis, es ist mir egal, was du denkst, ich werde es herausfinden. Von Trudy.«

»Was ist bloß über dich gekommen?« fragte er und traute seinen Ohren nicht. »Was ist mit dir los?«

»Du willst wissen, was mit mir los ist? Ich werde es dir sagen. Du wirst es früher oder später sowieso wissen müssen. Wenn meinem Sohn etwas passiert, werde ich dich und diese Hure umbringen. Du schläfst mit ihr, oder? Du kaufst ihr Unterwäsche von dem Geld, für das ich arbeite, und wenn ich zur Arbeit gehe, gebt ihr beide das Geld aus, das ich ihr zahle. Mir ist es egal, was du tust, doch meine Kinder müssen heil und vollkommen sein. Das einzige, was ich von dieser Sklavenehe habe, sind die Kinder. Und, Francis, ich warne dich, sie müssen vollkommen sein.«

Francis schaute sie an, als sähe er sie mit anderen Augen. Jemand hatte ihn gewarnt, daß der größte Fehler, den ein Afrikaner machen konnte, der war, ein gebildetes Mädchen nach London zu holen und es zuzulassen, daß sie sich mit den englischen Frauen der Mittelschicht anfreundete. Sie würde bald ihre Rechte kennenlernen. Was dachte sie sich eigentlich? fragte sich Francis. In ihrem Land durften Männer herumschlafen, wenn sie es wollten. Das gab der stillenden Mutter eine Pause, um ihr Kind zu stillen, bis die nächste Schwangerschaft eintrat. Aber hier in London mit der Geburtenkontrolle und alldem konnte man die ganze Zeit mit seiner Frau schlafen. Doch er war nicht so erzogen worden. Er war zur Abwechslung erzogen worden. Die Frauen zu Hause protestierten nie, und Adah hatte gesagt, es mache ihr nichts aus. Kein Mann mochte es, wenn man seine Freiheit beschnitt, und schon gar nicht, wenn eine Frau dies tat, seine Frau. Er würde nicht streiten, er würde sie nicht schlagen, bis sie sich unterwarf, wegen dem Baby, aber er würde sich auch nicht an Adah binden. Wieso auch, im Bett war sie so kalt wie eine Leiche!

Adah redete noch immer. Sie würde zu Trudy gehen. Sie würde die Wahrheit aus ihr herausbringen, und wenn es sie umbrachte.

»Der Himmel stehe dir bei«, sagte Francis. »Du bist nicht zu Hause. Wenn du sie zu Unrecht beschuldigst, kannst du ins Gefängnis kommen. Du wirst Ärger kriegen, wenn du hingehst und eine Frau in ihrem eigenen Haus angreifst. Schließlich paßt sie für uns auf Titi auf.«

»Ja, ich weiß, sie paßt auf Titi auf, damit du behaupten kannst, du müßtest jeden Abend um elf Uhr zu ihr gehen. Gestern nacht bist du um elf gegangen und erst zurückgekommen, als ich zur Arbeit wollte. Um nach Titi zu sehen!«

Es folgte ein unbehagliches Schweigen, währenddessen Adah ihre neue Freiheit abzuschätzen schien. Schließlich verdiente sie das Geld in der Familie.

Sie fuhr fort, mit einem ungewohnten, drohenden Unterton. »Wenn sie mir keine befriedigende Antwort gibt, werde ich Titi mit nach Hause nehmen, und ich werde das Haus nicht verlassen, um für dich zu arbeiten, bis die Kinder in die Krippe können oder bis du endlich auf sie aufpaßt. Es ist mir egal, was deine Freunde sagen. Ich gehe zu Trudy. Sie wird mir einiges erklären müssen.«

»Du bist eben doch ganz wie deine Mutter. Diese streitsüchtige Unruhestifterin! Man sagt, Frauen werden mit zunehmendem Alter ihren Müttern immer ähnlicher. Doch du hast Pech, du bist nicht so groß und furchteinflößend wie sie. Du bist klein, und ich bin sicher, Trudy wird dir ein paar Lehren erteilen.«

»Wir werden sehen«, antwortete Adah, während sie wütend aus dem Haus schoß.

»Im Krankenhaus haben sie gesagt, daß Vicky den Meningitis-Virus hat. Und er ist immer noch in Gefahr. Ich will...« legte Adah los.

Aber Trudy fiel ihr ins Wort.

»Ja, ich habe im Krankenhaus angerufen, und sie haben es mir gesagt. Deshalb habe ich ihnen erzählt, daß du ihn erst vor ein paar Monaten nach London gebracht hast. Er hat es vielleicht von dem Wasser aufgefangen, das ihr bei euch getrunken habt, bevor ihr hierhergekommen seid...«

Adah starrte sie an, sie traute ihren Ohren nicht. Träumte sie? Was sagte Trudy da über das Kind, das sie im besten Krankenhaus von Nigeria zur Welt gebracht hatte, auf der besten Station, bei dem fähigsten Schweizer Gynäkologen, den die Amerikaner für sie als ein Mitglied ihres Botschaftspersonals bekommen konnten – eine der vielen zusätzlichen Sozialleistungen, wenn man für die Amerikaner arbeitete? Sie wollte Trudy das alles erklären, aber in dem Moment sah sie, wie Titi aus dem Hinterhof kam, genauso dreckig wie das letzte Mal. Adah wußte nicht, was in ihr vorging. Sie wußte nur, daß sie die Kontrolle über die Situation verlor. Ihr inneres Auge sah kaleidoskopartig Vicky und Titi auf dem Müllplatz in Trudys Hinterhof. Sie konnte dieses Bild nicht ausradieren, und sie tat das einzige, was ihr Instinkt ihr riet. Vor ihr stand ein Feind, der ihr Land beleidigte, ihre Familie, sie selber und, was das Schlimmste war, ihr Kind.

Jemand hatte einen Teppichklopfer in der Nähe der Tür liegenlassen. (Adah fragte sich später, warum, denn in Trudys beiden Zimmern gab es keinen Teppich.) Ohne nachzudenken, nahm sie ihn, schwer, wie er war, und warf damit blindlings in Trudys Richtung! Trudy sah ihn kommen und duckte sich. Ein Nachbar von Trudy, der im Gang stand, hielt Adah von hinten fest.

»Tun Sie das nicht, nein, nein.« Die Stimme des Nachbarn hinter ihr war kühl, beruhigend und nüchtern.

Adah schäumte vor Wut. Sie spuckte aus, wie es ihre Stammesleute getan hätten. Bei ihrem Volk hätte sie Trudy töten können, und andere Mütter hätten fest zu ihr gestanden. Jetzt ließ man ihr nicht einmal die Freude, sinnlos auf diese fette, schlampige Frau mit den gefärbten Haaren und den Katzenaugen einzuschlagen. Sie gehörte zu jener Nation, die »Recht und Gesetz« eingeführt hatte.

Adahs Bauch begann zu schmerzen, genauso als ob eine Verdauungsstörung sich ankündigte. Adah war nicht daran gewöhnt, ihre Wut zu bezähmen. Warum auch, hatte Pa ihr nicht gesagt, daß es schlecht für den Organismus wäre? Um also Dampf abzulassen, drohte sie:

»Ich werde dich töten. Verstehst du? Ich werde dich töten, wenn meinem Kind etwas zustößt. Ich werde mich hineinschleichen und dich im Schlaf umbringen. Oder ich werde Leute dafür bezahlen, daß sie es für mich tun, aber glaube mir, ich werde dich umbringen und dabei noch lächeln. Ich habe Vicky mit eigenen Augen auf dem Müllplatz gesehen. An meinem Mann habe ich dich gerochen. Ich bezahle dich mit dem Geld, das ich verdiene, lasse meinen Mann mit dir schlafen, und dann willst du meinen Sohn töten?«

Danach bracht Adah zusammen und begann zu weinen; ihre Stimme klang wie die einer Gefolterten, erstickt und rauh. Die anderen weißen Frauen standen da und starrten sie erschreckt an. Sie hatten wahrscheinlich noch nie eine wütende Ibo-Frau gesehen.

Wenn sie überrascht waren, so war Adah mehr als das; sie war entsetzt über ihr eigenes Benehmen. Sie konnte sich nicht mehr beherrschen. Sie hatte zu viel in sich aufstauen müssen.

In England konnte sie nicht zu ihrer Nachbarin gehen und ihren Ärger heraussprudeln lassen, wie es in Lagos üblich war; sie hatte gelernt, über ihr Unglück nicht mit den Leuten zu reden, mit denen sie zusammenarbeitete, denn dies war eine Gesellschaft, in der sich niemand für die Probleme der anderen interessierte. Wenn man seine Probleme nicht mehr ertragen konnte, blieb einem immer noch, sich umzubringen, denn das war erlaubt. Ein Selbstmordversuch galt nicht als Sünde. Es war eine Möglichkeit, die Aufmerksamkeit auf seine unglückliche Lage zu lenken. Und wessen Aufmerksamkeit lenkte man auf sich? Die Aufmerksamkeit bezahlter Zuhörer. Zuhörer, die einem das Gefühl gaben, daß man ein Studienobjekt ist, das zu diagnostizieren, analysieren und einzuordnen ist. Zuhörer, die von einem als einem »Fall« sprachen. Da gibt es nicht die alte Frau von nebenan, die, wenn sie einen Streit zwischen Mann und Frau hörte, hereinkam, um ihm eine Ohrfeige zu geben, ihn anzuschnauzen und so weiter, da sie wußte, man würde ihre Worte achten, weil sie alt und erfahren war. Statt dessen gibt es Miss Stirling und Konsorten, deren Büro sich in der Malden Road vor Trudys Haus befand. Glücklicherweise hatte jemand sie gerufen, und sie kam schweratmend und mit wütendem Augenfunkeln an.

Sie lauschte Adahs Geschichte geduldig und schien ihr zuzustimmen, sagte aber nichts. Statt dessen schwieg sie eine Weile, während Adah all diese merkwürdigen Leute ansah. Niemand tadelte sie oder Trudy. Niemand redete. Adah kam sich vor wie eine Närrin. Sie lernte. Die Leute hier sagen nicht alles; sie sagen nicht etwas wie: »Ich habe sogar meinem Mann erlaubt, als Teil der Bezahlung mit ihr zu schlafen.« Sie bemerkte jedoch eines: Trudy sah aus, als ob jemand sie zwang, Scheiße zu essen. Ihr Mund wurde häßlich, und ihr Augen-Make-up lief ihr in Streifen übers Gesicht. Sogar ihr schwarzes Haar wies plötzlich braune Strähnen auf.

Dann sprach Miss Stirling. »Wir haben Krippenplätze für die Kinder. Ihr kleines Mädchen kann ab Montag hingehen, und wenn das Baby aus dem Krankenhaus ist, bekommt es auch einen Platz.«

Adah hatte einen weiteren Mythos gesprengt. Bürgerinnen zweiter Klasse konnten ihre Kinder behalten, doch wie hoch war der Preis, den sie zahlen mußten! Vicky war immer noch in Gefahr, ihre Ehe stand auf dem Spiel, und jetzt auch noch dieser Krach.

Sie wußte nicht, ob sie Scham oder Dankbarkeit empfinden sollte. Auf gewisse Art fühlte sie beides, vor allem, da es nun so aussah, als ob sie nur leere Drohungen ausgestoßen hatte. Sie waren unnötig.

Sie würde sich bei Trudy nicht entschuldigen; die Frau war auf alle Fälle eine niederträchtige Lügnerin. Man nahm ihren Namen von der Bezirksliste der anerkannten Tagesmütter, und sie verließ Malden Road, vielleicht, weil sie immer noch erschrocken über Adahs Drohungen war; sie zog irgendwo nach Camden Town, so daß, selbst wenn Vicky gestorben wäre, Adah ihre Drohungen nicht hätte wahr machen können.

Adah verließ die Gruppe und ging nach Hause, weinte dabei leise vor sich hin. Es war ein erleichtertes Weinen.

Ruth Rendell

Die Mauer des Obstgartens

Ich habe noch niemandem davon erzählt.

Das Schlimmste war natürlich längst vorbei. Die heftige Scham war überwunden und auch die Erkenntnis, daß ich mich selbst zum größtmöglichen Narren gemacht hatte. Mehr als vierzig Jahre hatten das ihre getan. Das Gefühl, das mir angehaftet hatte, das Gefühl, daß ich auf eine verdorbene, schmutzige Weise frühreif, daß ich unrein war, hatte die Zeit weggespült. Ich hatte mich sehr bemüht, nie daran zu denken, alles auszulöschen, nie in mich eindringen zu lassen, was Mrs. Thorn mir damals gesagt hatte: »Wie darfst du dich unterstehen, so etwas zu behaupten? Wie dich unterstehen, so widerwärtig zu sein? Ein Kind in deinem Alter! Du bist krank, von allen guten Geistern verlassen.«

Aber bestimmte Dinge beschworen die Erinnerung immer wieder herauf – der Duft des Geißblatts, ein Paar blutiger Tauben im Schaufenster einer Metzgerei, die ersten Kirschen im Jahr. Diese Dinge ließen mich immer zusammenzucken, mir wurde schon vom Anflug jenes Errötens heiß, das mich unter dem Baum brennen ließ vor Scham, während Daniels harte Hand mich bei der Schulter packte und Mrs. Thorn vor Zorn und Empörung zitterte. Die Erinnerung, nie ganz ausgetrieben, hatte noch immer die Macht, die Erwachsenen für den Irrtum des Kindes zu bestrafen.

Bis heute.

So muß es sein, wenn ein Psychotherapeut jemanden von einem Kindheitstrauma heilt, nur daß meines von einer Zeitung geheilt wurde. Die Zeitung kam durch meine Tür und sagte mir, daß ich nicht widerwärtig, nicht krank, nicht von allen guten Geistern verlassen gewesen war. Ich hatte recht gehabt. In den entscheidenden Tatsachen zumindest hatte ich recht gehabt. Den ganzen Tag schon frage ich mich, was ich tun, wie ich handeln soll. Und soll ich überhaupt handeln? Wenigstens konnte ich ganz ruhig an alles denken; gelassen an Ella und Dennis Clifton denken, ohne schamrot zu werden; voller Mitleid an Mrs. Thorn und mit einer Spur von Wehmut an den schönen, verlorenen Ort denken.

Es war lange her. Ich war vierzehn. Ist man da noch ein Kind? Sie glaubten es, und ich glaubte es damals selbst. Die Wahrheit jedoch war, daß ich ein Kind war und auch keins, im Fluß paddelte, auf Bäume kletterte, Radschlagen konnte wie ein Akrobat – und zugleich von romantischer Liebe träumte. Ich befand mich in einem Übergangsstadium, eine Puppe, eine Schmetterlingspuppe, ich war vierzehn.

In London fielen Bomben. Ich war mit meiner Schule schon einmal evakuiert gewesen, aber wieder in die Vorstadt zurückgekommen, in der wir wohnten und die manchmal sicher zu sein schien und manchmal nicht. Meine Eltern hatten Angst um mich und schickten mich daher nach Inchfield zu den Thorns. Ich sah die Angst in den Augen meiner Mutter, sie flößte mir Unbehagen ein.

»Nur bis Ende August«, redete sie beschwörend auf mich ein. »Es ist sehr schön dort. Stell dir vor, daß du besonders lange Sommerferien hast.«

Ich mußte an Hereford denken, an mein ehemaliges »Quartier«, an die fremden Leute, das ungewohnte Essen.

»Diesmal wird es anders. Ella ist deine Tante.«

Sie war die um zwölf Jahre jüngere Schwester meiner Mutter. Dazwischen kamen noch ein Bruder und eine Schwester, die beide im Norden lebten. Ella war mit einem Farmer in Suffolk verheiratet – oder war es vielmehr gewesen, denn jetzt war er bei der Armee. Sein älterer Bruder verwaltete die Farm. Später, als Ella tot war, Philip Thorn wieder heiratete und alles, was ich mir von ihnen bewahrt hatte, die beschämende Sache war, die ich um jeden Preis vergessen wollte – viel später also erfuhr ich, daß Ella mit siebzehn geheiratet hatte, weil sie schwanger war, und in den dreißiger Jahren unter diesen Umständen eine andere Lösung als Heirat unvorstellbar war. Sie hatte geheiratet und sechs Monate später ein totes Kind zur Welt gebracht. Als ich nach Inchfield kam, war sie erst fünfundzwanzig, immer noch kinderlos, lebte mit Schwager und Schwiegermutter draußen auf dem Land, und ihr Mann kämpfte in Afrika.

Ich wollte nicht von zu Hause fort. Mit vierzehn fürchtet man sich nicht, man weiß, daß man unsterblich ist. Nach den Luftangriffen trieben wir uns auf der Straße herum und sammelten Schrapnellsplitter und Teile von Geschoßhülsen. Das Schlimmste für mich war, daß ich unter einem Morrison-Unterstand* schlafen mußte, anstatt in meinem Zimmer. Wieder ein eigenes Zimmer zu haben, einen Platz, an dem ich allein sein konnte, war eine große Verlockung. Ich gab nach. Bis heute weiß ich nicht, ob ich eingeladen worden war, oder ob meine Mutter einfach geschrieben hatte, daß ich käme und sie mich aufnehmen mußten.

Ich fuhr in der zweiten Juniwoche. Daniel Thorn holte mich in Ipswich vom Bahnhof ab. Ich war wild romantisch, viel zu romantisch, hatte den Kopf voller Phantasien und Träume. Da ich wußte, daß ich abgeholt werden sollte, erwartete ich einen Ponywagen oder sogar einen Mann auf einem schwarzen Hengst, der eine braune Stute am Zügel führte, auf die ich mich schwingen würde, obwohl ich noch nie auf einem Pferd gesessen hatte. Daniel Thorn kam mit einem alten Ford-Lieferwagen.

Über von frischem Grün gesäumte Landstraßen und Heckenwege fuhren wir nach Inchfield. Es war sehr still, nur ab und zu hörte man einen Schuß. Ich dachte, die Knallerei müsse irgendwie mit dem Krieg zusammenhängen, machte mir jedoch nicht klar, wie.

»Der Krieg?« sagte Daniel, als sei das etwas, das sich zehntausend Meilen weit weg ereignete. Dann lachte er dieses uralte Lachen, mit dem die Leute vom Land seit jeher den Städter verspotten. »Hier gibt es keinen Krieg. Da ist nur einer auf Kaninchenjagd.«

Kaninchen – wir lebten praktisch davon; von gekochten, gebratenen, zu Pasteten verarbeiteten Kaninchen. Dazwischen gab es hin und wieder eine Waldtaube. Es war eine Abwechslung nach den Londoner Würstchen, aber ich habe seither nie wieder Kaninchen gegessen, nicht ein einziges Mal. Als mir einmal in der Küche einer Freundin der charakteristische Geruch kochenden Kaninchenfleischs in die Nase stieg, wurde mir fürchterlich übel. Mein Schierlingsbecher war gekochtes Kaninchenfleisch. Und Kirschkuchen.

Von der Farm war ich auf den ersten Blick begeistert. Das Haus, in dem ich in Hereford untergebracht gewesen war, war ein spätviktorianisches Backstein-Cottage, rot und unverputzt und häßlich wie die Armut. Ein Haus wie »Cherry

* Kleiner im Zimmer aufstellbarer Luftschutzunterstand aus Stahl.

Tree Farm« hatte ich bisher höchstens in einem Kalender gesehen. Es war lang und niedrig, hatte ein Strohdach, und auch die beiden großen Scheunen waren mit Stroh gedeckt. Dahinter lagen flache grüne Hügel und dichte dunkle Wälder. Und über die weitläufigen, grasbewachsenen Hänge waren unzählige Kirschbäume verstreut. Einer stand so nah am Haus, daß seine Zweige die Scheiben eines Fensters streiften.

Sie kamen aus dem Haus, um mich zu begrüßen. Ella und Mrs. Thorn, und Ella hielt mir ihre ziemlich kalte weiße Wange hin, um sich küssen zu lassen. Sie lächelte nicht. Sie sah gelangweilt aus. Es war daher besser, als ich erwartet hatte. Und schlimmer. Ella war schlimmer und Mrs. Thorn besser. Das Haus und die Umgebung waren zehnmal besser, einen Tee wie diesen hatte ich seit Anfang des Krieges nicht mehr bekommen, und mein Zimmer war nicht nur hübscher als der Morrison-Unterstand, es war auch hübscher als mein Zimmer daheim. Mrs. Thorn brachte mich hinauf, nachdem wir Maiskuchen, Korinthenbrot und Nußkuchen gegessen hatten.

Es hatte eine niedrige Decke mit steingrauen Ziernägeln im Putz. Über das Bett war eine Patchwork-Decke gebreitet, und die Tapete hatte ein Kirschenmuster. Ich schaute aus dem Fenster.

»Man kann die Kirschbäume von hier aus nicht sehen«, sagte ich. »Haben Sie deshalb Kirschen an die Wand geklebt?«

Sie schien über den Gedanken verblüfft, denn sie war eine schlichte, konservative Frau. »Das weiß ich nicht. Meiner Meinung nach wäre das eine merkwürdige Idee.«

Mein Zimmer ging nach hinten hinaus auf einen langweiligen, gepflegten Garten mit Rosenbeeten, die wie Tortenstücke aus einem Kreis herausgeschnitten waren. Es war Mrs. Thorns Garten, wie ich später erfuhr, und sie bearbeitete ihn selbst.

»Wer schläft in dem Zimmer mit dem Kirschbaum?« fragte ich.

»Dein Tantchen.« Mrs. Thorn sollte Ella immer so nennen, wenn sie mit mir sprach. Sie achtete sehr auf Respekt. »Es war immer das Zimmer meines Sohnes Philip.«

Immer. Ich beneidete den abwesenden Soldaten. Ein Baum mit Ästen, die bis ans Schlafzimmer reichten, bedeutete für mich, daß man daran hinunterklettern konnte, war ein Fluchtweg, eine Möglichkeit, vielleicht ohne zusammengeknotete Bettlaken ausrücken zu können. Das sagte ich auch, obwohl ich es ein bißchen herunterspielte, weil ich vermutete, daß Mrs. Thorn es in einem anderen Licht sah.

»Das hat er bestimmt nie getan«, sagte sie dann auch. »So war er nicht.«

Worte, die Philip in meinen Augen zum Langweiler stempelten. Ich fragte mich, warum Ella ihn geheiratet hatte. Was hatte sie nur in diesem unromantischen Typen gesehen, der fünf Jahre älter und nicht »so« gewesen war, daß er aus dem Schlafzimmerfenster und einen Baum hinunter- oder auch heraufkletterte, wenn es nötig war...

Ella war schön. Im ersten Kriegsjahr hatte ich zu Weihnachten das ›Jahrbuch für Filmfreunde‹ geschenkt bekommen, in dem unter anderem ein ganzseitiges Foto von Hedy Lamarr war. Ella sah genauso aus wie sie. Sie hatte die gleichen vollkommenen Züge, dunkles Haar und Augen, die nicht von dieser Welt zu sein und immer auf ferne Horizonte gerichtet schienen. Ich sehe sie jetzt vor mir – jetzt kann ich mir erlauben, sie vor mir zu sehen –, wie sie damals war, dünn, langbeinig, in einem geblümten Baumwollkleid mit Kragen, Manschetten und einem schmalen Gürtel, wie er heute wieder modern ist. Über der Stirn trug sie das Haar hochgesteckt, der Rest fiel ihr offen und lockig bis auf die Schultern, ihr Mund war himbeerrot bemalt, die Augen ungeschminkt, groß, dunkel, glänzend und mit einem Ausdruck, den ich erst Jahre später verstehen sollte. Ich glaube heute, daß es eine Mischung aus Rebellion, Sehnsucht und Verlangen war.

Manchmal verschwand sie am frühen Abend in den ersten Stück, und Mrs. Thorn erklärte respektvoll, »Tantchen«, schreibe jetzt an Philip. Wir hörten gewöhnlich Radio. Natürlich wußte niemand genau, wo Philip war, doch wir vermuteten alle, daß er an den Kämpfen um Tobruk beteiligt war. Wenn Nachrichten gesendet wurden, wirkte Mrs. Thorn immer ganz verkrampft. Einmal stieß sie einen erstickten Laut aus, bedeckte die Augen mit der Hand und lief aus dem Zimmer. Das war mir irgendwie peinlich. Ella schaltete das Radio aus.

»Du solltest schon im Bett sein«, sagte sie zu mir. »In deinem Alter ging ich immer schon um acht hinauf.«

Ich beneidete und bewunderte sie, obwohl sie nie besonders nett zu mir war und selten mit mir sprach, außer wenn sie sagte, ich »sollte eigentlich« das oder jenes tun. Wurde ihr, wenn sie diese Nichte ansah, die nur etwa zehn Jahre jünger war als sie, wurde ihr da vielleicht bewußt, was sie weggeworfen hatte? Eine hoffnungsvolle Zukunft, die Chance, wirklich zu leben?

Ich war nicht oft mit ihr zusammen. Mrs. Thorn nahm mich nach Ipswich zum Einkaufen mit, unterhielt sich mit mir, während sie buk, strickte und brachte mir das Stricken bei. Da man keine Wolle bekam, trennten wir alte Pullis auf, wuschen die Wolle, krempelten sie und machten neue Sachen. Ich verbrachte viel Zeit mit ihr. Entweder mit ihr oder allein. Natürlich gab es im Dorf Kinder meines Alters, die ich hätte kennenlernen können, aber das Dorf war zwei Meilen entfernt. Ich durfte spazierengehen, nicht aber das einzige vorhandene Fahrrad benutzen.

»Es ist zu groß für dich«, sagte Mrs. Thorn, »es hat Achtundzwanzig-Zoll-Räder. Außerdem ist es ein Herrenrad.«

Ich wandte ein, es mache mir gar nichts aus, das Bein über den Sattel zu schwingen wie ein Mann.

»Solange du bei mir bist, wirst du es jedenfalls nicht tun.«

Ich verstand nicht. »Ich würde mich nicht verletzen.« Ich sagte, was ich auch zu meiner Mutter gesagte hätte. »Ich käme nicht zu Schaden.«

»So etwas tut eine Dame nicht«, antwortete Mrs. Thorn, und dabei blieb es.

Solche Dinge bedeuteten ihr viel. Sie verbot mir, auf dem Rasen radzuschlagen, wenn Daniel in der Nähe war, obwohl ich Shorts anhatte. Dann durfte ich nur noch Röcke anziehen. Aber sie war freundlich und kümmerte sich sehr um mich. Wäre ich auf Ellas oder Daniels gelegentliche Bemerkungen angewiesen gewesen, hätte ich mich vielleicht mehr auf meine Eltern gefreut, die mich alle vierzehn Tage besuchten.

Als ich zwei oder drei Wochen da war, wurden allmählich die Kirschen reif. Daniel, der dazukam, als ich sie mir ansah, sagte, es sei eine sehr alte Sorte, die »Weiße Herzen von Inchfield« hieß.

»Früher hatten wir jedes Jahr ein Kirschenfest«, sagte er. »Am ersten Sonntag nach dem 12. Juli. Es wurde getanzt und gut gegessen. Es hätte dir Spaß gemacht. Aber im letzten Jahr fiel das Fest aus, und in diesem Jahr wird es auch keines geben. Und nie wieder, so wie ich es sehe, auch nicht, wenn der dämliche Krieg vorbei ist.«

Er war ein typischer Suffolk-Mann, groß und dick, mit gelben Haaren und rötlicher Haut. Die Winkel seines breiten, sichelförmigen Mundes waren immer nach oben verzogen. Das bedeutete jedoch nicht, daß er lächelte, und er war nur selten fröhlich. Lachen hörte ich ihn nie. Er hatte die Gewohnheit, Menschen auf eine Art zu beobachten, die nervös machte, und ganz besonders Ella. Und wenn Gäste ins Haus kamen, Dennis Clifton oder Mrs. Leithman oder andere Farmer, die sie kannten, saß er dann, beobachtete sie und warf nur selten ein Wort in die Unterhaltung ein.

Als ich eines Abends von einem Spaziergang zurückkam, sah ich, daß Ella und Dennis Clifton sich im Wald küßten.

Dennis war kein Farmer. Er war bei der R. A. F., war während der Schlacht um Britannien Jagdflieger gewesen, hatte eine Kopfverletzung gehabt, hatte im Lazarett gelegen und war jetzt auf Genesungsurlaub zu Hause. Er muß noch sehr jung gewesen sein, höchstens zwei- oder dreiundzwanzig. Während er im Lazarett gelegen hatte, war seine Mutter gestorben, bei der er gelebt hatte und die eine Freundin von Mrs. Thorn gewesen war. Sie hatte ihm ihr hübsches, kleines georgianisches Haus in Inchfield hinterlassen. Er kam häufig auf die Farm, angeblich, um die alte Freundin seiner Mutter zu besuchen.

Nach diesen Besuchen sagte Daniel regelmäßig: »Er wird bald wieder dort sein, wo's ganz besonders heiß hergeht«, oder: »Der steigt bald wieder mit seiner Spitfire auf. Er kann's nicht mehr erwarten.«

Von da an beobachtete auch ich ihn, ich wollte wissen, ob es bestimmte Anzeichen dafür gab, daß er darauf brannte, wieder zur R. A. F. zu gehen. Seine Hände zitterten manchmal wie die eines alten Mannes. Auch er war blond und blauäugig, dennoch gab es zwischen seinem und Daniels Aussehen einen himmelweiten Unterschied. Mein Maßstab für Schönheit waren Filmstars, und ich fand, daß er wie Leslie Howard in der Rolle des Ashley Wilkes aussah. Er war groß und schlank, hatte ein empfindsames Gesicht und traurige Augen. Daniel beobachtete ihn, Ella saß stumm da, und ich las mein Buch, während er sich mit Mrs. Thorn unterhielt, sehr freundlich und ermutigend über ihren Sohn Philip mit ihr sprach und erklärte, er sei überzeugt, daß Philip nichts zustoßen, daß er überleben werde, und während er sprach, wurden seine Augen trauriger und verschleierten sich immer mehr.

Nein, das ist keine Erinnerung, es ist reine Phantasie von mir, ich habe es mir zusammengereimt, was ich später erfahren sollte. Er war einfach rücksichtsvoll und freundlich, ein gut erzogener junger Mann eben.

Ich hatte im Fluß gebadet. Ungefähr eine Meile flußaufwärts gab es einen Platz, der das Wehr genannt wurde. Die Ufer waren dort unter einem flachen Wasserfall mit Betonmauern befestigt, und dadurch war ein etwa anderthalb Meter tiefer Weiher entstanden, in dem ich an heißen Tagen badete. Wenn Mrs. Thorn davon gewußt hätte, hätte sie es mir verboten, aber sie wußte es nicht. Sie wußte nicht einmal, daß ich einen Badeanzug mithatte.

Der kürzeste Weg zur Farm führte durch den Wald. Ich hörte einen Schuß und dann weiter oben in den Wiesen einen zweiten. Daniel war auf Taubenjagd. Im Wald war es dämmrig und kühl, um mich herum und über mir zwitscherte es leise, raschelte Gefieder im trockenen Laub. Die blauen Glockenblumen waren längst abgeblüht, doch das Waldbingelkraut stand in voller Blüte. Es sah wie weiß gepudert aus, und in der Luft hing der alles durchdringende Geruch des Geißblatts. Wieder ein Schuß, weiter weg diesmal, aber laut genug, um den Frieden zu stören, und mit heftigem Flügelschlagen ergriff ein Taubenvolk die Flucht. Durch die schwarzen Baumstämme und das Spitzenwerk der Äste und Zweige sah ich den gelben Himmel, von dem, auch noch eine Stunde vor dem Untergang, die Sonne herunterbrannte.

Ella lehnte am Stamm eines Kastanienbaums und blickte zu Dennis Clifton auf. Er preßte die flachen Hände zu beiden Seiten ihres Kopfes an den Stamm. Wäre sie je nett zu mir gewesen, hätte er je mehr als nur »hallo« zu mir gesagt, hätte ich mich wahrscheinlich bemerkbar gemacht und gerufen. Ich rief nicht, und im nächsten Moment wurde mir klar, daß sie ganz bestimmt nicht gesehen werden wollten.

Ich blieb, wo ich war. Ich beobachtete sie. Oh, ich war absolut kein Voyeur, ich hatte keine schlüpfrigen Hintergedanken, war nicht neugierig und hatte noch weniger den Wunsch, sie bei irgend etwas zu ertappen. Mich überwältigte ganz einfach das Romantische dieser Szene, ich war hingerissen vor Staunen. Ich sah zu, wie er sie küßte. Er nahm die Hände herunter, legte die Arme um sie und küßte sie, so daß ich ihre Gesichter nicht mehr sah, nur sein helles und ihr dunkles Haar und ihre aneinandergepreßten, gestrafften Schultern. Ich hielt den Atem an und fröstelte im warmen Dämmerlicht des Waldes.

Sie gingen vor mir, gingen – einer den Arm um die Taille des anderen gelegt – in Richtung der Straße davon. In dem Zimmer der »Cherry Tree Farm«, das noch immer Salon genannt wurde, saßen Mrs. Thorn und Daniel beim Tee und hörten Radio. Kaum fünf Minuten später kam Ella herein. Auch wenn ich nicht gesehen hätte, was ich gesehen hatte – wäre mir ihr Aussehen vermutlich aufgefallen. Oder hätten die strahlenden Augen, die geröteten Wangen, das Weidenblatt in ihrem Haar und der Brombeerzweig an ihrem Rock mir nicht zu denken gegeben?

Daniel sah sie an. Er hatte Blut unter den Fingernägeln, obwohl er sich die Hände fest geschrubbt hatte. Mir wurde ein bißchen übel. Ella fuhr sich mit den Fingern durch das Haar, zupfte das Blatt heraus und ging in ihr Zimmer hinauf.

»Sie schreibt an Philip«, sagte Mrs. Thorn.

Wieso war ich nicht empört? Wieso nicht entsetzt? Ich war erst vierzehn und kam aus einer konventionellen Familie. Ehebruch begingen nur die Menschen in der Bibel. Wahrscheinlich könnte ich sagen, daß ich nicht mehr als einen Kuß gesehen hatte und von Ehebruch nicht die Rede sein konnte. Aber es war Ehebruch, ich wußte es. Ohne eigene Erfahrung, mit einem bestenfalls bruchstückhaften Wissen, fühlte ich, daß sich diese Liebe nicht mehr mit Küssen begnügte, daß die beiden nicht auf halbem Weg stehengeblieben waren, obwohl Ella mit einem Soldaten verheiratet war, der an der Front für sein Land kämpfte. Mir war auch klar, daß meine Eltern Ellas Verhalten verachtenswert, vielleicht sogar durch und durch schlecht finden würden. Doch das war mir ganz egal. Für mich war es eine Romanze, waren die beiden Lancelot und Guinevere, ein wunderbares Abenteuer, das zwei schöne junge Menschen miteinander erlebten – und wie ich es vielleicht eines Tages erleben würde.

Sie benutzten mich nicht als Botin. Für sie existierte ich kaum. Sie gönnten mir kein Wort, kein Lächeln, und sie vertrauten mir vor allem keine Botschaften an, die ich überbringen sollte. Sie hatten das Telefon, und sie hatten Autos.

Aber obwohl sie mich an ihrer Liebesgeschichte nicht teilhaben ließen und ich nicht einmal genau berechnen konnte, wann sie stattfand, beschäftigte sie meine Gedanken. Nach außen hin änderte sich nichts an meinem Tagesablauf, wie Mrs. Thorn und ich ihn geplant hatten, aber ich dachte nur an Dennis und Ella, überlegte, wo sie sich treffen mochten, stellte mir vor, was sie miteinander redeten, daß sie sich ewige Liebe schworen, und spielte mit filmischen Variationen immer wieder den einen Kuß durch, den ich gesehen hatte.

Die tiefste Freude, die schönsten Stunden des Hingerissenseins erlebte ich, wenn er kam. Dann beobachtete ich die beiden so unablässig wie Daniel. Manchmal bildete ich mir ein, einen sehnsüchtigen Blick aufzufangen, der zwischen ihnen hin und her ging, und einmal erlebte ich sogar mit, wie sie sich im Flur begegneten, als Ella mit dem Teetablett aus der Küche kam und Dennis etwas für Mrs. Thorn aus seinem Wagen geholt hatte. Ich stand im Schatten zwischen der Standuhr und der Treppe, und sie sahen mich nicht.

»Heute?« flüsterte er. »Am selben Ort?«

Sie nickte, ihre Augen waren riesengroß. Als er an ihr vorüberging, streichelte er ihr ganz langsam über die Schulter.

In diesen Nächten schlief ich schlecht. Es war sehr heiß geworden. Mrs. Thorn achtete streng darauf, daß ich um neun im Bett lag, und danach gab es für mich keine Möglichkeit, von ihr ungesehen aus dem Haus zu kommen. Ich beneidete Ella um den Baum vor ihrem Fenster; sie konnte hinunterklettern und verschwinden. Ich stellte mir vor, daß ich im Mondschein den Fluß entlang oder im Wald spazierenging und mich an einem verabredeten Ort mit meinen Liebhabern traf. Meine Liebhaber, deren geflüsterte Worte und bedeutsame Blicke mich erregten und sich mit der überhitzten Luft vermischten...

Die Kirschen färbten sich hellgelb, mit einem rötlichen Hauch da und dort. In der ersten Juliwoche kam der Krieg nach Inchfield, und ein deutscher Bomber, der sich verirrt hatte und vom Kurs abgekommen war, lud seine Bombenlast auf eins der Thornschen Felder ab.

Es gab keine Verletzten, aber eine Kuh wurde getötet. Wir sahen uns das Chaos auf dem Feld an, den Krater und den entwurzelten Baum. Daniel schüttelte drohend die Faust zum Himmel. Die Detonationen waren sehr laut gewesen, und wir waren hinterher gegen plötzliche Geräusche überempfindlich. Sogar ein Knall aus Daniels Jagdwaffe ließ seine Mutter zusammenzucken.

Die Hitze war stickig geworden, und am Himmel zogen Wolken auf, doch es regnete nicht. Mrs. Leithman, die regelmäßig einmal wöchentlich zum Tee kam, sagte, sie höre in jedem Donnergrollen eine zweite Bombe. Ella bekamen wir kaum zu sehen. Sie hielt sich fast immer in ihrem Zimmer auf oder war irgendwo draußen – mit Dennis natürlich. Ich spekulierte mir im Zusammenhang mit ihnen alles mögliche zusammen, wob Phantasien um sie herum, stellte mir vor, daß Philip Thorn im Kampf fiel und Ella wieder frei war. In einer so naiven oder zumindest puritanischeren Zeit aufgewachsen, war ich so arglos, daß ich nie auf die Idee kam, dieses kinderlose Ehepaar könnte sich scheiden lassen. Auch stellte ich mir Ella und Dennis nie verheiratet vor, sondern auf immer und ewig in ihr gefährliches und romantisches Idyll verstrickt vor. Ich fand sogar, daß Julias Textzeilen – die Worte eines Mädchens, das so alt gewesen war wie ich jetzt – die Situation der beiden treffend schilderte, und flüsterte vor mich hin, daß die Gartenmauer hoch, schwer zu erklimmen und die Stätte Tod sei: »Bedenk nur, wer du bist...«

Als ich einmal spät nachts nicht schlafen konnte und an meinem Fenster saß, tauchte die schattenhafte Gestalt von Dennis Clifton aus der tiefen Dunkelheit an der Seite des Hauses auf und verschwand durch die Pforte im Rosengarten.

Aber das vernichtende Ende und meine Demütigung kamen immer näher. Ich hatte mich inzwischen eingewöhnt, ich fing an, mich glücklich zu fühlen. Die Wahrheit ist, wie ich vermute, daß ich mich mit Ella identifizierte, daß in meinen verschlungenen Phantasien ich es war – vermischt mit einer gehörigen Portion Julia –, die Dennis umarmte, berührte und liebte. Ich war viel engagierter als ein reiner Beobachter.

Ein Schuß fiel, es klang sehr nah. Er weckte mich, was mir, bevor die Bomben fielen, bestimmt nicht passiert wäre. Ich fragte mich, auf welche Beute Daniel um diese Zeit aus sein konnte, denn die Nacht war tiefdunkel, samten und still. Der Knall, der das Dunkel zerrissen und die Stille durchbohrt hatte, wiederholte sich nicht. Ich schlief wieder ein und erwachte erst wieder, als der Tag schon angebrochen war.

Ich stand früh auf, wie an den meisten Morgen, ging hinunter in die Stille des Hauses, die Stille eines schönen Sommermorgens, und lief ins Freie. Mrs. Thorn war in der Küche, schlug Eier auf und briet Speck für die Männer. Ich wußte nicht, ob ich es tun durfte, oder ob alle Kirschen für einen geheimen Zweck aufgehoben werden sollten, aber auf dem Weg zur Pforte streckte ich den Arm aus und pflückte eine reife Kirsche von einem tiefhängenden Ast. Es war die knackigste und süßeste Kirsche, die ich je gekostet habe, obwohl ich zugeben muß, daß ich seither nicht mehr viele gegessen habe. Ich vergrub den Kern dicht an der Pforte in der Erde. Vielleicht bekam er Wurzeln und wuchs. Vielleicht steht neben dem Eingang zur »Cherry Tree Farm« heute ein schon recht betagter Baum, der viele Sommer lang Früchte getragen hat.

Wie es sich ergab, war das, trotz ihrer reichen Ernte, die einzige Kirsche, die ich dort essen sollte. Nach einer halben Stunde kam ich zurück, schob die Tür auf, blieb einen Moment stehen und sah zum Farmhaus hinüber. Auf die besonnten Mauern und das Dach malten die Schatten der Bäume ein wirres Laubmuster. Ich betrachtete den großen mit rotgoldenen Früchten behangenen Baum, der seine Zweige an Ellas Fenster rieb. Auf halber Höhe, einen oder zwei Meter von der Scheibe entfernt, hing in einer Astgabel die Leiche eines Mannes.

Obwohl ich in der heißen Sonne stand, wurde mir eiskalt. Bis heute erinnere ich mich an dieses Gefühl, durch eine Kälte zu erstarren, die tief aus meinem Innern kam, während draußen die Sonne schien, die Drossel sang und die Schwalben unter dem Traufenbrett wegtauchten und dann wieder hervorschossen. Meine Augen konnten sich nicht lösen, starrten, vor Schreck und Angst wie hypnotisiert, den blonden, schlaff vor Ellas Fenster hängenden Mann an. Den Kopf hatte er im Todeskampf zurückgeworfen.

Wenigstens wurde ich nicht hysterisch. Ich sagte mir, ich müsse mich zusammennehmen und ganz ruhig bleiben, wie ein Erwachsener. Mir klapperten die Zähne. Starr und steif betrat ich die Küche, und da waren sie alle, saßen um den Tisch herum: Daniel, die beiden Arbeiter, Ella, und am Kopfende Mrs. Thorn, die den Tee einschenkte.

Ich wollte ganz ruhig zu ihr gehen und es ihr ins Ohr flüstern. Aber ich schaffte es nicht. Zwar war ich ohne zu rennen, zu stolpern und zu schreien bis in die Küche gekommen, aber jetzt war ich mit meiner Beherrschung am Ende. Wie ein lauter, abgehackter Schrei brachen die Worte aus mir heraus, und ich weiß noch, daß ich die Hände ballte und in die Höhe streckte.

»Mr. Clifton ist erschossen worden! Er ist erschossen worden, er ist tot! Seine Leiche hängt im Kirschbaum vor Ellas Fenster!«

Stille...

Zuerst jedoch fielen Messer und Gabeln klappernd auf den Tisch, klirrten Tassen auf Untertassen, wurden Stühle quietschend zurückgeschoben. Dann diese absolute, quälende Stille. Nie wieder – in all den Jahren, die seither vergangen sind, habe ich nie wieder einen Menschen so weiß werden sehen wie Ella damals. Sie wurde so weiß wie ein Blatt Papier, und ihre Augen waren schwarze Höhlen. Feuriges Rot überschwemmte Daniels Gesicht. Er fluchte. Er benutzte Worte, die mich zusammenzucken und zurückprallen ließen. Zitternd starrte ich die entsetzlichen und entsetzten Gesichter vor mir der Reihe nach an.

Mrs. Thorn war die erste, die etwas sagte. Ihre Stimme klang eisig vor Zorn.

»Wie darfst du dich unterstehen, so etwas zu behaupten? Wie dich unterstehen, so widerwärtig zu sein? Ein Kind in deinem Alter! Du bist krank, von allen guten Geistern verlassen!«

Daniel war aufgesprungen. Er packte mich grob am Arm. Aber sein Griff war nicht fest, seine Hand zitterte, wie die von Dennis gezittert hatte. Er schleifte mich förmlich hinaus, und seine Mutter lief wie eine aufgescheuchte Henne hinter uns her. Wir waren noch fünf oder sechs Meter vom Baum entfernt, als ich es sah. Das Blut schoß mir heiß ins Gesicht und pulsierte unter der Haut. Ein Gesicht aus Lumpen, Haare aus gelber Wolle – aus unserer eigenen aufgetrennten und frisch gekrempelten Wolle – der ausgestopfte Sackkörper, die zerschlissenen Stiefel...

Eiskalt vor Empörung, sagte Mrs. Thorn: »Hast du noch nie eine Vogelscheuche gesehen?«

»Aber Vogelscheuchen stehen doch auf Feldern!« rief ich verzweifelt, als wollte ich sie auch noch angesichts dieses unwiderlegbaren Beweises von meiner Behauptung überzeugen.

»Nicht in unserer Gegend«, antwortete Daniel mit dünner, heiserer Stimme. Hätte Dennis Clifton tatsächlich im Baum gehangen, hätte Daniel auch nicht erschrockener aussehen können. Sein Gesicht wirkte völlig eingefallen. »In unserer Gegend hängen wir die Vogelscheuchen in die Obstbäume. Ich habe sie gestern abend dort hingetan. Sie alle habe ich gestern in die Bäume gesetzt.« Und er zeigte mir, was mir bisher entgangen war: den Mann auf dem Baum an der Mauer, den Mann auf dem Baum inmitten des Rasens.

Ich lief ins Haus, in mein Zimmer hinauf und warf mich, vor Scham halb außer mir, mit dem Gesicht nach unten aufs Bett. Der nächste Tag war ein Samstag, und meine Eltern wurden erwartet. Sie würden es ihnen erzählen und mich mit Schimpf und Schande nach Hause schicken. Um die Mittagszeit kam Mrs. Thorn an meine Tür und forderte mich auf, zum Lunch hinunterzukommen. Sie war völlig verändert, hart und mürrisch. Ich kannte die Redewendung »sich nicht an jemand schmutzigmachen wollen« damals noch nicht, aber als ich sie später hörte, begriff ich, daß Mrs. Thorn sich genau so gegen mich verhalten hatte. Sie behandelte mich, als sei ich eine aussätzige Psychopathin.

Wir aßen allein, aber ich brachte kaum etwas hinunter. Als wir fertig waren und ich eben meinen Teller beiseite schob, kam Daniel herein, setzte sich und sagte, sie hätten alle die Sache durchgesprochen und seien zu dem Schluß gekommen, es sei am besten, wenn mich meine Eltern morgen nach Hause mitnähmen.

»Selbstverständlich«, erklärte Mrs. Thorn, »werde ich ihnen haargenau berichten, was du gesagt hast, was du angedeutet und wie du dein Tantchen gekränkt hast.«

Daniel, der nicht mehr zitterte und nicht mehr so feuerrot war wie am Morgen, dachte eine Weile schweigend nach. Dann sagte er unerwartet – oder für mich unerwartet: »Nein, Mutter, das werden wir nicht tun. Nein. Es hat keinen Sinn. Je weniger davon wissen, um so besser. Du mußt an Ellas Ruf denken.«

»Ich dulde sie nicht länger hier«, entgegnete seine Mutter.

»Da bin ich ganz deiner Meinung. Sie kann sagen, daß sie Heimweh hat, oder ich sage, daß dir die Arbeit zuviel wird, wenn sie hier ist.«

Ella versteckte sich den ganzen Tag.

»Sie schreibt ihren Brief an Philip«, sagte Mrs. Thorn.

Am nächsten Morgen saß sie mit den anderen bei Tisch. Daniel berichtete, er sei im Dorf gewesen und habe erfahren, Dennis Clifton sei zu seinem Geschwader bei der R. A. F. zurückgekehrt.

»Bald wird er wieder da sein, wo's am heißesten hergeht«, fügte er hinzu.

Ella saß mit gesenktem Kopf da und zerkrümelte mit nervösen Fingern ein Stück Brot. Ihr Gesicht war ohne das übliche Make-up völlig farblos. Ich erinnere mich nicht, noch ein einziges Wort von ihr gehört zu haben.

Ich packte meine Sachen. Meine Eltern hatten nichts dagegen, mich nach Hause mitzunehmen. Nach Liebe hungernd, durch die Liebe anderer tief verletzt, klammerte ich mich an meinen Vater. Die Vogelscheuchen grinsten uns an, als wir hinter Daniel in den Lieferwagen stiegen. Ich sehe sie jetzt noch vor mir – ich kann es mir erlauben, sie jetzt vor mir zu sehen –, sehe sie mit ausgebreiteten Armen in den Bäumen hängen. Sie beschützten die reifenden Früchte und sahen so lebensecht aus, daß sogar die Schwalben einen weiten Bogen um sie machten.

Im nächsten Frühling starb Ella, nachdem sie wieder eine Totgeburt gehabt hatte. Meine Mutter weinte, denn Ella war ihre kleine Schwester gewesen. Doch sie war zu scheu, um ihren Kummer offen zu zeigen. Sie und mein Vater waren ängstlich darauf bedacht, mich – und natürlich auch alle anderen – darüber im unklaren zu lassen, daß Philip Thorn seit gut fünfzehn Monaten nicht mehr auf Heimaturlaub gewesen war. Was aus Daniel und seiner Mutter geworden ist, habe ich nie erfahren. Ich wollte es auch nicht wissen. Daß Philip wieder heiratete und seine zweite Frau eine Nichte von Mrs. Leithman war, hat man mir ganz gegen meinen Willen zugetragen.

Nur jemand, der die Zeitung sehr gründlich las, konnte die Notiz entdecken. Ich habe die Gewohnheit, außer den Sportnachrichten jede Zeile zu studieren, und nur deshalb entging mir der Artikel nicht, den ich zwischen einem Bericht über scharfe Maßnahmen der Kommunalverwaltung und der Meldung über den Selbstmord eines Finanziers fand. Während ich las, drehte sich das Rad der Zeit zurück, und die Tatsachen sprachen mich frei. Ich wußte, daß ich etwas tun mußte, habe mich jedoch gefragt, was. Ich hab den ganzen Tag überlegt, doch jetzt weiß ich, daß ich die Geschichte dem Coroner erzählen muß. Meine Geschichte – die Geschichte meines Irrtums; die Geschichte von Daniels Zorn.

Auf einem Acker in der Nähe von Inchfield, Suffolk, hatte ein Landarbeiter einen Blindgänger aus dem Zweiten Weltkrieg gefunden. Man nahm an, es handle sich um eine Bombe aus einer Ladung, die 1941 dort abgeworfen worden war. Ausgrabungen an dieser Stelle hatten ein Skelett zutage gefördert, das man für das eines jungen Mannes hielt, der ungefähr um dieselbe Zeit den Tod gefunden hatte. Merkwürdigerweise hatte man in der Schädelhöhle eine Gewehrkugel gefunden.

»Die Gartenmau'r ist hoch, schwer zu erklimmen;
die Stätt' ist Tod, bedenk nur, wer du bist,
wenn einer meiner Vettern dich hier findet...«

FAY WELDON
Nichts ist von Dauer

»Ich krieg das nötige Kleingeld schon zusammen«, sagte Avril, die Nachtclubsängerin zu Helen, der Friseuse. »Nächste Woche komme ich, und dann kannst du wieder eins deiner üblichen Wunder vollbringen.«

Helen dachte, die Zeit für Wunder sei langsam vorbei. Nicht nur Avrils Kleingeld, sondern auch ihr Haar wurde immer weniger, aber sie sagte nur: »Ich werde mein Bestes tun«, und ließ ihre geübten Finger durch Avrils drahtige Locken gleiten.

Avril war hager, ausgemergelt und bemitleidenswert tapfer. Helen war solide und bieder und konnte es sich leisten, gnädig zu sein. Als Helen vor dreißig Jahren ihre Lehre beendet hatte, war Avril ihre allererste Kundin gewesen. Damals hatte Avril teure, gewagte grüne Schuhe mit Satinschleifen getragen, damit sie besser flirten konnte; Helen hatte billige marineblaue Schuhe mit Gesundheitsabsätzen getragen, damit sie besser arbeiten konnte. Helen hatte Avril beneidet.

Heute waren Avrils Schuhe mit den eingerissenen hohen Absätzen immer noch grün, aber irgendwie mitleiderregend, und ihre Beine waren voll knotiger Adern. Und Helens Schuhe waren immer noch marineblau, aber teuer und bequem und hatten vernünftige mittelhohe Absätze. Und Helen hatte den Salon und einen Ehemann und erwachsene Kinder und Ersparnisse und einen Hund, eine Katze und einen Garten, und Avril hatte nichts. Keine Kinder, keinen Ehemann und weder Eigentum noch Geld auf der Bank.

Jetzt bemitleidete Helen Avril, anstatt sie zu beneiden, konnte ihr aber irgendwie nicht begreiflich machen, daß dieser Umschwung stattgefunden hatte.

Über die Jahrzehnte war der Salon schicker und eleganter geworden und besaß jetzt eine angenehme Atmosphäre von unaufdringlich plüschigem Luxus. Einmal in der Woche kamen Professorengattinen hierher, und die Friseusen wußten sich auszudrücken und achteten sorgsam darauf, daß die Blusenkragen hinten nicht naß wurden. Entkoffeinierter Kaffee wurde gratis angeboten, Vollkornschnittchen mit wenig Kalorien zu einem annehmbaren Preis, und die Hochglanzmagazine des Monats waren in ausreichender Menge vorhanden – und immer noch kam Avril ungeniert hereinmarschiert und begrüßte Helen in ihrer unmöglich rauhen Schauspielerstimme mit dem peinlichen Ausruf »Meine Süße«, als ob sie ihre beste Freundin wäre. Und mit ihr wehte etwas herein, was Helen nur als Flair der Straße bezeichnen konnte; die anderen Kundinnen setzten sich unbehaglich in ihren gutgepolsterten Sesseln zurecht: schlimmer noch, es war das Flair einer Straße, die in rapidem Niedergang begriffen war – früher war es wenigstens die Shaftesbury Avenue gewesen, die ja mit den Theater- und Champagnercocktails des West End im Gefolge zu tolerieren war, jetzt aber wehte der Gassengeruch von Soho samt Live-Sex-Shows und Heroindealern herein.

Manchmal verschwand Avril ein ganzes Jahr oder länger von der Bildfläche, und Helen hoffte immer, daß sie wirklich auf und davon war, aber dann kreuzte sie auf einmal wieder auf und schrie: »Tu was, Herzchen. Vollbring dein übliches Wunder. Mein Leben ist total im Eimer!«, und Helen nahm die Strähnen braunen oder roten oder gelben Haares, oder welche Farbe es auch immer gerade hatte, und bleichte es ganz aus und färbte es wieder und zwang es sanft in etwas Modisches und Präsentables.

Diesmal war Avril volle zwei Jahre weggewesen. Und jetzt stand sie wieder da, und als sie mit beringten klauenartigen Fingern an krausen, spröden, hennarot-grauen Locken zerrte, hatte das »Tu was« richtig verzweifelt geklungen, und Helen war zu ihrer eigenen Überraschung wirklich traurig und besorgt gewesen. Vielleicht mußte man Leute gar nicht mögen, um mit ihnen zu fühlen? Vielleicht entwickelte man ein mitmenschliches Gefühl für sie allein schon dann, wenn man sie lange genug kannte?

Sie erinnerte sich, wie damals – vor Ewigkeiten, Avrils Haar war lang und glatt und glänzend – die Ringe mit Diamanten und Rubinen besetzt gewesen waren. Zu Zeiten ihres kastanienbraunen Pferdeschwanzes waren es Verlobungsringe und Freundschaftsringe; und später, einmal oder zweimal – zu der Zeit, als Avrils Haar in blonden Locken nach hinten gekämmt war – ein Ehering, soweit sich Helen entsann. Heutzutage trug sie aber nur noch solche Ringe, die sich Hinz und Kunz samstags an den Schmuckständen auf den

Märkten kaufen konnten; sie kamen aus Indien oder Äthiopien oder waren sonstwie Ethno, und das Silber war unecht und die Steine aus Glas. »Arm, aber glücklich«, kicherte Avril dann unter dem Trockner und wedelte für alle sichtbar munter damit herum, und die anderen Kundinnen schauten taktvoll weg. Sie trugen wenig Schmuck, und wenn überhaupt, war es entweder echter oder unechter von Harrods und ganz gewiß *dezenter*.

Für das letzte, verzweifelte Wunder kam Avril am Freitagabend. Sie hatte den letzten Termin, und natürlich wollte sie Waschen, Schneiden, Bleichen, eine Packung und eine Dauerwelle. Helen hatte gesagt, sie werde Überstunden machen. Zu ihrem Geschäftsgebaren gehörte es, den Kundinnen – sogar Kundinnen wie Avril – wo immer möglich entgegenzukommen, so sehr es auch auf ihre eigenen Kosten ging. Letztendlich war es gut fürs Geschäft. Genauso wie letztendlich Beständigkeit, Geduld und Ausdauer immer Erfolg hatten, ob bei der Arbeit, in der Ehe, zu Hause oder in der Kindererziehung. Man machte das Beste aus dem, was man hatte. Man verlangte nicht zuviel; man ging auf Nummer sicher, und man gewann.

Helen rief ihren Mann Gregory an, um ihm zu sagen, daß sie länger arbeiten würde.

»Ich nehme eine Hühnerpastete aus der Tiefkühltruhe«, sagte er, »und im Fernsehen ist eine Natursendung, die wollte ich sehen. Und vielleicht werkele ich ein bißchen im Haus herum, selbst ist der Mann!«

»Gut, dann versuch aber nicht, den elektrischen Wasserkocher zu reparieren«, sagte sie, und er versprach es. Sie legte aber noch nicht auf.

»Ist irgendwas los?« fragte er und wartete geduldig. Er war wunderbar geduldig.

»Findest du nicht«, sagte sie daraufhin, »findest du nicht, das Leben ist irgendwie schrecklich traurig?«

»Inwiefern?« fragte er, nachdem er ein bißchen Zeit hatte verstreichen lassen, um die Frage zu überdenken.

»Einfach, weil man älter wird«, sagte sie vage und hatte schon Angst, daß sie albern klänge. »Und dann wozu das alles?«

Am anderen Ende der Leitung war wieder Schweigen.

»Welche Kundin ist es?« fragte er.

»Avril de Ray.«

»Ach die. Die bringt dich immer durcheinander.«

»Sie hat so was Tragisches, Gregory!«

»Das hat sie sich selbst zuzuschreiben«, sagte Gregory. »Jetzt muß ich gehen und die Pastete aus der Tiefkühltruhe nehmen. Es ist immer besser, sie warmzumachen, wenn sie schon ein bißchen aufgetaut sind, oder?«

»Ja«, sagte sie, und sie sagten einander Aufwiederhören und legten auf.

Avril war zehn Minuten zu spät. Sie hatte geweint. Ihre Mundwinkel hingen nach unten. Schmieriger blauer Lidschatten floß ihr in Rinnsalen die Wangen herunter. Sie wollte unbedingt in der Ecke sitzen, wo noch einer der altmodischen Spiegel von vor der letzten Renovierung stand. Avril behauptete, das Spiegelbild dort sei freundlicher, und das stimmte wahrscheinlich auch, aber wenn Avril dort saß, stieß Helen beim Arbeiten mit dem Ellenbogen immer gegen die Wand. Avrils Blusenkragen war steif von einer Mixtur aus Make-up, Schweiß und Schmutz. Und sie roch ungewaschen. Aber zu ihrer Überraschung fand Helen den Geruch nicht unangenehm. Sie erinnerte sich daran, daß ihre Oma vor langer Zeit, als sie einmal die kleine Helen in einem großen, feuchten Federbett schlafen legte, so gerochen hatte. Holte einen hier der Lauf der Generationen ein? War es immer nur eine Abfolge von Chaos und Ordnung, von Schmutz und Sauberkeit? Ging es letztendlich nur darum?

»Weißt du noch, als ich langes Haar hatte?« sagte Avril. »So lang, daß ich darauf sitzen konnte! Beim Stadtfest spielte ich die Lady Godiva. Ich war in einen Jungen verliebt, und er sagte, wenn ich beweisen wollte, daß ich ihn liebte, würde ich mich nackt auf das Pferd setzen. Das habe ich auch gemacht. Hör mal, ich war sechzehn, er war siebzehn, was wußten wir schon? Meine Mutter hat monatelang nicht mit mir gesprochen. Wir lebten in einem großen Haus, hatten Dienstpersonal und alles. Was für eine Schande! In einer Sache behielt sie recht: Meine Prüfung bestand ich nicht.«

»Und der Junge?« frage Helen. Avril wollte das ganze Haar von der Wurzel an gebleicht haben; das war altmodisch, aber nicht so eine Futzelarbeit wie die eher üblichen gebleichten Strähnen. In dieser Phase kam Helen recht schnell voran.

»Er war die große Liebe meines Lebens«, sagte Avril. »Mehr als Händchenhalten und darüber reden, daß wir weglaufen und heiraten wollten, war nicht. Nachdem ich aber die Godiva gespielt hatte, wollte er nur noch bis zu den Fahrradschuppen mit mir laufen. Du weißt ja, wie die Männer sind.«

»Es war aber doch seine Idee!«

Avril zuckte mit den Schultern.

»Er war noch jung. Er wußte ja nicht, wie er sich fühlen würde, nachdem ich sozusagen an die Öffentlichkeit gegangen war. Wie konnte er auch? Also ging ich mit ihm hinter die Fahrradschuppen. Es war herrlich. Das werde ich nie vergessen. Es war, als ob die Sonne am Himmel stillstände. Kennst du das?«

»Ja«, sagte Helen, die das nicht kannte. Sie war immer nur mit Gregory zusammengewesen und einmal mit jemandem, dessen Namen sie lieber vergessen wollte, bei einer Party, eine erbärmliche, bierselige Angelegenheit, die ihr eine Blasenentzündung eingebracht hatte. Na ja, so was passiert eben. Diese unwahrscheinlichen Strafen hebt das Schicksal für die Tugendsamen auf, die nur einmal sündigen und dann entweder schwanger werden oder sich eine Geschlechtskrankheit einfangen. Und sie schlief mit Gregory auch immer nur nachts, woher sollte sie also das mit der stillstehenden Sonne wissen? Aber wenigstens war es Liebe, warme, innige, zärtliche Liebe, nicht das, was Avril immer verheerte und verwüstete.

»Ist auch egal, er erklärte mir jedenfalls in aller Form, daß er und ich fertig miteinander seien. Er hatte Fräulein Saubermann getroffen und wollte sie heiraten, wenn er mit der Uni fertig war. Ich dachte, ich würde vor Elend sterben. Aber das bin ich ja nicht, oder? Ich hab's überlebt.«

»Ich seh vielleicht aus, was?« sagte Avril und besah sich ihr eingeschmiertes Haar, aber in Gedanken war sie in der Vergangenheit. »Es ist komisch. Ich stand vor diesem großem Spiegel, im Alter von sechzehn, und versuchte mich zu entscheiden, ob ich die Godiva nackt oder in einem fleischfarbenen Body spielen sollte. Sogar damals wußte ich, es ging um das, was man wohl eine größere Lebensentscheidung nennt. Nackt, und die Zukunft würde in eine Richtung gehen; mit dem Body in eine andere. Ich entschied mich für nackt. Danach habe ich geweint und geweint, warum, weiß ich auch nicht. Ich habe immer viel geweint. Dann konnte ich natürlich nicht an die Uni, weil ich kein Abitur hatte, also ging ich an die Schauspielschule. Von zu Hause kriegte ich keine Unterstützung – sie hatten mich aufgegeben –, und von meinem Stipendium konnte ich nicht leben, das konnte keiner. Also machte ich eine Doppelseite im ›Mayfair‹ ganz dezent, nur ohne BH, aber der Fotograf machte einen Haufen anderer Aufnahmen, von denen ich nichts wußte, und die wurden auch veröffentlicht und überall verbreitet, einschließlich meiner Heimatstadt. Ich versuchte, gerichtlich dagegen vorzugehen, aber es hatte keinen Zweck. Wenn du dich einmal ausgezogen hast, nimmt dich keiner mehr ernst. Das wußte ich nicht – na ja, ich habe wahrscheinlich auch versucht, ihn irgendwie auszunutzen, also kann ich mich nicht beklagen. Und eins kann ich dir sagen, wenn die Sonne schon hinter dem Fahrradschuppen stehengeblieben war, dann ging bei dem Fotografen das ganze Sternensystem anders herum. Weißt du, was ich meine?«

»O ja«, sagte Helen und untersuchte eine Locke von Avril: es dauerte ganz schön lange, bis das Bleichen wirklich wirkte. Sie überlegte, ob sie Gregory anrufen sollte, um ihn daran zu erinnern, daß er nicht versuchen sollte, den Wasserkocher zu reparieren, oder ob ihn das in seinem Entschluß nur bestärken würde.

»Seh ich aus, als ob ich geweint hätte?« fragte Avril und starrte intensiver in den Spiegel. »Hab ich nämlich. Der Typ, mit dem ich zusammenlebe, ist ein Junkie, er versucht, clean zu werden. Das mit mir hat ihm richtig gutgetan. Er wurde richtig – hm, weißt du, lieb –, das ist immer ein gutes Zeichen. Er war Lehrer, wirklich klug, bis er abhängig wurde. Ein junger Typ: helle Augen, wunderbare Haut – hat nicht oft gelacht, aber wenn er lachte... Fällt dir auf, daß ich in der Vergangenheit rede? Als ich heute morgen von der Arbeit nach Hause kam, war er verschwunden und mein Geld für die Miete auch. Es erwischt einen immer hier im Herzen: dagegen kann man gar nichts machen; man sagt sich, es war ja zu erwarten, aber es tut so weh, Himmel, es tut so weh. Ich hätte ihm nicht sagen sollen, daß ich ihn liebe, nicht wahr? Nicht wahr, Helen?«

»Ich weiß nicht«, sagte Helen. Sie sagte Gregory ziemlich oft, daß sie ihn liebte, und das schien auch nicht verboten zu sein. Aber wenn sie das Wort benutzte, hatte es vielleicht eine andere Bedeutung, als wenn Avril es benutzte. Das hoffte sie jedenfalls.

»Also liebst du nur Menschen, die dich verletzen?« fragte sie vorsichtig.

»Das ist doch Liebe oder etwa nicht?« sagte Avril. »Daran merkst du doch, daß du sie liebst, weil sie dich verletzten können. Wenn es anders wäre, was soll's? Wie kann ich ohne ihn leben? Einfach nur im Bett neben ihm zu liegen: er war so dünn, aber so scharf: er war so lebendig! Das Leben hat ihn ausgebrannt, umgebracht. Einfach nur das Leben. Zu viel.« Tränen liefen Avril die Wangen herunter.

Sie sieht aus wie achtzig, dachte Helen, dabei muß sie in meinem Alter sein.

»Ist ja auch egal«, sagte Avril, »wenn wir hier fertig sind, will ich ein neues Ich haben. Reiß dich zusammen und fang von vorn an, das ist mein Motto. Weißt du noch, als du mir mein langes Haar ganz abgeschnitten hast? Das war nach dem ›Mayfair‹-Ding; ich wollte, daß mich keiner mehr erkannte, aber natürlich haben sie mich doch erkannt. Man kann ja seine Brüste nicht abschneiden, oder? Bei der Silvester-Show hat mich ein Regisseur aufgegabelt: Der hatte vielleicht Stil, Nationaltheater und alles, und er und ich, wir freundeten uns an, und ich kriegte die Hauptrolle, aber dafür war ich noch nicht reif, und die anderen Kollegen machten einen Aufstand, und das war mein Ende; nach drei Wochen, tschüß, Nationaltheater. Und er hatte eine Frau, die irgendwo auf dem Land lebte, und es kam in die Zeitungen, weil er so berühmt war, und von seinen Freunden engagierte mich keiner mehr, sie hielten alle zu der Frau, also kriegte ich eine Rolle in einer Revue in Whitehall und spielte fünf Jahre lang französische Hausmädchen. Gute Gagen, hübsches, kleines Apartment, Männer in Hülle und Fülle: herrliche Abendessen, Diamanten. Du würdest es nicht glauben, wie in einem Roman, aber ich war das trotzdem nicht. Wenn ich es recht bedenke, weiß ich sowieso nicht, was oder wer ich bin. Wer weiß das überhaupt schon? Ich wollte heiraten und Kinder haben und seßhaft werden, aber wenn ich davon sprach, lachten die Männer einfach nur. Damals hatte ich die Haare streng zurückgekämmt, zu einem blonden Knoten. Erinnerst du dich?«

Ja, Helen erinnerte sich. Das war zu den Zeiten, als man

soviel Haarspray auf die fertige Frisur sprühte, daß es sich wie ein Vogelnest anfühlte.

»Dann hatte ich einen richtigen Durchbruch. Ich konnte immer singen, weißt du, und mittlerweile wußte ich wirklich einiges über Theater. Ich kriegte die Hauptrolle in einer Kurt-Weill-Oper. Ein Klassestoff. Du hast mir die Haare schwarz gefärbt, und ich hatte sie so hochtoupiert. Wie konnten wir nur so rumlaufen! Und ich verliebte mich in den Regisseur. Gott, er war wunderbar. Stark und ruhig und in einer Public-School gewesen, und er war wirklich scharf auf mich, und er war verheiratet, und so glücklich war ich in meinem ganzen Leben nicht. Aber er wollte unbedingt Filme machen und kriegte einen Job in Hollywood, und ich hab die Rolle einfach geschmissen und bin mit ihm gegangen. Das hat mir beruflich natürlich nicht gerade genützt, das kann ich dir sagen. Und ich wurde dauernd schwanger, aber er wollte nicht, daß wir uns so fest aneinander banden, also hatte ich immer Abbrüche, und dann haute er mit der Tochter des Aufnahmeleiters ab: Sie stand auf Yoga, und im Nullkommanix hatten sie drei Kinder. Er behauptete, ich hätte nie stillsitzen können. Kann ich aber doch, oder etwa nicht? Du mußt das doch wissen, oder, Helen?«

»Genauso gut oder schlecht wie alle«, sagte Helen und nahm Avril mit zum Waschbecken und wusch das Bleichmittel heraus. Sie hoffte, daß sie es nicht zu lange draufgelassen hatte: Avrils Haar war sehr fein und in schlechtem Zustand, und das Bleichmittel war stark.

»Ich hab sie machen lassen; ich fuhr einfach wieder nach Hause; ich hing da nicht weiter rum, und um Geld habe ich auch nicht gebeten. Das tu ich nie. Was vorbei ist, ist vorbei – ich hatte keine Kinder: warum sollte er zahlen? Wir haben ja beide unseren Spaß gehabt, oder? Geben und Nehmen, bis es eben zu Ende ist. Alles hat einmal ein Ende, das kommt unterm Strich dabei raus. Aber hochtoupierte Haare fand ich immer schrecklich, du auch?«

»Ja. Sehr steif und künstlich.«

»Ich weinte und weinte, aber solange es dauerte, war es gut!«

Avril untersuchte eine Haarlocke.

»Guck dir das an«, sagte Avril, »dieses Bleichmittel hat

einfach nicht gewirkt. Du mußt noch mal was drauf tun, aber eine stärkere Mischung.«

»Das ist aber riskant!« sagte Helen.

»Riskant ist alles!« sagte Avril. »Ich hab bloß die Nase von der Hennakrause voll: Ich will wieder eine kühle Blonde sein.«

Helen hatte auf einmal die Nase von ihrem Salon voll und von ihrem Bankkonto und ihrer Ehe und allem, was ihr bisher wichtig gewesen war: und von ihrer ordentlichen Frisur und ihren Gesundheitsschuhen und wie sie nie was riskiert hatte und wie ihre Jugend vergangen war und sie nie weiter als über ihren Brillenrand geguckt hatte und die Angst sie davon abgehalten hatte, sich umzudrehen und zu sehen, was sie lieber nicht sehen wollte. Sie mischte das Bleichmittel neu und machte es stark. Sollte Avril so platinblond werden, wie sie wollte, Helen wünschte ihr alles Gute.

»Hm, natürlich«, sagte Avril munter, »von da an ging's bergab. Kriegte ich eine neue Theaterrolle? Nein! Zu alt für die jugendliche Naive, zu jung für Charakterrollen und ein Ruf als Stripperin, also kam Hedda Gabler nicht in Frage. Und ehrlich gesagt, ich glaube, so gut war ich nun auch wieder nicht. Dann traf ich einen wirklich netten, stinknormalen Typen, einen Ingenieur, aber er wollte eine Familie gründen, und mein Körper war wahrscheinlich von den ganzen Versuchen müde geworden, denn so richtig wollte ich nie ein Kind mit ihm haben, und dann machte er ein nettes Mädchen schwanger, und sie heirateten, und von da an lebten sie glücklich bis an ihr Lebensende. Ich bin zu der Hochzeit gegangen. Aber wie kam es, habe ich mich selbst gefragt, daß sie schwanger wurde und weiterhin das nette Mädchen blieb, und ich war irgendwie von Anfang an die Schlampe?«

Schon so spät, dachte Helen, und noch nicht einmal mit der Dauerwelle angefangen. Gregory ist bestimmt schon allein ins Bett gegangen – merkt er das? Macht ihm das was aus?

»Also jetzt singe ich in Nachtclubs; ich bin nämlich eine gute Sängerin. Ich brauchte nur mal ein bißchen Glück, und ich wär wirklich jemand... Ich hab die ganze Palette drauf – von verrucht bis sentimental, einen Touch Bogart, einen Touch Bacall. Das waren noch Zeiten, als Liebe auch noch Liebe war. Und ich sag dir eins, Helen, sie ist es immer noch, und das einzige, was ich bedauere ist, daß es nicht ewig dauert – die Liebe, der Sex. Die erste Berührung von der Hand eines Mannes, das Gefühl seiner Lippen, der Druck seiner Zunge, wie dann der Verstand ganz weich und der Körper schwach wird, wenn man sich öffnet, ineinanderkommt. Ich fühle immer noch Liebe und sage immer noch Liebe, obwohl es nicht das ist, was Männer wollen, jedenfalls nicht von mir. Vielleicht kommt sie zu leicht; das war immer so. Glaubst du, daß es daran liegt?«

Als Helen Avril mit zum Waschbecken nahm und die zweite Ladung Bleichmittel auswusch, kam eine ganze Menge von Avrils Haar mit heraus. Helen spürte, wie ihre Hände kalt wurden und ihr schwarz vor Augen wurde; fast wäre sie ohnmächtig geworden. Dann weinte sie. So etwas war ihr in ihrem ganzen Berufsleben noch nie passiert. Sie zitterte so sehr, daß Avril das restliche Bleichmittel aus dem restlichen Haar selbst herausspülen mußte.

»Hm«, sagte Avril, als sie das geschafft hatte und große Flecken ihrer roten Kopfhaut nur allzu deutlich sichtbar waren, »das ist, was unterm Strich übrig bleibt. Nichts ist von Dauer, nicht mal Haar. Meine Schuld. Ich habe dir gesagt, du sollst es tun. Seit dreißig Jahren haßt du mich, und jetzt hast du endlich deine Rache!«

»Ich habe dich nie gehaßt«, sagte Helen, das Gesicht aufgedunsen und die Augen geschwollen. Jenseits von Erschrecken und Entsetzen fühlte sie sich angenehm gereinigt, alle Sinne geschärft, wieder wie Omas kleines Mädchen. »Hm, du hättest mich aber hassen sollen«, sagte Avril. »So wie ich hier immer alles aufgemischt habe. Den Ausdruck auf deinem Gesicht hab ich immer geliebt!«

Etwas später sagte Avril: »Ich frage mich, wie meine Zukunft aussehen wird, als kahle Nachtclubsängerin? Ich könnte ja bestimmt eine Perücke tragen, bis es wieder nachgewachsen ist, aber das mach ich wahrscheinlich nicht, vielleicht hat es ja was Gutes. Nach dem Godiva-Look, dem Doris-Day-Look, dem Elizabeth-Taylor-Look, dann dem Twiggy-Look – dem Wildgekrausten, Hochgetürmten und Ausgeflippten – und absolut nichts davon hat mir genützt – könnte die nackte Kahlheit für die Karriere eines Mädchens Wunder wirken.«

Einen Monat später stand Avril de Ray ganz oben auf der Besetzungsliste in Mayfair und nicht in Soho, auf eigentlich ganz geschmackvollen Plakaten, und mutig nahm Helen Gregory mit, damit er sie auch einmal singen hörte. Vorsichtig gingen sie durch die Dunkelheit, Avrils rauhe, melancholische Stimme reichte bis in die hinterste einsame Ecke; das rosafarbene Scheinwerferlicht ließ sie nicht gerade glamourös aussehen –, denn sie war wirklich kahl, und wie können die Kahlen glamourös sein? –, aber bedeutend, als ob ihr Leiden und ihre Erfahrungen von beträchtlichem Interesse für andere sein könnten, und die Besucher waren tatsächlich auch alle ganz aufmerksam, schwiegen, wenn sie sang, und klatschten, wenn sie aufhörte, was mehr war als an diesen Orten üblich.

»Was macht die Kunst, Kindchen?« fragte Avril Helen nach dem letzten Set, als sie am Arm eines Arabers mit glänzenden Augen und Hakennase vorbeikam und einen Ring mit echten Juwelen aus echtem Gold trug. »Weißt du noch, wie ich dir das von unterm Strich erzählt habe? Nichts ist von Dauer, also nimmst du besser, was du kannst, solange du kannst. Und am Ende zählen nur noch du oder sie, und nicht, was sie von dir denken, sondern, was du von ihnen denkst.«

Sara Maitland
Das Klagelied der bösen Stiefmutter

Einem reichen Mann wurde seine Frau krank, und als sie fühlte, daß ihr Ende kam, rief sie ihr einziges Töchterlein zu sich ans Bett und sprach: »Bleib fromm und gut, so wird dir der liebe Gott immer beistehen und ich will vom Himmel herab auf dich blicken und um dich sein.« Darauf tat sie die Augen zu und verschied. Das Mädchen ging jeden Tag hinaus auf ihr Grab und weinte und blieb fromm und gut. Der Schnee aber deckte ein weißes Tüchlein auf das Grab, und als die Sonne es wieder herabgezogen hatte, nahm sich der Mann eine andere Frau...

Da ging eine schlimme Zeit für das arme Stiefkind an... Sie nahmen ihm seine schönen Kleider, zogen ihm einen grauen alten Kittel an und gaben ihm Holzpantinen... Nun mußte es so schwere Arbeit tun, früh vor Tag aufstehen, Wasser tragen, Feuer anmachen, kochen und waschen... Abends, wenn es müd war, kam es in kein Bett, sondern mußte sich neben dem Herd in die Asche legen. Und weil es darum immer staubig und schmutzig aussah, nannten sie es Aschenputtel.

Sie wissen, wie es weitergeht. Fast jeder weiß es.

Es geht mir eigentlich nicht darum, mich zu rechtfertigen. Im Moment ist es ja bei den Frauen in Mode, alle die alten Geschichten noch einmal zu erzählen und sie von innen nach außen und von hinten nach vorne zu wenden – und am Ende stellen sich die Personen, von denen man immer gedacht hatte, sie seien die guten, als die bösen heraus und umgekehrt, und dabei wird viel alte Schuld getilgt: zumindest in der Theorie. Ich persönlich bin nicht sicher, ob die Schuld nicht nur, gewissermaßen unversehrt, an die nächste Person weitergegeben wird. Von mir aus weiß ich jedenfalls gewiß, daß ich meine Schuld auf mich nehmen will, weil ich auch meine Vorzüge für mich in Anspruch nehme, und ich sehe wirklich keine Möglichkeit, wie man das eine ohne das andere haben kann. Wie dem auch sei, es wäre schwierig, eine Version dieser Geschichte zu finden, in der ich als strahlende moderne Heldin dastünde: jedenfalls keine Version, die der Wahrheit entspricht. Was ich sagen will, ist nur, daß sie nicht so einfach, daß sie viel komplizierter ist, als sie erzählt wird, und die Gründe dafür, daß sie so erzählt wird, wie sie gemeinhin erzählt wird, sind auch nicht so einfach.

Aber ich bin nicht willens, als Opfer herzuhalten. Ich war nicht unschuldig, und ich habe das Stadium der Unschuld endgültig abgestreift, ja sogar den Wunsch, für unschuldig gehalten zu werden. Das Leben ist hart, weil uns niemand gewarnt hat, als wir jung und sorgenfrei unter dem Apfelbaum lagen, und ich fühle das Gewicht dieses uralten Fluchs auf mir lasten und nehme ihn ganz bewußt an und entscheide mich gegen diesen seichten, sterilen, sentimentalen Schrott à la Walt Disney. (Obwohl – wenn ich's mir recht überlege, so nachsichtig ist er eigentlich gar nicht mit Stiefmüttern umgegangen, nicht wahr? Die von Schneewittchen hat mir, als ich den Film das erstemal sah, einen gewaltigen Schrecken eingejagt – zum Teil natürlich, weil ich mich in ihr wiedererkannt habe. Aber ich schweife ab.)

Also. Es war so. Oder vielmehr, es war eher so, oder Teile davon waren so, oder das ist ein Teil der Geschichte.

Sie war tot, auf eine ganz schön kitschige Art und Weise, und, ehrlich, ganz furchtbar lieb und gut. Zuerst wollte ich nur, daß sie sich konzentrierte. Konzentration ist der Schlüssel zur Macht. Man muß sich auf das konzentrieren, was wirklich ist. Konzentration als solche ist nicht notwendigerweise gut oder schlecht, aber sie verleiht Macht. Genug Macht, um die Welt zu ändern, das war alles, was ich wollte. (Ich war damals natürlich jünger; aber es ist doch so, daß die Menschen es zulassen, daß andere verhungern und Wale und Wälder sterben und daß sie einander töten; die Augen davor zu verschließen und so zu tun, als täten sie es nicht, ändert gar nichts. Es ist wichtig.) Und wenn sie etwas nicht war, dann war es mächtig. Sie achtete nicht auf sich. Sie war so unschuldig und so hoffnungsvoll, so voller Glauben und Versöhnlichkeit und Liebe. Man muß sich auf Ärger, ja sogar auf Wut einlassen wollen; man muß fauchen und brüllen und beißen und schreien und Bescheid wissen, bevor man sicher sein kann. Und das wollte sie, verdammt noch mal, nie.

Am Anfang meiner Ehe mit ihrem Vater empfand ich sie als so lieb, so gut und so traurig. Und ihrer Mutter so ähnlich. Ich kannte ihre Mutter sehr gut; wir waren schließlich miteinander aufgewachsen. Ich liebte ihre Mutter. Wirklich. Mit soviel Hoffnung und Zärtlichkeit und Wissen um ihren Wert. Aber – und ich weiß nicht, wie ich das erklären soll, ohne wie ein verbittertes altes Weib zu klingen, das ich vermutlich bin – sie war zu gut. Zu opferbereit. Sie gab sich her, ohne zu fragen. Sie gab sich nicht einmal her, wie man eine kostbare Gabe hergibt. Sie gab sich her wie eine Gabe, die es nicht wert ist, daß man an ihr hängt. Allzu großzügig, sagten die Leute, als sie jung war, aber keiner sagte das so, als ob es ein Fehler wäre, deshalb lernte sie nichts daraus. »Sich nicht vorenthalten« war ihr Motto. Sie setzt Lieben mit Leiden gleich, dachte ich zeitweise, aber das war nicht richtig, es war schlimmer: sie setzte Lieben mit Leben gleich; als ob sie nur existierte, wenn sie ihre Existenz verleugnete. Ich will damit nicht sagen, daß er ein schlechter Kerl war, ihr Mann, schließlich bin ich selbst mit ihm verheiratet, und ich mag ihn, und wir kommen meistens gut miteinander aus, aber er war es nicht wert – keiner ist es wert – jedenfalls nicht das, was sie ihm gegeben hat, nämlich sich selbst mit Haut und Haar und ohne Preisschild daran.

Und mit diesem Kind war es genau dasselbe. Zugegeben, es ist verständlich: Sie hatte Schwierigkeiten, überhaupt schwanger zu werden, sie hatte auch Schwierigkeiten, ein Kind auszutragen. Selbst ich kann mir vorstellen, wie weh das tun kann. Aber ihre kleine Tochter war die große Entschädigung für ihr Leiden und öffnete ihr gleichzeitig die Tür zu einer ganz neuen Welt der Hingabe. Und ja, natürlich, sie sah ja so reizend aus, wer hätte ihr widerstehen können, wie sie da gegen die Kissen gelehnt im Bett saß mit dem winzigen entzückenden Kind, das saugte und saugte und saugte? Die Mutter, die ihrem Kind nichts vorenthält, die gute Mutter, die, nach der wir uns alle sehnen, die sich in das Kind hinein verströmt. Nun, ich kann es Ihnen versichern, ich habe es ebenfalls hinter mir, es ist die Hölle, für eine winzige Tochter zu sorgen, ich weiß es. Alles, aber auch alles zieht einen hinab in die Hölle: die Tatsache, daß man sie liebt und begehrt, die Tatsache, daß sie so bedürftig und verletzlich ist, die Tatsache, daß sie einen nie in Frieden läßt, bis alle Träume in Trümmer gegangen und vor lauter Vernachlässigung nur noch ein schwacher Abglanz von ihnen bleibt, die Tatsache, daß Lust-

und Schuldgefühle derartig Hand in Hand gehen wie sonst selten: Sie verfolgen das gleiche Ziel und saugen einem nichts weniger als das Selbst aus. Es ist für eine Frau eine gefährliche Zeit, dies Stillen einer Tochter, und sie kann nur überleben, wenn sie sich selbst mit heftiger und leidenschaftlicher Liebe zugetan ist *und* diese Liebe mit kampferprobtem Drang nach Gerechtigkeit verteidigt *und* von den Leuten in ihrer Umgebung lautstark fordert, daß sie alle ihre Wünsche und Bedürfnisse erfüllen, *und* ihnen nichts durchgehen läßt *und* sich, wenn alles gesagt und getan ist, zurücklehnt und mit angemessener Ironie, die nicht ganz frei von Boshaftigkeit ist, über sich selbst lacht. Nun, das konnte sie nicht, natürlich konnte sie es nicht, deshalb überlebte sie auch nicht. Sie war nie wütend, sie bat nie um etwas, als neuntklassige Alternative zur Realität nahm sie ihre Zuflucht zur Resignation – dieser tragischen sogenannten Tugend –, und sie merkte nicht einmal, daß man ihr zu wenig Wechselgeld herausgegeben hatte.

So hatte ich am Anfang meiner Ehe nur die Absicht, sie ein wenig aufzustacheln, zu ärgern, sie dazu zu bringen, sich zu wehren. Ich konnte es nicht ertragen, daß sie ihrer Mutter so ähnlich war und den gleichen Weg gehen würde. Meine Mädchen waren mehr wie ich, weniger angenehm im Umgang, aber äußerst zäh und fähig, sich zu holen, was sie brauchten, und, wenn sie etwas wollten oder sollten, wurden sie nicht von tausend Skrupeln geplagt. Um sie mußte ich mir keine Sorgen machen. Aber an die Sanftheit dieses kleinen Mädchens und ihre naive Zuversicht, daß ich glücklich sein und sie lieben würde, wenn sie sich nur selbst verleugnete und mir folgte, konnte ich einfach nicht glauben. So habe ich sie natürlich ein wenig ausgenützt, angetrieben und auf die Probe gestellt – ich weiß nicht, ob Sie das verstehen –, weil ich nicht daran glauben konnte. Schließlich wollte ich ihr nur die Augen öffnen, damit sie sah, daß das Leben nicht nur angenehme und heitere Seiten hat, daß man nicht fraglos allen Leuten vertrauen darf, daß die guten Feen nicht verläßlich sind und auf verdammt schwankendem Boden stehen und daß sich selbst der strahlendste Prinz bald wieder der Jagd, dem Kampf, dem Saufen und Huren zuwendet und einen keinen Pfifferling wertvoller einschätzt als man sich selbst. Nun, sie hätte nur ihren Vater anzusehen brauchen, und sie hätte es gewußt. Nicht einmal in seinen besten Zeiten, als er im entsprechenden Alter war, erwies er sich als der große romantische Liebhaber, von später ganz zu schweigen. Schließlich hatte er die liebe Mami durch mich ersetzt, und das auch noch verdammt schnell, und solange er bekam, was er wollte, und sein Essen pünktlich auf dem Tisch stand, würde er sich für sie kein Bein ausreißen; darauf habe ich sie hingewiesen und nicht einmal schonend.

(Und, das möchte ich noch hinzufügen, ich verstehe es immer noch nicht. Ich konnte es nicht glauben, wie sehr sich der Schweinehund schließlich heraushielt, als es darauf ankam. Vielleicht war er durch ihre Güte zu Tränen gelangweilt, vielleicht war er auch einfach nur zu träge. Klar, er war ein sentimentaler alter Furz, wenn es um sie ging; seine Augen konnten sich jedesmal, wenn er sie ansah und an ihre tote Mutter dachte, mit sehnsüchtigen Tränen füllen; aber er *tat* nie etwas oder bat wenigstens mich, etwas nicht zu tun. Sie bat auch nie um etwas, und er verschloß die Augen davor oder ihm fehlte die Kraft oder... Gott weiß, was in seinem Kopf vorging, wenn er sie ansah, und was mich betrifft, so kann Gott denken, was er will. Sie hat ihn geliebt und ihm vertraut und ihm gedient, und er hat es, verdammt noch mal, nicht einmal gemerkt. Das erhärtet gewissermaßen mein Argument, weil er mich nämlich nie so behandeln würde; und doch kommen er und ich jetzt sehr gut miteinander zurecht; wir mögen uns und verstehen uns gut im Bett und außerhalb. Natürlich hätte ich ihm nie erlaubt, mir etwas vorzuschreiben, aber er hätte es ja versuchen können, wenigstens einmal.)

Wie dem auch sei, sie wollte es einfach nicht sehen. Sie wollte ihrem Vater keine Schuld zuweisen. Sie wollte ihrer Mutter keine Schuld zuweisen, nicht einmal dafür, daß sie gestorben war, was die größte Gemeinheit ist, die einem ein geliebter Mensch antun kann. Und sie wollte mir keine Schuld zuweisen. Sie lächelte nur und ließ sich alles gefallen, lächelte und erfand Luftschlösser, zu denen sie jemand, allerdings nie sie selbst, eines Tages bringen würde, lächelte und liebte mich. Egal, was ich ihr antat, sie lächelte nur.

So war ich am Ende, ja, es stimmt, grausam. Ich weiß nicht, wie ich es erklären soll, und ich versuche nicht, es zu rechtfertigen. Ihre Nachgiebigkeit und Fügsamkeit brachten mich zur Weißglut. Ich konnte ihre Gutwilligkeit, ihre Zuversicht, ihre Fähigkeit, ein solch unwürdiges und sogar gefährliches

Objekt zu lieben und zu lieben und zu lieben, nicht ins Wanken bringen. Ich konnte sie nicht dazu bringen, mich zu hassen. Nicht einen einzigen Moment lang. Und ich kann nicht erklären, was dieses vergebliche Bemühen in mir angerichtet hat. Ich haßte ihre unnatürliche hündische Ergebenheit, weil sie so unverdient war. Sie behandelte mich, wie ihre Mutter ihn behandelt hatte. Ich glaube, ihre Einfältigkeit haßte ich am meisten von allem. Es klingt beinahe, als wollte ich ihr die Schuld für meine abgrundtiefe Wut zuschieben; das will ich nicht; ich will nicht der Versuchung erliegen, dem Opfer die Schuld zu geben, und sie war mein Opfer. Ich war älter als sie und stärker als sie und hatte mehr Macht als sie; und es gab keine Entschuldigung. Keine Entschuldigung, dachte ich das erstemal, als ich sie schlug, aber es gab eine Entschuldigung, und die war mein rasendes Verlangen, und es wurde immer rasender.

So war ich am Ende – und ich habe mir alle Gründe dafür, daß eine Frau zu einer anderen grausam sein könnte, durch den Kopf gehen lassen, aber ich finde nicht, daß sie etwas erklären –, so war ich am Ende grausam zu ihr. Ich habe sie angetrieben und gedemütigt und ihr zugesetzt und sie drangsaliert. Ich habe gegen sie sämtliche Waffen eingesetzt, die mir zu Gebote standen, meine größere Stärke, mein höheres Alter, meine überlegene Intelligenz. Am Ende habe ich sie regelmäßig und heftig verprügelt; aber schlimmer war, daß ich sie benutzt und zur Arbeit angetrieben und ihr Vergnügungen abgeschlagen und ihr Schmerz bereitet habe. Ich habe ihren Freiraum, ihre Würde, ihre Unversehrtheit, ihr Eigenleben, sogar ihre Menschlichkeit und vielleicht ihre physische Sicherheit mißachtet. Es war ein wahnwitziger Drang in mir, sie nicht einfach nur zu verletzen, sondern sie so weit zu bringen, einzugestehen, daß ich sie verletzt hatte. Ich pflegte nachts entsetzt wach zu liegen und mir voller Verachtung, Widerwillen und Abscheu Vorwürfe zu machen, aber ich brauchte sie am Morgen nur zu sehen, und der Zorn stieg wieder in mir hoch, und ich fing wieder an, ging wieder auf sie los mit einer unnatürlichen Grausamkeit, die mich mehr aus der Fassung zu bringen schien als sie. Picken, picken und hacken, endlos. Sie stellte meine Geduld auf die Probe wie noch nie jemand zuvor, und schließlich gab ich den Kampf auf und warf meine Bedenken über Bord und ließ mich auf das furchtbare Spiel ein mit all meiner beträchtlichen Fähigkeit zur Konzentration.

Und es war alles vergeblich. Es gelang mir nicht, sie wütend zu machen. Es gelang mir nicht, ihren Haß auf mich zu ziehen. Es gelang mir nicht zu verhindern, daß sie mich mit einer Gefühlstiefe und einer Großmut und einer Nachsicht liebte, die mir den Rest gaben. Mehr als ein einfältiges Lächeln konnte ich ihr nicht abringen. Es war unmöglich, die Phantasien und Tagträume zu durchdringen, mit denen ihr Kopf so vollgestopft war, daß es mich wundert, daß sie nicht lallte wie eine Mondsüchtige. Sie befand sich in einem Käfig aus immerwährender Passivität und Dankbarkeit und Liebe. Selbst, wenn sie geschlagen wurde, versteckte sie ihre blauen Flecken, um mich zu schützen; selbst, wenn sie hungrig war, nahm sie sich nichts aus meiner Speisekammer zu essen; selbst, wenn ich sie verhöhnte, lächelte sie mich zärtlich an.

Ich wollte nur eines von ihr: daß sie erwachsen wurde und merkte, daß einen das Leben nicht auf Rosen bettet und daß sie Verantwortung für ihr eigenes Leben übernehmen, etwas von sich aus unternehmen muß, statt endlos darauf zu warten, daß etwas oder jemand strahlend aus der Dunkelheit kommt und ihr Geborgenheit aufzwingt, so wie ich ihr Schmerzen aufgezwungen habe. Was denn für ein Jemand? Noch so einer wie ihr Vater, der keinen Finger für sie gekrümmt hatte und auch nie einen krümmen würde? Noch so einer wie er, den sie großmütig und hoffnungslos lieben und dem sie rührend und hingebungsvoll dienen konnte, bis die Müdigkeit und der Schmerz sie ebenfalls umgebracht hatten. Ich konnte es nicht verstehen. Selbst wenn ich sie schlug, selbst während ich sie schlug, liebte sie mich; sie liebte einfach und lächelte und hoffte und wartete, träumte bei Tag und träumte bei Nacht und wartete und wartete und wartete. Sie war unberührbar und kindlich. Ich konnte sie nicht retten, und ich konnte ihr nicht schaden. Gott weiß, daß ich es versucht habe.

Und jetzt ist es natürlich nichts weiter als eine uralte Gewohnheit, die an Schärfe verloren hat. Die unbezähmbare Begierde in uns beiden, den Kampf zwischen Traum und Wirklichkeit, zwischen Hoffnung und Zynismus bis zum bitteren Ende auszufechten, ist erloschen. In mir ist eine große Müdigkeit, und ich kann das Feuer der Überzeugung nicht mehr aufbringen. Ich konzentriere mich nicht mehr, mir fehlt es an ausreichender Konzentration, an Energie, an Macht. Vielleicht hat sie gewonnen, weil sie mich vor vielen Jahren erschöpft hat. Manchmal verzweifle ich, und das ist eine noch größere Energieverschwendung. Wir gehen unseren beschwerlichen Weg miteinander, weil wir es immer so gemacht haben. Liebenswürdig hält sie daran fest: Lächeln, Lächeln, Träumen, Hoffen, Warten, Lieben, Vergeben, Lächeln, Lächeln, verdammtes Lächeln. Müde halte auch ich daran fest: »Mach den Kamin sauber!« »Räum dein Zimmer auf!« »Mach deine Hausaufgaben!« »Was findest du bloß an dem Dussel?« »Nimm die verdammten Kopfhörer ab und hör mir zu!« »Es wird einem nichts geschenkt im Leben, man muß sich alles erarbeiten.« »Wach auf, beeil dich, hör auf zu träumen, nein, du kannst nicht, ja, du mußt, halt dich ran, stell dich nicht so dumm!« Und »in diesem Aufzug gehst du mir nicht auf das Fest oder die Party oder in die Disko oder zu deiner Oma rüber«.

Sie nennt es nörgeln.

Sie nennt mich Mami.

JEANETTE WINTERSON

Psalter

Wenn Sie je versucht haben, eine Stelle als Teekoster zu bekommen, werden Sie genauso wie ich mit dem Fragebogen, vertraut sein, den Sie zuvor ausfüllen müssen. Gefragt werden die üblichen Dinge: Größe, Gewicht, Geschlecht, frühere und jetzige Hobbys, außergewöhnliche Charakterfehler, beeinträchtigende Operationen, allzu lange Zeiten, die man in den falschen Ländern verbracht hat. Redegewandtheit, soziales Umfeld, Kontakte, schulische Verbindungen. Beantworten Sie die Fragen, machen Sie keine Tintenkleckse und seien Sie erfinderisch, wenn Sie irgendwelche Zweifel haben.

Auf der letzten Seite werden Sie dann, bevor Sie mit einer Handschrift unterschreiben, die entschlossen genug ist, um Elan, aber wiederum nicht so entschlossen, um Eigensinn zu verraten, mit viel freiem Platz und einer kurzen, aber bedeutungsvollen Forderung konfrontiert.

Sie sollen die Erfahrung schildern, die Ihrer Meinung nach Ihren Charakter entscheidend geprägt hat. (Sie können »Charakter« auch als »Weltanschauung« interpretieren, wenn Ihnen das besser gefällt.) Diese Forderung ist höchst schockierend, denn wenn wir ehrlich wären, würden wir an dieser Stelle erzählen, daß wir Zeuge wurden, wie sich unsere ältere Schwester hinter dem Geräteschuppen kompromittiert hat, oder daß wir keineswegs aus Versehen in den Abendmahlskelch gespuckt haben.

Als ich ein kleines Mädchen war, hatte ich eine Schildkröte namens Psalter. Meine Mutter hat sie mir gekauft und sie so genannt, um mich ständig daran zu erinnern, den Herrn zu preisen. Meine Mutter verabscheute Götzenbilder einschließlich Kruzifixen aus tiefstem Herzen, aber sie hatte das Gefühl, eine Schildkröte könne nicht schaden. Sie bewegte sich langsam, so daß ich in aller Ruhe über die Wunder der Schöpfung nachdenken konnte, was bei einem Frettchen nicht möglich gewesen wäre. Man konnte sie nicht an sich drücken und streicheln, so daß ich nicht abgelenkt wurde wie etwa von einem Hund; und sie hatte keine sehr ausgeprägte Persönlichkeit, so daß ich mit ihr keine intime Beziehung aufnehmen konnte wie zum Beispiel mit einem Papagei. Alles in allem schien sie ihr ein höchst befriedigendes Haustier zu sein. Ich hatte schon eine ganze Weile um ein Tier gekämpft. Mir schwebte ein weißes Kaninchen namens Ezra vor, das die Leute biß, die mich nicht beachteten. Ezras Fell war so weiß wie die Seele im Himmel, aber sein Herz war schwarz...

Meine Mutter zeichnete mir eine Schildkröte auf ein Blatt Papier, damit ich weder zu enttäuscht noch zu überschwenglich erfreut war. Sie haßte Gefühlsäußerungen. Ich hoffte, daß es Schildkröten in verschiedenen Farben gab, was kein unvernünftiger Wunsch war, da es ja die meisten Tiere in verschiedenen Farben gibt, und als sie alle eindeutig braun waren, fühlte ich mich betrogen.

»Du kannst sie ja anmalen«, tröstete mich der Mann in der Tierhandlung. »Manche Leute bemalen ihren Panzer mit Bildern. Ein Junge, den ich kenne, hat 26, und wenn man sie in der richtigen Reihenfolge hintereinander aufstellt, dann ergibt sich der ›Flying Scotsman‹, der gerade in den Bahnhof von Edinburgh einfährt.«

Ich fragte meine Mutter, ob ich noch zwölf haben könnte, so daß ich sie zu einer Darstellung des Abendmahls vereinigen könnte, aber sie sagte, es sei zu teuer und könnte eine Sünde wider den Heiligen Geist sein.

»Warum?« fragte ich, während uns der Mann unseren Streit vor den Wüstenrennmäusen alleine austragen ließ. »Gott hat den Heiligen Geist gemacht, und er hat diese Schildkröten gemacht, sie müssen also voneinander wissen.«

»Ich will nicht, daß der Herr und seine Jünger auf dem Rücken deiner Schildkröten in unserem Garten herumrennen. Es ist nicht ehrerbietig.«

»Ja, aber wenn in den Garten Sünder kommen, werden sie erschrocken innehalten. Sie werden denken, Gott selbst läßt ihnen eine Vision zuteil werden.« (Ich stellte mir die Heiden vor, die mit einer Schildkröte nach der anderen konfrontiert wurden; da sie nicht wußten, daß ich dreizehn hatte, würden sie denken, es sei eine besondere, von Gott geschickte Schildkröte, die sich vervielfältigen konnte.)

»Nein«, sagte meine Mutter, keinen Widerspruch duldend. »Es ist Götzenanbetung, eindeutig. Wenn der Herr sich auf dem Rücken von Schildkröten zeigen wollte, hätte er es bereits getan.«

»Kann ich dann wenigstens noch zwei haben? Ich könnte die drei Musketiere zusammenstellen.«

»Heidenkind«, meine Mutter gab mir rechts und links eine hinter die Ohren. »Das Tier soll dir dabei helfen, über unseren Heiland nachzudenken. Wie soll dir das gelingen, wenn die drei Musketiere zu dir heraufschauen?«

Der Mann sah mich durchaus mitfühlend an, aber er wollte sich nicht einmischen; so packten wir die eine Schildkröte in eine Schachtel mit Löchern und gingen zu unserer Bushaltestelle. Ich war freudig erregt. Adam hatte den Tieren Namen gegeben, jetzt konnte ich meinem Tier einen Namen geben. »Was hältst du von ›Der Mann mit der Eisernen Maske‹? schlug ich meiner Mutter vor, die vor mir im Bus saß und in einer Ausgabe der Zeitschrift ›Hoffnung‹ las. Sie drehte sich abrupt um und stieß einen leisen Schrei aus.

»Jetzt habe ich mir den Hals verrenkt, was hast du gesagt?«

Ich sagte es noch einmal. »Und als Abkürzung könnten wir das Tier Mem rufen, aber das klingt so, als wäre es ein Gefangener, nicht?«

»Du nennst dieses Tier nicht ›Der Mann mit der Eisernen Maske‹ und auch mit keiner Abkürzung davon, du kannst es Psalter nennen.«

»Warum darf ich es nicht Ebenezer nennen?« (Ich überlegte, daß das gut zu Ezra passen würde.)

»Wir nennen es Psalter, weil ich möchte, daß du den Herrn preist.«

»Ich kann den Herrn auch preisen, wenn es Ebenezer heißt.«

»Aber du wirst ihn nicht preisen, nicht wahr? Du wirst sagen, daß du es vergessen hast. Wie war das denn damals, als ich dir diese dreidimensionale Postkarte vom Garten Gethsemane gekauft habe? Du hast gesagt, sie würde dir helfen, an den Herrn zu denken, aber ich habe dich dabei erwischt, wie du bei ihrem Anblick ›On Ilkley Moor Baht‹ gesungen hast.«

»Also gut«, schmollte ich, »dann nennen wir es eben Psalter.«

Das taten wir, und Psalter lebte still und zurückgezogen in einem kleinen Verschlag am Ende des Gartens. Jeden Tag ging ich zu ihm hin und las ihm aus einem seiner Namensvettern im Buch der Psalmen vor. Er war ein aufmerksames

Haustier, das nie versuchte, wegzurennen oder etwas auszugraben; meine Mutter sprach mit Tränen in den Augen von seiner Standhaftigkeit. Sie war überzeugt davon, daß Psalter einen guten Einfluß auf mich hatte. Es freute sie, wenn sie uns zusammen sah. Ich erzählte ihr nie von Ezra, dem dämonischen Kaninchen, oder von seinen Ohren, die an warmen Tagen das Sonnenlicht durch ein Gitterwerk von Blutgefäßen filterten und mich damit an Orchideen erinnerten. Ezra, der Rächer, mochte Psalter nicht und stahl ihm manchmal seinen Salat.

Als meine Mutter fand, daß es Zeit für uns war, in die Ferien nach Llandudno aufzubrechen, beschloß sie, Psalter mit uns mitzunehmen.

»Ich möchte nicht, daß du durch irgendwelche Vergnügungen abgelenkt wirst«, erklärte sie. »Nicht jetzt, wo du dich so gut machst.«

Ich machte mich wirklich gut; ich konnte riesige Abschnitte der Bibel auswendig und gewann alle Wettbewerbe in der Sonntagsschule. Und was für Fundamentalisten ganz besonders wichtig war: Ich sang auch mehr, was unausbleiblich ist, wenn man Psalmen lernt. Im Zug reichte mir meine Mutter Bleistift und Papier und beauftragte mich, möglichst viele Wörter aus den Buchstaben von »Jerusalem« zu bilden. Meinen Vater schickte sie zum Kaffeeholen, und sie selbst las die besonders interessanten Passagen aus ihrem neuen Buch ›Anzeichen für das zweite Kommen des Herrn‹ vor.

Ich hörte nicht zu; langjährige Übung ermöglichte es mir, die Variationen über Jerusalem auf das Papier zu kritzeln, ohne auch nur eine Sekunde nachzudenken. Ein Wort ergibt sich aus dem anderen, sobald der Sinn nicht mehr vorrangig ist. Wörter werden zu Mustern und Formen. Tennyson sagte, als er sich eines Abends an ungenießbarem Sherry berauscht hatte, daß er die Bedeutung eines jeden Wortes der Sprache kenne, außer vielleicht von »Schere«. Unter Bedeutung verstand er Klang und Melodie, nicht Sinn. So starrte ich, während mich meine Mutter vor dem bevorstehenden Weltuntergang warnte, aus dem Fenster und stellte mir vor, daß ich alt genug sei, mir eine eigene Eisenbahnfahrkarte zu kaufen und mit nichts weiter als einem Rucksack, einem Taschenmesser und einem weißen Kaninchen auf Weltreise zu gehen. Einem weißen Kaninchen? Ich fuhr ein wenig zusammen angesichts dieser ungebetenen Einmischung in meinen Tagtraum Ezras rosafarbene Augen funkelten mich aus dem zerschlissenen Gepäcknetz an. Ezra war nicht auf diese Reise eingeladen; ich war entschlossen gewesen, ihn im Zaum zu halten und zu Hause zu lassen. In der Schachtel neben mir fühlte ich, wie Psalter unruhig herumzappelte. Meine Mutter war mit ihren Gedanken woanders.

»Denk nur«, sagte sie verzückt. »Wenn der Herr wiederkommt, dann lagert der Löwe bei dem Lamm.«

Aber würde das Kaninchen mit der Schildkröte klarkommen?

Genau wie Psalter war ich nervös, kein Wunder, war meine Phantasie doch wieder einmal mit mir durchgegangen. Ezras Augen bohrten sich in meine Seele und mein eigenes schwarzes Herz. Ich hatte das Gefühl, durchsichtig zu sein, ähnlich wie heute, wenn ich einer radikalen Feministin begegne, die mir sofort ansieht, daß ich mich unter den Armen rasiere und eine Schwäche für Seidenstrümpfe habe.

»Ich versuche, brav zu sein«, zischte ich. »Geh weg.«

»Ja«, fuhr meine Mutter gänzlich ahnungslos fort. »Wir werden natürlich leben, wenn der Herr wiederkommt, es wird keine Chemikalien geben und keine Deosprays. Keine Unzucht und keine elektrischen Gitarren.« Sie schaute streng zu meinem Vater auf. »Hast du Saccharin in den Kaffee getan? Du weißt, daß ich ihn nicht ohne trinken kann.« Mein Vater lächelte einfältig und versuchte sie mit einem Päckchen »Bourbons« zu besänftigen, was ein Fehler war, weil sie alles, was fremdartig klang, aus tiefstem Herzen verabscheute. Mir fiel ein, wie meine Tante aus Italien zurückgekommen war und darauf bestanden hatte, uns zu Pasta einzuladen. Meine Mutter war mißtrauisch, stocherte die ganze Zeit mit der Gabel in ihren Nudeln herum und sagte, wie gern sie Hammeleintopf mit Karotten aß. Gegen Eingeborene oder Leute, die im Dschungel und in anderen heißen Gegenden lebten, habe sie eigentlich nichts, weil sie das Gefühl habe, sie könnten nichts dafür. Europa sei jedoch nahe genug an Großbritannien, um sich anständig zu benehmen, und sich nicht anständig zu benehmen, sei eindeutig verderbt und werde bestimmt vor Gericht aufgerollt, wenn der Herr wiederkomme. (In der Ewigen Stadt wird es jedenfalls keine Pasta geben.)

Ich versuchte mich von dem heraufziehenden Gewitter abzulenken, indem ich mich auf die Schilder in unserem Waggon konzentrierte. Aufmerksam las ich die Mahnung, den Zug sauber und ordentlich zu hinterlassen, und fühlte mich durch die Warnung vor drohendem Unheil bei mutwilliger Betätigung der Notbremse geziemend eingeschüchtert. Ezra begann, an ihr herumzuknabbern. Müde und gereizt, obwohl wir uns liebevoll vor Augen führten, daß wir etwas gemeinsam hatten, was auf einer anderen Ebene lag als der Boden, auf dem wir standen, kamen wir bei Einbruch der Dunkelheit in unserer Pension an und verbrachten die Ferien auf verschiedene Weise. Eines Morgens schlug meine Mutter vor, Psalter mit an den Strand zu nehmen.

»Eine Luftveränderung wird ihm guttun.«

Ich hatte Ezra ein paar Tage nicht gesehen, sonst wäre ich vielleicht empfänglicher für die Möglichkeit einer Katastrophe gewesen. Wir brachen auf, fanden ein Fleckchen, das nicht zu windig war, sprachen ein Gebet, und mein Vater schlief ein. Psalter schien erfreut über den Sand unter seinen Füßen und grub sehr langsam ein sehr kleines Loch.

»Warum bringst du ihn nicht zu dem Felsen in der Brandung?« Meine Mutter deutete darauf. »Er wird das Meer noch nie gesehen haben.« Ich nickte und hob ihn hoch; dabei machte ich mir vor, ich sei Long John Silver, der mit reicher Beute abzug. Als wir auf dem Felsen saßen und uns sonnten, kam eine Gruppe Jungen durch die Wellen planschend auf uns zu, von denen einer Pfeil und Bogen in der Hand hielt. Vor meinen Augen spannte er den Bogen und zielte auf Psalter. Er traf ihn mitten auf den Panzer. Das hätte an sich keine Folgen gehabt, weil der Pfeil eine Gummispitze hatte und keinen Eindruck auf dem Panzer hinterließ. Auf Psalter verfehlte er jedoch seinen Eindruck nicht: Er wurde hysterisch und kippte auf den Hinterbeinen stehend kopfüber ins Meer. Ich langte hastig nach unten, um ihn herauszufischen, konnte ihn aber zwischen den Steinen nicht erkennen. Wenn mir meine Mutter doch nur erlaubt hätte, ihn zu einem der drei Musketiere zu machen, dann wäre ihm ein Seemannsgrab erspart geblieben. Er war verloren. Tot. Ertrunken. Ich mußte an Shelley denken.

»Psalter ist ermordet worden«, sagte ich tonlos zu meiner Mutter.

Wir verbrachten den ganzen Nachmittag mit dem Bemühen, seinen Leichnam mit einem Krabbennetz zu bergen, aber es gelang uns nicht, und um sechs Uhr sagte meine Mutter, sie brauche jetzt unbedingt Fisch und Chips. Es war ein trauriger Leichenschmaus, und ich sah nichts als Ezra, das dämonische Kaninchen, das die Promenade auf und ab hüpfte. Wenn mein Vater nicht mit solch beharrlicher Ausdauer laut und munter Lieder aus dem Krieg gepfiffen hätte, hätten wir unsere gute Laune wohl nie wiedererlangt. Aber wie die Dinge lagen, stimmte meine Mutter plötzlich die Texte zu den Melodien an, tätschelte meinen Kopf und sagte, es müsse wohl der Wille des Herrn gewesen sein. Psalters Zeit sei abgelaufen, was sicherlich ein Zeichen für mich sei, mich einem neuen Buch der Bibel zuzuwenden.

»Wir könnten uns jetzt den Sprüchen Salomos widmen«, sagte sie. »Welches Haustier würde zu den Sprüchen passen?«

»Was hältst du von einer Schlange?«

»Nein«, lehnte sie meinen Vorschlag ab und schüttelte den Kopf. »Schlangen sind listig, nicht weise.«

»Wie wäre es dann mit einer Eule?«

»Ich möchte keine Eule in meiner Wohnung haben. Eulen sind sehr anspruchsvoll, und außerdem habe ich, unmittelbar bevor ich das Telegramm bekam, daß dein Onkel Bert mit dem Fallschirm aus Versehen über dem Kanal abgesprungen ist, eine Eule gesehen.«

Der Tod durch Ertrinken schien in der Familie zu liegen, warum dann nicht ein Tier, das für alle Zeiten ertrunken war? »Wir schaffen uns Fische an, sie sind sprichwörtlich und still wie Psalter, und sie werden uns an die Sintflut und unsere eigene Sterblichkeit erinnern.« Meine Mutter war davon sehr angetan, zumal sie gerade einen ausgezeichneten Kabeljau gegessen hatte. Es gefiel ihr, die Bibel auf verschiedene Weise zu erleben.

Ich dagegen mußte mit meinem eigenen schwarzen Herzen fertig werden. Man kann begraben, was man mag, aber wenn es noch lebendig ist, wenn man es begräbt, sehnt man sich vergebens nach einem ruhigen Leben. Ist es das, was das Teekomitee wissen will? Hofft es auf eine Geschichte über Schildkröten namens Psalter?

Ich glaube es nicht. Sie haben ganz gewiß eine bestimmte Vorstellung von dem, was als prägende Erfahrung geeignet ist, zum Beispiel, daß man Abwehrspieler in der Schulmannschaft war und Wales geschlagen oder eine seltene Kolonie Arbeitsbienen vor dem Aussterben bewahrt hat.

Meine Mutter kaufte in Llandudno braune Tinte und zeichnete Psalter auf ein Stück Karton. Sie traf seinen Ausdruck wirklich gut, und doch spüre ich immer noch die drükkende Bürde, der einzige Mensch zu sein, der je gesehen hat, was eine Schildkröte ausdrücken kann, der der Tod durch Ertrinken bevorsteht. So etwas ist ernüchternd und bleibt einem jahrelang in Erinnerung. Ich hätte ihn retten können, aber ich ahnte, daß er mein Leben einschränkte. Manchmal hole ich die Zeichnung hervor und starre in sein bekümmertes Gesicht. Er war immer bekümmert, aber das liegt wohl in der Natur dieser Tiere; jedenfalls habe ich noch nie eine frohlokkende Schildkröte gesehen. Andererseits lag es vielleicht nur daran, daß ich ihn niemals glücklich gemacht habe. Vielleicht paßten wir gefühlsmäßig einfach nicht zueinander, wie Scarlett O'Hara und Rhett Butler. Vielleicht war ein tränenreiches Ende besser als eine zunehmende Vernachlässigung. Ich bewege diese Dinge in meinem Herzen. Meine Mutter, die auf ihre Weise immer philosophisch war, erfreute sich an einem nicht abreißenden Strom biblischer Haustiere: an den sprichwörtlichen Fischen, an Prediger, dem Huhn, das niemals ein Ei dorthin legte, wo wir es finden konnten, an Salomo, dem Scotchterrier, und schließlich an Jesaja und Jeremia, einem Ziegenpaar, das ein hohes Alter erreichte und friedlich in seinem Pferch starb.

»Auf die Propheten ist immer Verlaß«, erklärte meine Mutter, sobald sich einer über die Langlebigkeit ihrer Ziegen wunderte. Die Welt war ein Spiegel für den Herrn – sie sah ihn in allem, wenn ich sie auch von Zeit zu Zeit davor warnte, jedes Kaninchen nach seinem Fell zu beurteilen...

Millie Murray
Eine Gottesfügung

Aus jem Unglück muß was Gutes komm. Hat meine Granny imma gesacht, wenn was Schlimmes passiert is: »Wilima«, sachtese, »Wilima, mach dir keine Sorgn nich, bald wirstu sehn, dasses 'ne Fügung Gottes is.« Jedesmal, wenn ich an meine Granny denk, denk ich an meine Nichte Celeste. Ich erinner mich, daß ich ihr dasselbe gesacht hab, wie ihr Mann gestorbn is un ihre Freundin Florica durchgedreht is: »Celeste, auch wenns ne schlimme Lage is, in jem Unglück steckt'n bißchn Glück.« Un wissnse, 's stimmte!

Wie meine Schwester Lilith von England nach Jamaika zurückgekomm' is, um die letztn Jahre von ihrm Leben hier zu lebn, is Celeste zu mir gezogn. Tänzerin wollt'se werdn. Jedn Tag hatse geübt, bevor se zum Kollitsch gegang'n is. Auch wennse 'n ganzn Tag da gewesn is, isse trotzdem aams nach Haus gekomm' un hat weitageübt.

»Celeste, du machs dich noch kaputt, nich Kindchn?«

Da hatse zwischn zwei Schnaufern gesacht: »Nein, das tue ich nicht, Auntie, Übung macht den Meister.«

Was sollt' ich da sagn?

Wir ham imma sehr glücklich zusamm'gelebt, Celeste un ich. Sie hat mir kein Ärga nich gemacht, nie isse inne Disco gegang'n, un nie nich hab ich se von 'nem Freund redn hörn. Ich bin ganz glücklich 'mit gewesn, weilich weiß ja, daß'n Mann 'ne Frau von abbring'n kann, selbst zu sorgn füa sich. Hmm, das nennse dann Liebe.

Ich mußte mein Koch-Job aufgebn, vonwegn weil ich alt bin, das hat mir fastas Herz gebrochn, so konnt' ich nur noch zuhaus kochn. Celeste hats geliebt, was ich gekocht hab, aba imma mussese »Diät halten«! Hmm. Aufn Sonntach koch ich gern 'n großes Essn: Reis un Erbsn un Huhn oda Rind un Ziegncurry, fein gebackne Süßkartoffln un Mais un grüne Bohn'n oda soga irosche Backkartoffln. Yes, mi Dear, alls zu eine Mahlzeit. So 'ne Stunde speta tisch ich dann Gizadas mit dicke, dicke Kokosbutta auf, un jeda Bissn is für mich 'n Stück vom Himmel. Ich hab mein Rockbund imma weita machn müssn, bis ich dann fast nur noch mein'n weitn Sommakittl getragn hab.

»Auntie, du solltest nicht so viel essen, das ist gar nicht gut für dein Herz!«

Ich hab bloß gelächlt, hab ich, isse so besorgt um mich gewesn! »Is schon in Ordnung, mi dear, Gott beschützt die Sein'.« Un Celeste hat imma nur wie'n Kükn gegessn!

Der einzige Mensch, der Celeste besuchn gekomm' is, is Florica gewesn. Sie hatse ihre Freundin genannt. Aba ich bin mir da nich ganz so sicha gewesn. Sie hat paa lange lange Finganegl gehabt, wie Kralln ham die sich gekrümmt. Meine Granny hat imma gesacht: »Wilima«, hatse gesacht, »Wilima, trau nienich Fraunsperson'n mit lange Finganegl, un paß auf auf dein Mann!«

Celeste is die Güte in Person gewesn. Ich habse nur ankukn brauchn mit ihre zartn Glieda un ihre honichfarbne Haut, die genauso geglänzt hat wie mein Kaffeetisch, un schon is mein Herz gehüpft voa Freude.

Mein Haus ist inner sehr ruhign Gegnd gewesn, un wie ich gehört hab, dasse die Straße »Sprüche Salomons« nenn', hab ich das Haus gekauft. 'S hat drei Schlafzimma gehabt. Ich hab das nach vornraus gehabt, wo alle meine Sachn reingepaßt ham: 'n großer Kleidaschrank von eine Wand bis zu da annern un'n großes, großes Bett, wo ich mich drin hab um- un umdrehn könn'n un trotzdem noch Platz gehabt hab! Mein Frisiertisch is von eim Fensta zum annern gegang'n, ja das is'n großes Zimma gewesn. Celestes Zimma is nebnan gewesn. 'S war halb so groß wie meins. Sie hat'n klein'n Schrank gehabt, 'n kleines Bett unne kleine Kommode, die se als Frisiertisch genomm'n hat. Ins nächste Zimma bin ich grade so reingegang'n. Da hab ich bloß die Hand ausstreckn müssn, da issas Zimma voll gewesn. Celeste hats dann zum Übn genomm', 's hat genau gelangt, dasse's Bein hochhebn un sich im Kreis drehn konnte. »Celeste, ich würd mir wünschn, ich hätt mehr Geld, daß ich hintn ans Haus anbaun könnt, dann hättste'n großes Zimma zum Schlafn un noch eins zum Tanzn.« Da is Celeste gekomm' un hat mich umarmt, so ein liebes Mädchn!

»Auntie, es ist gut so. Mein Zimmer ist schön, und es ist groß genug für mich. Aber irgendwann werde ich soviel verdienen, daß wir in einem größeren Haus wohnen können mit vielen, vielen Zimmern«, hat se dann imma gesacht un mich obn mittn auf'n Kopf geküßt.

»Ach Kinchn, wo willste denn das ganze viele Geld hernehm?« hab ich gefracht un nur gelacht.

»Na, wenn ich eine berühmte Tänzerin werde, kann ich viel Geld verdienen.« Da hab ich gelächelt. »Hör ma', Celeste«, hab ich gesacht, »du wirs doch nich dein Lebn lang tanzn, also mußte bald mitm Verdien'n anfangn.« 'S war nur so'n Scherz von mir, aba Celeste hats ernst genomm'.

»Auntie, ich habe vor, mein Leben lang zu tanzen, damit will ich mir mein Brot und alles verdienen, und nichts und niemand wird mich davon abhalten, und wer es versucht, den bringe ich um.« – Un dann hatse sich aufn Bodn gesetzt un angefang'n, ihre Übungen zu machn.

Wissnse, das Lebn ist schon komisch. Celeste is so dünn, als könntst se umpustn, als wär se schwach, un so sehn die Leute se auch, un dabei hatse soviel Powa, dasse Jamaika ausm Meer 'raushebn kann, mit eina Hand! Hmm!

'S war Spätfrühling, schon fast Somma, alle Blum'n ham geblüht un geblüht, 's Gras war ganz grün, unne Vögl ham gesung' un gesung' ganz früh, so richtich ausm Herzn, direkt vor meim Schlafzimmafensta, un so bin ich früh aufgestandn. Wenn ich an die Zeit zurückdenk, muß ich mir'n bißchn Schuld mit gebn. Ich weiß es, dasses hart klingt, aba ich hab Celeste dazu gebracht. Sehnse, ich liebe Kiddies. Hab selbs nie nich welche gehabt, weil ich vorm ganz ganz dumm' Mann wechgelaufn bin, un dann wollt ich nie nich 'n Mann mehr! Un deswegn hab ich so'n komisches Gefühl, wenn ich so'n Kid seh, egal ob auffa Straße oda inne Geschäfte. Un ein'n Morgn, wie ich so früh aufsteh und fernseh, da seh ich Läidi Di mit so'm klein Kiddi un bin ganz traurich. »Ach, kuk doch ma das süße Kiddie von Läidi Di, kuk doch ma, wie sie's ankukt«, hab ich geseufzt. Celeste hat mitm Übn aufgehört un ihre Kleie gegessn (Kleie schmeckt fürchterlich – is 'ne richtiche Strafe, das Zeuch zu essn).

»Auntie, hab Geduld, eines Tages werde ich so viele Kinder haben, daß du es wahrscheinlich leid wirst, den Babysitter zu spielen!« Da hab ich gelächlt. »O no, Darling, ich liebe Kiddies. Kannst auch zehn oda zwanzich habn un se alle zu deine Tante Wilima bring'n.« 'S is mir ganz ernst gewesn. Da hat Celeste gelacht.

»Auntie, zehn oder zwanzig – dann hätte ich ja gar keine Kraft mehr zum Tanzen!«

Florica is jetz oft ins Haus gekomm'. Meine Granny hat imma gesacht, »Leute die oft ins Haus komm', die sin auf was aus.« Un meine Granny hat recht gehabt. Florica is gekomm' un hat Celeste mit inne Disco genomm' un zu Parties, aba ausse Art, wie se sich aufgeputzt hat, wien Pfau isse dahergekomm', konnt ich sehn, dasse aufn Kerl aus war. Aba se müssn vastehn, mein Kopf is nich so klar nich gewesn – ich hab'n Kopf voll mit Kiddies gehabt. Celeste is mit ausgegang, sie is einmal un zweimal gegangn, un es is soweit gekomm', dasse de ganze Woche imma tanzn gegangn is. Ich hab nie nich was dagegn gehabt, ich habs gemocht, wenn se sich hübsch gemacht un amüsiat hat.

Dann issa Somma gekomm'. Für'n englischn Somma war da Somma sehr heiß. 'N ganzn Tag hab ich Eiswassa gerunkn un's mir bekwem gemacht. An eim Mittwochabnd hat Celeste dann gesacht: »Auntie, setz dich, ich muß dir etwas erzählen.« Also hab ich mich hingesetzt.

»Ich wollte es dir seit langem sagen, aber ich war mir selbst noch nicht sicher, doch jetzt glaube ich schon. Weißt du, ich habe einen jungen Mann kennengelernt…«

»Ach, haste? O, bin ich froh«, bin ich rausgeplatzt, so glücklich bin ich gewesn.

»Warte doch mal, Auntie, hör mich erst bis zu Ende an.« Sie hat gelacht. »Er heißt Lowell, er sieht soo gut aus, und er ist Juwelier…«

»Dann hatta auch Geld…« Ich hab grinsn müssn übers ganze Gesicht.

»Auntie, sei nicht so materialistisch, ich bin nicht einmal sicher, na ja, vielleicht doch…« Gekreischt hab ich vor Vergnügn. Alles was ich noch hab denkn könn', warn – kleine Kiddies.

»Na schön, Auntie, ich sehe schon, daß du mich nicht ausreden läßt – also, ich habe ihn für Freitag zum Abendessen hierher eingeladen –«

»Ja, sach ihm, dasser komm' soll.« Ich hab schon gedacht un geplant, was ich ihm kochn will, 'n ganz großes Essn.

Am Donnerstag hab ich mir von morgns bis aams Kinderwagn im Schaufensta angeschaut.

Am Freitagmorgn hab ich ganz früh mitm Kochn angefang'. Mir is eingefalln, was meine Granny imma gesacht hat: »Wilima«, hatse gesacht, »Wilima, ein'n Ehemann hält man am bestn sicha, wenn man ans Fleisch viel Pfeffa tut un an die süßn Sachn viel viel Zucka.« Da hab ich'n paa Chilischotn mehr ins Fleisch geschnittn un noch mehr schwarze Pfeffakörna üban Fisch gestreut – ich hab »Salomon Grundy« gemacht, un ich hab 'ne ganz ganz große Möhrntorte un viel viel süßn Sirup drübergegossn. Hmm, hmm. Un wie ich mitn Machn un Tun un Kochn fertig gewesn bin un mich umgezogn hab, da is Lowell gekomm'. Erst bin ich mir nich sicha gewesn, ob diesa Junge das Richtiche für meine Celeste is. Seine Haare warn bis aufn klein'n Streifn anner Seite abgeschorn. Er hatte 'n Lederanzug an, mit 'ner Hose so eng, daß ich überrascht gewesn bin, wie ich gehört hab, wie tief seine Stimme is. Er hat 'ne dicke goldne Kette um'n Hals gehabt, die wie 'ne Klokette ausgesehn hat, un'n großn goldnen Ring am Finga, wie er da die Hand hochhebn kann, is mir'n Retsl. Aba er hat so süß gerochn, un wie er mir die Hand geschüttlt hat, is seine weicha gewesn als meine! Celeste hat so glücklich ausgesehn, un wia das Essn runtergeschlung' hat, hab ich Angst gekricht, dass Gretn ihm'n Gaumn zastechn würdn. Ich hab nich gesehn, dasa auch nur eine Grete ausm Mund gezogn hätte, un so denk ich, dassa se alle runtageschluckt hat. 'S warn staka Junge, denn ich hab viel Pfeffa ins Essn getan, daß ich's man grade noch zwischn zwei Glas Eiswassa runtergekricht hab. Er hat zwei große Stück Möhrnkuchn mit ganz viel süßm Sirup gegessn, un er hat kein einziges Mal nich gerülpst!

'S war 'n feines Essn, un alls, was er hat sagn könn', war: »Auntie Wilima, das war phantastisch. Ich staune, daß nicht Hunderte von Männern an Ihrer Tür Schlange stehen. Sie sind einmalig!«

Ich hab nur gelächelt. Ich kann sehn, dassa Maniern hat un zu meine Celeste un den klein Kiddie gut sein würde.

'S einzige Problem is an dem Abnd gewesn, daß Florica aufgetaucht is. Schätz ma, dasse sich selbst eingeladn hat. Ich habn Mund gehaltn, bisse beide weg sin – un hab auch nie nich'n Woat gesacht, dassich's nich gut find', daß Lowell Florica nachhaus gebracht hat. Ich hab angefangn Geschirr abzuwaschn, un Celeste hat abgetrocknt.

»Celeste, wer hat Florica eingeladn?«

»Ach, sie ist nur zufällig vorbeigekommen, sie hatte diesen Abend noch nichts vor.«

»Hat sie – hmm – 'n Freund?«

»Nein, eigentlich nicht. Sie mochte Lowell gern, aber er wollte mit ihr nur befreundet sein, sonst nichts, und jetzt, wo er mich liebt, sagt sie, sie wäre froh, daß er kein Mädchen hat, das sie nicht kennt. Sie ist eine gute Freundin, Auntie.«

»Hmm, das seh ich.«

'N ganzn Somma is Lowell zu uns ins Haus gekomm'. Er is imma mitm großn rotn Auto vorgefahrn, Celeste hat gesacht, 's wär 'n Mercedes – ich hab nie nich was von Autos verstandn. Ich weiß nur, dassa mich mal inne Kirche gbracht hat, un so wie er gefahrn ist, hab ich gewußt, daß ich bald vor meim Erlöser stehn werd.

Un was die Florica angeht, jedn Tag, den da liebe Gott gemacht hat, isse ins Haus gekomm. Weiß ich echt nich, wie das verliebte junge Paa' mit ihr klargekomm' is, nie nich hattnse Zeit für sich allein. So hab ich mir langsam Gedankn gemacht: Was, hab ich gedacht, will dieses Weibstück eigntlich?

Wissense, ich bin'n Mensch, der nie nich was für Retsels üba hat. 'Ch bin für klare Sachn. Schon wie ich noch inne Schule gegangn bin, un der Lehra hat was gesacht, da hab ich imma gefracht warum un wieso. Meine Granny hat dann imma gesacht: »Wilima«, hatse gesacht, »Wilima, lasse Sorgn Sorgn sein, bisse Sorgn Sorgn machn.« Aba ich hab nix dafür gekonnt, ich hab's wissen müssn. Manchma, wenn ich so seh, wie die Leute sin, da könnt ich'n ganzes Buch schreibn:

Dea Herbst ist gekomm'. All die Blätta sin genau voa meine Haustür gefalln. Jedn Tag hab ich kehrn müssn – bin mir vorgekomm' wie'n Straßnkehra! Jetz, wo die Vögl nich mehr vor meim Fensta singn, steh ich schon lang nich mehr so früh auf.

'S war an 'nem Sonntachmorgen, da is Celeste in mein Schlafzimma gestürmt gekomm' un is auf mein Bett gehüpft, daß fast alle Fedan gesprung' sin.

»Auntie, Auntie, sieh doch!« – hatse mir 'n Blatt Papier direkt vor de Nase gehaltn.

»Wie soll ich das 'enn lesn, gib 'ma meine Brille!« Aba so wie se gewippt is un auf mir rumgetobt, hab ich nur 'n Briefkopf lesn könn': KÖNIGLICHE BALLETTSCHULE.

»Ich hab's geschafft, ich hab's geschafft, ich bin drin!« hatse ganz laut geschrien.

»Wie meinste das?«

»Auntie, ich bin in die Königliche Ballettschule aufgenommen worden, und ich fange nächsten Herbst dort an.«

»Aha, das steht da also drin innem Brief. O, mi dear, macht mich das glücklich für dich!« Un ich hab se geküßt, un ganz fest umarmt hab ich se.

Wie ich nach untn gekomm' bin, hat Celeste grade mita halbn Welt telefonieat un verkündet, dasse aufgenomm' is.

»Vergiß nich, deine Ma anzurufn, Kindchn.«

Sie hat'e Hand aufe Sprechmuschl gehaltn: »Habe ich schon gemacht«, hatse gesacht un gelächlt. Ich hab aba mir Sorgn gemacht, wie hoch die Rechnung is.

Wie se mitm Telefoniern aufgehört hat, isse 'n bißchn saua gewesn, üba irgendwas, was Florica zu ihr gesacht hat. Erst hatses mir nich sagn wolln, aba dann hab ichs ihr doch rausgequetscht. Stell' sich eina vor – Madame Florica hat zu Celeste gesacht, sie is nur aufgenomm wordn, weilse 'n »schwarzes Aushängeschild« gebraucht ham! Ich hab nie sorecht kapiert, wasse damit gemeint hat, ich hab bloß Celeste gesacht, dasse nich auf sie hörn soll. Egal, am Aamt is Lowell gekomm' und hat süß gerochn, wie imma. Er hat bloß gegrinst und gesacht: »Ich bin richtig stolz auf dich, Baby. Ich wußte, daß du es schaffst!«

Un dann hatta gefracht, ob er mit mir redn kann. Wissnse, ich habs gewußt, wassa mit mir redn wollte, ich habs bis inne Knochn gespürt.

»Äh, Auntie Wilima, Celeste und ich möchten gern heiraten.« Mir sin die Tren'n gekomm. »O ja!« Mehr hab ich nich rausgebracht. Wissnse, heutzutage wolln noch längst nich alle Männer heiratn, un komm', um beier Familie um de Hand anhaltn, das sin feine Maniern, un ich hab für mich gedacht, was fürn echtn Gentleman Celeste heiratn tut. Aba wissnse, die Geschichte mit Florica hat mir 'n komisches Gefühl gemacht. Sie is imma noch rumgehang'n – deswegn hab ich die beidn 'n Tip gegebn, so schnell wie's geht zu heiratn. Un das hamse auch – im gleichn Monat noch. Meine Schwesta is nich nach

England gekomm', un so hamse ihrn Honeymoon in Jamaika verbracht. Auffe Hochzeit sin fast nur junge Leute gewesn un Familie. Mein Pastor hatse getraut. Celeste hat so hübsch un so frisch ausgesehn, daß ich mich gar nich hab sattsehn könn, un die Brautjungfern ham wie die Engl ausgesehn. Lowell hat 'n Anzug angehabt, der war so teua, daß ich hät mein Anbau davon bezahln könn'n, un Madame Florica hat so'n enges Kleid angehabt, daß ich mich gefracht hab, wie sie überhaupt Luft holn kann. Der Empfang is toll gewesn. Ich hab mit meine eignen Hände das ganze Kochn gemacht, und alle ham alles aufgegessn, kein kleina Krüml is übriggebliebn. Ausse Lautsprecher is schöne Musik gekomm'; ich hab bald genug vom Reggae gehabt, aba die jung'n Leute wollt'ns imma. Lowells Vater hat 'ne Festrede gemacht, der Mann kann redn! Un imma wenn er 'n paar' Worte gesacht hat, mußta 'ne Gallone Rum trinkn. Wie der letzte Toast gesacht werdn sollte, hat 'er Mann gar nich mehr richtig stehn könn'n. Aba alls in allm ham sich alle amüsiat.

Na ja, das einzi Traurige anner Sache is gewesn, daß ich jetz wieda hab allein wohn müssn. Ich würd Celeste echt vermissn. Tatsache. Sie is zu Lowell in'ne piekfeine Gegnd gezogn. 'S Haus ist schön groß un hat vier große Schlafzimma. Nur an eine Seite isses ans Nachbarhaus angebaut, un es hat vor'n Fenstan in' erstn Stock 'ne große Veranda mit großn Blum'ntöpfn an'n Rand entlang.

Wie das junge Paa auf Hochzeitsreise gewesn is, hab ich 'n Schlüssl gekricht, ums Haus anzusehn, daß ich weiß, falls Diebe komm', wasse mitgenomm' habn – okay. 'S ganze Haus is mit weichm, weichm Teppich, das fedat wien Trampolin. Im Vordazimma stehn schwarze Ledamöbl, ich mag ja rote Blum'musta lieba, aba die jung'n Leute ham'n annern Geschmack. Der Fernseha is so groß wie 'ne Kinoleinwand, ich bin ganz happy gewesn, weil ich meine Lieblingssendungn ankukn konnte.

Obn isses sehr schön, alle Schlafzimma bis auf eins sin genauso groß wie meins! Im Schlafzimma vons junge Liebespaa' is'n Riesnriesndopplbett gestandn! Sonst nix. Mit 'ner weißn Seidndecke drauf. 'S Bett is hart gewesn, aba genau richtig für mein Rückn. Beis Badezimma hab ich echt geseufzt. 'S ist rosa un weiß, un man muß Stufn raufgehn un inne Badewanne wieder runtersteign. Alle Heene un so sin aus Gold gewesn. Mi dear, se hättn Prinz Charles un Läidi Di zus Wochnende einladn könn' un sich nich schäm' müssn.

Die Zeit ist wechgegang'n wie im Flug. Bevor ich's richtig gewußt hab, issas junge Liebespaa' wieda da gewesn! Un de Winta is fast vorbei. Celeste hat Unterricht in Airobatik oda so gegebn. Sie hat sich auffe Ballettschule voabereitet. Hab mir immanoch 'n Kid gewünscht.

Ich hab Celeste imma sehr gern besucht, un sie hat auch gar nich schlecht gekocht. Lowell hat sowieso imma alles aufgegessn. Aba wissnse, wenn ich so denke, hat meine Nichte damals nich so glücklich ausgeschaut.

»Alles in Ordnung?«

»Ja, Auntie, keine Probleme, alles ist okay!« hatse dann gesacht. Mir ist aufgefalln, daß Florica imma nua dann ins Haus gekomm'is, wenn Lowell da gewesn is. Un Retsl hab ich noch nie nich gemocht. Lowell hat 'n neues Auto gekauft. Er hat imma nur von diesm Auto gered't un gered't.

»He, Mann; dieses Auto ist Wahnsinn. Es ist wie ein Flugzeug auf Rädern.«

'S Auto is auch rot gewesn, ich hab nie nich 'n Unterschied gesehn. Madame Florica hat auch nie nich aufgehört un imma vons Auto gered't: »Oh, Celeste, es ist einfach himmlisch, man spürt kein einziges Schlagloch mehr, und es ist so schnell, schneller als elektrischer Strom! Einfach super!« Un dann hatse gelächlt. Celeste hat nur zurückgelächlt. Ich bin ganz durchnanda. Hätte gern gewußt, woher Madame Florica soviel übers Auto weiß un's Celeste weitaerzählt – wo Lowell doch Celestes Mann is!

Egal, alle gutn Dinge ham 'n Ende, ja, ja. Ein'n Abend, wie ich grade ganz gemütlich vorm Fernseha gesessn bin, hats Telefon geklingelt. Bin fast ausm Sessl gefalln. »Wer ruft mich jetz an?« Von'n Moment, wo der Mann am Telefon gesacht hat: »Doktor Jenkins von das un das Krankenhaus«, hab ich gewußt, daß was Schlimmes passiert is. Celeste un ihr Mann hattn 'nen Unfall gehabt.

Wie ich Celeste 's erste Mal innem Bett gesehn hab, in so 'nem komischn Metallapparat un mit Tropf an'n Arm uns Bein in 'n Gips un'n Kopf verbundn, is mir fastas Herz zasprung'n.

»Celeste, Celeste, hörste mich?«

Nix. Nichma die Augn hatse aufgemacht. »Celeste, Celeste, mein armes Baby.« 'Ch hab gespürt, wie mir die Tren'n übas Gesicht gelaufn sin. »Auntie.« Das is alles gewesn, was ich zuerst hab hörn könn'n. »Auntie, bist du es wirklich?«

»Ja, mi Baby, schsch, schön still jetz'.« Bin ich froh gewesn, dasse so gered't hat un daß ich se hab hörn könn'n.

»Alles okay, Auntie, ich bin nur müde. Kann ich bitte einen Schluck Wasser haben?« Ich hab ihrn Kopf gehaltn uns Wassa gegebn.

»Danke dir, Auntie. Wo ist Lowell?«

»Er ist okay, Celeste. Was is denn bloß passiert, Celeste?« Ich mußtes einfach wissn.

»Ach, Auntie, wo doch jetzt Sommer ist, dachte ich, ein Ausflug aufs Land wäre schön... ich wußte nicht so recht, wohin wir fahren sollten, aber meine Freundin Gemma hat eine Freundin, deren Freundin...« Sie is ganz außm Atem gekomm' bei all dem Freundinnenkram, un ich weiß, daß ihr das gar nich gutgetan hat.« ...mir von einem Ort namens Beachy Head erzählt hat. Wie schön es dort sei, mit vielen Bergen und Tälern, und daß dort wilde Brombeeren wüchsen und noch vieles andere... und wie gut man sich dort erholen könnte.« Celeste is müde gewesn, aba se hat gekämpft un gekämpft, damit se alls erzähln kann.

»Ich wollte unbedingt mit Lowell dorthin, weil er im Geschäft so hart arbeitet.« Ich hab ihr nochn bißchn Wassa gegebn.

»Und so fuhren wir mit dem Auto los. Ich saß auf dem Rücksitz, weil ich schlafen wollte, deshalb saß Florica vorn.«

»Wa-as?« hab ich geschrien. Ich hab ganz vergessn, wo ich war. »Wieso is denn Florica mit euch mitgefahrn?«

»Na ja, Auntie, Florica hatte an dem Tag nichts zu tun, und da hat Lowell sie eingeladen, mitzukommen.«

Das hat mich richtig wütend gemacht, daß Madame Florica dabeigewesn is.

»Na egal, Kindchn, erzähl weita«, hab ich gesacht.

»Lowell und Florica... lachten die ganze Zeit und alberten herum.«

»Wie kann man gleichzeitig rumalbern un autofahrn?« hab ich Celeste gefracht.

»Auntie, ich weiß es auch nicht, weißt du, ich bin einge-

schlafen, und als ich aufwachte, war es eben so. Und dann ...«
Se hat fast geweint, un das hat mich ganz traurig gemacht.

»Is schon gut, Celeste. Schlaf jetz lieba.«

»Aber, bitte, Auntie, es war alles so schrecklich, ich kann mich nur erinnern, daß das Auto so schnell fuhr und daß Lowell schrie, er hätte es nicht mehr in der Gewalt, und dann sind wir von der Straße abgekommen ... und plötzlich steuerten wir auf einen riesigen Baum zu. Ich schrie nur noch und, und da ...«

Jetz hatse richtig geweint. Un ich hab auch losgeheult.

»Denk nich mehr dran, Baby, ich mußm Herrn dankn, dassu noch am Lebn bis.« Un ich konnt' nie nich mehr kukn vor Tren'n.

Bin ich glücklich gewesn, wie Celeste nach Haus gekomm'n is, aba's hat mir so weh getan, wie se im Rollstuhl sitzt un ich seh se. Un jetz konnt' se nie nich mehr inne Ballettschule. Wenich gesacht hatse, hat imma nur dagesessn un inne Gegnd gestarrt. De Arzt vons Krankenhaus hat gesacht, dasse Wirbelseule von Celeste so böse kaputt is, dasse nich wissn, ob je wieda okay is, un ihre Beine sin gelähmt.

»Wir können nicht mit Sicherheit sagen, ob sie je wieder imstande sein wird, ihre Beine normal zu gebrauchen«, hater Doktor gesacht. »Aba nu sagn se ma, Doktor, wie könnse sagn, sie wissn's nich! Celeste is Ballettänzerin, un da braucht se ihre Beine, oda nich?«

»Nun ja, es tut mir leid, aber Genaueres kann ich nicht sagen. In solchen Fällen entscheidet nur die Zeit darüber, wie sich die Schädigung entwickelt.« Celeste kann also vielleicht nie nich wieda gehn.

Was mich aba fast wahnsinnig gemacht hat, is, daß Lowell nur'n klein Kratzer abgekricht hat, er ist okay, un Madame Florica hat sich die Fingernegl abgebrochn – sons' gaa nix!

Mi dear, ich hätt'se alle umbring'n könn'.

Ich bin jedn Tag zu Celeste gegang'n, besonners, wie ich gehört hab, daß Madame Florica ins Haus einziehn will, um Celeste zu pflegn. Was hat die schon für 'ne Ahnung von Pflege? Tachsüba sin se beide aabeitn, un dann hab ich bei Celeste gesessn. Einmal bin ich auffe Toilette, un da is die Tür zu Madame Floricas Zimma offngestandn. 'Ch bin fast umgefalln vor Schreck üba all das Zeuch, wasse in ihr Zimmer reingestopft hat. Nu hat mir aba Celeste erzählt, daß Florica nur wenich Geld inner Woche vadient. Wie kannse dann all dies Zeuch kaufn? Sie hat nie nich 'n Freund, un ihre Mutter un ihr Vater sin auch nich reich, also wie? Hmm, hmm. Was'n Aufwand mit so viele Schuhe! Die Kartons ham auf'n Turm gestaplt inne Ecke gestandn! Un dann hab ich 'n Schrank aufgemacht un die vieln Kleida gesehn, un ich hab mich anne Tür angehaltn, so schwach is mir gewordn. 'Nen langen Pelzmantl hatse, ich hab's nich fassen könn'. So viele Parfumflaschn hatse aufn Frisiertisch, daß ich gedacht hab, ich bin inne Drogerieabteilung bei Boots!

Junge! Ich hab gaa nich mehr klar denkn könn'. Ich bin die Treppe runta un hab mich gefracht, ob Celeste wohl all das zeuch gesehn hat, das Florica da in ihrm Zimma hat. 'S wa zum aus'e Haut fahrn!

Ein'n Samstachamt hab ich mit'm jung'n Liebespaa' un Madame Florica zusamm' verbracht. Hab ich vielleicht gestaunt, wie ich 'n wahnsinnich riesign Diamantring, groß wie'n Entenei, nich ma Elisabeth Taylor hätt'n tragn könn', an'm Finga von dieses schafdumme Mädchn gesehn hab! Die Lage war ganz ernst. Ich hab dann einfach Celeste – nachdem ich mich beruhicht hab – üba Florica un ihr Zimma ausgefracht.

»Celeste, ich bin an Floricas Zimma vobei un hab zufällich gesehn, wie viele Kleida un Schuhe sie in ihrm Zimma hat, wo hatse die her, he?«

»Na ja, sie sagt, daß sie all ihr Geld spart und dann eine Einkaufstour macht.«

»Hmm, aba allein de Pelzmantl muß sie schon soviel Gespartes wie von'm ganzn Jahr gekost't ham!«

Ich hab wirklich angefang'n vor lauta Sorgn'n bißchn abzunehm. All diese Gedankn un Sachn sin mir wirklich 'n Retsl, aba ich erinner mich, daß meine Granny imma gesacht hat: »Wilima, 's is nich alles Gold, was glänzt.« Meine Granny wah so klug!

Weihnachtn stand aufnmal vor da Tür. Celeste isses nich bessa gegang', sie is nur still im Rollstuhl gesessn. Ich hab nie nix anders gemacht wie einkaufn, Trocknfrüchte für'n Kuchn einweichn un nach Celeste kukn. Wie ich so an ein Tag vom Markt komm', hab ich das Gefühl, ich will Celeste sehn. Ich hab immanoch 'n Schlüssl gehabt, un so hab ich selbst aufgemacht. Ich setz' meine Einkaufstasche ab (se is imma noch schwea, auch wenn ich nur für ein' einkauf). Ich ruf; ich hör nur so'n Bumm-Bumm-Gedröhne un Palampampam-Gedudl. Ich nehm meine Tasche, un wie ich so langsam die Tür zum Vodazimma aufmach, sitzt Celeste im Sessl un keucht, unner Rollstuhl steht inde andre Ecke vons Zimma nebn da Musikanlage. Schweiß läuft ihr vons Gesicht, un ihre Brust hebt und senkt sich so wie früha wennse geübt hat. Un ihre Augn leuchtn! Die Musik is so laut – ich schalt se aus un stell meine Tasche hin. »Celeste, bistu okay?«

Sie is ganz auße Atm. »Ja, Auntie, die Musik tut mir gut.«

Aba – so laut?«

Sie streicht sich's Haar glatt. »Ja, ja, ich mag's lieber, wenn sie laut ist.«

Ich seufz. »Na schön, na schön, aba paß bloß auf, daß dir's Trommlfell nich platzt. Willste 'ne Tasse Tee?«

»O ja, Auntie, bitte!« Sie lächlt.

Wie ich mitm Tee zurückkomm', seh ich Celeste, wiese die Zeitung liest, die ich mitgebracht hab. Aba Moment ma, der Rollstuhl is doch ausse Reichweite von Celeste gewesn, wie isse denn drangekomm'. Ich wunda mich. Aba dann frach ich mich, ob ich die Zeitung nich in ihre Nähe hingelecht hab. Aba nein, ich bin sicha, ich habse obn aufm Fernseha liegnlassn, un übahaupt, wie isse denn an die Tüte Pfeffaminz gekomm', die ich auch da liegnlassn hab? Hmm.

»Auntie, du solltest wirklich nicht so schwere Einkaufstaschen schleppen. Bitte, das nächste Mal, wenn du direkt vom Markt zu mir kommst, nimmst du dir ein Taxi, ich bezahl' es dir, ja?«

Ich hab mich fast am Tee vaschluckt. »Je nu, na schön, mi dear.« Ich bin erschüttert. »Aba Celeste, woher weiß' du denn, daß meine Tasche so schwer is?« hab ich gefracht. Sie hat nichma vonne Zeitung hochgekukt.

»Ach, Auntie, an der Art, wie du sie trägst, kann ich sehen, daß sie schwer ist.« Dann lächlt sie mir zu, un ich lächl zurück. Ich denk mir, jetz isse Zeit richtich, un ich hab Celeste gefracht, ob se 'ne kleine Arbeit machn will, so'n halben Tag, umme Zeit rumzukriegn.

»Eigentlich nicht, und wir brauchen auch nicht unbedingt das Geld. Lowell besitzt einiges mit Haus und Laden samt Inventar – das muß bald eine halbe Million wert sein, Auntie.«

Ich kann's kaum glaubn, daß diese junge Mensch soviel wert is. »Aba, das is wirklich viel Geld, bis' du sicha, dassa soviel wert is?«

»Nun, soweit ich seine Versicherungspolicen kenne, ja. Ich bin sicher, die Summe stimmt, aber ob er soviel wert ist...« Das Telefon klinglt. Ich denk so dran, was meine Granny imma gesacht hat: »De Fisch springt vonne Angl!«

Es is komisch, wissnse, aba meine Granny hat imma gesehn, wie sich was entwicklt. »Wilima«, sachtese, »noch is nich alla Tage Abnd!« Ich kannse förmlich redn hörn.

Hat 'n halbes Jahr gedauat, bisse Anbau hintn an mei'm Haus fertich gewesn is. Jedn Tag hab ich gefecht un Staub gewischt, aba ich kann doch sagn, dasse Handwerka gute Abeit gemacht ham. Hat viel Geld gekost't, aba Celeste hat drauf bestandn, alls zu bezahln.

Soga der Speicher is'n Zimma. Jetz wohn' wir in eim Haus mit vier Schlafzimma – wer hätt das gedacht, daß mein klein's Haus sich so mausan tut! Wie'n Palast sieht's aus! Aba schließlich brauchn ich un Celeste un ihr zweita Mann unne Familie, die alle hier wohn tun, viel Platz. Celeste sieht so gut un so gesund aus, daß ich mir gaa nich vorstelln kann, wiese dünn un krank gewesn is, wiese damals im Rollstuhl gesessn is.

»Celeste, ich muß dich imma un imma ankukn un'm Herrn dankn, dassu gesund un munta bis. Auch die Doktors müssn zugebn, dasses 'n Wunda is, wie du deine Lähmung übawundn has'.«

Celeste lächlt nur. »Aber Auntie, dir muß ich danken, daß du soviel Geduld mit mir gehabt hast.«

»Nich doch Baby, ich tus auch für 'ne Fremde, aba noch viel lieba für meine eigne Familie!«

»Auntie, das ist eine wunderschöne Stola, die du da häkelst, ich bin dir ja so dankbar.« Un Celeste reibt sich'n Bauch mit die zwei klein' Kiddies drin.

»Du hast doch schon so viele Sachen für mich gehäkelt, das brauchst du doch nicht.« – »Doch, mi Darlin. Ich machs gern, un besonners gern für meine Gran'kiddies, un ich habse ganz für mich allein, wenn Celeste inne Tanzklasse geht!« Wenn ich's Hochzeitsbild von Celeste un Nathan ankuk, dann denk ich kaum noch an Lowell un Florica.

Ja, se ham genau das gekricht, wo se imma drauf aus warn. Ich denk noch an'n Tag, wo Celeste mir die ganze Lage erzählt hat, so klar wie Wassa isses gewesn. Zuerst wollt se nich mit'a Sprache raus, aba ich hab se imma mehr bearbeitet, weil ihr was aufe Seele lag. Ich weiß, daß meine Granny imma gesacht hat: »Die Ziege musses Maul aufmachn, um sich'n Bauch zu fülln.« – »Celeste«, sach ich zu ihr, »komm, erzähl's endlich deine Auntie.«

Wie sie dann erzählt, hat Lowell ihr anem schicksalhaftn Tag versprochn, 'ne Fahrt mit ihr zu machn. Aba 's gab Probleme mit 'm Auto, un er hat beschlossn, es ers zu repariern. 'N ganzn Morgn isse damit beschäfticht gewesn, 's Auto draußn vora Garage zu repariern. Celeste hat in iham Rollstuhl auffe Veranda üba de Garage gesessn. Mittag is Florica mit 'n Taxi vom Einkaufn gekomm. Celeste hat Florica gehört, wiese sacht: »Lowell, du Ärmster, daß du aber auch an dem Auto herumbasteln mußt! Komm, ich helfe dir.«

Nu will ich ma wissn, was dies' Mädchn nu von Autos kenn'n tut un wieso sie alls weiß. Un Celeste sacht mir, dasse vom Augnblick an, wo Florica sachte, sie will Lowell helfn, hamse kein Schlach mehr getan. Beide albertn nur noch rum, ham gelacht un Blödsinn gemacht. Celeste sacht mir, dasse vorgerollt is, üba'n Verandarand runtazukukn, un gerufn hat: »Lowell, bist du bald fertig? Denk dran, daß wir ausfahren wollen.«

»Baby«, sachta, »ich glaube, heute wird nichts mehr draus, ich schaffe die Reparatur nicht rechtzeitig. Vielleicht morgen.«

Un Madame Florica ruft: »Warum gießt du nicht die Blumen, Celeste, dann hast du etwas zu tun!« Un grinst dabei. Un Celeste sacht dann: »Das ist eine gute Idee, Florica.«

Celeste hört Florica noch zu Lowell sagn, dasse Mittagessn machn will. »Es dauert nur eine Minute, Darling!«

Halt stopp! Wie kannse denn zu Lowell »Darling« sagn? Celeste isse Mund trockn, un sie hört auf mitm Erzähln, aba dann quetsch ich's aus ihr raus. Die arme Celeste wollt üba die Blum'n rüba runtaschaun, un bis heut weisse nich, wie's passiert is, weile Blum'topf doch so schwea is, aba se weiß, der Blum'topf ist vonne Veranda direkt auf Lowell, der's Auto repariert hat, gefalln, genau auf sein Kopf! Er ist umgefalln un is nie nich wieda aufgestandn. Wie de Rettungswagn gekomm' ist un se ihn ins Krankenhaus gebracht ham, issa tot. Un wie de Polizei un alle da sin, is Celeste unta Schock, un se hat nix gesacht, kein Ton. Florica hat geschrien un Lärm gemacht, wie wenn se varrückt is. Sehnse, sie hat schon gelogn, wie se sacht, sie hätt gesehn, wie Celeste aufgestandn is, un dann hätt'se 'n Blum'topf hochgehobn un hätt'se ihn auf Lowell falln lassn! Na, das is völlich unmöglich, weil Celeste gaa nich stehn konnt. Wie sollse dann gehn un 'nen schwern Blum'topf hebn! Egal, Florica hat nich aufgehört zu krakeeln, aba jeda weiß ja, dasse gern Quatsch redet, un so hata Doktor zu ihr gesacht, dasse eine Reise zum Erholn machn soll. Un wissnse, se muß wohl ihrn Urlaub an eim Oat machn, der weit weit wech is, denn wir ham sie bis heut nich wieda gesehn, Gott sei Dank!

Un wissnse, 's is wirklich wundabaa: Nach einige Zeit hat Celeste Nathan getroffn, so'n nettn Mann, un eh ich richtich hab kukn könn', hamse geheirat't!

Wenn ich so dran zurückdenk, daß meine Granny auf alls un jeds 'ne Antwort gewußt hat, kommt's mia voa, sie is so weise wie Salomon. Wissnse, Lowells Tod is'n solcha Schock für Celeste gewesn, dasse wieda laufn konnte – ja 's Lebn is schon komisch. Wirklich 'ne Gottesfügung! Hmm, hmm, un wie meine Granny imma gesacht hat: »Heute ich, morgn du', un wissnse – sie hat recht.

Nachwort

> »... everybody knows England isn't a woman's country. You know the proverb – ›Unhappy as a dog in Turkey or a woman in England‹?«

Unglücklich wie ein Hund in der Türkei oder wie eine Frau in England. – Der junge Gigolo, dem die Autorin Jean Rhys diese Worte in ihrem Roman ›Good Morning, Midnight‹ in den Mund legt, hält mangelnden männlichen Charme für die Ursache des Unglücks. Die Autorin selbst hatte wohl andere Gründe für die Einschätzung, daß England kein Land für Frauen sei: Ihre vorwiegend in den dreißiger Jahren geschriebenen Romane und Erzählungen fanden so wenig öffentliche Anerkennung, daß sie nach dem Krieg keine Anstrengung mehr unternahm, etwas zu publizieren. Erst ihre Wiederentdeckung in den Sechzigern brachte den erhofften Erfolg – zu spät für sie selbst, wie die Autorin feststellte.

Daß solche Erfahrungen typisch seien für schreibende Frauen in Großbritannien, läßt sich jedoch nicht behaupten. Englische Autorinnen heute können auf eine lange Tradition erfolgreicher Schriftstellerinnen zurückblicken, die in Europa einmalig ist; die Werke von Jane Austen, den Schwestern Brontë, George Eliot, Virginia Woolf und Katherine Mansfield gehören genauso zum literarischen Kanon wie die von Charles Dickens oder James Joyce, und auch viele zeitgenössische Autorinnen wie Muriel Spark, Doris Lessing oder Fay Weldon sind international bekannt geworden.

Die Schriften von Mary Astell (›A Serious Proposal to the Ladies for the Advancement of their true and greatest Interest‹, 1694) und Mary Wollstonecraft (›A Vindication of the Rights of Woman‹, 1792) bezeugen darüber hinaus, daß von Frauen schon zu Zeiten, als in anderen Ländern nicht daran zu denken war, öffentliche Diskussionen über ihre Stellung in der Gesellschaft initiiert wurden.

Die neue Frauenbewegung schließlich, von Anfang an eine stark kulturell geprägte Bewegung, hat mit Verlagen wie Virago oder The Women's Press und Zeitschriften wie ›Spare Rib‹ oder ›Trouble and Strife‹ neue Foren für schreibende Frauen geschaffen und ein breites Interesse an der Literatur von Frauen, wie es sich heute in den Programmen fast aller Verlage niederschlägt, mitbegründet.

Das britische »Women's Liberation Movement« – legitime Erbin der Suffragettenbewegung, die Anfang des Jahrhunderts um das Frauenwahlrecht gekämpft hatte – trat erstmalig 1970 mit einer nationalen Konferenz an die Öffentlichkeit, auf der Forderungen nach Verfügbarkeit von Verhütungsmitteln und freier Abtreibung, verbesserter Kinderbetreuung, beruflicher Chancengleichheit und gleichem Lohn für gleiche Arbeit formuliert wurden. Grundsätzliche Änderungen in der staatlichen Familien- und Sozialpolitik hatte es schon in den Jahren zuvor gegeben. Wachsende Unzufriedenheit und enttäuschte Erwartungen an die Änderungsfähigkeit der Gesellschaft, die trotz Welfare-Staat, Schulreform und progressiver Besteuerung – Errungenschaften aus der Euphorie der ersten Nachkriegsjahre – nur geringe soziale Mobilität zuließ und Herkunft immer noch als ausschlaggebendes Kriterium für berufliche Möglichkeiten ansah, hatten zu einer umfassenden Rebellion gegen die Werte und Tabus der fünfziger Jahre geführt und 1964 nach dreizehn Jahren konservativer Herrschaft Labour an die Regierung gebracht. Eine Reihe von Gesetzesänderungen, die in den Jahren 1964–1970 (dem vorläufigen Ende der Labour-Herrschaft) durchgeführt wurden, zeugt davon, wie sich die Haltung gegenüber Sexualität und Familie änderte: Homosexuelle Beziehungen wurden legalisiert, soweit die Beteiligten über 21 waren (das Schutzalter für heterosexuelle Beziehungen ist 16 Jahre), ein neues Scheidungsgesetz vereinfachte die Trennung, der Schwangerschaftsabbruch wurde liberalisiert (allerdings nicht für Nordirland), und ein – faktisch weitgehend wirkungsloses – Antidiskriminierungsgesetz sollte Rassendiskriminierung durch Vermieter und Arbeitgeber verhindern.

Mit dem Erstarken der neuen Frauenbewegung im Laufe der siebziger Jahre rückten Themen und Probleme ins Blickfeld, die bis dahin ignoriert worden waren: Gewalt und sexuelle Bedrohung gegenüber Frauen, Benachteiligungen auf dem Arbeitsmarkt und im öffentlichen Leben, ungleiche Bezahlung und unzureichende Kindereinrichtungen wurden öffentlich diskutiert, Veränderungen gefordert. Zugleich wurden Räume geschaffen, in denen Solidarität unter Frauen und die Qualität von Frauenbeziehungen – zwischen Freundinnen, Kolleginnen, Müttern und Töchtern – neu erfahren und zelebriert wurden. Die landesweite Kampagne »Right to Choose« für bedingungslosen Schwangerschaftsabbruch dokumentierte den Anspruch der Frauen auf Selbstbestimmung. Die Regierung, die bis 1974 von den Tories, danach wieder von Labour gestellt wurde, reagierte auf die Frauenforderungen mit verschiedenen Neuregelungen, mit denen im Laufe der siebziger Jahre zumindest auf dem Papier das Recht auf gleichen Lohn, Mutterschutz und der Schutz gegen sexuelle Übergriffe und Diskriminierung festgelegt wurden.

Die 1979 unter der Führung von Margaret Thatcher an die Regierung gewählten Tories begannen mit Schlagworten wie Eigeninitiative, persönliche Verantwortung, Nationalstolz und Schutz von Ehe und Familie eine im Ergebnis rassistische, gewerkschafts- und frauenfeindliche Politik, die zahlreiche Errungenschaften der vorangegangenen Jahre wieder zunichte machte: Ein neues Gesetz über die Staatsbürgerschaft führte verschiedene Abstufungen bei der Staatszugehörigkeit und damit Einreise- und Arbeitsbeschränkungen für Angehörige des Commonwealth ein; Arbeitsgesetzrevisionen beschnitten die Macht der Gewerkschaften, und eine rigorose Politik des wirtschaftlichen Wettbewerbs und »Gesundschrumpfens« führte zu empfindlichen Kürzungen vor allem bei den Sozialausgaben, von denen vielfach besonders Frauen betroffen waren. Seit 1988 ist es wieder verboten, homosexuelle Beziehungen öffentlich als akzeptable Lebensform darzustellen, und im Jahr 1990 wurde schließlich auch das 1967 eingeführte Gesetz über den Schwangerschaftsabbruch zurückgestuft (das allerdings auch nach der Revision immer noch zu den freizügigsten in Westeuropa gehört).

Während der Thatcherismus die egalitären Ideale der Nachkriegszeit endgültig beerdigte und die Durchsetzung der Starken und Fähigen feierte, entwickelte die Frauenbewegung ihre eigenen Konzepte nicht-hierarchischer Ungleichheit, die in einem zunehmenden Bewußtsein über die trennenden Momente unter Frauen zum Ausdruck kamen. Waren die siebziger Jahre die Jahre der neu entdeckten und euphorisch gelebten Schwesterlichkeit gewesen, die vor allem die Gleichheit betonte – Gleichheit von Frauen aufgrund von gemeinsamen Erfahrungen, Gleichheit von Frauen und Männern im Hinblick auf Rechte, Ansprüche und Fähigkeiten –, so rückten in den Achtzigern mehr und mehr die differenzierenden Momente in den Vordergrund. Unterschiedliche Analysen und politische Strategien hatten schon 1978 auf der vorerst letzten Konferenz des »Women's Liberation Movement« zu unüberbrückbaren Differenzen zwischen sozialistischen und radikalen Feministinnen geführt und gemeinsame landesweite Aktionen unmöglich gemacht. Viele Frauen wandten sich nun der Lokalpolitik oder Gewerkschaftsarbeit zu, um in oft mühseliger Detailarbeit an der Verbesserung der alltäglichen Lebens- und Arbeitsbedingungen von Frauen zu arbeiten. Andere brachten außerhalb von Institutionen den Anspruch zum Ausdruck, auch dann mitzureden, wenn es nicht um unmittelbare »Frauenfragen« ging, so beispielsweise mit dem 1981 errichteten Frauenfriedenscamp in Greenham Common, das dem Protest gegen die geplante (und später auch durchgeführte) Stationierung amerikanischer Mittelstreckenraketen Nachdruck verleihen sollte.

Schwarze Frauen kritisierten zunehmend den Eurozentrismus der Frauenbewegung, die von gutausgebildeten, weißen Mittelschichtfrauen dominiert wurde, und wollten die Unterdrückung von Frauen nicht losgelöst von Rassismus und Klassenfrage verstanden wissen. Einwanderinnen und Einwanderer aus den ehemaligen britischen Kolonien in Asien, Afrika und auf den karibischen Inseln, die zum großen Teil in den fünfziger Jahren nach Großbritannien kamen und heute in der zweiten oder dritten Generation dort leben, bilden etwa 3,5 Prozent der Gesamtbevölkerung; etwa 1,5 Millionen Menschen in Großbritannien gehören der islamischen Religionsgemeinschaft an. Trotzdem tut die Mehrheit der Briten beharrlich so, als ob britisch für weiß und der christlichen Tradition verpflichtet stehe. Die spezielle Situation der schwarzen Frauen, die vielfach in den untersten Lohngruppen und zu einem hohen Prozentsatz ganztags arbeiten müssen, blieb in den Forderungen der Frauenbewegung unberücksichtigt. Da sie sich beispielsweise mit der Forderung nach bezahlter Hausarbeit nicht identifizieren konnten, organisierten sich die schwarzen Frauen seit den frühen achtziger Jahren unabhängig.

Heute ist in Großbritannien knapp die Hälfte aller Frauen berufstätig, vielfach in Teilzeitarbeit. Trotz der Gesetze über gleichen Lohn und Chancengleichheit verdienen sie durchschnittlich nur 75 Prozent des Männereinkommens. Die Thatcher-Politik des Auseinanderdividierens zeigt ihre Wirkungen: Frauen in gut bezahlten und qualifizierten Berufen sind besser gestellt als zu Beginn der Achtziger, die Mehrzahl der Frauen – besonders in den ärmeren Regionen – wird jedoch zunehmend an den unteren Rand des Arbeitsmarktes gedrückt. Trotzdem läßt sich mit Sicherheit behaupten, daß der Feminismus – als politische und als kulturelle Bewegung – aus dem Alltag des heutigen Großbritannien nicht mehr wegzudenken ist. Die Selbsteinschätzung der Frauen, das Bewußtsein über ihre Möglichkeiten und Rechte, hat sich im Laufe der letzten zwanzig Jahre grundlegend gewandelt, und eine breitere Öffentlichkeit nimmt heute die Widersprüche und Brüche einer Gesellschaft wahr, in der die soziale Stellung (unter anderem) vom Geschlecht abhängt.

Literatur von Frauen wird in literaturhistorischen Darstellungen häufig als eigene Gattung eingeführt und in einem gesonderten Kapitel behandelt. Damit wird suggeriert, Frauenliteratur sei ein Genre oder eine Art Schule, die neben anderen literarischen Strömungen und losgelöst von diesen existiere. Die Vielfalt des Geschriebenen wird so auf eine angeblich einheitliche, nämlich weibliche Perspektive reduziert – wie immer diese dann im einzelnen definiert werden mag.

Literatur von Frauen ist kein Genre und hat keine festgelegten Merkmale. Im besten Fall ist sie sensibel gegenüber den spezifischen Bedingungen, unter denen Frauen leben, und bringt damit eine besondere Perspektive in das, was sie (be) schreibt. Andere Autorinnen (und das gilt genauso für Autoren) sind desinteressiert am Geschlechterverhältnis, oder einfach unsensibel, und messen dem faktischen und symbolischen Ausschluß der Frauen aus der Gesellschaft und der davon geprägten Wahrnehmung keine Bedeutung bei. Der vorliegende Band will einen Eindruck vermitteln von den unterschiedlichen Interpretationen und Gestaltungsformen, die Autorinnen in Großbritannien in den vergangenen 50 Jahren zur Darstellung ihrer Lebenswelt, ihrer Probleme, Wahrnehmungen und Utopien gefunden haben.

Die Thematisierung des Frauenalltags und der damit einhergehenden Beschränkungen spielt hier zunächst eine wichtige Rolle: alltägliche und außerordentliche Erfahrungen von vorenthaltenen Möglichkeiten, sexueller Bedrohung, erstickenden Familienstrukturen, Einsamkeit und die Unmöglichkeit von Verständigung, aber auch die Überwindung der bedrückenden Verhältnisse, die erfolgreiche Befreiung.

Mit ihrem äußerst erfolgreichen Buch ›Up the Junction‹ (1963) wandte sich Nell Dunn in den sechziger Jahren einem Thema zu, das bis dahin wenig literarische Beachtung gefunden hatte: dem Alltag von Arbeiterinnen im südlichen London. Margaret Drabble, in ihrem Schreiben einem detailgetreuen Realismus verpflichtet, entwirft in ihren neuesten Romanen ›The Radiant Way‹ (1987; dt. ›Die Elite nach dem Fest‹, 1988) und ›A Natural Curiosity‹ (1988; dt. ›Die Begierde nach Wissen‹, 1990) Bilder vom Leben intellektueller Mittelschichtfrauen in den von der Thatcher-Politik geprägten Achtzigern. Fay Weldon beschreibt in ihren Büchern mit Sarkasmus und ausgeprägtem Sinn fürs Absurde den Kampf der Geschlechter und die Kämpfe von Frauen untereinander, etwa den bis zur psychischen und physischen Vernichtung geführten Krieg der verlassenen Ehefrau gegen ihren Mann und dessen Freundin im 1984 erschienenen Roman ›The Lifes and Loves of a She-Devil‹ (dt. ›Die Teufelin‹, 1987).

Auffallend häufig wird aus der Ich-Perspektive erzählt, oftmals auch die Erzählung als Rückerinnerung an Erfahrungen und Erlebnisse der Jugendjahre konstruiert. Die schmale Grenze zwischen Normalität und Wahnsinn, verrückt sein oder verrückt werden, Leben nach einer eigenen Logik, die manchmal tödlich mit der Logik der Umwelt kollidiert, sind immer wiederkehrende Motive, etwa in den Geschichten von Sylvia Townsend Warner, Elizabeth Taylor oder Joan Aiken.

Die befreiende, grenzüberschreitende Macht der Sexualität, wie sie in der Rebellion der sechziger Jahre als Auflehnung gegen verknöcherte Familienstrukturen und die damit verknüpfte doppelte Moral eingefordert wurde, erweist sich als Mythos: Sexualität, soweit sie in der Gegenwartsliteratur von Frauen vorkommt, ist bedrückend und bedrohlich, Ursache oder Folge von Gewalt, Abhängigkeit und Konventionen. Mit einer Ausnahme allerdings: Angela Carter entwirft in ihren Werken Bilder von selbstbestimmter Sinnlichkeit und Erotik, die die kreative Potenz einer lustvollen weiblichen Sexualität aufscheinen lassen.

In Anknüpfung an die klassische Moderne wenden sich einige Autorinnen der Sprache selbst zu und versuchen, der vorherrschenden realistischen Erzähltradition neue formale Gestaltungsmittel entgegenzusetzen. Schon 1962 machte Doris Lessing im ›Golden Notebook‹ (dt. ›Das Goldene Notizbuch‹, 1978) den ambitionierten Versuch, die Zerrissenheit des Frauendaseins – politisches Engagement, sexuelle Erfahrungen, die Auseinandersetzung mit der eigenen Geschichte und der schriftstellerischen Arbeit – literarisch umzusetzen, indem sie den Roman aus unverbundenen Fragmenten, den verschiedenfarbigen Notizbüchern, zusammensetzte. Jean Rhys vermischt in ihren Romanen innere Monologe, Erinnerungen und Gegenwartsgeschehen in einem assoziativen Fluß, der die chronologische Ordnung immer wieder unterbricht und aufhebt. Eva Figes stellt in der hier abgedruckten Erzählung dem ununterbrochenen inneren Gedankenstrom eine äußere Sprachlosigkeit gegenüber, die sich nur noch in Bruchstücken ausdrücken kann und die Kommunikation auf Befehle reduziert.

Zum bewußten Umgang mit der Sprache kommt der bewußte Umgang mit dem überlieferten literarischen Kanon und der Literatur von Frauen aus früheren Zeiten. Die Frauenverlage, vor allem der 1973 gegründete Verlag Virago, setzten sich neben der Förderung zeitgenössischer Literatur zum Ziel, auch in Vergessenheit geratene Autorinnen auszugraben und deren Texte wieder zugänglich zu machen. Das 1984 herausgegebene ›Dictionary of British Women Writers‹ listet vom 17. Jahrhundert bis heute rund 400 Autorinnen auf – als erste professionelle englische Autorin gilt die 1640 geborene Aphra Behn – und muß immer noch als lückenhaft gelten. Die Beschäftigung mit den literarischen Vorläuferinnen hat unter anderem verschiedene »Korrekturen« und Fortsetzungen zu zentralen Werken der englischen Literatur hervorgebracht. In ihrem 1966 erschienenen Roman ›Wide Sargasso Sea‹ (dt. ›Sargasso Meer‹, 1980) erzählt Jean Rhys die Geschichte der auf dem Dachboden versteckten ersten Frau des von Jane Eyre (im gleichnamigen Roman von Charlotte Brontë) geliebten Mann. Mit ›Mansfield Revisited‹ (1987) legte Joan Aiken eine (eher epigonale) Fortsetzung zu Jane Austens Klassiker ›Mansfield Park‹ vor, mit der sie nach ihren eigenen Worten ihrer Liebe und Bewunderung für die große Vorläuferin Ausdruck verleihen wollte.

Andere Autorinnen wenden sich traditionellen Formen und Genres zu, um sie korrigierend umzuschreiben. Angela Carter und Sara Maitland etwa machten sich unter anderem mit ihren Neuinterpretationen bekannter Märchen, Sagen und Bibelstoffe einen Namen. Zoe Fairbairns, im vorliegenden Band leider nicht vertreten, versucht in mehreren ihrer Romane, die Qualitäten eines richtigen Schmökers mit einem radikalen feministischen Standpunkt zu verknüpfen, so beispielsweise in ihrer 1983 erschienenen Frauenfamiliensaga ›Stand we at last‹ (dt. ›Im Sternbild der Frauen‹, 1986). Eva Figes entwirft in ›The Seven Ages‹ (1986; dt. ›Die sieben Zeitalter‹, 1988) eine Geschichte der Frauen, die literarisch auf die Lücken der traditionellen Geschichtsschreibung verweist.

Besonderes Interesse bei Autorinnen (und Leserinnen) findet in neuerer Zeit die Kriminalgeschichte. Die klassische Kriminalliteratur ist eng mit Großbritannien verknüpft, und Frauen wie Agatha Christie, Dorothy Sayers und später P. D. James und Ruth Rendell haben mit ihren Krimis Weltruhm erlangt. Konstruiert als Aufklärung eines Verbrechens und seiner Ursachen, ist der Krimi ein perfektes Medium, gesellschaftliche Zusammenhänge zu untersuchen und den Ursachen von Gewalt und Ungerechtigkeit – zentrale Themen der Frauenbewegung – nachzugehen. Der Verlag The Women's Press (Verlagssignet: ein Bügeleisen) trägt dem seit einigen Jahren mit einer eigenen Frauenkrimireihe Rechnung, in der auch unbekanntere Autorinnen veröffentlicht werden.

Die häufige Verwendung von phantastischen und surrealen Elementen ist vielleicht der auffallendste Zug an der modernen britischen Literatur von Frauen. Teils werden sie als fast beiläufiges Stilmittel oder Medium zur Darstellung von Befindlichkeiten und Wahrnehmungen eingesetzt, beispielsweise in den Geschichten von Angela Carter, in denen Tierfiguren ganz selbstverständlich neben Menschen auftreten und agieren. Teils sind sie aber auch handlungstreibendes Element, das überhaupt die Ursache des Erzählens ist, etwa bei Joan Aiken. Der Einbruch von Unbegreiflichem in den Alltag –

als unheimliches Ereignis in Anknüpfung an die Tradition der ghost-story oder als utopische Vorwegnahme eines vorstellbaren paradiesischen Zustandes – gestattet einen verfremdenden Blick auf das scheinbar Normale und stellt es damit in Frage. Die so entworfene Welt folgt einer eigenen Logik.

Eine eigene Betrachtung verlangt die Literatur der schwarzen Frauen in Großbritannien. Oft stehen sie zwischen mehreren Kulturen, ohne sich einer richtig zugehörig zu fühlen. Entsprechend wichtig ist die Suche nach den eigenen Wurzeln, die für die karibischen Frauen über die Heimat der Eltern in die afrikanische Heimat der vor Jahrhunderten verschleppten Vorfahren führt. Die Literaturen Afrikas und der Karibik sind stark von mündlicher Überlieferung geprägt, und viele schwarze Autorinnen bevorzugen es daher, sich in Gedichten oder Liedern auszudrücken. Indische Autorinnen finden aufgrund der Größe ihres Landes Publikationsmöglichkeiten auch in ihrer Muttersprache; für afrikanische und karibische Autorinnen hat die Entscheidung, das Englisch der Kolonialmacht oder die Sprache der Vorfahren zu nutzen, folgenschwere Implikationen hinsichtlich der Veröffentlichungsmöglichkeiten und des Publikums. Die afrikanischen Sprachen werden häufig nur von einer begrenzten Anzahl zum Teil leseunkundiger Gruppen verstanden. Die Nigerianerin Buchi Emecheta hat sich deshalb entschieden, in Englisch zu schreiben. Die englischen Dialekte der Karibik werden oft als unkorrektes, verstümmeltes Englisch mißverstanden, da sie sich in Grammatik und Wortschatz von der in Oxford kanonisierten Sprache unterscheiden. Dagegen interpretieren viele Autorinnen und Autoren aus der Karibik ihre Sprache als eigenständige, kreative Konstruktion ihrer Vorfahren: Sie ermöglichte den afrikanischen Sklaven, die zur Verhinderung von Widerstand in gemischtsprachige Arbeitsteams zusammengeworfen worden waren, die Verständigung. Um ihrem Anspruch auf Anerkennung ihrer Sprache Nachdruck zu verleihen, schreiben Autorinnen wie Millie Murray in karibischem Englisch.

Die Erfahrungen von Rassismus und der Ausschluß aus der weißen Gesellschaft spielen thematisch in der Literatur der schwarzen Frauen eine wichtige Rolle: Fremdheit und doppelte Heimatlosigkeit, Familienstrukturen, die unter dem Druck der Emigration zerbrechen, die Alleinverantwortung vieler Frauen für das Familieneinkommen, aber auch die Erfahrung einer traditionell starken Solidarität unter den Frauen bilden den Hintergrund vieler Geschichten.

Die vorliegende Auswahl an Erzählungen ist notwendigerweise subjektiv. Viele Autorinnen fehlen, weil keine oder auch keine passenden Kurzgeschichten vorliegen, grundsätzlich aber nicht zu Teilabdrucken aus Romanen gegriffen werden sollte. In zwei Fällen wurde allerdings von diesem Grundsatz abgewichen: Nell Dunns ›Up the Junction‹ und Buchi Emechetas autobiographisch gefärbter Roman ›Adah's Story‹ (1983, dt. ›Die Geschichte der Adah‹, 1987) sind beide als Folgen von locker verbundenen Szenen angelegt, die sich mosaikartig zu einem Gesamtbild zusammenfügen, aber auch unabhängig voneinander gelesen werden können.

Irische Autorinnen werden in der Reihe, in der auch dieser Band erscheint, selbständig vorgestellt; deshalb fehlen sie hier. Die Erzählungen, die chronologisch geordnet wurden, entstanden in den letzten fünf Jahrzehnten und sollen einen Eindruck davon geben, wie Frauen in Großbritannien die Welt deuten und interpretieren, ängstlich oder selbstbewußt, resigniert oder kämpferisch, optimistisch oder, um nochmals Jean Rhys zu zitieren, mit ironischer Skepsis: »God, it's funny being a woman«.

Christine Flitner

Autorinnen

JOAN AIKEN wurde 1924 in Rye/Sussex geboren. Sie begann mit 16 zu schreiben und hat bis heute über 80 Bücher publiziert. Bekannt wurde sie vor allem durch ihre Kinder- und Jugendbücher, die mehrfach mit Preisen ausgezeichnet wurden. Auf der Grundlage dieser Tätigkeit entstand das 1982 veröffentlichte Buch ›The Way to Write for Children‹, in dem sie ihre Grundsätze und Vorgehensweise beschreibt. Zahlreiche Romane und Erzählungen liegen auch in deutscher Übersetzung vor. Die Erzählung ›Wer geht durch diese dunkle Schlucht?‹ ist entnommen aus ›Ein Hauch von Frost. Zehn rabenschwarze Geschichten‹, dt. v. Irmela Brender, Verlag Friedrich Oetinger GmbH, Hamburg, und erscheint hier mit freundlicher Genehmigung des Verlags.

ANGELA CARTER, geboren 1940 in Eastbourne, studierte englische Literatur in Bristol und erhielt für ihre Bücher verschiedene Stipendien, die ihr längere Aufenthalte in Japan, den Vereinigten Staaten und Australien ermöglichten. Ihre phantastischen Romane und Erzählungen, u. a. ›Blaubarts Zimmer‹ (1979, dt. 1982), ›Die infernalischen Traummaschinen des Doktor Hoffman‹ (1972, dt. 1984), ›Nächte im Zirkus‹ (1984, dt. 1986) und ›Schwarze Venus‹ (1985, dt. 1990), fanden schnell ein begeistertes Publikum. In der Untersuchung ›Sexualität ist Macht. Die Frau bei de Sade‹ (1979, dt. 1981) und einem Essayband ›Nichts heilig. Feministische Ansichten‹ (1985, dt. 1990) setzte sie sich mit Fragen der Geschlechterdifferenz und der sexuellen Unterdrückung von Frauen auseinander. Die Erzählung ›Die Braut des Tigers‹ ist entnommen aus ›Blaubarts Zimmer. Märchen aus der Zwischenwelt‹, dt. v. Sybil v. Schönfeldt, Rowohlt Verlag GmbH, Reinbek 1982, und erscheint hier mit freundlicher Genehmigung des Verlags.

SHELAGH DELANEY wurde 1938 in Salford/Lancashire geboren. Mit 18 schrieb sie das Theaterstück ›A Taste of Honey‹ (›Bitterer Honig‹), dessen Erfolg in London und New York sie über Nacht berühmt machte. Die Verfilmung des Stückes nach ihrem eigenen Drehbuch gewann den British Film Academy Award. Nach der Veröffentlichung einer Kurzgeschichtensammlung 1963 arbeitete Shelagh Delaney vor allem für Theater, Fernsehen und Film. Sie schrieb verschiedene Drehbücher, u. a. für den Film ›Dance with a Stranger‹, der 1985 beim Filmfestival in Cannes den Prix Populaire gewann. Die Erzählung ›Pavane für einen toten Prinzen‹ ist entnommen aus ›Wodka und kleine Goldstücke‹, F. A. Herbig Verlagsbuchhandlung GmbH, München 1966, und erscheint hier mit freundlicher Genehmigung des Verlags.

Margaret Drabble wurde 1939 in Sheffield geboren, studierte Literaturwissenschaft in Cambridge und arbeitete kurze Zeit als Schauspielerin, bevor sie zu schreiben begann. Erfolgreich als Autorin und als Literaturwissenschaftlerin – u. a. betreute sie die Neuausgabe des renommierten ›Oxford Companion to English Literature‹ (1985) –, gehört sie heute zu den wichtigsten Figuren des britischen Literaturbetriebes. Die meisten ihrer Romane liegen in deutscher Übersetzung vor. Die Erzählung ›Über die Berge‹, dt. v. Egon Larsen u. Ursula Lehrbringer (Erstveröffentlichung 1969) ist entnommen aus ›Shakespeares Muse. Erzähler aus Großbritannien‹, hrsg. v. Frank Auerbach, K. Thienemanns Verlag, Stuttgart 1963, und erscheint hier mit freundlicher Genehmigung der International Literary Agency, London.

Nell Dunn wurde 1936 in London geboren und veröffentlichte 1963 ihr erstes Buch ›Up the Junction‹ (›Leben in Battersea‹, dt. 1968), dessen Verfilmung in Großbritannien große Beachtung fand. Ein Nachfolgeband (›Poor Cow‹, 1967) war weniger erfolgreich, ebenso ihre in den siebziger Jahren verfaßten Stücke, u. a. ›Tear His Head Off His Shoulders‹ (1974) und ›The Only Child‹ (1978). Erst mit dem 1981 geschriebenen Stück ›Steaming›, das den Susan-Smith-Blackburn-Preis erhielt und in England und Nordamerika begeistert aufgenommen wurde, konnte sie wieder an den Erfolg ihres ersten Buches anknüpfen. Die Erzählung ›Die goldene Bluse‹, dt. v. Claudia Rackwitz, ist entnommen aus ›Up the Junction‹, Virago Press, Neuauflage London 1989, und erscheint hier mit freundlicher Genehmigung des Verlags.

Buchi Emecheta wurde 1944 in Lagos, Nigeria, geboren, kam 1962 nach der Heirat nach London und lebte, bald von ihrem Mann geschieden, mit ihren fünf Kindern allein. Sie studierte Soziologie an der Universität London, arbeitete als Bibliothekarin und schrieb neben zahlreichen Romanen – u. a. ›The Bride Price‹, ›The Slave Girl‹, ›The Joys of Motherhood‹ (dt. ›Nnu Ego. Zwanzig Säcke Muschelgeld‹, 1983) und ›Adah's Story‹ (dt. ›Die Geschichte der Adah‹, 1987) – Hörspiele, Drehbücher fürs Fernsehen und regelmäßig Artikel in Zeitschriften und Magazinen. Ihr Werk wurde mit verschiedenen Preisen ausgezeichnet, 1983 wurde sie zusammen mit anderen zur »Best Young British Writer« ernannt. Im selben Jahr gründete sie einen eigenen Verlag. Der Ausschnitt ›Eine teure Lektion‹ ist entnommen aus ›Die Geschichte der Adah‹, dt. v. Christine Steffen, Droemersche Verlagsanstalt Th. Knaur Nachf., München 1987, und erscheint hier mit freundlicher Genehmigung des Verlags.

Eva Figes wurde 1932 als Tochter deutscher Juden in Berlin geboren und flüchtete mit ihrer Familie 1939 nach England, wo sie nach Schule und Studium als Verlagslektorin arbeitete. 1966 veröffentlichte sie ihren ersten, autobiographisch inspirierten Roman ›Equinox‹, seitdem etwa zehn weitere Romane, u. a. ›Days‹ (1974), ›Nelly's Version‹ (1977), ›Light‹ (1983)

und ›The Seven Ages‹ (1986), das auch ins Deutsche übersetzt wurde (›Die sieben Zeitalter‹, 1988). Neben Romanen, Hörspielen und Kurzgeschichten schrieb Eva Figes auch wissenschaftliche Bücher, u. a. ›Patriarchal Attitudes: Women in Society‹ (1970), und übersetzte Werke u. a. von Martin Walser, Elisabeth Borchers und George Sand ins Englische. Die Erzählung ›Obligato‹ dt. v. Claudia Rackwitz, ist entnommen aus ›Signature 20‹, John Calder, London 1975, und erscheint hier mit freundlicher Genehmigung der Literarischen Agentur Paul & Peter Fritz AG, Zürich.

Doris Lessing, 1919 geboren, wuchs in Süd-Rhodesien (heute Simbabwe) auf. Die Jugendjahre in Afrika bilden den Hintergrund vieler ihrer frühen Werke. 1949 kam sie nach England und veröffentlichte im darauffolgenden Jahr ihren ersten Roman ›The Grass is Singing‹, mit dem sie den Grundstein für ihren langanhaltenden internationalen Erfolg legte. Vor allem der 1962 erschienene Roman ›The Golden Notebook‹ machte Doris Lessing in den sechziger und siebziger Jahren zu einer Vorläuferin und Kultfigur der neuen Frauenbewegung. Die Erzählung ›Er‹ ist entnommen aus ›Die Frau auf dem Dach. Erzählungen Bd. 2‹, dt. v. Adelheid Dormagen, Klett-Cotta, Stuttgart 1982, und erscheint hier mit freundlicher Genehmigung des Verlags.

Sara Maitland, geboren 1950, lebt und arbeitet in London. Für ihren ersten Roman ›Daughter of Jerusalem‹ (1978) wurde sie mit dem Somerset Maugham Award ausgezeichnet. Daneben veröffentlichte sie drei Bände mit Erzählungen und zwei weitere Romane: ›Virgin Territory‹ (1984, dt. ›Dunkler Wille ihres Körpers‹, 1988) und ›Arky Types‹, ein zusammen mit Michelene Wandor verfaßter satirischer Briefroman. Sie ist Herausgeberin einer Anthologie mit Erzählungen von Frauen aus den sechziger Jahren und schreibt regelmäßig Kurzgeschichten und Buchbesprechungen für verschiedene Zeitschriften und Magazine. Die Erzählung ›Das Klagelied der bösen Stiefmutter‹ (engl. ›The Wicked Stepmother's Lament‹), dt. v. Claudia Rackwitz, ist entnommen aus ›A Book of Spells‹, Methuen, London 1987, und erscheint hier mit freundlicher Genehmigung von Curtis Brown & John Farquharson, London.

Millie Murray wurde 1958 in London als Britin jamaikanischer Abstammung geboren. Ihr erstes Buch ›Kiesha‹, ein Roman für Jugendliche, wurde 1988 veröffentlicht. Außerdem publizierte sie Erzählungen in verschiedenen Anthologien. Die Erzählung ›Eine Gottesfügung‹ (engl. ›A Blessing in Disguise‹, Erstveröffentlichung 1989), ist entnommen aus ›Morgen bring ich ihn um‹, hrsg. v. Jen Green, dt. v. Erika Ifang, Rowohlt Taschenbuch Verlag GmbH, Reinbek 1990, und erscheint hier mit freundlicher Genehmigung des Verlags.

Ruth Rendell wurde 1930 in London geboren, wuchs in Essex auf und arbeitete nach dem Schulabschluß als Journalistin für verschiedene Zeitungen. Seit dem Erscheinen ihres ersten Buches ›From Doom with Death‹ (1964) schreibt sie fast jährlich einen neuen Krimi, die zum Teil unter dem Pseudonym Barbara Vine veröffentlicht wurden. Für ihre Bücher wurde sie mit verschiedenen Preisen ausgezeichnet, u. a. dem Edgar Award und dem Crime Writer's Gold Dagger Award 1987. Zahlreiche ihrer Krimis sind in deutscher Übersetzung erschienen. Die Erzählung ›Die Mauer des Obstgartens‹ ist entnommen aus ›Die neue Freundin‹, dt. v. Edith Walter, Rowohlt Taschenbuch Verlag GmbH, Reinbek 1990, und erscheint hier mit freundlicher Genehmigung des Verlags.

Jean Rhys, eigentlich Ella Gwendolin Rees Williams, wurde 1894 auf der westindischen Insel Dominica geboren, kam nach dem Tod ihres Vaters mit 16 nach Europa und schlug sich in London und Paris mit Gelegenheitsarbeiten als Theaterstatistin, Modell und Übersetzerin durch. Sie schrieb bereits viele Jahre, bevor sie 1927 ihr erstes Buch ›The Left Bank and Other Stories‹ veröffentlichte. Ihre Romane wurden von der Kritik kaum zur Kenntnis genommen. Jean Rhys zog sich daraufhin zurück und wurde allgemein für tot gehalten, bis sie zu Beginn der sechziger Jahre dank eines in der BBC gesendeten Hörspiels wiederentdeckt wurde. Ihr 1966 veröffentlichter Roman ›Wide Sargasso Sea‹ (dt. 1980 ›Sargassomeer‹) wurde ein großer Erfolg und erhielt verschiedene Preise. Bis zu ihrem Tod 1979 publizierte sie noch zwei Bände mit Kurzgeschichten. Die Erzählung ›Lotus‹, dt. v. Grete Felten (dt. Erstveröffentlichung 1971), ist entnommen aus ›Adieu Marcus, adieu Rose. Erzählungen‹, Rogner & Bernhard, München 1985, und erscheint hier mit freundlicher Genehmigung des Verlags.

Muriel Spark wurde 1918 in Edinburgh geboren und wuchs dort auf. Sie lebte mehrere Jahre in Zentralafrika, kehrte jedoch während des Krieges nach Großbritannien zurück, um dort für das Political Intelligence Department zu arbeiten. Muriel Spark schrieb zunächst nur Gedichte und behauptet von sich, daß sie erst nach ihrer Konversion zum Katholizismus (im Jahre 1954) zu größeren Werken in der Lage gewesen sei. Sie schrieb zahlreiche Romane und verfaßte Kurzgeschichten, Theaterstücke, Hörspiele und Biographien über Mary Shelley und Emily Brontë. Die meisten ihrer Werke liegen in deutscher Übersetzung vor. Die Erzählung ›Die Sonnenbrille‹ ist entnommen aus ›Päng, päng, du bist tot und andere Erzählungen‹, dt. v. Matthias Fienbork, Diogenes Verlag AG, Zürich 1987, und erscheint hier mit freundlicher Genehmigung des Verlags.

Elizabeth Taylor wurde 1912 in Reading/Berkshire geboren und ging dort zur Schule. Bis zu ihrer Verheiratung 1936 arbeitete sie als Erzieherin und Bibliothekarin. Ihr erster Roman ›At Mrs Lippincote's‹ wurde 1946 veröffentlicht. Insgesamt schrieb sie zwölf Romane und vier Bände mit Kurzgeschichten, fand jedoch nur beschränkte Anerkennung. Bis zu ihrem Tod 1975 lebte sie mit ihrem Mann in Penn/Buckinghamshire. Die Erzählung ›Berufung‹ (engl. ›A Dedicated Man‹) dt. v. Claudia Rackwitz, ist entnommen aus ›A Dedicated Man‹, Chatto & Windus, London 1965, und erscheint hier mit freundlicher Genehmigung der Literary Agency Mohrbooks, Zürich.

Sylvia Townsend Warner, geboren 1893 in Harrow, studierte Musik und arbeitete zehn Jahre als Mitherausgeberin eines Werkes zur Kirchenmusik des 15. und 16. Jahrhunderts. 1925 veröffentlichte sie ihren ersten Gedichtband ›The Espalier‹, in den darauffolgenden Jahren ihre ersten Romane ›Lolly Willowes‹, ›Mr Fortune's Maggot‹ und ›The True Heart‹, durch die sie schnell berühmt wurde. Neben vier weiteren Romanen schrieb sie über 40 Jahre lang Erzählungen und Kurzgeschichten für den ›New Yorker‹, außerdem Essays, weitere Gedichte und eine Biographie über T. H. White. Sie verbrachte die meiste Zeit ihres Lebens in Norfolk und Dorset, wo sie 1978 starb. Der Ausschnitt ›Das Haus mit dem Flieder‹ (engl. ›The house with the lilacs‹), dt. v. Claudia Rackwitz, ist entnommen aus ›The house with the lilacs‹, The Hogarth Press, Chatto & Windus, London 1989, und erscheint hier mit freundlicher Genehmigung der Random Century Group, London.

Fay Weldon wurde 1933 in Alvechurch/Worcestershire geboren, verbrachte ihre Kindheit in Neuseeland, kehrte mit der Mutter nach London zurück, bekam mit 20 ihr erstes Kind (sie hat vier), verdiente sich ihren Lebensunterhalt als Werbetexterin, studierte Psychologie und Ökonomie und veröffentlichte mit 30 das erste Buch, dem zahlreiche weitere Romane und Erzählungen folgten. Sie liegen inzwischen fast alle in deutscher Sprache vor. Ihr Roman ›Die Teufelin‹ wurde verfilmt. Die Erzählung ›Nichts ist von Dauer‹, dt. v. Sigrid Ruschmeier, ist entnommen aus ›Der Mann ohne Augen‹, dt. v. Sigrid Ruschmeier u. Sabine Hedinger, Verlag Antje Kunstmann GmbH, München 1991, und erscheint hier mit freundlicher Genehmigung des Verlags.

Jeanette Winterson, geboren 1959, wuchs in Lancashire auf und lebt und arbeitet in London. Für ihren ersten Roman ›Oranges are not the only Fruit‹, der autobiographische Züge hat, bekam sie 1985 den Whitbread Award for First Novel. Er wurde 1989 für die BBC verfilmt. Daneben publizierte sie drei weitere Romane: ›Boating for Beginners‹ (1986), ›Passion‹ (1987, dt. ›Verlangen‹, 1988) und ›Sexing the Cherry‹ (1989). Außerdem schrieb sie mehrere Erzählungen und gab eine Anthologie mit Geschichten von Frauen heraus (›Passion Fruit‹, 1986). Die Erzählung ›Psalter‹, dt. v. Claudia Rackwitz, ist entnommen aus ›Close Company. Stories of Mothers and Daughters‹, ed. by Christine Park and Caroline Heaton, Virago, London 1987, und erscheint hier mit freundlicher Genehmigung der Intercontinental Literary Agency, London.

Maja Lundgren

Pompeji

Roman

Albert Bonniers Förlag

www.albertbonniersforlag.se

ISBN 91-0-057752-9

Första utgåva 2001
Bonnierpocket 2001
Sjätte tryckningen
Printed in Denmark
Nørhaven Paperback a/s
Viborg 2002

Övergångssten I

Järtecknen var många det året. Onådens år 62. Eller som de själva skulle ha uttryckt det: under L. Afinius och P. Marius konsulat.

I Neapel var det en staty som klövs itu. Man såg också en komet. Ända borta i Kina lär den ha synts.

Det föddes barn utan huvuden.

En kvinna träffades av blixten medan hon låg med sin man. En tiger rymde. En fågel bajsade på Apollontemplet.

Jorå. Järtecknen var många det året. Under L. Afinius och P. Marius konsulat.

Nästa år var rätt lugnt.

Onådens år 64, under G. Laecanius och M. Licinius konsulat, hände det emellertid en del. Kejsar Nero var nära att dö. Det var när han spelade teater i Neapolis. Precis när han gått ut efter föreställningen rasade teatern ihop.

– Fem centimeter från döden! skröt Nero.

Han utropade sig till gudarnas gunstling efter det där – bara för att han hade undkommit.

Rom brann. Det fanns tre teorier. Den ena var att Nero satte eld på staden. Den andra (som Nero lanserade) var att de kristna satte eld på staden. Den tredje var att det var gudarna som satte eld på staden för att de

I. var missnöjda med Nero

II. var missnöjda med de kristna

III. var missnöjda med Nero och de kristna.

Elden skulle då ha varit gudarnas brandtal mot sedernas förfall. Alla teorier var otroligt spridda.

Efter Roms brand bestämde Nero att man skulle använda de kristna som levande facklor för att lysa upp de nattliga gladiatorspelen, men det blev aldrig särskilt populärt, det var för överdrivet.

En flicka blev av med sin snuva. Det var månsken.

Jorå. Det var ett och annat.

En naken man träffades av blixten medan han grät utan att någon såg det.

Samma år funderade kejsar Nero på att slopa alla indirekta skatter, vilket stoppades av hans rådgivare, för då skulle Romarriket ha kollapsat. Man begränsade sig till att avskaffa slavmomsen.

Uppsatta ämbetsmän förbjöds att ställa till med gladiatorspel och andra spektakel för att muta medborgarna och dra uppmärksamheten ifrån att de försnillade de allmänna medlen.

En bönefest hölls till Vulcanus och Ceres och Proserpinas ära för att blidka dem.

Någon klottrade: Sodom och Gomorra på en vägg i Pompeji.

Många var de som trodde att de levde i de yttersta tiderna. I Praeneste gjorde gladiatorerna uppror. Alla började då tala om Spartacus, ty – som Tacitus skriver – ”hopen längtar efter omvälvning och fasar för den”. Upproret slogs ner.

Det dröjde inte länge förrän den romerska flottan var med om en katastrof. Nero hade bestämt att flottan skulle ge sig ut på böljan den blå, oavsett om det var storm eller växlande molnighet: det kom en hård sydöstlig vind och ett stort antal skepp förliste.

Och mot slutet av det året – det år som vi kallar 64 e.Kr. men som dom själva lite lakoniskt kallade "under G. Laecanius och M. Licinius konsulat" – var det ingen hejd på järtecknen. Det var som en enorm upptrappning av järtecken. Det var blixtnedslag och kometer, och tvåhövdade människor som föddes, och kalvar med nosen fastvuxen i baken.

Somt av detta kan man läsa om i Johannes Uppenbarelsebok, men i förtäckta ordalag, så att Nero & co inte skulle förstå.

Ute i vildmarken, det som vi idag lite frivolt brukar kalla för Kontinenten, slogs bructerna och tenaterna, ampsivarerna, usipeterna, tubanterna, chatterna, cheruscerna, hermenduerna och ubierna, och många andra, mot varandra, och mot det expanderande, militärt överlägsna Romarriket.

Högst tjugo trettio år till, trodde Johannes.

I anledning av Gud.

Så långt fram i tiden ska vi inte gå. Vi ska stanna till vid år 78 då Vespasianus var kejsare och Nero död.

Tid: Från onådens år 78 till katastrofens år 79.

Plats: Pompeji.

Handling –

Nå, det är skumrask.

Est Fufans.

Övergångssten II

Välkomna till en liten landsortsstad i Syditalien. Välkomna till det lilla grymma Pompeji. I anden, som ingen lyckas pejla – inte helt och fullt – finns det prylar som liknar grejer: musik och irrbloss.

Verkligen vackert
O Vulkan

Under den slumrande Vesuvius ligger vårt Pompeji – eller Colonia Veneria Cornelia Pompeianorum, som dess snygga och pråliga namn lyder i hela sin skandalösa utsträckning. En livlig handelsstad (export: fisksåsen garum, lavasten, ull, tyg, och Vesuvinum, som Plinius den äldre säger att man får ont i huvudet av) med omkring 20 000 invånare; en växande småstad, som efter den stora jordbävningen för sexton år sedan hemsökts av ytterligare ett antal jordskalv.

Pompejis främste bankir, L. Caecilius Jucundus, har låtit bygga ett altare hemma hos sig, med en marmorrelief där det dramatiska ögonblicket, då allt trillade ihop, är förevigat.

Det dunkelgröna Vesuvius – det milda gröna Vesuvius – avtecknar sig luddigt mot himmelen, insnärjd i dimmors dun och fjun, lik en sömnig jätte som ligger och vräker sig vid horisonten.

Verkligen vackert
O Vulkan

På Medelhavet, som är lugnt idag, seglar förgyllda lustjakter. Vita fiskmåsar glider över en himmel som vinden sopat alldeles ren och klar. Och genom Hamnporten – den av Pompejis sju stadsportar som trafikeras livligast – passerar vagnar lastade med varor som kommit med skeppen från Alexandria, Puteoli, Cuma och Syrien.

Från Alexandria kommer ett skepp med amforor fulla med Nilvatten till Isistemplet, och en ny tiger till amfiteatern. (Den gamla rymde i samband med ett jätteslagsmål på läktarna för några år sedan.) Och spannmål. De färggranna amfororna, målade med små gröna krokodiler, lastas av båten först, säckarna med spannmål sedan – och så blir det tigerns tur.

Ett stort antal pompejaner har samlats på kajen för att kolla in den nya tigern. Tjattret är öronbedövande. Det är en stor händelse i Pompejis annaler. En ny tiger ska erbjuda spektakel i de djurhetsningar som är så omtyckta i Pompeji och andra städer runt om i Romarriket. En ny tiger ska bjuda på underhållning åt de blodtörstiga pompejanerna.

Folk knuffas för att få en skymt av djuret. De skymfar varann på det sätt som är brukligt i Pompeji.

– Skit på dig, fututrix.

– Sällan, fututor.

Buren firas ner mot kajen fasthängd i en krok längst ut i en vajer. Den svänger av och an då tigern, som alla andra inburade ångestfulla tigrar, vankar av och an och ryter.

Under stort jubel landar buren på kajen. Så körs en kärra fram, buren lyfts åter en aning och hänger i luften en stund, innan den försiktigt – sakta! vänta! sväng den! vänster vänster, nej höger nu, jo vänta! nej nu! – sänks ner på vagnen.

Tigern ryter. Vrålet gör en het skåra i luften. En varm fuktig luftström ur tigerns tunga kropp. Barnen skuttar runt och sticker in sina små händer genom gallret och håller kvar dem en halv sekund, när tigern ser åt andra hållet.

– Kissefjant fjant fjant åt en tant tant tant blev så tjock tjock tjock som en smock smock smock.

När kärran, dragen av två oxar, sakta börjar rulla upp mot Hamnporten – tätt följd av de hoppande, skrattande barnen, skällande hundar, och på behörigt avstånd upphöjda och ärevördiga medborgare i sina bärstolar burna av slavar – sitter det en raggig gammal tiger i ett buskage och tittar på. Väl dold bland narcissångande cypresser.

Det är den förrymda tigern som kommit för att kolla in sin efterträdare.

– Bah! Klen fysik. Det svarta är för dammigt. Det gula för pissigt. Den där kissen blir ett lätt rov för de snabbfotade gladiatorerna.

Pompeji är en stad utan nåd. Ingen kärlek kan överleva här. Ni som följer med in genom Hamnporten kan lägga hoppet på hyllan ty varken tro, hopp eller kärlek har en chans i denna ruttna, gudsförgätna håla.

Verkligen vackert
O Vulkan
Du hot vid horisonten

Övergångssten III

Sjutton år tidigare, i slutet av februari 61 e.Kr. eller vafan, under C. Paetus och P. Turpilianus konsulat, hade aposteln Paulus kastat ankar i Puteoli. Han var på väg till Rom. Aposteln hade suttit i fängelse två år i Cesarea, och nu ville han överklaga vid kejsar Neros domstol. Paulus hade med sig Lukas, som höll på med Apostlagärningarna. Lukas höll på med kapitel 25 26 27 och 28, fast det mesta hade han i huvudet. Han hade papper till fyra kapitel, men skrev på fyra här och där. Slutkapitler.

Efter att ha nödlandat vid Malta, i anledning av ett ytterst tragiskt skeppsbrott då den första båten, Edremit, blev till spillror (järtecknen var många även detta år), fortsatte de med en annan båt till Syrakusa på Sicilien, där de stannade till ett par, tre dagar. Sedan fortsatte de till Puteoli.

Puteoli var Italiens största hamnstad på den tiden. Det var inte Neapel, det var inte Pompeji: det var Puteoli. Puteoli kallades för fönstret mot världen. Dit kom folk från alla länder, där talades alla möjliga språk och en massa olika varor och maträtter och idéer och religioner hamnade förr eller senare i Puteoli. Filosofier, klädmoden, konststilar, seder och bruk. Därmed liknade Puteoli Pompeji – fast det var ännu mer Pompeji.

Och någonting som är ännu mer Pompeji än Pompeji, ja det är helt enkelt, i bokstavlig bemärkelse, Puteoli.

Inte metaforiskt då, utan bokstavligt. Metaforiskt är någonting som är ännu mer Pompeji än Pompeji någonting helt annat, d.v.s.

ett ännu värre underverk än Babylons hängande trädgårdar, till exempel. Man kan säga om tonåringar att de hänger mer än Babylons hängande trädgårdar, eller att någons bakdel gör det, eller att pyramiderna bara är förnamnet till vad en viss företeelse är. Kolossen på Rhodos, till exempel. Men det kan också vara förnamnet till en helt vanlig kloss.

Många kulter blomstrade i Puteoli. Marknaden var helgad åt egyptiska gudar. Fenicierna dyrkade Atargatis. Araberna dyrkade Dusares. I Puteoli tillbads även Baal, Mitra, Jupiter Dolichenus och Kybele. Paulus kom med ett skepp lastat med spannmål och kristendom. Det fanns redan en kristen församling i Puteoli som Paulus kunde våldgästa. Han stannade en vecka. Sedan åkte han vidare till Rom för att överklaga.

Men medan han var i Puteoli träffade han tre kvinnor på väg till Pompeji. De hade det gemensamt att de hade blivit uppköpta av en gubbe som skulle ta dem till sin hemstad där de skulle idka prostitution. Alla tre flickorna var gravida i första, andra respektive tredje veckan med gubben.

Paulus var lite skeptiskt inställd till kvinnor. Men eftersom en av dem var judinna så blev det så att de lärde känna varandra. Och så kom det sig att hon grundade en kristen församling i Pompeji. Sen dog hon i barnsäng.

Hon tryckte sitt kors i barnmorskans hand, bad henne döpa dottern, och dog.

Övergångssten IV

Vitruvius hette en man som hade många ideal. Han skrev böcker om arkitektur och konst där han beskrev hur saker och ting borde, eller snarare måste, se ut. I Pompeji stämmer ingenting.

Basilikan överensstämmer inte med Vitruvius ideal. Den har inte de ideala måtten. Den är betydligt mer lång än den är bred. Det får den inte. Den är för… den har helt enkelt inte de ideala måtten. Pompeji har helt enkelt ingen idealbasilika.

På många av tegelstenarna i Basilikans murar står det:

Ni. Pupie.

Troligen var den där Ni. Pupie en osk som gjorde tegelstenar. Men ärligt talat:

Ni. Pupie! Vad gör du.

På en vägg i Basilikan har någon klottrat: *Den som inte bjuder mig på middag är en barbar.*

Pompeji är en stad där det arbetas. Hårt. Föds en liten åsna stämmer den inte med Vitruvius ideal. En liten åsna stämmer sällan ens med sina egna ideal. Så små kan åsnor vara.

Forum. Forum överensstämmer inte med Vitruvius ideal. Ett idealforum skulle enligt den där Vitruvius ha proportionerna två till tre. Det har inte Pompejis Forum. Det är betydligt mer längre än det är brett. Men Vitruvius kan klå sin skalle. Det spelar ingen roll.

Ni. Pupie.

Nästan allt är lite trasigt i Pompeji. Om man står på Forum en tidig morgon då det är tomt på folk, emedan alla pompejaner ligger och snusar i sina fint målade små rum – alla? en del snusar i omålade rum – om man står där en morgon vid halvfemtiden så att man har fri sikt över Forum, då ser man många piedestaler. Men några statyer? Nej det ser man inte. Det beror på att alla statyerna trillade ner under jordbävningen.

Det var ingen konst för kontinentalplattorna att slå ihop och få omkull statyerna, både de kvinnliga och de manliga, hästar, kejsare, gudar... Det var en smal sak för kontinentalplattorna. En del statyer tappade huvudet, andra blev av med näsan, en arm eller en knäskål, somliga krossades till smul. Somliga sprack. Nu är de på reparation.

Statyn av kejsar Nero, av kejsar Augustus, och den av Neros mamma Agrippina, som han lät knuffa av en båt och sedermera mörda, då avknuffningen misslyckades, eftersom hon simmade i land. Sålunda mördade de henne med knivar i stället.

Ryttarstatyer av olika bemärkta och uppsatta män. Statyn av kejsar Caligula. Och den av Claudius.

Om dagarna, när Forum är fullt av folk som handlar, tittar på gycklare, tigger, håller tal, eller bara går runt, fram och tillbaks, runt runt runt, till exempel patroner som går av och an och diskuterar affärer, eller någon krämpa, eller något gåtfullt som hänt, klagar på slavarna, smutskastar en fiende, eller bara visar upp sig och luftar togan – och matronor som skryter med sin mans och sina barns bedrifter, visar upp sina nya smycken, diskuterar Gavia Severas senaste skönhetskräm, någon krämpa eller något gåtfullt som hänt, klagar på slavarna, eller smutskastar en rival, då tänker man inte så mycket på att piedestalerna är tomma. Men när torget är öde gör man det. Då vänder de sina blanka marmorskivor mot himlen, som landningsställ för tänkta statyer, gudar, kejsare, drömda gudar, och ser ödsliga ut. För alla har de trillat ner.

Augustus
Claudius
Agrippina
Nero
Caligula
Ryttarstatyer
Statyer till fots

Ja alla har de trillat ner.

Jupitertemplet på Forum är också trasigt. Några av pelarna har brakat in, och taket. Jupiter dyrkas föga i Pompeji efter jordbävningen. Pompejanerna är inte riktigt säkra på om jordbävningen var ett straff från guden. De vet inte riktigt. De tror att katastrofen kanske berodde på bristande kommunikation med mer pålitliga gudar. De är sura på Jupiter. De litar inte längre på hans beskydd. Han är en usel familjefar, för sträng, för brutal, orättvis, nyckfull, eller så skiter han helt enkelt i sina pompejanska barn. Man vet inte vilket. Grym eller disträ? Sträng eller arrogant? Därför används nu i stället ett lite mindre Jupitertempel som ligger en bit bort, i Pompejis Teaterkvarter, och som är helgat åt Jupiter Melichios, en sorts lill-Jupiter, en Sär-Jupiter. De dyrkar honom alltså lite, för säkerhets skull. Men hans tempel här på Forum står övergivet, delvis krossat i kras, och lämnas så.

Där går musikerna Mysticus, Chloé och Rufus, och en dvärg –

Mysticus slår på cymbal och sjunger, Rufus spelar tamburin och dansar, Chloé spelar flöjt och vickar på höfterna. Dvärgen hoppar efter henne, och stöter med höfterna framför sig i luften.

Vilka tar då hem lotteriet om andarna? Vilka spelar tärning om pompejanernas tro och fruktan? Vilka spelar kort med pompejanernas själar i potten? Det är många.

Larerna, till exempel. Länge leve larerna.

Man måste blidka larerna.

Och penaterna, till exempel. Länge leve penaterna.

Man måste blidka penaterna.

Penaterna skyddar familjen och hemmets härd, medan larerna skyddar staden och staten. I varje hushåll finns ett altare helgat åt penaterna. Och i de flesta gathörn i Pompeji ser man små altare åt det offentligas skyddsgudar larerna. Genierna – genius och juno – skyddar å sin sida personen. Till sin genius eller juno offrar man på sin födelsedag.

I Pompeji dyrkas även Isis och Venus, Dionysos och Apollon, Sebaot, Jesus och besten Bes, Mercurius och Minerva. Bland andra.

Isis är populär för att hon lyckas vara både mamma, hustru och hora. Jesus är populär för att han varken är fader, make eller kåtbock.

Under de offentliga latrinerna i Forums nordöstliga hörn ligger de underjordiska valv där Pompejis guld förvaras. Och under hela Pompeji löper ett kloaksystem med råttor. I kloakerna forsar det vatten som kommer från badhusen, gatorna och bostäderna.

Råttorna i Pompeji blev rejält omskakade under jordbävningen, då stora delar av vattenledningssystemet slogs ut. Många råttor mötte döden i Pompejis stinkande underjord.

Ty medan pelarna i Jupitertemplet uppe på Forum skakade, svajade och rämnade, tills taket till gudens bostad brakade in, så skakade, svajade och rämnade råttornas värld under Forum, ja under hela Pompeji, då rören sprack och djupa avgrunder öppnade sig under de små råttassarna: och samtidigt, på de offentliga latrinerna uppe på Forum, satt pompejaner som i all hast fick avsluta det de höll på med – medan guldet i valvet under dem dundrade runt.

Man måste blidka larerna. Efter jordbävningen bygger pompejanerna nu ett tempel till dem, i Forums nordöstra hörn.

De gamla godsägarfamiljerna, Pompejis överklass, har efter jordbävningen så gott som alla flytt till sina herrgårdar på landet. De hyr nu ut sina hus i staden till frigivna slavar, "uppkomlingar", som har inrett bagerier, valkerier, bordeller, verkstäder, hotell, krogar och affärer i de gamla patricierhusen.

Ner från Forum Pompeianum löper en stor affärsgata som kallas Överflödsgatan. Den leder ner mot Porta Urbulana, Stadsporten, den östligaste porten, som på oskernas tid kallades Veru Urublanu. När man står på Forum ser man dock inte ända ner till porten, eftersom Överflödsgatan svänger.

Ja, den svänger.

Inte mycket stämmer med Vitruvius ideal. Och inte heller med Ciceros ideal.

Enligt Cicero fanns det inga hederliga yrken. Möjligen arkitekt och läkare. Annars var det sysslolös man skulle vara. Sysslolös godsägare. Och vem håller inte med om det. Det skulle vara härligt att vara sysslolös godsägare, att, till exempel, ha ett slott med tinnar och torn – det fanns inte under antiken – där man skulle bo med alla sina vänner och inte göra ett dyft annat än att leka i parken, spöka för varandra om nätterna, dansa i månsken osv osv.

Men i Pompeji bor:

Smeder.
Krukmakare.
Ciselerare.
Lärare.
Flaskmakare.
Läkare (stämmer med Ciceros ideal).
Snickare.
Murare.
Brunnsborrare.
Kalkhandlare.
Vävare.
Skräddare (bl.a. rockskräddare och lappskräddare).
Valkare.
Färgare.
Filtmakare.
Garvare.
Skomakare.
Arkitekter (stämmer med Ciceros ideal).
Massörer (håller till i badhusen och knådar nakna människor).
Barberare (rakar & klipper män på Forum, i idrottshallen och i Basilikan).

Parfymhandlare (störst: Gavia Severa. Hon säljer parfymer och krämer i små glasflaskor och burkar till rika pompejanskor).
Apotekare.
Mimare.
Dansare (gränslöst populära bland kvinnorna, som blir upphetsade av att se två män dansa Leda och Svanen. Lika gränslöst föraktade av männen).
Skådespelare (inte minst den populäre Paris, som har en fanclub som kallar sig Paridianerna och som leds av Triaria.
Musiker.
Duschmästare (som också håller till i badhusen, där de duschar nakna människor).
Vinskördearbetare (daglönare som, de flesta, bor i Pompejis förort Pagus Augustus Felix Suburbanus).
Bagare (bland annat kakbagare, men främst brödbagare). Specerihandlare.
Ärt- och lupinförsäljare.
Skeppsredare (till exempel Cornelius Tages).
Bankirer (störst: Caecilius Jocundus).
Vinhandlare (det dricks en grotesk massa vin i Pompeji, särskilt det billiga Vesuvinum – som idag heter Lacryma Christi och är godare än under antiken – men även andra sorter: Falerner, bland annat).
Offerkakeförsäljare (vid templen håller de till och säljer kakor att offra till de glupska gudarna).
Vitmenare (som målar husväggarna vita – de målar över gamla valmanifest, så att)

Affischmålarna (kan måla dit nya, stående på stegar, som
Stegehållarna (de så kallade scalarii, håller i, medan)
Lanternabärarna (lanternarii, lyser upp den mörka natten. Affischmåleriet utförs alltid nattetid, då gatorna är så gott som tomma).
Lökförsäljare.
Spinnare och spinnerskor.
Frukthandlare och grönsakshandlare.
Fiskare.
Mulåsnedrivare.
Gladiatorer (även de populära bland kvinnorna, som ofta besöker gladiatorskasernerna efter spelen. Det gäller både friborna, frigivna, och slavinnor).
Säckbärare (en tung syssla för människan under Vesuven).
Prostituerade (en tung syssla för människan under Vesuven. De knådar och knådas av nakna män på ett mer avskalat sätt än matronorna).
Krögare och krogpigor.
Konstnärer (en lite för anakronistisk beteckning. Målare är ett uttryck som ligger närmare verkligheten, eftersom de som målade väggarna i Pompeji inte hade någon status, och ingen konstnärsmyt omkring sig: de var oftast anonyma).
Till exempel anonyma Mosaikläggare.

Och många, många fler, som inte stämmer med Ciceros ideal.

Pompeji är en stad där det arbetas benhårt under Vesuven. Och, som journalfilmsnisse skulle säga: ”gatorna genljuder av ett knackande och ett hamrande, då de alltid lika idoga, om än något sexuellt överhettade, förnuftsvidriga och grymma pompejanerna fortsätter att restaurera hus, gator och vattenledningar efter den fruktansvärda katastrofen."

Det kan låta på min beskrivning som om jag dyrkar arbetet. Då kanske man är fascist. Det är inte jag. Fast jag dyrkar arbetet.

Pompejanerna splittar sin religion i minst två delar, vilket man för allan del kan säga om romarna i stort, även om det är särskilt tydligt i Pompeji: å ena sidan vördar man trion Herkules, Bacchus och Venus, å andra sidan trion Jupiter, Juno och Minerva (bortsett från alla andra gudar som också vördas, men som inte är statsreligion). Den första triaden står för rus, slagsmål och kättja. Eller kärlek, om man tror på sånt. Den andra triaden står för ordning och reda. Jupiter är lagen, Juno hemmets vrå, Minerva vetenskap och arbete. Just detta är verkligen lite nazistiskt på något vis. Herkules = stordåd. Bacchus = rus, Venus = passion. Jupiter = förnuft, Juno = lugn och ro, Minerva = flit. Usch. Till detta läggs kejsarkulten.

Dessutom har det till Pompeji kommit andra och mer extatiska religioner från Österlandet, som Isiskulten, Jesuskulten, Orpheuskulten och Kybelekulten, vilka länge bekämpats av Rom på grund av de utsvävningar och vederstyggligheter som döljer sig under religionens täckmantel. Sålunda är till exempel de kristna kannibaler. Dessa religioner förlägger hoppet till en annan värld än denna – "det finns något bortom Vesuvius" – och lockar främst dem som inte har något att hoppas på hitom Vesuvius.

Men pompejanerna i allmänhet är begivna på rajtan tajtan och hokus pokus. De blidkar sina penater och äter sina spenater.

”De åt lasternas sötma och arbetets sälta” prisgivna pompejanerna drabbas ofta av vidskepelse, skuldkänslor, och skräck. De liksom anar närvaron av något högre, och känner då ett inre tvång att bygga altaren.

Till exempel då de ser en grotta. En grotta som holkats ur av den envisa naturen (av vatten, väder, vind), ja som holkats ur av den mol allena stackars sketna spenaten. När de råkar få syn på en grotta som holkats ur på detta sätt, en understundom obegriplig grotta, ja, när deras ögon skådar in i en sådan – jag menar inte en fitta nu, utan en riktig grotta – då får anden gåshud. Och andens gåshud leder till: tempel och altaren, hänryckning och extas, ändrad livsföring (= skärpning) o.s.v.

Skärpning är sällsynt i Pompeji, men annars, så.

Allt kan man spå i. Att råka spilla salt, nysa, snubbla, eller när det knäpper till i en trämöbel. Allt är meningsdigert. De är nämligen ett med världen, de antika människorna. På samma sätt som barn, kvinnor, vildar, skurkar, knarkare och dårar i våran snajdiga föreställningsvärld sägs vara ett med denna snajdiga värld. Inte skild ifrån den, främling i och inför den. Utan *ett* med den, som när ettåringen griper efter ALLT, med en redan syltkladdig hand. Men också som när en gammal kvinna – eller ska vi vara generösa och räkna in karlarna – en gammal människa klarat sig genom livet utan att bli bitter eller ens speciellt resignerad sätter upp hinkar i taket.

Vad beträffar vidskepelsen så skiljer romarna på omen och järtecken. Omen är privat, järtecken gäller det allmänna ödet. Idag är vidskepelsen nästan jämt privat. En svart katt som korsar gatan betyder otur för den som ser den, inte för samhället. Så var det inte då. Tecknen gällde ofta allas öde, inte bara den enskildes. Likadant med tabuhandlingar, de kunde föra med sig konsekvenser för alla. Som om du råkade lägga dina nycklar på bordet, och det blev börskrasch.

En annan grej som jag vill lite grann varna för är att det är en löjlig stad. Pinsamheten är legio. Jag ska ge ett exempel, det är så att man nästan inte står ut: en herde som spelar en *trudelutt*. Hajar ni? En frygisk eller kanske jonisk trudelutt. En trudelutt för den hulda vulkanen.

Ett folk som i vissa lyriska ögonblick kunde utbrista: *havet kräver åter sin Apollon*, när de bara menade att solen går ner. Ett sånt folk är det vi har att handskas med.

Ruttna, pilska, skrockfulla, packade, sentimentala pompejaner.

Apropå Ciceros ideal. Det roliga är att hans ideal gäller än idag. Arkitekt och läkare betraktas fortfarande som något finare än duschmästare, krogpiga och lökförsäljare. Det där begriper inte jag. Men det för med sig att arkitekter och läkare ibland är mer hybrisartade än vad de egentligen, innerst inne, borde anse sig föranledda att vara.

De antikas ideal var iallafall *delvis* andra än våra. Och jag, en rutten, pilsk, skrockfull, ej sällan packad, fast det ska bli mer ordning på det nu faktiskt, sentimental skribent, kan inte göra annat än följa de romerska gamlingarna hack i häl, vilket gör att allt i denna bok strider mot god ton och smak. Det blir ett blommigt fanskap. Det av den stränge Vitruvius fördömda blommiga fanskapet.

Himlen… den är blå idag. Och vid horisonten slumrar goseberget Vesuven.

Gråbrungrön utanpå. Rödgulsvart inuti.

Den inre ruinen glöder. Det yttres trasor grönskar.

Vinrankor. Gröna & lila druvor.

Detta skall bli Vesuvin.

Bacchus favoritberg Vesuvius (han har sagt det själv, han sa det i en dikt efter utbrottet: Verkligen vackert, O vulkan, du har bränt sönder mitt älsklingsberg).

Det var i anledning därmed som jag kallade Vesuvius för Goseberg.

När du blivit övergiven, eller efter nån annan personlig katastrof och är trasig inombords, då glöder din inre ruin. Efter sorg, då det har rasat till en hög med glöd och kol, då glöder den föga. Man kan spå sig i glöden. Sitt nu spår man i egna inälvor. Sin framtid? Den kommer senare.

Tänk dig en vredgad pupa som blivit inknuffad i en druva, och upptäckt att det där inne var precis så grönt som pupan väntat.

Att veta med hela pup-kroppen att det är grönt i druvan.

Eller som att befinna sig inuti en musikalisk tigers tassar.

Därför, välkomna till kaosets och turbulensens lilla hor-stad.

Vesuvius kärleksbrev till alla människor i alla tider

Hej. Jag är en stratovulkan.

Jag bildades för 17.000 år sedan, när Somma exploderade. Somma är min modervulkan och hon är ännu större än jag, och jag sitter ihop med Somma som är utslocknad.

År 5960 före Kristus hade jag ett utbrott som är ett av de största i Europa nånsin. 3580 före Kristus hade jag ett till stort utbrott. Ingen dog. Det var inte befolkat runt mig då.

Jag är en allvetande stratovulkan. Jag kommer att vara här långt efter det att den sista människan har dött ut, för en dag tar vi vulkaner över på jorden igen, precis som det var i början, och då kommer allt, ja hela jorden, att bli ett enda hav av lava där den sista ruinen efter den sista människans sista stad sjunker ner.

Den gröna planeten ska glöda igen, den ska bli ett eldklot i universum.

Många är de namn som människorna tillskriver mig. Besùbio, Bèsbio, Besùvio, Bèsvio, Vesùbio, Vesèbio, Bèbio, Vèsvio, Bèmbio, Bìsvio, Vèsulo, Vesùro, Mèvio, Mèulo, Esbio.

Allt kommer från ves, som är eld, men somt är eufemismer.

Ser ni de grymma och kättjefulla pompejanerna där nere?

Jag ska föreviga dem.

Jag är förlovad med en vulkan som heter Krakatau. Vi har magmatisk kommunikation. Hon är en högriskvulkan och har dödat många fina människor.

Det finns en idiotvulkan som heter Vulcanus som har hybris för att han heter Vulcanus, och för att människorna tror att vulkanernas gud – som också heter Vulcanus – bor inuti honom. Men det där är bara vidskepelse, och det vet han. Han är också kär i Krakatau, men han ska – om ni ursäktar en relativt ung vulkan en liten vits – hålla sig jävligt passiv, hahaha, ja det ska han.

Come on baby light my fire brukar jag sjunga för Krakatau och då skrattar hon sitt dödsbringande skratt och dödar många fina människor.

Vulcanus är ingen vulkan, han är ett röse.

Men Krakatau är en komplex vulkan.

Vesuvius hjärta Krakatau. Men Krakatau bara hjärta sig själv.

Allt är fåfänglighet, säger Vesuven.

Jag har ett fragmentariskt hästminne. Jag minns inte allt, men det jag minns minns jag bra. Det blir sådär när man levat några årtusenden. Petitesserna faller bort. Spartacus minns jag, när han gömde sig i min krater med sjuttio kamrater.

En tiger är en köttvulkan som är gul och svartstrimmig utanpå. Jag är röd inuti, och gröngråbrun utanpå. Fåren kittlar mina sidor. Fåglarna pickar på mig. Spartacus var en vulkan som på utsidan var en förrymd gladiator, en tjusig kille, traker precis som Orpheus, som drog igång en del. Jag minns det väl, han hade turen att få dö i strid, och slapp bli korsfäst längs Via Appia, som många av sina anhängare.

När Spartacus och hans gäng gömde sig i min krater kände jag något som man skulle kunna kalla för en homoerotisk attraktion. De gick runt i dammet och planerade flyktvägar. När den romerska legionen omringade mig flydde de genom att hala sig ner med vinrankor genom sprickor på en otillgänglig del av mig, som romarna inte brytt sig om att bevaka.

Legionen hette legion, ty de var många.

En gång i tiden fanns det en vulkan som hette ungefär Jahvé. Den är utslocknad sedan länge och jagar inte längre skräck i någon, men den gud som människorna tillbad, och som de trodde bodde i vulkanen, jagar fortfarande skräck i många människor. De har glömt vulkanen, och minns bara guden. Det brukar jag säga till Vulcanus. Du kommer att försvinna, medan guden som människorna tror bor i dig lever vidare. Då blir han förbannad.

När allt tar slut, när vi vulkaner tar över igen, då hoppas jag att Vulcanus är nermejslad med vinden sedan årtusenden. Men jag hoppas att Krakatau och jag finns kvar, att vi två är sist på täppan så att säga, när jorden förvandlas till ett glödande hav av lava, där den allra sista ruinen efter den sista människans sista stad sakta sjunker ner.

För Come on baby sjunger jag och då skrattar Krakatau sitt dödsbringande skratt.

Jag älskar henne för att hon är en högriskvulkan. Jag kallar henne vulkanissa för att retas och då blir hon arg, hon säger att kvinnliga ändelser är diminutiv. Hoppsan säger jag och fortsätter att kalla henne vulkanissa!

I Isistemplet där nere tvättar de sig i Nilvatten. Sedan gör de tydligen en oerhörd massa mysko prylar också, och allt verkar gå ut på sex. Det är i alla fall vad jag hört. Så småningom kommer den där Isiskulten att tas över av frimurarna, har jag också hört, men på grund av homoerotiseringen av samhället är det bara karlar som får vara med. Mozart gör en skandalopera där han avslöjar hemligheterna, Trollflöjten heter den och jag tycker att det är bra att han profanerar mysteriet eftersom det förråder sig självt när det förråder kvinnorna. Vesuvius heter jag, men jag kallas också Storstruten. För att jag är så stor i truten, säger Vulcanus; det finns absolut ingenting som kan få den vulkanen att slappna av.

Övergångssten V

Vitruvius om den tredje pompejanska stilen

"En målning är en bild av något som finns eller skulle kunna finnas, till exempel människor, byggnader, skepp och andra föremål som det går att göra exakta avbildningar av. De gamla målarna valde att avbilda byggnader, kolonner och frontespiser. De målade hamnar, berg, stränder, floder, källor, tempel, heliga skogar, berg, fårhjordar och herdar…

Dessa motiv, som var tagna ur verkligheten, förkastas av den nya, vanvettiga konsten. Nu målar man monster i stället för verkliga föremål. Man målar kolonner som ser ut som vassrör. Frontespiser som består av något slags virrvarr av ihoprullade blad. Man målar ljusstakar som bär på små tempel, på vars tak man målar små buketter med slingrande rötter, där det helt omotiverat sitter små människoliknande figurer; blomstjälkar som inte slutar i blomkronor utan i små byster, en del med människohuvuden, andra med djurhuvuden. Ingenting av detta finns, skulle kunna finnas, eller har någonsin funnits."

Vitruvius

Nähärru.

Toleranströskel I

I Pompeji kan det vara bra att kunna lite latin. Det är ett släkte som är vulgärt och fult i mun som bor i den här staden, innanför dess skyddande murar. Det går inte att bortse ifrån grovheterna, det skulle vara verklighetsförfalskning. Antikens människor var mycket frispråkigare än vi, i alla samhällsklasser. Vårt pryderi är något som egentligen inte slog igenom på allvar förrän på artonhundratalet. Vissa av de vanligaste begreppen har jag bestämt skall stå på latin. Lite kuk och fitta bör ni stå ut med, men man bör anpassa sig lite lagom till god ton. Tabut är till för att göra överskridandet desto roligare.

Kompromiss: de får stå på latin.

Men ni ska få en översättning i alla fall. För att ni inte ska dö av nyfikenhet eller känna er ut-snobbade – forna tiders gubbar, till exempel Ekelöf, brukade ju av anständighetsskäl ut-snobba alla utom ett begränsat antal likartade gubbar som läst latin – han citerar massor från Pompejis väggar, men översätter det inte eftersom det är katastrofalt snuskigt. Nuförtiden har den lilla kretsen likartade gubbar som kan latin krympt, och de skulle utgöra en lite för snäv läsekrets för att jag skulle tycka det var mödan värt att skriva en roman för dem. Toleranströskeln för snusk har ju också sänkts, fast inte så mycket att Pompejis språkbruk kan få passera ocensurerat in i den här romanen. Jag säger det bara en gång, så lyssna noga. Sen får det bli på latin, annars blir det en för grov bok.

Fellatrix betyder kuksugerska. Fellator kuksugare. Fututor betyder knullare. Fututrix knullerska.

Cunnum lingere betyder slicka fitta. Cunnu är fitta. Lingere slicka. Fellare är suga. Bene felat betyder inte haltar, utan suger bra. Cunnulingulum betyder fittslickerska. Cunnlingulus fittslickare.

Lente impelle betyder för in den långsamt. Futuere betyder knulla. Futuere bene betyder knulla väl. Fututa sum hic betyder här har jag blivit påsatt.

Symplegma, det hörs väl. Coitus a tergo vet jag inte, tror det är bakifrån, pedicare är i alla fall rövknulla.

Venus Pendula, det är när kvinnan sitter ovanpå.

Bortsett från detta har pompejanerna en väl upparbetad kiss- och bajshumor. Överhuvudtaget en väldigt kroppslig humor. *Jag* gillar det. Om *ni* inte gör det, så betänk åtminstone att det är historiskt korrekt. Eller stoppa upp huvet och läs något i edra egna annaler.

Toleranströskel II

Här kommer ett kapitel om garum.

Garum. Lite av Pompejis stolthet kan man säga. En mycket speciell sorts fisksås som luktar skunk från Hades, men smakar sparv från Olymp.

Garumexporten är en av Pompejis... nå, kanske inte huvudnäringar, för hur ska man definiera en huvudnäring, vems är pengarna, var faller de, var uppstår de, vems är huvudet, vad har vi med det att göra, och vem gottar sig på vems bekostnad – men det är en export som verkligen placerar Pompeji på Romarrikets världskarta. Man kan säga att Pompeji förknippas lite grann med garum och att det uppstår sus och brus, för garum, det vet ju alla vad det är.

Pompeji må vara en föraktad landsortsstad men det är ingen som vågar sätta sig på garum.

Hur tillverkar man alltså garum?

Jo. Man tar en sardin eller någon annan fisk, avlägsnar inälvorna och saltar dem, häller på vin, kryddor och vinäger, samt låter det hela ligga i solen några månader så att det ruttnar. Den godaste garumen görs av inälvorna från spansk makrill: scomber.

Mums för scomber.

Fisken ska inte vara självdöd, den ska ha mördats av människan. Annars kan den vara dålig (den kan ha en sjukdom, den kan ha mask, gudarna kan ha förbannat den. Om Jesus kunde förbanna ett fikonträd så kan väl Jupiter förbanna en ansjovis). Om man tillverkar garum för fattiga tar man en sådan ansjovis, men tillverkar man garum för rika läckergommar tar man i stället en spansk makrill, och då blir man ännu mer populär, för de rika blir glada och de fattiga suktar, de blir avundsjuka och skulle hemskt gärna äta den där ouppnåliga garumsorten. Beroende på hur rik och ärevördig man vill bli producerar man garum för olika personer.

De som framställer garum äter garum av den sämsta sorten, eftersom de framställer garum, och ingen bra människa ägnar sig åt att framställa garum. Den finaste garumen går till dem som inte gör någonting, eftersom idealet som sagt var är att inte göra någonting, och det bara är idioter som envisas med att arbeta, och särskilt korkade är de som envisas med att jobba med något som luktar så illa som garum.

Men det smakar gott!!!

Det är bra att veta för dem som efter jordbävningen flytt Pompeji till sina villor på landet att tillverkningen fortsätter, så att det fortfarande är möjligt att bli rik av den på avstånd. Och äta upp den, givetvis.

De ledande garumproducenterna i Pompeji var länge bröderna Umbricii. De är nu stendöda, och verksamheten drivs av den ene broderns – A. Umbricius Scaurus – frigivna slavinna Umbricia. (I praktiken hans efterlevande älskarinna. Frigivna slavar övertar sina gamla ägares namn på samma sätt som kvinnor som gifter sig övertar sina mäns namn. Hundar övertar sällan sin husses namn, även om det sägs ha hänt).

Det är inte svårt att hitta fram till den frigivna slavinnan Umbricias garumfabrik, vid en tvärgränd till Överflödsgatan: det är bara att sniffa sig fram.

Ty där framställs sålunda garum, och dess varianter scomber, faex, alec och muria... gari flos flos... optimum... excellens... och det luktar lite som surströmming.

Om garum börjar stinka *för* mycket finns det ett urgammalt oskiskt knep, som man kan läsa om hos Apicius i hans förnämliga kokbok: man håller ett kärl upp och ner över en liten eld på cypress och lager, och låter kärlet bli helt genomrökt. Man låter garumet vistas ett tag i det rökta kärlet. Luktar det fortfarande *för* mycket, så att rökdoften inte rår på det – överröstar det så att säga, eller överluktar det eller vad det heter – är det bara att göra sig av med sitt gamla garum. Annars kan det hända att inte bara näslökarna utan även magen säger ifrån, på ett inte önskvärt sätt.

– Mitt solur sackar.

– Det tror jag inte på.

– Jo. Du har inte med dig ditt? Så vi kan jämföra?

– Nej, jag har inte med mig mitt solur, Posthumus. Det krävs två slavar för att bära ett solur, och jag har bara en. Den andre har köpt sig fri, och jag har inte brytt mig om att köpa någon ny. Pengarna behöver jag till annat, nu när jag ska förlova mig med Sympaschusa.

– Hon är fin, Sympaschusa.

– Ja. Hon är mig mycket värdefull. Jag tänker mindre på hennes snygga bröst, än på farsgubben senatorn, och villan i Baiae. Det fåniga är att slaven förmodligen har stulit alla pengar ur hushållskassan, dem som han köpte sig fri för. Men vad gör man. Jag klarar mig i och för sig med en husslav tills vidare, det är bara denna enda lilla nackdel, och det är att jag inte kan ha med mig mitt solur på stan. Ty det krävs två slavar för att bära ett solur, du Posthumus!

– Ja, det är ett bekymmer, Maximus!

– Sen så har jag förstås femton slavar som jag hyr ut till kommun. Och så har jag ju en slavinna också, men henne hyr jag ut som prostituerad till kommun. Dessutom är hon klen och illbattig. Hon är tessaliska.

– Ja, ja, tessaliskorna... Men ser du den där pinjen? Ska vi gå bort till pinjen och ställa mitt solur bredvid, så vi kan jämföra skuggorna?

– Ja, det gör vi! Kom så går vi dit!

– Kom, slavar, så går vi bort till den där pinjen. Ställ ner soluret där – nej lite längre ditåt! – annars hamnar det ju i pinjeskuggan! För tusan bövlar! Ser du nu, Maximus, att pinjens skugga pekar lite mer åt vänster än solurets skugga?

– Ja! Det gör den! Det var det värsta! Det ser verkligen ut som om ditt solur antyder en sol som står lite längre österut på himlen – men det är väl ändå inte möjligt, Posthumus?

– Ska vi se vad som händer om vi ställer soluret på andra sidan pinjen? Vad säger du, Maximus?

– Ja, det gör vi!

– Kom, slavar, sitt inte där och ät dadlar och tjura, bär mitt solur till andra sidan pinjen.

– Oj då. Nu blev det tvärtom.

– Japp. Nu pekar mitt solurs skugga lite mer åt vänster än pinjens. Nu kanske du tror mig, när jag säger att det sackar!

– Tror du att det kan ha med jordbävningen att göra? Att marken har blivit snedare?

– Den här marken är platt. Plattare än så här kan det knappast bli.

– Då måste det vara något fel på ditt solur.

– Absolut inte, Maximus.

– Det är skevt, Posthumus.

– Nej.

– Då måste det vara pinjen som är sned. Förresten är den lite väl yvig. Kottlös är den i och för sig, men grenarna, och barren… Jag tycker att vi går till soluret vid Apollontemplet och jämför, för att reda ut den här saken en gång för alla.

– Ja, det gör vi. Kom slavar, så går vi bort till soluret vid Apollontemplet och jämför en gång för alla. Vad glor ni på? Om ni inte skärper er låter jag avrätta er, eller något i den stilen.

Gränden som tar av till vänster från Överflödsgatan mellan det kvarter där Ceius Secundus bor och nästa är avstängd med en rejäl trägrind. Grinden sattes dit för inte så länge sen, när den lilla gränden blev privat. I ena änden sitter den fast i kvarterets vattentorn, i den andra i *ett visst hus*. För att inga vagnar ska kunna förirra sig ner från den stökiga Överflödsgatan har man för säkerhets skull, för den totala avskildhetens skull, som om grinden inte räckte (en grind går ju strängt taget att öppna) byggt ihop de två kvarterens trottoarer med stora block av vesuvianit.

Stora jävla block av vesuvianit för avskildhetens skull.

Så likt den tapp som täpper till Vesuvius.

”Sisådärja. Lite lugn och ro.”

Det är familjen Paquia som äger gränden. Eller närmare bestämt det ärevördiga överhuvudet Publius Paquius Proculus – P.P.P.

Familjen Paquia är diskret, burgen, och ärevördig.

De kissar inte offentligt. Nummer två skulle de inte ens drömma om att göra offentligt, som så många andra pompejaner. Det finns inte i Paquiernas föreställningsvärld.

Paquierna tänker före. Inte ens efter före, bara före. Först tänker pappa Paquius, sen tänker mamma Pacquia, sen tänker deras frigivna, sen tänker pappa Paquius klienter, och barnen och slavarna lunkar efter, och ett lugn och en lycka breder ut sig. De äger de romerska dygderna måtta, lugn, klarsyn, rättvisa, balans, och acceptabilitet i den bemärkelsen att de inte ägnar sig åt några lågt stående sysslor eller beteenden, och inte har gjort det så länge någon kan eller vill minnas.

Ett och annat rötägg har det väl funnits i familjen men med illa dold näver har även björken sina fläckar. Familjen Paquia har aldrig sett en björk, de befinner sig inte på den breddgraden. Men de hajar nog piken ändå.

P. Paquius Proculus har varit duumvir – borgmästare – i Pompeji. Det var år 74 e.Kr. Nu ser man honom ofta på Forum där han luftar sin toga och sina åsikter om Pompejis affärer. Alla togor lyssnar på P.P.P.

På amfiteaterns yttermur finns en inskription som vittnar om att Paquius Proculus, när det begav sig, valdes enhälligt av pompejanerna – så enhälligt det kunde bli på den tiden:

Paquium Proculum Universi Pompeiani fecerunt.
Alla pompejaner röstade på Paquius Proculus.

Universi Pompeiani... Paquium Proculum fecerunt...

Varje gång Paquius Proculus går på gladiatorspel för att njuta av köttet, blodet och döden ser han den där inskriptionen.

På Paquius egen fasad finns en annan valaffisch, där tribunen T.S Clemens ger honom sitt stöd och rekommenderar honom till duumviratet. Och även denna:

Publius Paquius Proculus grannar stöder helhjärtat
hans kandidatur till borgmästeriet.

Paquius hus är ett rymligt, vackert, färgglatt hus. Det gör sig inte skyldigt till det överdrivna prål som fördömdes av så många skribenter under antiken. T.ex. Vitruvius. Det är precis så pompigt som konvenansen kräver för att det ska märkas att det är något ädelt och fint som snarkar där om natten och inte något litet sk···tet som springer omkring och kissar och så vidare utomhus eller sådär.

Nu står vi vid tröskeln. Vi ska gå in och kolla runt...

Tröskeln är av glasmosaik: den är utsmyckad med två kentaurer – det är figurer som är till hälften häst, till hälften människa – och en get. En märkvärdig tröskel. När man kliver över den och in i vestibulen får man under sina fötter en golvmosaik av en hund som vaktar ingången...

Sedan breder underbara golvmosaiker ut sig i hela huset. Tröskeln och vestibulen är bara början. Den som träder in i P. Paquius Proculus hus kanske stannar till på tröskeln och beundrar det som utspelar sig under fötterna, de sagolika kentaurerna, den naturtrogna geten, och sedan stannar hon eller han kanske till i vestibulen och beundrar vakthunden – och ändå är det bara början.

Efter vestibulen kommer man in i det första atriet. Runt bassängen löper det en mosaik med en uppsjö av djur, fåglar, halvgudomligheter, helgudomligheter, havslandskap, stränder... Mosaiken är gammal och nött, många fötter har trampat på den i mer än hundra år, och sedan jordbävningen löper det en spricka igenom den. Men det gör den bara vackrare, dolsk och hemlighetsfull, för tiden gör vad den vill.

Mosaiken på bassängens botten är bortplockad, bit för bit. Hela botten blev ihopknörvlad under jordbävningen. Innan dess hade vattnet redan gjort sitt – regnet som föll och föll, och som fortsätter att falla, ner genom ljusgården och plask i impluviet, bassängen, där det återspeglar himlen och molnen – nattetid stjärnorna och månens sken – och det var jättelätt för jordbävningen att fördärva ett litet mänskligt underverk på botten av ett impluvium. Ett mirakel som skapats av hantverkare på knä, under lång tid.

Ponera att tiden är en kvinna och mannen ett rum. Ponera att kvinnan *går* genom rummet. Ponera att hon går barfota. Ponera att hon kliver ner i impluviet och går tvärs över mosaiken, upp på andra sidan, ut ur rummet…

Familjen har sparat några skärvor ur den fördärvade mosaiken, som de förvarar i ett skåp i hallen. Mamma Pacquia drömmer om att låta rekonstruera bassänggolvet exakt som det var, och vill då att mosaikläggaren ska ha något att utgå ifrån.

På atriets vänstra vägg är två stilleben målade: ett fat med en bläckfisk och två fiskar (rödbarb, faktiskt) och en skål med frukt. Den högra väggen är skrovlig och bucklig, målningarna är helt förstörda. Den har varit sådan ända sedan jordbävningen. Familjen tvekar. De låter skrovlet och knörvlet vara tills vidare. De har inte råd att laga allt på en gång. Dessutom betraktas det som god smak bland Pompejis finare familjer att tona ner lyxen lite, med tanke på hur trasigt allt annat är, hur många som bor i illa åtgångna hus, vilken misär som råder efter jordbävningen, och hur många gudatempel som ännu inte restaurerats – för övrigt vet man ju inte om jordbävningen kom som ett straff från gudarna, kanske mot hybris, mot prål, kanske mot någon annan förseelse, något övertramp. En kollektiv förseelse kanske, som kan ha yttrat sig i små svulster av prål bland de rika.

Efter atriet kommer man in i tabliniet, det rum där pappa Paquius i normala fall tar emot sina klienter och sköter sina affärer (men tabliniet är inte färdigrestaurerat, och husets herre har tills vidare installerat sig i ett par rum på övervåningen). I mitten av rummet, på golvet, finns det en alabasterrundel – och vilken alabasterrundel! den är inramad av en bård med vilddjur, en elefant, en korsspindel, en fluga, en mus och en ödla; husets barn, som i regel inte ska uppehålla sig i tabliniet utan får nöja sig med atriet och trädgården, älskar den där alabasterrundeln med dess bård av konstiga djur, och så fort de får tillfälle lägger de sig på mage runt den för att kunna studera rundeln i detalj, och spinna historier kring djuren. Men inte när pappa tar emot, utan när han vilar middag eller är på Forum.

Till höger i tabliniet leder en trätrappa upp till övervåningen, som har två rum: det ena vätter mot atriet, det andra mot peristylen, det vill säga den inre pelarhallen.

Men vi ska inte gå upp på övervåningen ännu. Vi ska gå vidare på bottenvåningen till en salong, ett litet finrum, som öppnar sig mellan två kolonner mot pelarhallen. I denna salong fann man långt senare sju barnskelett. Ja, så långt senare att det nästan är ofattbart.

Till vänster i den stora pelarhallen leder en trappa ner mot vinkällaren. Här förvaras vin från Taormina i läglar märkta med signaturen P.P.P. i rött. (På några står det även: E. PRO och C.J.C. Varför!) I källaren förvaras även matvaror. Bland annat står här en kruka full med garum, som lagrats i tre år. Ett riktigt årgångsgarum, tänkt att avnjutas vid ett särskilt tillfälle, nämligen det då tribunen T.S Clemens lämnar Pompeji och reser tillbaks till Rom.

Det ska bli ett avskedsgarum. P. Paquius Proculus är glad över allt stöd han fått av T.S sanctissimus Clemens, den tillresta och inflyttelserika medborgaren, utan vars varma rekommendation P. Paquius kanske inte hade blivit borgmästare.

ROTAS
OPERA
TENET
AREPO
SATOR

Så står det klottrat på en pelare i den stora pelarhallen. Det är ett palindrom: kan läsas kors och tvärs. Det betyder:

SÅNINGSMANNEN
AREPO
HÅLLER
HJULET
I GÅNG

TENET! TENET! blinkar det kors och tvärs. Håller! Håller! Släpper snart eller håller bra.

Det är P. Paquius Proculus äldste son P. Paquius Proculus som skrivit det. Han är tretton år.

De sju barnen i Paquius atrium snurrar så att taköppningen med molnen snurrar – pelarna runt hallen snurrar – målningarna bakom pelarna snurrar. De har armarna utsträckta och är knäpptysta.

Så sätter de sig runt bassängen och sticker ner fötterna i vattnet. Lägger sig med ryggarna mot den svala marmorn och kikar upp i taköppningen. En blå rektangel med vita moln. Den fortsätter att snurra. Inte hela vägen runt, bara en bit, sedan återvänder den med ett ryck till utgångsläget. Som en spastisk rektangel som förgäves kämpar för att komma runt. Den kanske hoppas på att bli en cirkel. Eller försöker skaka av sig sina moln. Eller bli en sol. Eller riva hela taket.

– Varför gör den så?

– Kolla, en ödla!

Antikens barn snurrade som moderna barn, det finns dokumenterat. Däremot har de aldrig sett ett flygplan göra en rökstrimma över himmelen.

Ser någon av Paquius Proculus sju små illbattingar en sådan rökstrimma krypa över den blåa rektangeln där uppe, måste det vara en gud som försöker dra ett streck över skapelsen och börja om från början, eller en slinga rök från Vesuvius krater.

Snettemot P. Paquius Proculus hus ligger Asellinas krog. Här serveras vinet ur tuppkrus och rävkrus.

Den L-formade serveringsdisken är öppen mot gatan och har fyra försänkningar där behållarna med varmt käk är nersänkta. Röken från ugnen under disken slingrar sig upp genom ett terrakottarör och ut genom ett hål i ena änden av baren, och beroende på vart vinden blåser omsnärjer röken antingen flickorna eller suputerna som står och skrävlar vid disken.

Bakom baren står en vattenbehållare av brons – för den som vill ha sitt vin utspätt. Den är hermetiskt tillsluten – så hermetiskt att det fortfarande fanns vatten i den när man öppnade den år 1911.

Krogen vetter mot Överflödsgatan – Schlaraffenlandgatan – Vicus Urublanus Urbulanus. En sedan urminnes tider livligt trafikerad gata. Här har de gamla oskerna, de gamla etruskerna, de gamla grekerna, och de gamla samniterna, samt de för tillfället både unga och gamla romarna (för att inte tala om alla andra ursprungsmänniskor, Pompeji är en hamnstad) traskat i sjuhundra år – fast gatan på oskernas och etruskernas tid inte sträckte sig längre än till Bordellgränd, varefter den avlöstes av en liten lantlig stig där oxar drog sina kärror och småfåglar hoppade och pickade i vägrenen, invid vilken det växte små blommor, och där allsköns sagoväsen antogs hålla till nattetid.

Den lantliga idyllen dagtid och skräcklandskapet nattetid.

Asellina själv – Åsninnan betyder det, det är ett artistnamn, åsnor har rykte om sig att ha stor sexuell aptit, som våra dagars kaniner – Asellina rör sig småbarsk men pillimarisk bakom baren och leder arbetet, som utförs av krogflickorna Maria, Aegle och Zmyrna. Då och då lyfter dock Asellina själv ett tuppkrus eller ett rävkrus och serverar en särskilt omhuldad kund.

Och röken som ringlar sig upp genom terrakottaröret från elden som brinner under baren för att hålla käket varmt omsnärjer Asellina, Aegle, Zmyrna och suputerna som står och skrävlar vid baren.

Asellinas armar är blekt olivgröna. Hon har en näsa med platå – näsroten är horisontell, det rör sig inte om mer än en halv centimeter men denna halva centimeter är de facto vågrät. Efter näsroten svänger sig näsan neråt i en skarp böj, där körsbäret rullar (de gånger Asellina lattjar). Asellina har en kort överläpp, skarpt markerad, djup snorränna, och spetsiga amorbågar. Hakan är bestämd som en knytnäve. Håret korpsvart, nästan blått.

Det vackra ansiktet skiftar i olivgrönt, inte riktigt lika mycket som armarna, men en aning, som ett lätt flor över en trädkrona en tidig vårdag.

Gör Caius Lollius Fuscus
till uppsyningsman för skötseln av gator
och religiösa och andra offentliga byggnader.
Det föreslår åsninnorna.
Inte minst Zmyrna.

Så står det på väggen utanför krogen.

På kvällen är Asellinas krog upplyst av en bronslampa utsmyckad med en pygmé, två fallosar och fem små klockor: den ska inte bara lysa upp baren med sitt lockande gyllene sken utan dessutom hålla onda ögat borta. De som hade onda ögat kunde förvandla människor till djur, ja alla möjliga förbannelser och sjukdomar kunde de låta slå ner på sina offer. De kunde även förflytta folk från en plats till en annan. De som främst var i besittning av denna farliga gåva var kvinnor med dubbla pupiller. Tessaliskorna ansågs ofta äga onda ögat. Lampan hänger ovanför baren i en kedja.

Längst in i Asellinas krog är en trätrappa som leder upp till övervåningen där Maria, Aegle och Zmyrna har sina rum. Dit tar de sina kunder.

Till höger om baren nere vid gatan har Zmyrna klottrat en gubbe med aphuvud och jättefallos i handen. Hon är duktig på att teckna, Zmyrna.

Snettemot Asellinas krog, åt andra hållet på Överflödsgatan, ligger Felix Frukt. Felix säljer nötter, mandlar, persikor, plommon, kastanjer, äpplen, granatäpplen, päron, druvor, körsbär, vesuviusaprikoser, apelsiner och citroner, och en gång fick han in en ananas, frukternas konung. Det var folkskockning i Felix affär när ananasen visades upp. Det var som att visa upp en kronärtskocka. Frukternas drottning är bananen. Grönsakernas prinsessa är rädisan och prinsen är persiljan. Nötternas prins Hasselnöt. Ekorren är Tiden – gnager i sig allt.

Hur körsbäret kom till Italien vet man. Det var läckergommen Lucullus som planterade det första trädet i sin lyxträdgård i Tusculum år 68 f.Kr. Apelsinen och citronen kom till Italien senare, under kejsar Augustus tid. Citron, apelsin, kasta dem i havet och påstå: havet kräver åter sin Apollon. Det är så barn leker: de tar en apelsin, kastar den i havet och säger att solen går ner.

Druvan är inhemsk.

Det beror på att det dracks en ofantlig massa vin i Italien under antiken. Druvan! Bacchus frukt. Ibland grön, ibland vinröd. Uppträder i något som när det handlar om djur kallas för flock, men som när det handlar om frukt kallas för klase.

Felix är tjock, på Medelhavsvis ger han intryck av att vara tjockare än lång men det är en synvilla, en chimär och ett irrbloss, det finns nästan inga såna människor, men han har faktiskt en protuberant mage, trots att han är snabb och vaksam. Med ett litet kritisk-paranoiskt, svart, djupt inbäddat hököga håller han koll på barnen och lösdrivarna så att de inte snor aprikoser. Felix har korta, breda händer, med dem rafsar han ihop frukt och väger på sin våg, och lägger sen frukten i slavens korg, den slav som kommit för att handla. Med dem ger han också örfilar åt barnen, drar dem i örat, lyfter dem i tunikorna när han tycker sig se att en vesuviusaprikos försvinner in i en liten hand.

Inte bara örfilar, han tar ofta i hårt, för ingen far så illa som slavarnas barn i Pompeji. Vem som helst har rätt att närsomhelst förgripa sig på dem, på vilket sätt som helst.

Med de där händerna tar han också betalt, och lägger mynten i ett litet kassaskrin.

Är Felix gift? Det vet vi inte. Men vi vet att han säljer frukt på Överflödsgatan, snettemot Asellinas krog. Och så vet vi att han stödde Lucius Ceius Secundus kandidatur till borgmästeriet några år tidigare (och några år efter det att Paquius Proculus varit borgmästare).

Frukthandlarn Felix stöder…

Det gjorde hans kvartersgrannar också, Asellina inte att förglömma.

Gör Lucius Ceius Secundus till borgmästare
Han är staden värdig
Invånarna i Urublanuskvarteret stöder honom.

Två kvarter ner från Asellinas krog, vid den offentliga lavabrunnen, står det så här på ytterväggen (fasaden till Successus järnhandel).

Nihil durare potest tempore perpetuo
Cum bene Sol nituit redditur Oceano:
Decrescit Phoebe quae modo plena fuit.
(Sic) Venerum feritas saepe fit aura levis.

Ingenting varar för evigt.
Som den lysande solen försvinner i oceanen
Havet kräver åter o.s.v.
Kärleksplågan försvinner för en lätt bris

Den som skrev ingenting varar för evigt på en vägg i Pompeji, om det nu var järnhandlaren själv eller någon annan, visste förstås inte exakt hur profetiskt det skulle komma att visa sig, eller snarare hur *snart* den allmängiltiga sanningen skulle visa sig sann för just Pompeji. Och den som på en annan vägg i Pompeji klottrade Sodom och Gomorra hade ingen aning om att Pompeji och Herculaneum skulle ödeläggas, eller att det inte skulle vara en gud som ödelade dem, utan en vanlig sketen vulkan.

Sketen ej jag är.

Nej, jag vet. Det är bara ett sätt att uttrycka sig, baby.

Nu har vi kommit fram till M. Fabius Ululitremulus valkeri. Granne med Successus järnhandel.

Valkare – *fullo, fullones* – är det gott om i Pompeji. Valkare är ett yrke som inte finns längre.

Tillnamnet Ululitremulus har han fått för att uggla heter ulula på latin. Ululan är Minervas fågel – Minerva är den gudinna som beskyddar hantverket – och i synnerhet valkarna dyrkar Minerva.

Valkarna valkar tyger och kläder genom stampning, tvättning i urin, ruggning, svavling, borstning och pressning. Hos Ululitremulus arbetar Calamus, Leno, Pegte, Ephebus, Ricinus och Gerulus, varav åtminstone den siste måste vara galler, som Asterix.

På fasaden till Ululitremulus valkeri är en målning av Aeneas med sin far Anchises på ryggen och sonen Ascanius i handen då de flyr från Troja.

I gathörnet intill Ululitremulus valkeri står ett urinarium gastrum. Det är ett vinkärl med avslagen topp, där förbipasserande kan urinera. Sedan hämtar någon av Ululitremulus anställda kärlet och häller urinen i det stora kar där valkarna stampar och tvättar ullen. Anledningen till detta är karbamidet i urinen, som löser upp fettet i ullen och får den att filta sig. Det är inte, vilket påståtts någonstans, ammoniaken. Det är karbamiden.

Valkarna, fullones, har en speciell fest som heter Quinquartus, som pågår i dagarna fem: den 19 till 23 mars. Då är det skollov, lärarna får en gåva av sina elever (en så kallad minerval), det hålls gladiatorspel, och inte minst är det då den rituella rengöringen av stridstrumpeter äger rum: tubilustrium.

Festen hålls till Minervas ära, och det sups. Ingen fullo är nykter under Quinquartus.

Det finns en annan fest som heter Lilla Quinquartus, flöjtisternas festival: den hålls den 13/6.

Lilla Quinquartus är inte riktigt lika vild som stora Quinquartus.

Men få flöjtister är nyktra under Lilla Quinquartus.

På den vänstra väggen i prästen Amandus hus (granne med Paquius Proculus) hänger en målning.

Den har oskisk skrift, ity den är gammal. Den föreställer Spartacus när han slåss mot den i Pompeji inhemske gladiatorn Felix. Det framgår att Felix Pompeianus vann striden – under målningen står en hyllning till honom.

Man kan därmed sluta sig till att den pompejanska publiken visade tummen upp för Spartacus, att de benådade honom, eftersom målningen skildrar en strid från tiden före slavupproret (det måste den göra, för Spartacus avrättades omedelbart efter det att han tillfångatagits, han slogs aldrig mer på någon arena).

Vi vet alltså att Spartacus stred mot Felix på den senares hemmaplan, på amfiteatern i Pompeji, förmodligen år 74 f.Kr. Vi vet att Felix vann, och att publiken benådade Spartacus.

Vad vi inte vet är varför prästen Amandus lät måla över tavlan.

Ty det är inte helt korrekt att säga att denna tavla hänger till vänster i prästen Amandus hus. Nu gör den det. Men 79 efter Kristus var den övermålad.

Varför? Var minnet av slavupproret för kusligt? Eller ansågs det inte passande för en präst att ha gladiatorer på väggarna?

I samma kvarter som Paquius Proculus och prästen Amandus bor Cornelius Tages. Hans hus vetter inte åt Överflödsgatan, utan åt en liten tvärgränd.

Han har etruskiskt påbrå. Namnet Tages är en latinsk variant av det etruskiska Tarket.

Cornelius Tages är en stormrik redare, och en "uppkomling" (homo novus). Han är Pompejis Kapten Onedin. Han är nämligen rödhårig.

I hans källare står det krukor med vita oliver. På krukorna står det skrivet: Oliva alba Publio Cornelio Tegeti – Publius Cornelius Tages vita oliver.

På Minucius väveri vid Jupitergatan, i teaterkvarteren, arbetar vävarna Rufus, Primigenus, Onesimus, Rarus, Quietus, Severus och Successus, och väverskorna Gelaste och Salvilla.

Väverskorna Gelaste och Salvilla är kära i vävarna Severus och Successus, som i sin tur tävlar om samma krogflicka, Iris, som arbetar på en krog längre ner på Jupitergatan.

Men hur Gelaste och Salvilla än suckar och trånar efter Severus och Successus, och hur Severus och Successus än slåss och gråter, sjunger och träter, om regnbågsflickan Iris, och hur regnbågsflickan Iris än skrattar rått och kallt åt alltihopa eftersom hon har ett hjärta av den hårdaste vesuvianit, hårdare än den tapp som täpper till Vesuvius, så förändras ingenting: status quo sedan länge. De suckar, trånar, slåss, gråter, sjunger och träter, och Iris skrattar rått åt alltihopa.

De olyckligt kära väverskorna Gelaste och Salvilla är goda vänner med spinnerskorna Florentina, Amaryllis, Ianuaria, Maria, Lalage, Florentina II, Damalis, Baptis, Doris och ...rusa, som tappat början av sitt namn.

Amaryllis har gått till eftervärlden som Amaryllis Fellatrix, ty klottrets makt är stor. En övergiven och skvallrig älskare stod sannolikt för klottret. Det ansågs inte riktigt fint att suga kuk.

Lalage, som inte vuxit i sina tänder ännu, och Baptis, som inte vuxit i sina bröst, är fjorton år, viskar & fnissar ihop. Florentina II brukar berätta historier, Aesopos fabler och sånt.

...rusa, som tappat början av sitt namn, är den mystiskaste av dem alla. Hon förlorar sig. För ...rusa är bland spinnerskorna den som spinner en tråd åt ett annat, osynligt håll, en tråd lika lång som den synliga, yttre tråden. Det vet de andra spinnerskorna – de vet att lika lång som den tråd som ...rusa spinner, lika långt åt det osynliga hållet har hon spunnit. ...rusa och Amaryllis Fellatrix är goda vänner.

Allihopa brukar de träffa de olyckliga väverskorna Gelaste och Salvilla, ja allihopa umgås de i glatt lag. Spinnerskorna arbetar i ett annat kvarter än väverskorna, i en lokal på Överflödsgatan.

Medan väverskorna på Jupitergatan väver och väver, spinner och spinner spinnerskorna på Överflödsgatan och spinner.

Ganska långt bort mot Porta Urbulana, på Överflödsgatan, ligger Hermes krog, en av Asellinas konkurrenter. Hermes kallas Hermes harmlös av de elaka pompejanerna.

Hermes krog har en övervåning med balkong. Balkongen är full av tomma vinkrus. På så vis är de ur vägen och riskerar inte att gå sönder i stöket på undervåningen, där själva serveringen äger rum.

När vinhandlarn kommer med sin tunga last med stora krukor, på en liten kärra dragen av en oxe, är det bara att hissa ner de tomma amfororna från balkongen med ett rep, varefter de fylls på av vinhandlarn, binds loss och bärs in i krogen, där de ställs i en prydlig liten rad bakom serveringsdisken. När amfororna är tömda och urdruckna (sånt går på ett groteskt nafs i Pompeji) bärs de upp på övervåningen igen, ställs på balkongen, firas ner till vinhandlarn och hans kärra, fylls på med nytt vin, bärs in i krogen, bliver uppdruckna, bärs upp till balkongen...

Rena snurren!

På Hermes krog arbetar Den törstiga Palmyra och tjocka. ...trena, som tappat början av sitt namn.

Mittemot Hermes krog har Zosimus sin affär. Zosimus säljer kärl som är avsedda att innehålla fisksås: faex, alec, garum, liquamen, muria, scomber och sånt där.

Så småningom tappade Zosimus fru sina örhängen, och två

ringar med agater där en bevingad erot och en backant var inristade. Hon tappade dem, på golvet tappade hon dem, på golvet i paret Zosimus bostad i anslutning till affären tappade hon dem.

Fru Zosimus, som ibland luktade lite scomber, precis som sin man, tappade dem. Och den bevingade eroten kunde inte heller flyga därifrån, lika lite som Zosimus och hans fru.

Efter Zosimus affär ligger ett privathus. Där bor Titus Arrius Politus och Marcus Arrius Politus. Deras vinkällare är fulla med vinkrus där det står:

T.A.P – M.A.P

T.A.P – M.A.P… I huset intill bor M. Epidius Hymenaeus, den så kallade moraltanten. Han har en ytterst välsorterad vinkällare. Han är nämligen vinhandlare, haha. Han har också en ytterst praktisk anordning i sin (mot den vrål-ljuvligt fridfulla trädgården vettande) sommarmatsal: en rund platta som kan firas upp genom taket till övervåningen, så att den som inte orkar gå ner för trappan och äta lunch eller middag kan få käk uppfirat till sig. Smart, eller hur?

Så när moraltanten Epidius Hymenaeus är sjuk sitter han på övervåningen och äter uppfirat käk. Hans tillnamn Hymenaeus betyder Bröllopsartad. Det är roligt att heta M. Epidius Bröllopsartad, vara moraltant, och sitta på övervåningen och äta uppfirat käk.

Bröllop! Bröllop!

Eller är han så här bröllopsartad:

Brllp brllp?

I mitten av den vrål-ljuvligt fridfulla trädgården står en vit marmorstaty av Diana Parthenos. Det är inte så många som kan mäta sig med henne i skönhet. Det är inte så många som är av marmor heller, i och för sig.

På sina väggar har M. Epidius Hymenaeus låtit skriva tre elegiska distikon.

Abluat unda pedes, puer et detergeat udos.
Mappa torum velet, lintea nostra cave.

Lascivos voltus et blandos aufer ocellos
Coniuge ab alterius: sit tibi in ore pudor.

Utere blanditiis, odiosaque iurgia differ
Si potes, aut gressus ad tua tecta refer.

Epidius Hymenaeus kallas alltså för moraltanten i sitt kvarter, för han har en del stränga regler uppskrivna på sina väggar.

1) En tjänare skall tvätta och torka gästernas fötter. Ett täcke skall skydda soffans kuddar och man skall vara aktsam om bordslinnet.

2) Kasta inte lystna blickar på en annan mans hustru, var kysk i ditt tal.

3) Låt bli att bli arg och föra upprört språk. Kan du inte behärska dig, så gå hem till dig!

Sån var han.

Epidius Hymenaeus.

Men bröllopsartad ändå.

Om man fortsätter rakt fram på Överflödsgatan kommer man snart fram till en liten gränd som viker av till vänster. På fasaden till de båda hus som flankerar gränden står det med stora vita bokstäver, på den ena fasaden

Cacator, cave malum

och på den andra

Cacator, cave malum, aut, si contempseris, habeas Jovem iratum.

Inskrifterna var till för att få människor att avhålla sig från att uträtta behov nummer två där. De betyder:

Akta dig, bajsare

respektive

Akta dig, bajsare, och om du inte gör det så må Jupiters vrede drabba dig.

Längst ner på Överflödsgatan, nära amfiteatern, har Julia Felix ett helt kvarter med restauranger, bad, och affärer. Tidigare utgjorde hela blocket den förnäma familjen Iuliis bostad. Men efter jordbävningen, och efter det att Julias far dött (några syskon har hon inte), hyr hon ut lokalerna åt olika entreprenörer. Hon har också nyligen öppnat ett veneriskt bad för välbärgade herrar.

Vem är P.C.F?

Vid utgrävningarna återfann man, i en pytteliten affärslokal i hörnet xxxxgatan och xxxgatan, i det kvarter som kallas Insulae Poppaeorum, en ring med initialerna P.C.F.

Den kan ha tappats av vem som helst. Av en tillfällig besökare, eller av någon som arbetade där.

Jag blev nyfiken. Jag vände mig till registret över alla pompejibor man känner till namnet.

Det romerska namnbruket är som regel uppbyggt på tre namn: ett förnamn, ett släktnamn och ett tillnamn. Dessa möjliga P.C.F:are fann jag:

P. Cornelius Faventinus

? Cornelius Fuscus

? Crassius Firmus

P. Crassius Faustus.

Två av dem vet man alltså inte förnamnet på, så de föll bort (givetvis kan det ändå vara någon av dem, men sannolikhetsgraden måste ändå sägas vara större för dem vars förnamn börjar på P). Då återstod alltså P. Cornelius Faventinus och P. Crassius Fuscus.

Spänningen steg.

Skulle det vara en Cornelius? Det är ett mycket vanligt släktnamn i Pompeji – ”den nyrike” redaren Cornelius Tages är ett namnkunnigt exempel – eller skulle det vara en Crassius?

Crassius föll bort ganska snart, eftersom... tja, han gjorde det helt enkelt.

Kvar var då P. Cornelius Faventinus, barberare.

Det var han som tappade ringen, och det var han som hade en liten frisersalong i hörnet av Insulae Poppaeorum, där han tog emot de dagar han inte gick till Juventus-palestran för att frisera slynglar.

Så måste det ha varit.

P.C.F.

Bordellgränd svänger och passerar ovan Forum: där gatan löper låg en gång stadsmuren, det var på de gamla oskernas tid; därför är gatan rund.

Ovanför Forum ligger Venus bordell. Där jobbar Mystis, Rufa, Restituta, Quintilia, Veneria och Chloe.

De besöks ofta av Aufidenus, Lucretius, Romulus, Trophimus, Cerialis, Pacatus, Mars och Scamander.

Scamander skrev följande klotter: här fick jag ett bra knull.

Romulus besöker ofta Mystis.

Venus – du ÄR Venus,

står det klottrat på Venus bordell. Det är ungefär som att säga att Sean Connery ÄR James Bond och det kallas identitetsfras inom språkvetenskapen. Verbet ÄR är ett likhetstecken. Skillnaden är att Sean Connery inte hette James Bond. Men Venus i Pompeji hette faktiskt Venus. Det är ett av de faktum man stöter på i den här staden som kan göra vilken författare som helst generad. Man kan ju inte ha en person i sin bok som heter Venus. Det är bad taste. Ännu värre blir det när det framgår att en av

Venus stamkunder hette Mars.

Man börjar då misstänka att Venus var ett artistnamn. "Mars" kanske skrevs av någon som ville skämta. "Jag är din Mars, Venus", ungefär.

Men icke. Hon hette faktiskt så.

Körsbärsodlerskan kommer in från vänster. Hon odlar vita och röda körsbär, och kommer nu med en vagn lastad med sådana. Vagnen dras av en liten åsna.

– Finfina körsbär, röda och vita, kom och köp! hojtar hon.

In genom Hamnporten och nerför Hamngatan går hon med sin lilla kärra.

Nu kommer hon förbi Apollontemplet. Där inne ser hon fyra män och två solur.

– Det är inte möjligt. I så fall borde det vara två solar på himmelen. Inte ens när jag varit full mitt på dagen har jag sett två solar.

– Hur länge ska jag tvingas lyssna på dina förnekanden av att det är något väldigt fel på solen?

Körsbärsodlerskan torkar svetten ur pannan. Det är en het augustidag. Het och tryckande. Små jordskalv har plågat trakten i några dagar.

Nu har hon kommit fram till Forum. Massor av folk står där och diskuterar. Dem skiter hon i. Hon ska till grönsakstorget och sälja körsbär.

Den lilla åsnan skriar: Iiiiiiihaaa! Iiiiiiihaaaa! Den stannar upp på grund av en annan åsna som kommer dragandes på en kärra med aprikoser. Då piskar hon den lite grann.

– Finfina körsbär, vita och röda, kom och köp, ropar körsbärsodlerskan medan piskan viner.

– Oj vad billigt! klämmer hon i, lite knipslugt.

Den sturiga åsnan resignerar och knatar på.

Så drar de in på macellum.

Fisk. Grönsaker. Kött. Och en jävla massa människor.

– Finfina körsbär! Kom och köp, kom och köp! Oj, vad billigt!

I sin barndom var hon stum. Hon var en myling: hon blev utsatt på det gröna berget Vesuvius för att dö där, när hon var spädbarn. Men en gammal barnlös kvinna hittade henne och födde upp henne. Det var ganska vanligt på den tiden, även om det kanske låter lite sagoaktigt. Det är det inte, det är realistiskt.

Den gamla kvinnan döpte henne till Mystis. Men Mystis pratade aldrig. Men tänkte, det gjorde hon. Den gamla kvinnan lärde upp henne i körsbärsodlandets underbara konst. Men hon var elak. Hon slog Mystis. (Det är fortfarande realistiskt och det kommer det att fortsätta med, även om ni inte är vana vid den här typen av antik realism). När Mystis var vidpass elva år fick hon börja gå till marknaden och sälja körsbär. Och den gamla kvinnan brukade gräla på henne.

– Rappa på, ditt lata ungjävulanus. Körsbären kommer & ruttna innan du fått ändan ur arslet.

– Närå, tänkte Mystis. Närå närå närå. Lugna puckar lilla damen. Dom kommer varken & ruttna eller mögla, kärringanusjävul.

Men det sa hon inte, ity hon pratvägrade.

Sen plötsligt började Mystis knulla. Det var i fjortonårsåldern. Och det var i den vevan hon också började prata. Hon gillade den där killen. Det var en valkare som stod hela dagen och tvättade kläder i urin. Han var helt jävla underbar. Men han luktade piss. Och en vacker dag bäst som de höll på att kyssas kunde Mystis inte hålla tyst längre.

– Du luktar urin, sa hon.

Men han blev inte stött för det. Han blev glad för att hon pratade. Sen förklarade han att när man arbetar hela dagen i urin så är det svårt att tvätta bort lukten. Den impregnerar själva ens identitet.

Tyvärr sprack det. De var inte ihop mer än ett halvår.

Men ni ska inte vara chockerade. Antiken är chockerande för oss. Det beror på att kroppen blivit förfulad. Låtsas att ni är födda före sextonhundratalet. Då skrattade till och med överklassmänniskor åt kiss och bajs. I Pompeji svärmar turisterna för bordellerna. En massa fniss och fascination. Det är alltid mest folk på Bordellgränd, de flockas kring alla erotiska bilder. Det är bilder av olika ställningar, eftersom de prostituerade inte alltid talade latin, och inte heller alltid kunderna. Så kunderna kunde bara peka på en bild för att visa vilken ställning de önskade. Turisterna tycker att det är roligt. Men det är äckligt när de fnissar. Det är inte realistiskt.

När Mystis väl börjat prata fortsatte hon med det, till och med med sadistkärringen.

– Javisst, kära mor. Jag ska polera körsbären, tills de blänker. Och sen ska jag gå till macellum och sälja vartenda ett.

Sån var Mystis. Falsk körsbärsodlerska. Men falskheten var en klok strategi. Sanningen bör begrundas länge i skymundan. Gömmas i det så kallade underjordiska hjärtat.

Fast sen tröttnade Mystis på körsbär och tog jobb på Venus bordell i stället, där hon praktiserade symplegma.

Pompeji kommer att försvinna igen. Det är vulkanologerna överens om. Vesuvius kommer att få ett lika explosivt utbrott som år 79, och det i en framtid som förmodligen inte ens är särskilt avlägsen.

Inte bara Pompeji hotas – ungefär 100 000 människor som bor i småstäderna runt vulkanen kommer att bli hemlösa. Kanske kommer de inte ens att hinna därifrån. Seismologerna lyckas inte alltid förutsäga ett vulkanutbrott i tid, och det är många människor att evakuera. Evakueringsplanen lär stinka.

Ruinstaden begravs alltså en gång till. Man kan tänka sig ett scenario då det diskuteras inom EU huruvida man ska gräva upp staden igen, eller om man ska låta saken bero. Någonting säger mig att man kommer att fatta beslutet att inte börja utgrävningarna genast. Kanske saknas det pengar, kanske medför katastrofen en bedrövelse, en depression som gör att energin att börja gräva inte finns. Mer överhängande åtgärder kommer att vara nödvändiga – att ta hand om de evakuerade, att gräva fram de städer där det intill dess har bott folk. Försöka rädda deras hus. Därför kommer Pompeji under en ganska lång tid vara täckt av flera meter pimpsten och aska. Kanske för all framtid, vem vet. Mycket av ruinerna under askan och stenarna kommer också att vara förstört – av jordskalv, av nerfallande stenbumlingar.

Tänk om förf var där då, under utbrottet, och hade med sig manuskriptet till denna bok, inslaget i eldsäkert material. Kanske en brandfast mappjävel. Och tänk om förf, när förf märkte vartåt det barkade, bestämde sig för att klättra upp i Mercuriustornet, eller kanske hellre något ännu stadigare, något högt beläget men stadigt, ja kanske skulle hon (eller den, förf är ju neutrum) lyckas ta sig till amfiteatern och lägga sig uppe på den översta raden. Sen skulle den, så långt det var möjligt, bemöda sig om att hålla armen uppsträckt i luften, och i handen hålla den brandfasta mappjäveln. Så skulle Pompeji åter täckas av aska och pimpsten, men vad skulle sticka upp, jo en hand som höll i detta manuskript.

En förbränd kvinnoförfhand som krampaktigt håller i något eldfast.

Rena apokalypsen.

Julia Felix hade blivit kär i en av sina slavar. Han var perfusor, duschmästare, på hennes veneriska bad för välbärgade herrar. En duktig kille.

Men en fri kvinna som gifte sig med en slav blev enligt romersk lag automatiskt slavinna till sin makes ägare. Inte nog med att hennes sociala rang sjönk drastiskt, i det här fallet skulle det idiotiskt nog ha inneburit att Julia Felix blev sin egen slavinna.

Det skämtades mycket om det i kvarteret. Skulle Julia Felix komma på sig själv med att stjäla ur hushållskassan, och ge sig själv prygel? Skulle hon kanske utkräva erotiska tjänster av sig själv? Skulle hon rymma från sig själv, anställa jakt på sig själv, och låta halshugga sig själv?

Hennes tilltänkte make drogs med i det våldsamma skämtandet, och en kväll, när paret låg och nojsade i Julia Felix stora säng med lejonfötter (som möbelsnickare M. Volusius Juvencus hade snickrat)*, de rullade runt bland dess bolster och kuddar, då perfusorn råkade återge en del av kvarterets nidvisor och fräcka skämt om Julia Felix, Pompejis kanske driftigaste kvinna. Följande morgon lät hon piska upp honom för det, vilket ledde till att deras passion intensifierades. Men de kom överens om att hon skulle frige honom och att de skulle fortsätta förbindelsen utom-

---

*Möbelsnickaren Juvencus, som begrovs av aska medan han kramade en kudde, liggande på en säng under en målning som föreställde Ikaros flykt, och med en väska med tjugosex silvermynt värda 104 sestertier bredvid sig.

äktenskapligt (en kvinna hade ingen rätt att gifta sig med en slav som hon hade frigivit). För erotikens och husfridens skull lekte de sedan att det omvända förhållandet rådde: att det var han som ägde henne.

De hade ätit lukulliskt: vaktel, korv, steril grislivmoder, rostad grislivmoder, fikonsprängd lever, svål, fyllda spenar, vildget, turturduva, flamingo, numidisk kyckling, kyckling med deg, loligobullar, stekt hals, genomdränkt hare, octopus, rödmulte, pumpstuvning, kornsoppa och mycket grönt och skönt från trädgården: falska ärter på fiffigt vis, grekiskt hö, och alltihop med gari flos flos. De hade druckit kryddat vin. De hade ätit allehanda sötsaker: afrikanska sötvinsbröd, ostkaka och filbunke. De hade spelat lutrunculi. Hon hade förlorat.

Då hade han föreslagit att det var dags för honom att ge igen för gammal sveda och värk. Han föreslog att han från och med nu skulle vara hennes dominus, även om de så att säga upprätthöll skenet utåt, fast helst inte inför slavarna. Som hennes frigivne, skulle han ha en helt annan ställning. Han skulle till exempel kunna sluta duscha gubbar och bli övervakare i stället, fast han tänkte självklart alltid förbli rent brottsligt lojal med henne. Julia Felix, den buxbomsbleka, sköna, ställde sig genast på alla fyra, så däst hon nu var efter all maten, och lät sin duschmästare utkräva all hämnd han ansåg passande, på och inuti hennes svällande röv.

I kvarteret kallades Julia Felix sedan för perfusorskan.

Det var inte första gången gamla Julia hade fiskat upp en älskare ur plebsen, och ingen trodde heller att det var den sista. Hon var förresten inte så jävla fin från början hon heller, oäkting som hon var, även om pappan var patricier.

Men sen fick Julia syn på ett förtvinat fikonträd, vilket hon tolkade som ett mycket dåligt omen. Då lät hon lönnmörda duschmästarn.

Det var en dag, en solskensdag, i slutet av augusti 78. På en vagn dragen av en mulåsna, en vagn som sackar sig fram och fastnar i stenbumlingar och gropar i vägen, sitter tre mimare. Mulåsnedrivaren snärtar med piskan. Mulåsnan vänder sig om och blänger på honom.

– Dödsdömd människonörd.

De färdas på vägen från Atella till Pompeji. De har rundat Vesuvius. Den kista de har med sig, med masker, kläder och rekvisita, dunsar fram och tillbaks på kärrans golv.

– Är inte det där Pompeji?

Luften dallrar av hetta, och det som kunde vara Pompejis norra stadsmur skulle lika gärna kunna vara en hägring.

– Jopp. Det är Pompeji, säger Methe.

Actius Anicetus, den äldste av skådespelarna, lider mest av hettan, och av att vara på turné mellan städerna och teatrarna. Han har somnat under kärrans soltak.

– Bara han inte fått slag.

Paris, ärkemimaren, lyfter det vattenkrus de har med sig, där det bara återstår en bottenskyla.

– Anicetus! ropar han och rycker akrobaten i tunikan

Anicetus sätter sig upp i kärran. Han är knall-och-fall-röd i ansiktet.

– Detta bliver min död.

– Håll ut, vi är snart framme, säger Methe. Hennes tunika är lika plaskeblöt av svett som Anicetus.

– Jag skojar faktiskt inte, hostar Anicetus, som har satt vattnet i halsen.

– Skynda dig, mulåsnedrivarsölkorv! ropar Methe.

– Tror du att det är mitt fel att vägen ser ut som den gör? fräser mulåsnedrivaren. – Tror du att jag har gått i förväg och slängt ut stenar och grävt hål i vägen?

– Nä. Men du har en vissen åsna, och så tar du betalt som om det var en pigg åsna, din fellator.

Dammet yr.

Ena hjulet har fastnat i diket. Åsnan skriar.

– Så. Nu har jag fått nog. Kliv av.

– Vi har betalat i förväg, erinrar Methe honom om.

Mulåsnedrivaren ler bistert.

– Ditt lilla akrobatluder. Du har väl bena till att sära på, men gå, det passar väl inte.

– Självdö! ropar Methe och flyger upp på fötter.

Hon svänger graciöst båda knytnävarna ovan sig i luften. Svetten forsar ur hennes armhålor som ur en trasig akvedukt.

Paris kränger av sig sin tunika, slänger den över henne, och drar ner henne på vagnsgolvet. Förgäves kämpar Methe mot den starke Paris, men hon lyckas i alla fall sticka ut en arm och göra onda ögat.

Vagnen rör sig inte ur fläcken. Mulåsnan har börjat beta ur dikesrenen.

– Ni måste ändå kliva ur om vi ska få upp vagnen på vägen igen, säger mulåsnedrivaren skadeglatt.

– Vid Venus hulda barm, mumlar Anicetus, och somnar om.

– Jag är egentligen för mångomsusad för att åka så här, påpekar Paris.

– Jag är ärkemimare. Jag har uppträtt för kejsarn. Jag har en fanclub.

Då ser de att det står en liten gumma vid kärran, så krum att hon nästan har hakan i knähöjd.

– Ska ni till Pompeji? kraxar hon.

– Ja kära mor, säger Methe. – Vi är världens bästa mimare och ska spela fars på Stora teatern!

Gummans ögon glimmar.

– Har du ett gott hjärta?

– Godare än garum excellens.

– Vänd om.

– Vad säger kärringen? undrar Paris.

– Vänd om, för i rövelen, säger gumman och går upp i rök med ett fasansfullt skratt.

Med gemensamma krafter får Paris, Anicetus, Methe och mulåsnedrivaren upp kärran på vägen igen. Så kör de vidare. Paris vrider ur sin tunika.

– *Iamus! roga! punge!* ropar Methe, och mulåsnedrivaren viftar lite trött med piskan. Det går inte fortare än att ett barn på tre och ett halvt år hade hunnit ikapp, med lite god vilja och målsman.

För mulåsnan, den gör som mulåsnor brukar, klipper med öronen och travar fram i sakta mak. Den stannar ofta och betar, och tänker på sitt. På en mulåsnefröken, faktiskt.

Sent i kvällningen, när natten genljuder av cikador och Vesuvius är uppslurpad av mörkret – bara några enstaka ljus flimrar längs dess sluttningar – skakar den lilla kärran fram på Gravgatan. Gatan leder fram till den norra stadsporten, och dess dystra namn kommer sig av att den är randad av gravmonument... men också av vinstugor. Dödens och livets boningar. Facklorna flåsar sitt spöklika sken över gravarna, och de stackars mimarna kurar ihop sig och trycker sig tätare intill varann på den skrangliga kärran. Döden knossar. Ingen undgår knosset. Mimarna ryser. Från vinstugorna kommer skratt, skrål, och varmt ljus. Mimarna suckar och stirrar storögt omkring sig i den mörka natten. Kärran vinglar. Mulåsnedrivaren svär. En fullo raglar ut ur en vinstuga och spyr. Sen raglar han in igen. Lite längre fram flyger en dörr upp och en krögare kastar ut två tärningsspelare som råkat i slagsmål. Tärningarna slänger han efter dem. Spelarna fortsätter slåss, och försvinner in i en tvärgränd. Den ene dyker upp igen, hämtar tärningarna och springer in i gränden igen. Vid en vägg står ett par och hånglar. När vagnen passerar sjunker kvinnan ner på knä och mannen blottar sig. Mimarna skränar åt paret, de skränar tillbaks. Mimarna håller om varandra i månskenet. Tysta och bleka ser de gravarna segla förbi. Och månen skiner.

Strax innanför Saltporten stannar kärran.

– Saltporten!

Kusken ptroar på åsnan utanför mulåsnedrivarskråets eget härbärge, Stationes Mulionum. Där släpper han av de tre. Betalt har han ju tagit i förväg, den förutseende individen.

– Tack för skjutsen och ha det så bra i Hades, din bock, ropar Methe. Mulåsnedrivaren går in till sina kamrater på Stationes Mulionum, och höjer bara lite trött en hand till svar.

Pompejis gator är tysta och mörka och lyses bara upp av enstaka flämtande lanternor och av det ljus som söker sig ut ur husen.

Det är en fuktig natt. Luften ångar av cypresser och pinjer. Trötta och mörbultade efter den skumpiga färden börjar mimarna vandra. De ska till Värdshuset Elefanten.

Methe huttrar, ty trots att natten är varm är den kall, hennes svettiga tunika är klistrad mot kroppen.

– Chrestus, sjunger hon.

– Är du fortfarande kär i den där krumma slaven, säger Paris.

– Lägg av, han är mitt lejon ju!

– Ska du ge honom satyrion?

– Satyrion är ingen kärleksdryck, det är en potensdryck.

– Det är sant. Och hjärtats intensitet står i omvänd proportion till pittens, nickar Paris.

De tre trötta mimarna passerar Narcissusgränd och går vidare mot Lyckogatan. Där tar de av till vänster. Det är stillsamma, borgerliga kvarter, inte så många fyllbultar ute. Det är Pompejis Östermalm minus fyllbultarna.

Eller nåt. Mittemot bröderna Vettis gränd viker de av på lilla Krokgränd, en av Pompejis i särklass krokigaste gränder – en gång i tiden, på de gamla oskernas och etruskernas tid, låg den utanför stadsmuren och var då en av människor och djur, och Dionysos och hans följe, silenerna, och vad de nu heter de där andra, upptrampad liten stig. Lilla Krokgränd krokar sig fram till Augustalerprästernas gata, som skådisarna tar till vänster tills de är inne på Bordellgränd. Och så är de hux flux mitt inne i Pompejis äldsta, totaloskiskaste, och ruffigaste, kärna.

Den som byggdes 700 f.Kr. av osker och är utan stadsplanering. Den som bönder och fiskare runtom i trakten grundade, vid marknadstorget, det som nu är Forum. De fem oskiska stammarna som möttes där för att byta varor. Det är därför Pompeji heter Pompeji, ty pompe betyder fem på oskiska. De fems stad, eller fem-staden, sålunda.

Sedan kom greker, samniter och romare och försökte styra upp det hela med hjälp av stadsplanering, men kärnan kunde de inte göra så mycket åt.

Pompe.

– Anicetus, är du med? ropar Methe.

Actius Anicetus lunkar efter. Han kallas i Pompeji med omnejd, ja i hela Kampanien, för ”scenens konung”. En gång i tiden en mästerlig akrobat och mimare, våldsamt rolig på det groteska sätt som antikens människor (och en del av våra samtida också, typ Bachtin) älskar, har han omsider blivit gammal. Nu vill Anicetus köpa hus och slå sig till ro i Pompeji, och han har sparat ihop pengar så att det snart räcker.

Nuförtiden spelar han för det mesta rollen som Pappus, den gamla token. En liderlig, girig gamling som försöker lägga vantarna på sin sonhustru eller på någon annan purung flicka, men som alltid blir grundligt lurad. Paris roll i det hela är att spela sonen, som drar sin far vid näsan, vilket ibland kulminerar i att han klår upp honom (och en son som slår sin far var i det gamla Rom något nästan ännu mer fruktansvärt, outhärdligt och oerhört än det är idag. Tvärtom däremot var OK, eller ”legio”). På Stora teatern brukar de tre sammanstråla med mimare från hela Kampanien, som alla var medlemmar i socia mimarum, mimarskrået. De fick spela de andra rollerna i den oskiska gamla farsen: dumskallen Maccus, den listige puckelryggen Dossennus, och diverse roliga biroller. En hallick, en kvacksalvare, en ockrare, en bög, en hycklare, en vanartig son… Alla bar mask, alla var anskrämliga skråpukar, och i den mån de talade alls talade de företrädesvis oskiska, den atellanska farsens språk (trots att det inte längre var så många som kunde oskiska – skådisarna kan det knappast själva heller. Egentligen är det gallimatias de talar, rotvälska, i den mån de inte låter kroppen sköta allt snacket. Hela snacksaligheten. Sen är det en grej med oskiskan och det är att alla tycker att den låter kul. Vissa ord liknar latin, men är lite fel. Det låter ibland som barnspråk, tycker romarna. "Quod" på latin heter "pod" på oskiska. "Quis" heter "pis").

Tillbaks till farsen.

Actius Anicetus spelar Pappus.

Paris spelar hans son.

Och Methe spelar den unga flickan. Ömsom slug, ömsom snäll, använder hon sin oskuld som insats för att bli gift. På samma sätt som hon låter sin lilla kropp utföra piruetter och akrobatier på scenen, gestaltar hon känsloskiftningar från svart till vitt, från beräkning till naivitet. Ibland spelar hon blind blomsterförsäljerska jagad av Pappus och i riskzonen för hans liderlighet, som hon listigt spelar på för att komma över hans pengar, eller avvisar på grund av kärlek till hans pilske, snutfagre son; ibland spelar hon oskuld från landet, en lantlolla förälskad i Pappus son och i maskopi med denne för att förlöjliga Pappus och få honom att både bildligt och bokstavligt dratta på ända. På så många olika sätt som möjligt. Till publikens stora fröjd och gamman.

Det är en grov och våldsam drift med familjefadern och dennes auktoritet. Familjefadern, patriarkatets grundpelare. Pappus blir slagen av sin son och störtas, och den kvinnliga oskulden är bara en hägring.

Den atellanska farsen är omåttligt, hejdlöst, vansinnigt populär i Romarriket. Stora teatern, som kan rymma 5 000 besökare, både pompejaner och tillresta från städerna runtikring, är fullsatt när man sätter upp en oskisk komedi, och skrattet rungar på ett sätt som vi stackars alienerade människor inte skulle klara av utan att få migrän. (Antikens människor hade många vidriga problem, avsevärt vedervärdigare än våra, men särskilt alienerade var de inte. En arg fullo var en arg fullo). Man skrattade så att hjärnhalvorna tycktes lossna från varandra och dundra ihop som kontinentalplattor. Man skrattade så att jorden under någon timma rämnade, världen ställdes på huvud, liksom alla gudar. Vad som stod på spel, vad som den rektangulära scenen återspeglade, som vattnet i ett impluvium återspeglar himlen, de sorgset jagande molnen, stjärnorna... det var världen, fast bakvänd.

Att en herre slog sin slav, det kunde nog vara roligt att titta på, eller snarare, de smädelser som ledde fram till prygel var kul, prygel var bara halvkul, det var vardag. Att en man bedrog sin fru, det kunde man ju fnissa åt. Men att en slav slog sin herre, en son sin far, och en fru bedrog sin man med sin styvson, det var uppochnervända världen.

Så här ser patriarkatet ut: det går en kedja från familjefadern, familjens överhuvud, via kejsaren (kungen eller presidenten), som är statens överhuvud, till Jupiter, Jahve eller nåt, världsalltets överhuvud. Och i atellanen var det den kedjan som rasslade, den ordningen som ställdes på huvud. Den goda, fördragsamma matronan, mild och huld, fanns inte i den här farsen. Ragatan fanns, när den jungfruliga hägringen skingrats – den hägringen var en flicka vars oskuld var en strategi, vars kyskhet var guld värd – värderad i guld, och möjlig att köpa för guld.

Och Pappus, han hette från början på oskiska Casnar. Vilket betydde gammal. Och det har blivit vår Kasper.

Fabula Atellana. Runt sjuhundra år före Kristus uppstod den, i Atella, till en början som en del av en dödskult. En grimas åt döden. Sträcka ut tungan åt döden, göra lång näsa åt döden

Inte ens gudarna skulle kunna vara spralligare i Olympen.

De masker som mimarna bar var "dödsmasker" i den meningen att de föreställde dödens ansikte. Vid gladiatorspelen som uppstod samtidigt som farsen spelade mimarna demoner som skulle föra de döende gladiatorerna till Hades. De gjorde skamlösa gester och rörelser, och med tiden sjöng de också fräcka sånger.

Den gamla oskiskan behölls som ett erkännande av tidens seger över människan.

Tiden triumferar över människan även i det som mest skiljer henne från djuren – språket – eftersom tiden dödar språk som om språk var mygg. Och dödar inte tiden språket förändrar den det, som om språket var lera.

Därför använde man i atellanen med förtjusning gamla lite begripliga, lite obegripliga, lite absurda, lite vackra ord ur oskiskan. För även om fabulan var ett erkännande av att tiden dödar språk och människor som mygg så var den också ett hävdande av människans motstånd mot döden genom sången, dansen och storytellingen.

Hälften vers och hälften prosa, hälften sjunget hälften talat. Lyriska inslag – flöjtspel.

Fabulan hade titlar som Åsneriet, Svineriet, Kosseriet och Geteriet. Den kunde också heta Kakan, Fittan, Gitarristen eller Valkarna.

På Stora teatern spelades inte bara pantomim och fars. Här spelades tragedi också. Patos och våld, retorik, lyrism, våld, stora ord, stora utspel... Det är vad som dominerar tragedin på Stora teaterns scen i Pompeji under de sista åren.

Det finns en genreblandning som är speciell för Pompeji. En blandning av tragedi och komedi, mellan vilka man annars drog en knivskarp linje. Ett specifikt kaos med groteskt löjliga och ädla och sorgliga typer i hejdlös blandning.

Den lilla teatern däremot, Odeon, satte vid den här tiden upp Trojas förstöring, ett läsdrama av Seneca. Odeon är, som vi skulle uttrycka det, reserverad för finkultur, konserter, läsdramer och lyrikuppläsningar, medan Stora teatern vänder sig till de många med storslagna, braskande spektakel. Stora teatern rymmer 5 000 personer, medan Odeon kan ta emot några hundra. Senecas drama Trojas förstöring drar inte ens så många, den drar kanske femti pers, medan Pompejis egen variant av gott och blandat, genre-mischmaschet med det patetiska, det högstämda och det groteska huller om buller, plus akrobatier och grova skämt, drar.

Paris, Actius Anicetus och Methe, är tre av dem som vi vet ganska säkert spelade på Pompejis Stora teater vid den här tiden.

Och dödströtta intill kräkeriets rand står de nu och kikar upp på en röd elefant målad på en husfasad på Bordellgränd. Det är skylten till Sittius värdshus Elefanten.

Äntligen framme!

Värdshusvärden Sittius hade dåligt rykte. Det påstods att en gäst hade hittat ett finger i sin blodkorv hos Sittius. Eftersom en annan gäst var spårlöst försvunnen spreds ryktet att Sittius använde människor till att göra korv utav. Men det var rykten som ofta uppstod om värdshusvärdar. Varken Paris, Anicetus eller Methe trodde att det var sant. De hade bott på Elefanten förr utan att ha blivit uppätna.

Nu kliver de glada i hågen in från gränden till det lilla värdshuset.

– Ha! Mimarna är här! ropar en full gladiator.

Då tystnar den hesa sången vid borden och allas blickar vänds mot skådespelarna.

Amaryllis, spinnerska och fellatrix, släntrar fram till Methe. Methe omfamnar henne.

– Lever du fortfarande, min syster, mitt ljus.

– Ja och det gör tydligen du också, kära syster, svarar Amaryllis.

– Lever är väl att ta i, men jag ligger inte i graven i alla fall, säger Methe nöjt.

– Nej, för då skulle jag redan ha följt efter! Äh Methe, ta och stanna i Pompeji nu, och strunta i Atella och alla andra skitstäder.

Amaryllis och Methe är de allra bästa vänner. De delar allt och har inga hemligheter för varandra. Det hårda liv de lever kräver oomkullrunkelig vänskap för att de överhuvudtaget ska härda ut. De står varandra bi i vått och torrt, bråkar ofta, förlåter varandra så gott som jämt, och är varandras bittraste kritiker och bästa påhejare. En man ska aldrig få komma emellan dem, det har de svurit på, men brutit emot några gånger då de haft en man emellan sig, de lättfotade individerna.

Nu står de med armarna om varandras axlar och viskar förtroligheter av ett slag som skulle få vilken homo sapiens som helst att rodna om örona. Men sen byter Methe spår. Hon gör en brutalitotal helomvändning och viskar:

– Du Amaryllis.

– Ja.

– Jag är kär.

– Inget allvarligt?

– Jo.

– Jaha. Och vem är det då?

– Chrestus.

– Nä!

Amaryllis spottar ut en körsbärskärna.

– Hur länge har du haft den där i munnen?

– Sen igår. Det är ett skitbra knep. Vad är det med Chrestus då?

– Jo kuken är hård, men hjärtat, det är mjukt.

– Trevligare än tvärtom, medges! Är det besvarat då?

– Inte ett skvatt. Men jag ger inte upp förrän jag vunnit hans kärlek! Han är så snäll!

– Snäll av svaghet, dumhet, feghet, skenhelighet, eller verkligt verkligt snäll?

– Verkligt verkligt snäll.

– Det där låter inte som en fututor, det låter som nåt du drömt ihop åt dig. Hittar du en till så dra dig inte för att tipsa din hulda väninna.

I den bolmande köksröken står nu värdshusvärden Sittius själv och ser njugg ut. Han ler, men det är mer som ett grin – ett sestertiumgrin. Den girige värdshusvärden med eventuella fingrar på samvetet. Han röjer av ett bord.

– Så, och vad ska vi ha här då, undrar han och pekar på de svårsålda korvarna som dinglar i taket. Mimarna flackar med blicken, och Sittius betraktar korvarna som osålda.

– Fågel, fisk eller skinka?

Kejsar Vespasianus förbud mot att servera något annat än ärtor och på sin höjd bönor på krogarna åtföljs inte av någon i Pompeji. Kejsaren är frugal, men han lyckas inte genomdriva att alla andra i hela Romarriket är det.

– Småfisk, säger Paris.

– Att dricka?

– Hälften vin och hälften vatten, säger Methe.

– Kallt eller varmt?

– Kallt.

– Oblandat, säger Paris.

– Ja, oblandat, säger Anicetus.

– Vesuvin eller Falerner?

– Skojar du med oss? säger Paris.

– Vill ni ha Falerner kostar det fyrdubbelt upp, säger den glade krögarn med glimmande ögon.

– Ja just det, skojar du med oss? Vesuvin.

– Vi har sorrentinskt också...

– Vesuvin. Har du vaxpropp?

– Nå... säger Sittius och stoppar in ett pekfinger och gräver.

– Kryddat eller okryddat?

– Kryddat, säger Methe.

– Okryddat, säger Anicetus.

– Okryddat. Nej förresten, kryddat, säger Paris.

– Ska det vara nån honung i, då? Vad säger vi. Lite honung?

– Ja, säger Methe.
– Nej, säger Paris.
– Är det korsikansk honung du har? frågar Anicetus.
– Jo, en mycket god korsikansk honung, mycket fin är den.
– Ingen honung, säger Anicetus.
– Vad är det för fel på korsikansk honung? frågar Methe.
– Det vet jag inte.
– Få höra om jag fattat allting rätt nu, så att det inte blir nåt extra spring, säger Sittius.
– Tre glas Vesuvin alltså, och ett ska vara kryddat och blandat med kallt vatten och med lite honung i, lite sådär, en eller ett par skedar, och så är det väl ett som ska vara oblandat då, oblandat och okryddat, och så ingen honung där. Och så var det väl ett oblandat då, som skulle vara kryddat, med lite honung i. Eller hur.
– Jag vet inte, säger Anicetus.
– Vem var det som skulle ha oblandat kryddat med honung?
– Jag VET inte, säger Anicetus.
– Vad skulle du ha, då?
– Oblandat okryddat utan honung. För korsikansk honung... nä, säger Anicetus.
Sittius river sig lite i nacken och byter ämne. Han har Lustiga Huset i huvudet.
– Ska det vara garum till fisken?
– Ja.
– Faex, allec eller muria?
– Tror du vi har råd med gari flos flos? Har du sånt överhuvudtaget, Sittius? Ska du kanske gnida in våra fötter med Gavias parfym också? Hallex tar vi, säger Paris.

– Jag vill ha lumpa.

– Lumpa baserad på hallex åt Methe. Vanlig hallex åt oss andra.

– Paris!

Triaria, som leder Paris fanclub Paridianerna, har kommit in i lokalen.

– Är det någon här inne som har vad man skulle kunna kalla för magisk kontroll över verkligheten? ropar Paris och ställer sig upp.

En liten full gumma som sitter i ett hörn rör försiktigt på sig.

– Nåja, säger hon.

– Kan du trolla bort en efterhängsen fututrix?

– Tja! säger gumman.

– Hur mycket ska du ha för det? Räcker det möjligen med ett glas vin?

– Hå hå hå, säger gumman.

– Sittius! Ett glas oblandat – eller ska det vara blandat?

– Oblandat kryddat med honung, säger gumman blixtsnabbt och slickar sig om munnen.

– Oblandat kryddat med honung! ropar Paris till Sittius, som viftar lite resignerat med handen i röken ute i köket.

– Nå? säger Paris till gumman.

Hon reser på sig, spänner blicken i Paris beundrarinna och närmar sig krumryggat och hotfullt.

– Stick, fututrix, annars...!

Gråtande försvann flickan ut ur Elefantens värdshus – och kom aldrig mer igen. Eller jo, men inte just den kvällen. Hon fortsatte emellertid oförtrutet att driva Paris fanclub Paridianerna, den självutplånande Triaria.

Nu kommer Sittius in med vinet. Utan ett ord ställer han ner fyra glas på bordet.

– Det här är ju vattenblask, säger Paris.

Han har smuttat på det första glaset.

Gumman som kört iväg Triaria följer honom närgånget med blicken.

– Är det där mitt, tror du?

Paris skakar på huvudet. Han smuttar på det andra glaset.

– Det här, det är ju confusum!

– Du tror inte att det där skulle kunna tänkas vara mitt? säger gumman och slickar sig ånyo om munnen.

– Nä. För blaskigt. Och det här – det är ju vattenblask. För att inte tala om det här. Det är ju posca! Sittius! Måtte för samma bedrägliga knep du själv falla offer!

Sittius, som tagit skydd i rökdimmorna igen, bland kittlar och kastruller, brister ut i ett fasansfullt skratt.

Men gumman far ut i köket och ryker ihop med honom så kastrullerna flyger och garumet stänker, och när hon kommer tillbaka ser man tydligt vem det är som har vunnit, för hon har ett stort vinkrus med sig och ler varmt och tandlöst.

Att hela tanten luktar garum är det ingen som bryr sig om, huvudsaken är att hon fixat vinet, och hon blir nu hedersgäst överallt där det finns ett glas att fylla åt en törstig individ.

Amaryllis och Methe har under hela tumultet vänt ryggen åt sällskapet, fortsatt med att utväxla de senaste sekretesserna samt diskutera Methes hjärtesorg. Men nu deltar de i det glada kalaset, och snart är vinkruset tomt. Då kilar gumman ut i köket igen och den här gången behöver hon bara hötta lite med näven så jämrar sig den stackars Sittius och langar över ett krus till.

Sen skvallrar de lite om de kristnas fula kläder och hat mot människosläktet.

– Ständigt åkallar de sin gud för att han ska utplåna allt liv, säger Anicetus indignerat.

– Kannibaler är de för att de tror att det skall ge dem evigt liv. Alltid står det någon domedagsprofet i ett hörn och påstår att slutet är nära.

– Men Maria är det inget ont i, säger Methe.

– Nej, Maria, lilla åsninnan, inget ont i henne.

– I Maria finns inget ont.

– Vem av oss är vackrast: Maria, Amaryllis eller jag? frågar Methe.

Paris, som ligger och äter på ett äpple, sätter en bit i halsen och börjar ömsom hosta, ömsom skratta. Ty ej är det första gången fruntimren ber honom vara smakdomare.

– Maria är sötast, och Amaryllis snyggast.

– Jag då?

Paris teg.

– Flickor i din ålder brukar ha en haka, Methe, sa Anicetus milt förebrående.

– Alla grönsaker blir smaragdgröna om de kokas i soda. Koka Methe i soda, så blir hon kanske också fräsch, sa Paris.

– Häll snö från Vesuvius topp över henne! hojtar den svekfulla Amaryllis.

Med likstel blick och munnen som ett streck fnyser Methe så att lågan i oljelampan på bordet slocknar. Med ett språng är hon ute på gatan, och rusar runt som en dåre i gränden.

När hon ränt omkring ett tag blir hon omsider trött, och upptäcker i samma stund att hon är vilse. Som hon befinner sig i den äldsta stadskärnan är det ju ett gytter av gränder, och inga facklor eller lanternor lyser upp i beckmörkret. Till slut slår hon sig ner på en trottoar, drar upp bena, och lutar hakan mot knäna.

– Jag ska slå in skallen på den där luderfittan Amaryllis, muttrar hon.

– Hon måste bort. Sen ska jag slå in skallen på Paris, Anicetus, och Venus.

Methe gråter.

– Jag är bara en mima. Ett jäkla rö för vinden. Jag äger ingenting alls här i världen. Jag har bara mina armar och ben och grimaser, och min själ lika svart som vit. Ge mig åtminstone kärleken.

Jordens största tårar rullar nerför Methes kinder.

I den svarta gränden, upplyst av en lanterna som han håller i handen, står en spritt språngande naken man med skägg, platt näsa och en krona som liknar en blomkrona på huvudet, lite pillimariskt leende. Han har en sorts pizza i handen.

– Stick, säger Methe.

Mannen försvinner med ett brak. Men under den tid som ljuset från den svängande lanternan spridits i gränden har Methe hunnit upptäcka den rödskimrande skylten till värdshuset Elefanten.

När hon kliver in på värdshuset igen sätter Sittius fram den rykande småfisken på bordet. Amaryllis slår sig ned bredvid Methe, och slingrar armen om henne.

– Har du vart och pinkat?

– Japp.

– Förlåter du mig? Förlåter du en väninna som värderar vänskap mycket mycket mycket högre än allt allt allt annat? Methe sitter tyst och tuggar, och stirrar moloket framför sig.

– Det smakar rökt skitballe.

– Hallå där, säger Sittius.

– Stopp och belägg. Nu tar vi kanske och hyfsar tonen lite. Det här är inte vilket ställe som helst, det tillhör faktiskt mig. Här förolämpar vi inte maten. Vad är det då för folk man tvingas servera. Fula i mun som nattkärl.

– Det gör det, i alla fall.

– Sittius har rätt. Ett vårdat tal är guld värt, säger Amaryllis. Hon ser med grönskimrande blick på den ståtlige Paris.

– Var har du din frygiska mössa?

Paris flinar.

– På kuken.

Lokalen fylls plötsligt på med folk som kommer indrällande från Victors och Africanus bordell snettemot, främst sjömän, som släckt en törst och nu vill släcka en annan. Sittius får brått att ta emot beställningar, och försvinner ut i köket igen.

– *Mim för man upp på teaterturnén, den här kallas fader,*
den kallas son, den där äger beteckningen rik.
Snart när skrattet fått sitt, rollhäftet rullats till ända,
lägger man masken av, bär sina verkliga drag, skanderar Anicetus.

– Jag bär alltid mina verkliga drag, påstår Methe.

Africanus kommer in, iklädd en myrtenfärgad pläd och med akaciepomada i håret. Den gamla hallicken har en ny flicka från bordellen med sig, som är lite för söt för att Amaryllis och Methe ska kunna låta det passera. Med tungor vassa som rakblad strimlar de henne från två håll, med blickar tunga som sten bultar de henne i en mortel, och med plötslig, gåtfull vänlighet rullar de flickan till en loligobulle, som de med en lätt knäpp med fingret sänder ut på gatan igen. Tjoff!

Sedan tackar Amaryllis för sig. Hon ska upp tidigt och spinna vidare nästa morgon – och sedermera tackar faktiskt hela gänget för sig utom de som ska sova kvar på Elefanten. För de sitter kvar en god stund och dricker. Det är mimarna, en gladiator, en mulåsnedrivare som kommit fel, och ett par tre förrymda slavar som Sittius lurar av alla pengar, under hot om att överlämna dem åt edilerna. Sittius brukar spä på notan när det handlar om förrymda slavar. Pengarna är säkert ändå stulna från början, resonerar den logiske värdshusvärden.

Omsider blir det trots allt dags att sova. Mimarna har blivit fulla på blandat, oblandat, kryddat, okryddat Vesuvin med eller utan honung. De har skämtat och sjungit sig hesa. Nu är det ändå dags att kojsa.

Mest full är Methe. Sexton år och liten till växten tål hon inte så mycket som hon så att säga anser att hon tål. Med armarna om Anicetus och Paris axlar, medan de släpar upp henne för trappan till övervåningen, sjunger hon:

De som går på teatern tillsammans älskar varann,
de som sitter på krogen och berusar sig älskar varann,
och de som håller ihop på grund av samvetskval, de älskar varann,
Men ingen, ingen älskar som miman Methe älskar Chrestus,
nej ingen, ingen älskar som... vahettere... gäsp... miman
Methe älskar Chrestus.

Methe vaknade nästa morgon på sin knöggliga madrass – den var stoppad med säv i stället för dun, av den sparsamme Sittius – och det kändes som om hennes huvud också var stoppat med säv i stället för dun.

– Nej nej nej aj aj aj, väste den bakfulla miman.

– Aldrig mera carpe diem och in vino veritas, aldrig. Ego sobria in eternitatis.

Hon sökte upp *matellan*, nattkärlet, och lät en del av gårdagens vin hamna där, först bakvägen, sen framvägen. Kryddat, okryddat, med eller utan honung – nu kvittade det, nu var det detsamma. Ja, nu kunde det sannerligen komma på ett ut.

Sedan sträckte hon ut kärlet genom fönstret och tömde det. Nån skrek osv osv protester svordomar osv osv Methe hängde ut genom fönstret och gav igen och munhöggs å det grövsta osv osv.

Vardagsliv i Pompeji, en varm och fuktig morgon ett år före katastrofen.

Så sällade sig innehållet i nattkärlet till den urin som redan hällts ut på gatan, från det närbelägna valkeriet.

– Methe! ropade Actius Anicetus från bottenvåningen.

– Ja, jämrade sig Methe.

– Vi måste öva!

Actius, Methe och Paris hade delat rum – hon och Paris till och med säng, under parollen: ända mot ända kan ingenting hända.

Jo. De måste öva. Anicetus hade hittat på ett nytt skämt. Visserligen var det mesta i deras föreställning improviserat, utifrån en grundstory, men det hände att Anicetus, perfektionisten och den stora uppfinnaren av dem, hittade på nya stående inslag. Denna gång gällde det den blinda blomsterförsäljerskan, spelad av Methe, som skulle råka kyssa en till åsna förvandlad Pappus (förtrollad av en häxa) i tron att han var hennes älskade, varvid åsnan/Pappus skulle skria, slå med öronen och... ja, känsliga läsare kan vända bort blicken, den groteska farsen var som den var – resa en jätteåsnelem mot henne, som hon skulle famla runt i tron att den var Pappus sons lår. Och att hennes unge fästman blivit förtrollad till en jätte. Då skulle hon gråta förtvivlat – för inte kunde hon, den lilla blomsterförsäljerskan, gifta sig med en jätte! Den blinda flickan skulle krama och kyssa sin förmodade fästmans förmodade lår och bönfalla honom att genast krympa till normal storlek igen. Medan den till åsna förvandlade Pappus skriade belåtet. Och det hela skulle kulminera i någonting som anständigheten förbjuder till och med mig att berätta om.

Det var detta de måste öva på, noga, för *det här* skulle utan tvekan väcka stor munterhet och den pompejanska allmänhetens fröjd och gamman – ja, publiken på Stora teatern skulle vråla av skratt – bara det satt ordentligt, bara allt satt perfekt, så.

Anicetus, den gamla perfektionisten, försökte hålla reda på sina mimarkollegor så att de inte drack för mycket eftersom det riskerade att fördärva föreställningen. Det var krävande akrobatier de skulle utföra på scenen. Ett litet bakrus mjukar bara upp kroppen, det är bra, brukade han säga. Men bli inte sjumilabakis, bli smygbakis. Bli inte Pompejibakis, bli Baiaebakis. Kan ni inte försöka, åtminstone? Methe! Paris!

Kvällen innan hade han dock helt misslyckats med sina förmaningar, alla tre hade varit för trötta för att tänka på någonting annat än att döva sina kroppar och själar med ett fruktansvärt, fruktansvärt, totalt katastrofalt ohyggligt rus. Ja, även Actius Anicetus hade druckit mer än han brukade, även om det inte kom upp i Paris kvantiteter, och inte heller, vad beträffar effekten, Methes kollaps.

Paris var dessutom förstoppad och hade svårartad magknip. Han misstänkte gårdagskvällens garum.

– Ödledynga och duvblod, sa Anicetus. – Det enda som hjälper.

– Jag är inte förstoppad, jag är förgiftad! Sittius serverar garum som han torde ha lagrat i blindtarmen ända sedan jordbävningen, kved Paris, som satt dubbelvikt på en pall.

Sittius skramlade surt med kastrullerna ute i köket.

– Torde, nickade Anicetus. – Ödledynga och duvblod. Det enda som hjälper. Lita på mig. Jag ska gå och skaffa lite hos läkaren på Tröstgatan.

Kapitel si och så: *En noggrann skildring av hur man framställer den typiska pompejanska purpurfärgen utav en mollusk.*

Äh, förresten.

På väg till teatern råkar Methe på sin väninna Amaryllis.

– Hej.

– Hej.

– Några bullar i ugnen sedan igår?

– Knappast, jag är fellatrix, ju.

– Praktiskt värre.

– Japp. Ska du till teatern?

– Ja.

– Är det nåt kul som ni sätter upp förresten?

– Jamen lita på det Amaryllis, det är en liten atellansk fars som består av lika delar improvisation och Anicetus i förväg uttänkta finurligheter.

– Så den ska man inte missa, alltså.

– Nej.

Amaryllis spottade ut en aprikoskärna.

– Hur länge har du haft den där i munnen? frågade Methe.

– Sen i förrgår. Det är ett skitbra knep.

Just som de två väninnorna stod där och samspråkade kom åsninnan Maria gående. Hon som arbetar på Asellinas krog, tillsammans med Aegle och Zmyrna.

– Hej Maria.

– Hej.

– Hej.

– Och vart ska du, då?

– Jag ska till Felix Frukt och köpa aprikoser. Asellina har skickat mig.

– Felix Frukt, den där typen, dels slår han barn hårdare än alla andra, dels är han en ockrare.

– Jo, men han har goda aprikoser. Och Asellina har skickat mig, sa Maria blygt.

– Hur går det med den där sekten du är med i? undrade Amaryllis.

– Jo... Går väl bra... sa Maria.

Maria var kristen, och det trots att hon försörjde sig på att hälla upp vin ur tuppkrus och rävkrus, samt på lite oansenlig symplegma en trappa upp. Men vad skulle en stackars flicka göra. Nörden har ingen lag, resonerade Maria.

Flickorna stod i korsningen Jupitergatan/Teatergatan. När Paquius Proculus kom gående på den smala trottoaren, på väg mot Forum och omvärvd av sina klienter (Pompejis smala gator och kaotiska trafik lämpade sig illa för bärstolar, och Paquius hade inget emot att sträcka på benen), backade Amaryllis och Maria in på Teatergatan för att släppa förbi dem – medan Methe vinglade till och trillade ner på Jupitergatan. Paquius Proculus, två gånger borgmästare, varav en gång vald av Universi Pompeiani, U.P, sträckte sig artigt ner och drog upp Methe på trottoaren igen. Han frågade henne om hon hade brutit något. Hon skakade förundrat på huvudet, och gapade stort som Hamnporten. Paquius önskade de tre flickorna en god morgon, och vände om för att gå vidare.

– Det DÄR, sa Methe och pekade på Paquius,

– Det DÄR är en riktigt fin människa. Drar sig inte för att hiva upp en mimerska ur dyngan!

Methe borstade smutsen av sin tunika. Klockan var strax efter åtta. Paquius hade haft audiens mellan sex och åtta. De purpurbrämade togorna seglade nu iväg mot Forum, under bullriga och hysteriska skratt.

Sen snackade de tre puporna lite strunt sådär och när de tog avsked ropade Amaryllis:

– Carpe diem!

– Just det, och kom ihåg att nemo saltat sobrius! hojtade Methe, glömsk av sitt löfte tidigare på morgonen.

– Hahahaha, sa Maria.

– Vi talar bra latin, vi! klämde hon i.

Ty ingen av dem var från början latinspråkig. Amaryllis var grekiska. Maria judinna. Och Methe av rörigt samnitiskt-grekiskt ursprung.

Nån gång i höet ute på landsbygden utanför Atella hade hon blivit till. En get bevittnade spektaklet. Och Maria: nån gång i ett tält ute på landsbygden i Samarien, eller om det var lastrummet på ett skepp, hade hon blivit till. En åsna bevittnade spektaklet. Och Amaryllis: då en… nej.

Den tiger som rymde från amfiteatern i Pompeji – i samband med det stora slagsmålet mellan pompejaner och nocerianer, under Gajus Vipsanus och Gajus Fontejus konsulat – samma år som Nero dödade sin mamma – denna tiger hade, jagad av människofruktan, sökt sig uppför Vesuvius sluttningar och bosatt sig i de vulkaniska skogarna.

Ibland gav den sig ut i vinfälten.

Ibland gav den sig ut i fårhjordarna.

Ty den levde av druvor och enstaka får. Oliver försmådde den. De var för beska.

Den hade nu övervintrat i tretton år på Vesuvius, genom att under den kalla perioden söka skydd i de varma grottor som på den tiden fortfarande karvade ur vulkanens sidor här och var och som människorna var rädda för. Man trodde att det bodde etruskiska häxor där, och man fasade för den rök som ibland sökte sig ut ur dessa grottor: det var samma giftiga ångor som steg ur Lagus Avernus i de flegreiska fälten; Lagus Avernus, den fågeltomma sjön, nedgången till Hades, vid vars strand Sibyllans grotta låg. Människorna var mycket rädda för sådana platser.

Därför fick tigern vara ostörd i sin grotta. Den behövde inte göra upp eld (låt mig uttrycka mig mycket, mycket klart: även om den hade kunnat göra upp eld skulle det ha varit överflödigt), ty grottans ingång var skyddad av murgröna.

Därför, trots att en av tigerns vintrar på Vesuvius (under G. Laecanius och M. Licinius konsulat) var så kall att vulkanen täcktes av ett tjockt täcke snö som låg kvar i flera månader, trots detta frös tigern inte. Luften var varm i grottan, marken skön mot tigerns mage när den låg och sov.

Under vintern åt tigern snö, det var svårt att finna föda fast den klarade sig.

Under sommaren var det lata dagar för tigern: det var Schlaraffenland, fåren så gott som sprang rakt in i käften på den och druvorna lossnade utan besvär från sina klasar.

Tigern gjorde expeditioner på Vesuvius, och en vacker dag hade den tagit sig ända upp till toppen. Den gick ner i kratern. Ojrå. Det här var verkligen nåt för tigrar!

För tigern förstod att det var en vurkan.

Före en jordbävning blir alla hundar oroliga. Långt innan människan har hunnit märka nåt ylar hundarna och rusar runt i panik: men tigern kände kittlingar i tassarna och njöt, för det tyckte den om. Den blev inte rädd.

– En Vurkan det är.

– En Tiger det är.

Jo. Vesuvius kände tigerns närvaro i kratern, precis som tigern kände magman.

När de konstaterat varandras närvaro och likaledes konstaterat en tigro-vulkanisk aktivitet, en typ av djur-vulkankemi med reaktioner, inte direkt erotiska men besläktat var det, så började de prata.

(Vulkaner och tigrar kan visst prata, det är bara idioter som tror att dom inte kan det, riktigt förstockade människor som borde stoppa upp huvudet därbak, och om ni vill tillhöra dem så varsågoda, kanske ni borde gå till en psyk-doktor i så fall).

– Jag har tillbragt ett ansenligt antal år med att hetsas mot människor på en arena – det var en nervös historia, jag bet och dödade, fick då och då ett sår tillfogat mig men jag var i överläge eftersom de människor som hetsades emot mig för det mesta inte fått några vapen. Det privilegiet brukade man strunta i att tilldela dem, ty man ville ge mig, tigern, en osportslig chans och människorna ville man ge otur. Runt omkring mig såg jag rasande käftar, människor som dräglade av kättja när de såg mig ta en tugga i någons lår eller kasta mig mot någons strupe. Längst fram satt aristokraterna, längst bort, högst upp, och ej urskiljbara för mig och ej heller hörbara i det allmänna vrålet, satt kvinnorna. Det är konstigt vad de djuriska drifterna löper amok när de filtreras genom civilisationen. Själv dödar jag mest för matens skull, även om jag uppskattar en stilla lek med offret innan jag hugger till, bara för att pumpa upp adrenalinet lite, det adrenalin som ska bryta ner det motstånd som även en tiger känner mot att döda. Se här – tigern lyfte vänster baklår – ser du den fläck där jag inte har någon päls? Där var det en med spikklubba som kom åt mig, men sen tog jag en rejäl tugga ur magen på honom. Då utbröt ett vrål som liknade ett stön i den mångtusenhövdade publiken, men jag brydde mig inte om att äta upp köttet, jag spottade ut det och satte mig ner och tittade på inälvorna som rann ut i sanden. Sen kastade jag en blick på publiken. På första raden satt T.S Clemens, edil; där satt M.C. Marcellus, nec sine Posthumus; och där satt en lång rad sköna individer. Jag har stött på dem senare, under mina nattliga vandringar efter flykten från amfiteatern, och känt igen dem som mina kanske ivrigaste påhejare.

Jag blev infångad igen och förd till min bur. Samtidigt kom det en man med järnkrok och en annan man med en hink sand, och mannen med järnkrok drog ut den döde i kroken, medan mannen med hinken hällde sand över blodet. Den döde släpades till spoliarum och lades bland de andra liken. Där flockas läkarna, eftersom de vill lära känna människans innandömen.

Det stora slagsmål som blev min räddning bröt ut mitt under ett spektakel. En djurhetsning som de kallar detta evenemang när såna som jag är inblandade.

Jag skulle just bussas på en dödsdömd man, en mördare som ställts mellan valet att kämpa mot mig på arenan eller avrättas omedelbart; han valde det första, vilket av människorna betraktas som modigt.

Jag var trött, längtade hem till Österlandets skogar och gillade inte dödsmördarrutinen som de dragit in mig i, jag var en stressad tiger som inte alls ville att min sköna naturliga konst skulle vara underhållning åt förslappade människor, stimulantia och afrodisiaka åt detta förruttnade folk. Jag hade ont i låret efter spikklubban och kände mig gammal och trött.

Då, på grund av en bagatellartad skärmytsling, uppstod ett gigantiskt slagsmål mellan de ditresta nocerianerna och pompejanerna. Gammal konkurrens mellan Nocera och Pompeji sägs ligga bakom blodtörsten. Medan de slaktade varandra på läktaren kunde jag, då tigervaktaren lagt benen på ryggen, slinka ut ur amfiteatern.

Jag tog Överflödsgatan åt vänster, och vek av uppför Via Stabia mot Vesuviusporten. Skräckslagna människor flydde för min väg. Vid Vattentornet stannade jag och lapade i mig lite vatten ur ett rör som läckte. Vid Vesuviusporten stannade jag och såg mig om –

trots att det i sådana ögonblick sägs att: vänd dig inte om! – och såg Pompeji, denna grymma, förslappade, lastbara stad, frosseriets och röveriets och horeriets högborg, och min tigernatur revolterade, de gångna årens kött och blod stod mig upp i halsen och – vilket förvånade mig själv – jag kräktes. Det kan också ha berott på att jag ätit mycket lite den senaste tiden, plus all stress, plus en motvillig frustration över att inte ha fått fullborda mordet på den dödsdömde (jag skulle just sätta tänderna i honom när kalabaliken uppstod).

Sen sprang jag genom förorten Felix, och satte därvid skräck i ett ansenligt antal förortsbor.

Och sen – O Vesuvius – sen klättrade jag uppför dina sluttningar. Jag har länge bott i en av dina grottor.

Tigern satte sig ner och slickade pälsen (ty under allt tal hade den rastlöst vankat av och an, så som tigrar gör, och den hade blivit svettig).

Tigerns bekännelse följdes av lång tystnad av Vesuven.

Vesuven tänkte på Spartacus. Vesuven tänkte på alla fina människor som den skulle döda. Vesuven sa slutligen:

– Jag är en stratovulkan. Jag är mycket komplex. Gå i frid.

Sen gick tigern ner igen. Och det var då –

En natt i augusti försvann en staty ur en trädgård i Pompeji. Statyn stals ur P. Vedius Siricus trädgård mellan Bordellgränd och Överflödsgatan, i närheten av den kristna inskriptionen CHRISTIANOS, som står klottrad på en vägg, bland en svärm av andra graffiti.

Den blev stulen natten till den 24 augusti år 78 – natten efter VOLCANALIA, festen till Vulcanus ära, som varit stillsam.

Antikens människor var vidskepliga. Men just den här stölden lockade bara till skratt. Det var nämligen en Priaposstaty som blivit stulen. Priapos ansågs skrämma bort onda ögat, fåglar och tjuvar. Att tjuvarna nöjt sig med statyn och struntat i allt annat togs som ett skämt – att jämföra med om en tjuv idag skulle stjäla en skylt där det stod Grannsamverkan mot brott. Ett spratt. Ett enkelt, spattigt spratt.

Statyn hade stått i atriet i över hundra år, ordentligt fastskruvad i en träpåle (men losskruvad av tjuvarna, som måste ha haft verktyg med sig). Den hade en gång i tiden skeppats till Pompeji från den exotiska Orienten.

Alla låg och sov i sina fint målade små rum när stölden begicks, och bara stjärnorna hade kunnat bevittna brottet – om stjärnor haft ögon – om de av en slump kikat in genom taköppningen och låtit sina strålar falla genom ljusgården, så att de kom att spegla sig i bassängen, utströdda som de var över en sammetsblå himmel, de lycksaliga jävlarna.

Vedius nästan frigivne slav – han hade lyckats lägga undan pengar och skulle inom kort kunna köpa sig fri – upptäckte stölden. Han hade börjat fundera på att bli gladiator. Gladiator, eller valkare.

Hur tjuven eller tjuvarna lyckats ta sig in i huset var en gåta, eftersom dörren mot gränden varit förbommad och det inte fanns några tecken på skador eller brukat våld mot huset någonstans.

Misstankarna kom att rikta sig åt två håll. Dels misstänkte man de kristna. De var ju avogt inställda till alla andra gudar än sin egen, och Priapos såg de med särskilt oblida ögon, pillimarisk fruktbarhetsgud som han var. Skulle de inte ha kunnat begå stölden, för att röja Priapen ur vägen?

Men misstankarna kom också att rikta sig åt ett helt annat håll, nämligen den grupp skådespelare som enligt det ihärdiga ryktet nyligen hade kommit till stan. Skådespelare ansågs vara rätt busiga, så att säga. De hade lika dåligt rykte som de kristna, fast på rakt motsatt sätt. En del ansågs vara bögar eller kvinnotjusare, andra ansågs vara tjuvar, och skådespelerskor ansågs vara horor.

P. Vedius Siricus granne påstod sig ha sett två skådespelare, varav han var nästan helt säker på att den ene var den undersköne Paris, och att den andre var den legendariske Actius Anicetus, i mer eller mindre aspackat tillstånd på Överflödsgatan klockan tolv natten i fråga. Det hade varit månsken och grannen hade tydligt sett att skådespelarna kånkade på något otympligt emellan sig. En säck, eller en människa, hade grannen tänkt, men han hade inte försökt hejda dem eller ropa dem tillbaka, eftersom de redan var ganska långt borta och han själv var nästan lika onykter som skådespelarna (han var på hemväg från Asellinas krog).

Oavsett om det var en säck eller en människa, eller en människa i en säck, var det ett livligt föremål, för det rörde på sig, vilket kunde tyda på att guden kommit till liv och protesterade mot att bli bortrövad. Det var inte uteslutet att det i stället var fråga om något djur som skådespelarna hade stulit, kanske en åsna eller ett svin. Eller en get.

Utöver dessa förmodade skådespelare med deras otympliga, rörliga säck hade grannen inte mött en enda själ den natten, bortsett från en fullo från Ululitremulus valkeri, och denne fullo, Gerulus, hade inte burit på någonting alls, däremot hade han haft Amaryllis fellatrix med sig och då begrep man ju vad de skulle hitta på.

Vedius snart frigivne slav – som alltså funderade på att bli gladiator, eller kanske valkare, och på att försöka köpa loss sin flickvän som slavade i samma hushåll, men för det måste han först skrapa ihop ännu mera pengar – han hade då sagt att statyn, som bara var ett par decimeter hög, inte borde ha kunnat framstå som en säck eller en människa, och inte en get heller för den delen, det var den på tok för liten för. Vid Venus, den borde faktiskt inte ha kunnat framstå som en get!

Men eftersom det handlade om en gud som kunde anta vilken skepnad den ville – get, människa, säck eller något helt annat, kort och gott: exakt vilken sjutusans gestalt den kände för just då – togs slavens påpekande emot med välvilja, men skepsis.

Det måste ha varit Priapos i säcken. Lik en get eller ej.

P. Vedius Siricus lät måla en efterlysning på sin husvägg.

– Om någon har upplysningar rörande en bronsstatyett som försvann ur P. Vedius Siricus trädgård natten till den 24 augusti så ombedes han vänligen vända sig till Vedius slav. Hittelön: tjugo ass.

Morgonen efter hade någon vitmenat väggen.

Det var då det första fnittret avlöstes av bävan.

Nu var det helt enkelt inte roligt längre.

Det första ögat möter när man träder in i Vedius hus är en mosaik på golvet i vestibulen. Där står det:

Salve, lucru

det vill säga, ”välkommen, vinst”, eller ”hej, pengar”.

Salve, lucru

hade han låtit skriva i vestibulen, fullt medveten om att det skulle sticka i ögonen på somliga – medan det skulle imponera på andra.

Men idag är det tyst i huset. Det kändes för Vedius Siricus – liksom för hans lillebror Nummianus, som också bodde där, och för husslavarna, som hade en tendens att vara pinsamt lojala med sina ägare under en viss typ av ögonblick – sådana sublima ögonblick då ett värre, totalare, katastrofalare, mer mördande straff hotade än husbondens – ett straff från någon med ännu större Auctoritas, kanske en kejsare eller en gud – det kändes som om det självsäkra, vräkiga mottot på mosaikgolvet hade vänts i sin motsats, och att det nu i sig själv utgjorde ett ont omen. Vitmenandet av väggen, utplånandet av efterlysningen, hade satt storknorr på skräcken.

– Vem ska nu skydda oss mot onda ögat, mumlade P. Vedius Siricus, och hans lillebror Nummianus började gråta.

Den frygiska tonarten i Pompeji.

Den frygiska tonarten. Hur beskriver man musik?

Eftersom poängen med den frygiska tonarten är stämningsläget – mystiskt, det är det obegripligas tonart – kan man jämföra den med dim-ackordet. Den som har tillgång till ett piano och kan noter kan spela ett ackord bestående av c, fiss, giss och a. Det är ett dimackord – och den som är förälskad i poetiska etymologier, horisontella bisarra kopplingar mellan orden, kan både i klangen av ett dimackord och i dess namn höra dimman. Den som omvärver.

Djävulens tonart – den överstigande kvinten – förbjuden av kyrkan under medeltiden – påminner om denna tonart. Det är samma stämningsläge och samma mänskliga modus det handlar om.

Frygien var ett landskap i Mindre Asien. Det fanns gulligt nog ett Stor-Frygien och ett Lill-Frygien, och vad dessa landskap, som för oss verkligen förlorar sig i forntidens dimmor, frost och fjun, vad Stor-Frygien och Lill-Frygien var kända för under antiken, var sin mysticism. Extas, larm, fantastik. Orgiastisk kult. Och hemligheter.

Tonarten, vars noter sägs pejla de djup i anden som helst inte låter sig pejlas – de noter som ur mörkret där inne fiskar upp... med långa trådar av mörkt guld fiskar upp... Inget. Det som är dolt bevaras mycket bra i musik. Ty det finns inte så många klanger att det skulle kunna röja vareviga musik.

Men på samma sätt som rus, vansinne, och förälskelse… och på samma sätt som vissa platser sägs vara sådana, till exempel ruiner, var den frygiska tonarten en grej där den där människan, som en gång verkligen haft något som kan kallas musik – lockrop som liknar signaler som väcker känslor och reaktioner (ädla och oädla, hon är ju en salig blandning av ädelt och oädelt, den där mänskan) – alltså, vi har hamnat i djungeln nu, i förhistorien, då kommunikation mellan människor bestod av signaler som manade till handling snarare än av tecken som tolkas – nu snackar jag ju om den där mänskan strax efter det att hon trillat ner från träden.

Ni säger att hon grymtade och gestikulerade. Jag säger att hon sjöng.

Jag säger att hon sjöng nåt slags växelsång och körsång i djungeln. Jag tror att det frygiska är förspråkligt. Och att vi lyssnar till det, vi civiliserade människor, vi ”evolutionens enfants terribles”, med samma spetsade öron och sniffande nos som vi sniffade på ”oss”, i djungeln. Språksniff.

Vi står just nu i gränden där Siricus bor, med sin gråtande lillebror Nummianus.

I den röriga gränden. Vad allt ligger inte där! Stabianska baden, Sittius värdshus, Victors och Africanus bordell, Dionysos valkeri… Det ruffigaste kvarteret i Pompeji, och den kanske mest pinkstinkande gränden. Där är det nu frygiskt, på grund av stölden och den oro den uppväckt.

Vem ska nu skydda P. Vedius Siricus hushåll från onda ögat, och tänk om det inte var en stöld, utan Priapos själv som promenerade ut ur detta atrium, för att sätta någon sorts plan i verket, vem vet vilken, och vem kan överskåda konsekvenserna?

Vedius hade, kvällen före stölden, under Volcanalia, iakttagit alla regler en familjefader bör iakttaga under Volcanalia. I synnerhet hade han slängt småfisk på elden. Fiskarna representerade hushållets medlemmar. Ett slags ställföreträdande människooffer. Han hade inte försummat något för att blidka Vulcanus och därmed beskydda sin familj och sitt hushåll. Och för övrigt, om den förgörande eldens gud hade varit missnöjd och velat hämnas, skulle han då inte ha satt igång en eldsvåda i stället, som den i Rom under salig Neros tid? P. Vedius Siricus hade inte gjort något fel under ritualen – och inte heller kunde han dra sig till minnes någon annan lapsus, någon annan försumlighet som hade kunnat förklara varför den omvända världen, kaos, svavelångorna ur klyftan som ständigt hotar att öppna sig under den ordnade världen, skulle smyga sig in i just hans domus. Det kunde vara så att någon, någonstans, förhäxat hans domus, lagt ut en förbannelse, ett stycke magi och svartkonst på det. Men vem, och varför, det var något som övergick P. Vedius Siricus, och hans lillebror Nummianus, förstånd.

Granne med den bestulne Vedius hus ligger Pompejis äldsta badhus – de Stabianska termerna.

I mansavdelningen av det Stabianska badet, intill den dörr som ligger närmast portikens sydostliga hörn, står det ett solur. Detta solur har en oskisk inskription. Det är med andra ord ett mycket gammalt solur. Det står:

Maras Atiniìs Maraheìs kvaìstur, eìtiuvad mùltasìkad, kùmbennieìs tanginud aamanaffed.
Kvestorn Mara Atinius, son till Mara, lät resa detta solur för allmänhetens gagn och bekostad av bötespengar.

Det första soluret kom till Rom från den grekiska kolonin Catania på Sicilien år 263 f.Kr., men det gick fel. Det var avpassat efter grekisk tid och gick sålunda före – solen går upp tidigare i Grekland, som ju ligger en bra bit österut. Inte förrän 164 f.Kr. lät censorn Marcius Filippus konstruera ett solur som var anpassat till Roms egen dygnsrytm. Kort därefter fick Pompeji sitt första solur – det som ända sedan dess har stått och visat tiden i de Stabianska termerna. Kvinnoavdelningen hade inget solur. Det var dels för att de gamla oskerna inte ansåg tiden vara lika fundamental för kvinnorna, dels för att kvinnorna på något sätt visste ungefär vad klockan var ändå – det var i alla fall vad som sades, enligt oskernas syn på mäns och kvinnors tidsuppfattning. Tiden var mer cirkulär för kvinnor, och då blev det tårta på tårta med ett solur. Tiden var ju redan rund för dem. Oskerna ansåg att det förhöll sig på liknande vis med rumsuppfattningen. Osker brukade ibland använda kartor, men oskiskor visste på något sätt ändå ungefär var de befann sig. En kompass vore också bortkastat på en oskiska, hon skulle helt enkelt inte ha någon användning för den, för hon hade sin inre kompass, medan oskerna hade yttre kompasser. Dessutom rörde sig kvinnliga osker sällan så långa sträckor att de behövde kartor och kompasser (de besökte nästan bara närbelägna platser de redan varit på många, många gånger, vilket bidrog till cirkulariteten och förstärkte den).

Detta synsätt kom i tur och ordning att övertas av etruskerna, grekerna och samniterna, och slutligen av romarna, när de slutgiltigt tog Pompeji från samniterna år 89 f.Kr.

En inskription i ett av Stabianska badens allra nordligaste rum lyder, på lätt gammalmodig latin, då det är från tiden kort efter romarnas slutgiltiga övertagande av Pompeji:

> *C. Uulius C.f.P.Aninius C.f.II viri iure dicundo laconicum et destrictarium faciundum et porticus et palaestrom reficiunda locarunt ex decreto decurionum, ex ea pequnia, quod eos e lege in ludos aut in monumento consumere oportuit, faciunda coerarunt eidemque probarunt.*

> *C. Uulius, Gaius son, och P. Aninius, Gaius son, duumvirer för rättskipningen, hava enligt dekurionernas beslut utackordrat uppförande av ett svettrum och ett skraprum och reparerandet av pelargångarna och palestran. De har*

låtit göra detta med användande av de penningar, som det enligt folkbeslut ålåg dem att använda antingen till föranstaltande av spel eller på ett offentligt byggnadsverk. Samma personer hava även efter anställd syn godkänt arbetet, sedan det blivit färdigt.

Inskriptionen är från år 80 f.Kr. Nio år efter koloniseringen av Pompeji. Borgmästarna gjorde helt rätt då de upprättade ett svettrum och ett skraprum. Duumvirerna hava använt penningarna på ett bra sätt, ett förnuftigt sätt. Det anser nog många i Pompeji. Ett spel varar en dag, ett spel är kul för stunden – men ett svettrum och ett skraprum kan vara i… så gott som evighet.

De romerska baden var, vid sidan av skådespel och gratis brödutdelning, något som tillföll alla, även slavarna. Det var för att de skulle hålla sig lugna och rena.

Man kan komma in i termerna både från Överflödsgatan och från Bordellgränd.

Hur det gick till att bada för en man. Han kom företrädesvis in från Överflödsgatan och tog till höger där badrummen för män låg. För om han tog till vänster blev det ett liv. Sen gick han in genom ett förrum till ett omklädningsrum med nischer i stenväggarna, där han lade sina kläder. Sedan fortsatte han naken till tepidarium, ljumvattenbassängen, och till calidarium, varmvattenbassängen. Om han var hurtfrisk kunde han även gå till frigidarium, kallvattenbassängen. Han kunde också öva gymnastik, få massage, och spela boll.

Dambadet, som var mindre och inte lika lyxigt, låg spegelvänt i förhållande till männens bad så att bådas varmvattenbassänger kunde värmas upp av samma ugn, med ryggarna åt varandra. Att bada för en dam gick till på samma sätt som för en man fast spegelvänt.

Likadant fast tvärtom, så att säga. Och de där två nakna rörelserna med och utan solur varje dag, och plasket under fötterna, och nedstigandet i bassängerna, och den genomsnittliga skillnaden mellan de olika mumlens tonhöjd varande ungefär en halv oktav, det hade pågått i mer än hundra år.

Posthumus och Maximus står med det bärbara soluret bredvid badets solur. Posthumus slavar står en bit bort.

– Ljuset bryts ju mitt i pölen.

– Ska vi försöka flytta på det?

– Förlåt, sa badmästare Euphodus.

– Soluret sitter nog som berg.

– Hans går efter.

– Det kanske är gammalt.

– Nej, det är modernt, sa Posthumus surt.

– Det har visat rätt till för några dagar sedan.

– Hur vet herrn det?

– Annars skulle jag ha kommit för sent. Det skulle ha märkts.

– Det är inte roligt att vara granne med Stabianska badet, hade P. Vedius Siricus suckat när han vaknade den morgonen.

– Detta badhus bullrar ju något fördömt. Nej, tacka vet jag landet. Där borde man bo. Inte på Bordellgränd, bland kristna, prostituerade och andra mycket lågt stående individer, och så till råga på allt granne med det bullriga badhuset. Det börjar tära på mina nerver. Och så alla jordskalv. Samt lågtrycket.

Vedius gned sina tinningar. Hans slav sträckte fram en bägare med kallt vatten.

– Tack. Inget nytt om statyn?

– Nej.

När Vedius hade klätt på sig sin toga och käkat lite dadlar hade han audiens. Sen gick han muttrande ut på gatan. Han stannade till utanför badhuset.

– Hör muskelknuttarna, som tränar med sina blyvikter och stönar högt och ostentativt. Antingen för att det verkligen är en stor ansträngning, eller snarare för att de vill få det att låta som en. Hör hur de visslar och flåsar när de andas ut! Man kan nästan höra svetten väsa och porla ut ur porerna, mumlade P. Vedius Siricus indignerat. Han fortsatte gränden ner mot Överflödsgatan, där han tog till höger.

Han hade för vana att tala för sig själv, eftersom knappt ens hans klienter längre orkade lyssna på hans klagerier.

Nu hade Vedius lämnat badhuset bakom sig, men han hade inte, likt en zen-buddhist, lämnat det där det låg, ty han kånkade det med sig hela vägen till Forum.

– Massören bearbetar någons fläsk och klatschar och daskar. Sen kommer det någon som muckar gräl, eller en klädtjuv som rycker folks togor ur nischerna, och blir jagad under höga vrål. Lägg därtill alla skönsjungare i badet. Ekot gör att alla tror sig vara stora sångare. Jojo. Det är väl ingen konst att kittla musan, när man har ekot till hjälp!

Vedius hälsade artigt på Paquius, som även han hade avslutat sin audiens. Vedius hade faktiskt också varit borgmästare. Det var år 60 e.Kr. Men han hade inte blivit vald av universi pompeiani, det var mest lökodlarna och dito dito som stödde honom, och därför gillade han inte Paquius nåt vidare. Det tyckte Paquius var roligt. Därför hälsade Paquius alltid jättehjärtligt på Vedius, medan Vedius hälsade lite avmätt på Paquius. Pratade gjorde de emellertid ej. Ej heller nu. Paquius gick vidare med sina klienter, medan Vedius gick ensam.

Vedius passerade nu Curian, vallokalen, och Eumachias tyghandel.

– Det plaskar när någon slänger sig i bassängen. Det bubblar och dundrar, då diverse ljud ekar och förstoras i valven. Kakförsäljarna, korvgubbarna och krogvärdarna ropar ut sina varor med genomträngande vrål. Och så förstås någon som hojtar: vad är klockan? och springer med plaskande steg och tittar på soluret och hojtar: klockan är fem och allt väl! helt oombedd. Jag önskar att jag vore döv. Och är man till på köpet granne med Victors och Africanus bordell, och Värdshuset Elefanten, och valkeriet, då är det strängt taget inte så mycket som fattas. Strängt taget ingenting alls. Och så nu denna förfärande stöld. Och den galopperande obildningen. Ser man ett citat av Ovidius på någon mur, så är det fel. Felstavat. Ibland fel ord, också. Varför kan ungdomen inte tänka.

– De är rötägg, sa Cornelius Tages. Vedius log kyligt. Den rödhårige redaren var en uppkomling.

– Låt bli att bli arg och föra ett upprört språk.

Det var Epidius Hymenaeus, moraltanten.

– Kan du inte behärska dig, så gå hem till dig.

Parfymhandlerskan Gavia Severa strök förbi i ett moln av väldoft.

– Köpa Gavia Severas rengöringskräm. Den är bäst. Till frugan.

– Bah, sa P. Vedius Siricus.

Han ansåg sin fru vara en helt oknullbar matrona.

– Nu sticker vi, sa Paris till värdshusvärden Sittius.

– Vi flyttar till haket längre upp.

– Va? sa Sittius. – Är det något som inte är till belåtenhet?

– Madrasserna.

– Vet ni inte varför jag har en Elefant på skylten?

– Vi har våra misstankar, sa Paris.

– Det har ni absolut inte. Det beror på att min förfader Sittius Nucerinus koloniserade Afrika.

– Jodå.

– Varför tror ni att Caesar gjorde honom till kapten i sin flotta, om det inte var för att han var en duktig kapten, och ingen rövare.

– Madrasserna.

– Kunden har alltid fel, sa Anicetus, och klappade vänligt Sittius på axeln.

Sittius klev även han ut i gränden, och såg efter skådespelarna när de gick uppåt gränden och försvann in på värdshuset längre fram.

– Julius Caesar var nog bra, men Nero, han visste ett och annat om hur man sköter statens affärer, sa han sårat. – Inget ont om kejsar Vespasianus, jag kysser hans spöknippen såklart, men Nero, han hade hjärtat hos vanligt folk.

Sittius kliade sig i nacken. Folk stannade till och lyssnade på honom, nickade och instämde.

– Och aldrig att den här stan haft en dotter mer värd namnet än Poppaea, sa Sittius.

– Ja, Poppaea…

– Vacker och präktig som en ros var hon. Hon glömde aldrig var hon kom ifrån. Hon hade alltid en plats i sitt hjärta för oss. Det såg man ju när hon och kejsarn var här efter jordbävningen. Det såg man ju hur hon grät, Poppaea.

– Ja, Poppaea…

– Hon lyfte sina händer mot himlen och ropade: Gudarna kan aldrig ha velat detta! Vem som helst kunde se att det var äkta vara, för mitt på Forum var det. Aldrig att hon glömde oss. Hade det inte varit för henne så kanske vi aldrig fått ha gladiatorspel igen, efter slagsmålet. Som hon bevekte kejsarn.

– Ja, som hon bevekte kejsarn…

– Inte tror jag att det var han som sparkade ihjäl henne. Sån skit snackas bara av folk som inte vet bättre, och har nåt att vinna på det.

Den andra statystölden – men för att inte överdramatisera det hela bör vi kalla den för en statyettstöld, för det var just precis vad det var. Precis som stölden av Priapen hade varit en statyettstöld, och ingen egentlig statystöld – var gränsen egentligen gick diskuterades flitigt i Pompeji under dessa dagar; om någon till exempel hade stulit statyn av Eumachia, då hade det garanterat varit en statystöld, inget snack, och den av Caecilius, statystöld, inget snack, Julia Felix, inget snack, och det hade varit fruktansvärt, totalt katastrofalt urläskigt.

Den andra stölden skedde inte från något atrium i närheten av Victors och Africanus bordell, utan från en helt annan trädgård och ett helt annat hus. Ett som ligger på en tvärgata till Jupitergatan. Närmare bestämt en liten gränd som löper mellan Jupitergatan och Överflödsgatan.

Från Numicia Primigenias och Lesbianus hus.

(Hur man kan heta Lesbianus? Om man dessutom är gift med Numicia? Det vet jag inte. Men faktum är att han heter så. Anledningen är nog inte så urbota queer som det kan låta. Förmodligen kom han helt enkelt från ön Lesbos).

Numicia Primigenia och Lesbianus bodde i närheten av Teaterkvarteren. Därmed förstärktes misstankarna mot skådespelarna, de misstankar som kommit att riktas mot Paris och hans gäng, medan den försvagades mot de kristna, som egentligen gav föga pip ifrån sig i Pompeji.

Stölden inträffade två dagar efter vulkanalierna.

En het och kvalmig natt i augusti.

Vem är då Dionysos Sabazios, fruktbarhetens och överflödets gudom? Även kallad Bes? För det var en staty av honom som blev stulen.

Vi som är vana vid att trädgårdstomtar stjäls, och att vykort med utpressningar skickas till trädgårdstomtens ägare från Australien. Vi som är vana vid att det cirkulerar stulna trädgårdstomtar i världen. Vi kan undra lite över tidens märkliga upprepningar. Människan söker fram det förgångna med det hon gör, utan att veta om det.

Hon går i cirklar, helt enkelt. Intet nytt under Vesuven.

Den efterlyste är en liten högtidlig pillimarisk mansfigur i brons. Den allvarliga, kloka, värdiga minen liksom stryks under och får emfas av det vågiga skägget, samt av en liten korkskruvsmustasch. Bes är en vacker man, på ett okonventionellt sätt. Men han har en pizza på huvudet.

Något som är snyggt med Bes är att han har ett getaskinn draperat över axeln. På magen har han getens huvud och klövar. Båda underarmarna är elegant framåtlyfta i en relaxad och inbjudande gest, och ena handens handflata är vänd uppåt, medan Bes i den andra handen håller en liten gren av poppel med två löv.

Bes har en högtidlig frisyr. Håret är delat i en bena mitt på hjässan och samlat i en prydlig knut. Mitt på huvudet har Bes en charmig, konformad, urgröpt mössa prydd med girlander och fylld med druvor, kottar, fikon, plommon och ovan nämnda pizza. Pizzan, en fornvariant av den vi känner till, en antik förfader till den platta deg som en gång såg ljuset i Neapel, pizzan i mössan betyder, liksom druvorna, kottarna, fikonen, plommonen och girlanderna, allt gott här i världen. Allt som är mums. Bes är stulen.

Dionysos Sabazios.

Stulen.

Tigern, grönskan, månen & ruinen.

Tigern sitter vid brunnen på Triangelplatsen och den drömmer. Denna avskilda och heliga plats besöks bara ibland. Det gamla grekiska templet ligger här. Det är från den tid då grekerna styrde i Pompeji. Då låg Triangelplatsen utanför stadsmurarna, men sedan dess har staden expanderat. Grekerna har, som herrar över staden, avlösts av etrusker, samniter och romare. Idag är grekerna främst slavar, eller frigivna, en del är uppkomlingar, de senare hatade av Roms adel.

Templet – det kan kvetta vilken gud templet var ägnat, det är det ingen som riktigt vet – står här lite trasigt. Redan före jordbävningen var det en ruin. Och ruinromantiker under antiken – för redan då fanns det ruinromantiker – går hit för att sucka över tidens gång och alla mänskliga stortings förgänglighet. Monumenten överlever människan, och ibland överlever de större delen av sig själva, då heter de ruiner. Är det dikter som överlever större delen av sig själva heter de fragment. Är det människor som överlever större delen av sig själva heter de spillror.

Härifrån har man också en superb utsikt över kusten, intill teatrarnas stoj och tumult.

Man kan kolla på de förgyllda lustjakterna i solnedgången...

Tigern går bara hit nattetid. Han tar Jupitervägen – den som idag kallas Isistemplets väg – förbi Isistemplet och Palestran, och sen viker han av på Teatervägen.

Han sneddar nonchalant genom Triangelplatsens portik.

Doriskt, joniskt och korintiskt. Jojo. Tigerns öga ser många kolonner. Men tigerns öga frågar sig: kolonner, vad fan gör ni.

Här finns dock en plats som tigern gillar. I ett avskilt hörn av Triangelplatsen ligger den. Det är en rund konstruktion. Den består utav sju doriska kolonner i tuff. Inuti den runda kolonnaden, som liknar en barnskallra, finns det en brunn karvad av lava. Den ser ut ungefär som den vid Porta Vesuvius. Fast finare.

På kolonnadens tvärbjälke, arkitraven, står det skrivet:

Ni Trebiis Tr med tùv aamanaffed

vilket är en förkortning för

Niumsis Trebiis Trebieìs medìss tùvtiks aamanaffed

vilket är oskiska och betyder

Numerius Trebius, Trebius son, meddix pubblicus, var här

ungefär, fast ännu värre, för det betyder faktiskt

Numerius Trebius, Trebius son, medìss tùvtiks,
lät resa byggnaden.

Det var alltså en riktig tùvtiks som lät bygga denna runda barnskallrekonstruktion!

Familjen Trebia var en rik oskisk/samnitisk familj som var garumproducenter. Det var således fisksås som låg ekonomiskt liksom under denna runda konstruktion.

Barnskallran byggdes efter det att grekerna tappat greppet om stan, och samniterna ägde den. Oskerna var vid det laget uppslurpade av alla andra medborgare, men det var oskiska som talades av de flesta, av någon anledning. Det torde ha varit, tror i alla fall jag, för att oskerna var fler än samniterna, så att herrefolket tog över det underkuvade folkets språk i stället för tvärtom. Eller nåt.

Havet har sedan några timmar krävt tillbaks sin Apollon och det är beckmörkt.

Tigern gillar och sitta vid lavabrunnen och småmeditera, fisa & ha det bra: mitt i natten känner sig tigern frygisk, han grubblar och sörjer inte så lite, på exotiska, främmande, strimmiga varelsers vis. Den här tigern känner sig som om han svävar flykting över jorden, som om han bara var nåt slags ljud. Ett eko av sin egen gamla tiger. Men han är i allafall glad över att slippa slåss på amfiteatern och käka gladiatorer.

– Djungeln kommer jag aldrig tillbaks till. Den fjärran Orienten ser jag aldrig åter. Men jag har mycket att uträtta här. Jag måste träffa Bacchus. Få honom att bjuda mig på vin. Jag måste äta en jävla massa druvor. Jag måste riva en grej. Jag måste tala med den nya tigern, kissefjanten, på amfiteatern. Sen måste jag... hm... ja, men hur? Vad Vesuvius talade om för mig med sitt muller mot mina tassar, när han utsåg mig till sin vulkanolog, eftersom mina tassar är känsliga för vibrationer, ja trampdynorna alltså, inte klorna, klorna är mer okänslig musik... är något som jag måste förvalta väl. Med varje strimma på min kropp känner jag de strömmar som i underjorden nu bereder sig på katastrof och ödeläggelse. Och eftersom mitt hjärta är en tigers hjärta, vill jag varsko alla dem som har en tigers hjärta, eller förresten, alla vill jag varsko, hela gänget – fast, hm, det finns problem, dels att folk blir rädda för mig, dels att jag inte kan prata. Varken oskiska eller latin. Och grekiska, knappast.

Tigern rev sig med en klo på det gamla ärret som läkt fel och alltid varade. Det var en skicklig gladiator som fått in en träff med spikklubban. Men samma gladiator hade sedan tvingats se sina egna inälvor rinna ut i sanden, och det hade tagit närmare en minut för den stackaren att dö.

En lång minut. Den sprattlande mannen på arenan hade fått publiken att tystna och andäktigt iaktta dödsryckningarna, medan de kände den tunga kättjan spritta i sina egna inälvor. Och när han slutligen blev stilla förenades publiken på läktarna i en suck.

Mitt på tigerns lår sitter det gamla variga ärret, och där brukar knott och flugor svärma lite ihärdigare än på andra ställen på tigerns svettiga kropp.

– Min mamma kallade mig för tigertusse när jag var pytteliten i Indien. Själv brukar jag kalla mig för nattens klo. I Pompeji går 20 000 människospillror mot sin egen död, och det finns inget som min vilda tigersjäl kan göra för att hindra det. Om inte –

Omkringkånkandet på Bes hade gjort Paris och Anicetus trötta. Denna bronsstatyett, som inte borde ha vägt särskilt mycket alls, gjorde sig blytung för att jävlas med dem. Paris och Anicetus turades om att bära på guden, ibland i ena handen, ibland i den andra, ibland på ena axeln och ibland på den andra. Delat ansvar, fyrdubbelt ansvar.

Getaskinnet fladdrade.

Petroselinus travade efter. De äldre skådespelarna daltade med pojken, eftersom han var så söt, så han slapp bära.

Att gå omkring denna heta augustidag, tre dagar efter Vulkanalierna, tillsammans med Bes, som var ute efter att pizza till det, var jobbigt. "Vi är själva kreatörer av vår egen olycka", hade Paris sagt, när de insett vidden av konsekvenserna. Han var för stolt för att någonsin, under några som helst omständigheter, se sig själv som ett offer för dessa omständigheter. Inte ens för Bes. Däri liknade han ett djur – eller en gud. Fri från självömkan är djuret och guden på grund av en extrem omedvetenhet å ena sidan, och en akut medvetenhet å den andra. Japp. Så är det. Bortsett från hundar. De kan tycka synd om sig själva. De kan skämmas också. Det finns pudlar som skäms när de släppt sig. Jesus tyckte synd om sig själv några förbiilande stunder: gånge denna kalk, blodsvett, varför har du etc etc.

"Vi är själva kreatörer av vår egen olycka", hade Paris högdraget sagt till Anicetus, när denne (som då hade Bes på höger axel, och skulle langa över honom till vänster, delat ansvar höger dubbelt vänster ansvar) råkade sparka till ett urinarium gastrum, så att urinen flödade över trottoaren och ner på gatan. Då beredde sig skådespelarna på att lägga benen på ryggen för att inte de arga valkarna skulle upptäcka vem som haft ut arbetsmaterialet, och ställa mimarna till svars på ett konkret och vad gäller blåtiror, näsblod, och såna grejer, riskabelt vis. *En* arg fullo kunde de klara av, men här kom Calamus, Leno, Pegte, Ephebus, Ricinus, Gerulus och Ululitremulus själv ut ur valkeriet och hötte med knytnävarna. Fullones var förblindade av vrede. Hade Jupiter själv sparkat omkull krukan så hade de lynchat Jupiter. Paris och Anicetus fann sig trängda mot en vägg av de vredgade valkarna (lille Petroselinus struntade de i). Livet passerade revy.

Men då räddades de av Epidius Hymaeneus, moraltanten, som gick förbi.

– Var kysk i ditt tal, sa Epidius Hymaeneus. – Kan du inte behärska dig, så gå hem till dig! Ett täcke skall skydda soffans kuddar.

Skådespelarna vek av i gränden.

– Man skall vara aktsam om bordslinnet, fortsatte Epidius Hymaeneus.

Valkarna skämdes vid det här laget rejält. De hade varken soffa, kuddar eller bordslinne, och kastade aldrig lystna blickar på annan mans hustru, utan bara på kvinnor av skum vandel. De hade redan glömt Paris, Anicetus och den omkullsparkade krukan.

De satte ut en ny kruka, och hoppades på det bästa.

I det outgrävda området upphörde Bes krafter. Paris och Anicetus slog sig ner på trottoaren och ställde ifrån sig guden. Lille Petroselinus hoppade upp på en sten, där han ställde sig och vinglade. Först på ett ben, sen på ett annat.

– Det var två sardiner som skulle gå över Jupitergatan. Så trillade den ena ner och blev överkörd av en kärra. Då sa den andra: kom garum, så går vi.

– Den är fruktansvärt gammal, Petroselinus... Redan de gamla oskerna... skrockade Anicetus.

– Den här då. Det var två spanska makrillar som skulle gå över Lyckogatan. Då trillade den ena ner och blev överkörd av en kärra. Då sa den andra: kom scomber, så går vi.

– Hahaha Petroselinus, sluta, din gullunge, sa Paris.

– Det var tre som blev överkörda och då sa den fjärde: kom faex, alec och muria... Komsi komsi gari flos flos!

Anicetus drog ner Petroselinus i knät. Paris såg rött. Pojken var tillräckligt diplomatisk för att lite blygt rodnande lösgöra sig från sin äldre och djupt respekterade kollega.

– Vad lugnt och skönt det var här, sa han.

– Mmmm, muttrade Paris. – Inbäddat och ombonat som i graven. Jag fattar inte riktigt vad vi ska göra av Bes. Tror ni att vi kan lämna honom här?

– Det skulle i och för sig vara alldeles förfärande underbart, sa Petroselinus lillgammalt, men... du Anicetus?

– Ja.

– Var är vi egentligen?

– I det outgrävda området.

– ????!!!

I Pagus Augustus Felix Suburbanus, Pompejis förort, som för det mesta går under namnet Felix Suburbanus, den lyckliga förorten (det är ett sånt där nyspråksnamn, ungefär som när dystra ställen idag döps till Smultron-och-mjölk, av folk som själva aldrig skulle sätta sin privilegierade fot där) bodde förmodligen större delen av Pompejis fattiga. Förorten byggdes strax efter det att den romerska diktatorn Sulla hade intagit Pompeji, år 89 f.Kr., efter samnitupproret. För att Pompeji slutgiltigt skulle latiniseras planterade Sulla in en mängd soldater i stan, och de osker och samniter vars hus soldaterna fick ta över tvångsförflyttades till den nya förorten. Arkeologerna har inte lokaliserat den än, den antas ligga strax väster om Pompeji – man har inte letat sig fördärvad heller, eftersom hela Pompeji inte är utgrävt ännu. En sak i sänder. En dryg fjärdedel av själva stan återstår.

En hel förort återstår alltså att utforska, med allt vad det innebär av hus, gipsmänniskor som fightas mot döden, graffiti, husgeråd... och kunskaper om hur en fattig förort under antiken kunde te sig.

Jag kan alltså inte ge er några säkra detaljer därifrån. Men många av de som arbetade i Pompeji, och på fälten runtikring, bodde i den lyckliga förorten.

Tigern bor där också om natten, på grund av dess snygga och skandalpråliga namn Pagus Augustus Felix Suburbanus. Och på grund av att han har hittat en övergiven lada i dess utkant. Ladan gick sönder under jordbävningen och har inte tagits i bruk sedan dess. Men det finns hö på golven, eftersom förrymda slavar brukar göra uppehåll i ladan och bädda åt sig med gräs som de hämtar från ängarna. Det är en rymningsstation, känd bland alla slavar i Pompeji, men okänd av polismästarna.

Så när tigern lämnar Triangelplatsen och smyger västerut utan att märkas av någon, genom ett Pompeji som mestadels sover, men ändå, då är det dit vår kära gamla kisse styr sin kosa.

Till Pagus Augustus Felix Suburbanus.

Försiktigt buffar han upp dörren till ladan med nosen. Det gnisslar... Han lyssnar försiktigt – är det nån förrymd slav där? Han vill inte skrämmas. Det hörs i alla fall inga snarkningar. Han tassar in. Kliver försiktigt upp på stegen som leder upp till loftet. Lyfter på nosen och sniffar. Det hörs inget, doftar inget, syns inget. Han smyger vidare.

Då plötsligt, i höet, i det skimrande månskensljuset som tar sig in genom ett stort hål i taket, ser han någon. Det är en man med gladiatorshjälm på huvudet.

Nej, det är inte en man.

Det är ett skelett.

Det bodde en man som hette Jesus i Pompeji. Från början torde han ha hetat Ieshua, vilket är ett hebreiskt namn, men den romerska formen bidde Iesus. Om honom vet vi bara en sak: att han klottrade följande på en vägg i gladiatorskasernen:

Om någon vill ha en riktigt god saltlake ska han vända sig till L. Asicius.
Den som skrev på väggen heter Jesus

L. Asicius var – enligt några av mina källor – en gladiator som brukade bära en hjälm med bilder av fiskar på. Så antagligen var Jesus klotter ett utslag av svart humor. Inte: gör slarvsylta av L. Asicius utan: gör saltlake av honom. Det är muria vi talar om.

Si quis muriam bonam volet petat a L. Asicio... bus mu...
scito muriola est Iesus

står det. Av detta är det bara bus mu som inte går att tyda, eftersom det saknas bokstäver.

Detta skämt måste ha med Jesus ord att göra: jag ska göra er till människofiskare.

Det finns ingen annan förklaring. Ty vad båtar det att göra människofiskare av människor, när det ändå bara blir fisksås av människor.

Gladiatorskasernen låg bakom den stora teatern. Cellerna runt den väldiga pelargården var mycket små. De rymde knappt mer än en person, och dörren var så låg att gladiatorn måste böja sig ner för att komma in. Huslängorna bestod av två våningar med balkong, men gladiatorerna bodde bara på bottenvåningen: på övervåningen bodde väktarna, liksom även tränaren, lanista.

Det fanns en fängelseavdelning med järnbojor som var så tunga att man tvingades sitta eller halvligga; det var omöjligt att stå upprätt. Där sattes de gladiatorer som hade försökt fly, ställt till med slagsmål, eller anstiftat uppror.

I gladiatorskasernen fann man skelett, hjälmar och munderingar. Man fann skelettet efter två män som satt i bojor i fängelsehålan. Man hittade också skelettet efter ett spädbarn som någon hade stoppat i en kruka.

De gladiatorer som ingick i Pompejis gladiatorskola vid den här tiden hette bland annat Felix, Jesus, Prudens, Spiculus Neronianus, Aptonetus, Traex, Celadus, Crescens Retiarius, Aurelius, Iulianus, Valerius Marcus, L. Asicio, Publius Ostorius, Pugnacus, Murranus, Cienus.

Med flera, vars namn vi inte vet.

Så smyger sig vår gamla tiger till amfiteatern, efter några timmars sömn i ladan. Gladiatorskelettet, nej, det begrep han sig inte på. Han lät det bero – sov bredvid, bredvid skelettet. Och när han vaknade vid midnatt, då var det fortfarande där.

Skelettet.

Tigern smyger sig ner för stegen och genom hela Felix suburbanus, sen kutar han så fort han kan till Pompeji, stryker längs stadsmurens utsida och rundar staden tills han ser amfiteatern. Inte en kotte ute, alla gladiatorerna ligger och sover i kasernen.

Tigern besöker först dem, de sovande gladiatorerna.

Där ligger de och snusar. Där ligger Jesus, Felix, Pinna Neronianus, Tetraites, Prudens, Spiculus Neronianus, Aptonetus, Traex, Murmillo. Där ligger Celadus, Crescens Retiarius, Aurelius, Iulianus, Valerius Marcus och L. Asicius, han med fiskar på sin hjälm, han med bus mu.

Fiskhjälmen ligger på golvet och glänser i månens sken.

– Ni olyckliga! morrar tigern.

Då vänder sig Jesus med dunder och brak. Celadus tunga smackar som en oxe i en leråker. Och Felix, han snarkar till.

– Ni olyckliga! morrar tigern lite lägre. – Så tvingas ni alltså kämpa mot sådana som mig, som inget hellre vill än slippa sätta tänderna i människokött. Ingenting kan trösta det här tigerhjärtat.

Tigern smyger vidare. Till amfiteatern. För att prata med sin ersättare, den nya kissefjanten.

Och i buren sitter han, klarvaken, som visste han att han skulle få besök.

– Tja! säger han. – Så du kommer nu. Din förrymda best. Du kommer för och morra lite med mig.

– Ja min vän, ryter tigern.

– Vad vill du? ryter tigern.

– Vad tror du, väser tigern.

– Omöjligt, väser tigern.

– Om du tar en på ryggen, och en…

– Omöjligt, morrar tigern.

– Har du nånsin klättrat något… rivits något… jamat något, morrar tigern sorgset.

– Ja, morrar tigern.

– Då vet du vad jag menar.

– Det som är förborgat i ett tigerhjärta… du hade flax, du, ryter tigern.

– Men du håller det inte emot mig, ryter tigern.

– Nä. Är det någon särskild du vill att jag ska spara? väser tigern.

– Absolut inte. Alla eller ingen.

– Jag vet. Kött som kött. Men min plikt är att göra buljong av dem.

Snettemot Victors och Africanus bordell hade de sitt tillhåll, mitt i värsta kvarteret. Och de älskade varann!

Ty sedan skådespelarna dragit sina färde hade Sittius hyrt ut lokalen åt de kristna. Hos Sittius fick vem som helst härbärgera.

Det var en mycket varm morgon i Pompeji. Det var den 27 augusti 78, tre dagar efter Vulkanalierna. Och de var läskunniga. De satt och åt Sittius dadlar.

– Nero, han visste ett och annat, sa Sittius, och ställde fram ett vattenkrus åt sällskapet. – Det finns de som tycker att han gick för långt, men det tycker inte jag. Vad gudarna vill sker förr eller senare ändå.

Sittius nickade vänligt, och gick ut i köket igen.

– Vi har fått brev.

– Från vem då?

– Jag tror det är från Paulus, det står: "kvinnan tige i församlingen" och "jag önskar att alla vore som jag..." men vänta, vi läser från början.

Jesus harklade sig, tog en klunk vin, och läste.

– Paulus första brev till pompejanerna.

– Det är vi det!

Och ett jubel bröt ut, när Maria, L. Asicius, Lenanath och Vergaz, och Jesus som vetat om det en god stund men som drogs med i den spontana glädjeyttringen, brast ut i glädje.

Bus mu Asicius svingade sin fiskhjälm i luften.

Ihågkomna!

– *Paulus, apostel genom Guds vilja och inte genom någon människas, avskild till att förkunna Jesu Kristi evangelium, vilket Gud genom sina profeter redan har utlovat i sina heliga skrifter, jag, Paulus, jämte alla de bröder som är här med mig, hälsar församlingarna i Pompeji och Herculaneum. Nåd vare med eder, och frid genom Gud Fader och Jesus Kristus, hans enfödde son. Till saken.*

– Ska vi skicka vidare till dom i Herculaneum sen? sa Vergaz.

– Förmodligen, nickade Jesus.

– *Det förundrar mig det jag får höra om församlingen i Pompeji, att ni så hastigt har vänt er ifrån Honom som har kallat eder till att vara i Kristi nåd, och lagt er till med romarnas seder. Det har nämligen sagts mig att ni börjat gå på amfiteatern.*

– Vem har skvallrat? sa Lenanath.

– Inte jag, sa Jesus.

– Inte jag heller, sa Vergaz.

– Måste nog ha varit dom i Herculaneum, efter det att dom var här och hälsa på, sa Lenanath.

– Inte går väl nån av oss på amfiteatern!? sa Maria.

– Jo jag. Jag är ju gladiator, jag, sa L. Asicio.

– Jag är också gladiator, jag, sa Jesus.

– Det spelar väl ingen roll, sa Lenanath.

– Det kan man välan göra, sa Vergaz.

– Det är ju hedningar som dräper hedningar. De röjer upp lite grann åt Gud i förväg.

– Jag är inte hedning, jag, sa L. Asicio nöjt.

– Inte jag heller, sa Jesus nöjt.

– Får man röja upp lite grann åt Gud i förväg? undrade Maria.

– Egentligen inte. Men tyst nu. *Några finnas som vålla förvirring bland eder. Om det nu inte är ni själva som vålla förvirring bland eder. Ty det vill jag säga eder, att det går ju rakt inte för sig. Vet ni då inte att även om de som offras på arenan är hedningar –*

– Vid Venus! Han är tankeläsare, sa Asicius.

– Svär inte vid Venus, sa Maria.

– *Så är det fel ändå. Ty djupare än såret i gladiatorns kropp blir såret i edra själar. Nej, att hedningarna går dit och ser på när hedningar dräper hedningar är sannerligen ingen ursäkt (även om vi förstås kan vara glada över att förföljelsen av oss själva inte nått Pompeji, och även om Herren kommer att dräpa dem allihop ändå, på domens dag). Ni får helt enkelt inte gå dit. Ingen kan gå dit utan att själv ryckas med. Det vet jag själv (ditlurad som jag blev i min ungdom).*

– Jaha...

– *Ditlurad som jag blev i min ungdom fick jag ett sår som bara Herren lyckats hela. Jag önskar att alla vore som jag. Men när nu alla inte lyckas avhålla sig så tycker jag att ni ska gifta er. Men framförallt vill jag att ni undviker amfiteatern. Ju fler kvinnor man stökar till det med, desto ruggigare blir det. Så gift er. Men lusten att gå på gladiatorspel, den måste ni lägga band på.*

– Jag har aldrig velat gå på gladiatorspel, sa Maria.

– Jag skulle också gärna slippa, i och för sig, sa Jesus.

– *Jag ska inte skriva så mycket om att ni ska älska varandra och alla andra, och låta bli att kasta sten på skökor. I glashus kastar man ju inte sten. Jag ska inte skriva så mycket alls egentligen. Jag ska bara skriva att ni ska sluta gå på amfiteatern. Jag ska bara skriva och skriva och skriva mina brev.*

– Ni får dra slutet för mig nån annan gång, sa L. Asicio, och reste på sig.

– Pax, sa han och försvann ut på gatan.

– Bus mu, sa Jesus med ett elakt skratt.

– *Till församlingen i Herculaneum: fortsätt så där, har bara hört gott om er. Hur som helst hoppas jag att vi kan träffas allihop igen, om de släpper mig. I så fall kommer jag kanske ner till Puteoli igen, så kan vi sammanstråla där och äta middag. Kram, Paulus.*

– Vad gullig han är ändå… Men jag fattar inte, är allt till för att man inte ska ha symplegma och gå på gladiatorspel? Är det det det handlar om? sa Maria.

– Det det det och det det det, det är det det.

– Men om man inte går på amfiteatern, och inte har symplegma, eller gifter sig och har symplegma under ordnade former, och ser till att det inte blir för rörigt, klarar man sig då?

– Förmodligen, sa Jesus.

Maria försjönk i tankar.

Hon blev avbruten i sina tysta grubblerier av ett skrän från Victors och Africanus bordell. Innan någon hade hunnit sticka ut huvudet för att se efter vad som stod på for dörren upp, och Africanus slav Rusticus, en femtonårig pojke med etruskiska ögon, stormade in på Värdshuset Elefanten.

– Africanus dör!

Den bordell som Victor och Africanus drev sedan en tid efter jordbävningen var Pompejis största. Det är den som turisterna fnissar så mycket åt, och där luften – idag – alltid är lite varmare och fuktigare och luktar lite mer än på andra ställen i Pompeji, för att där alltid är så mycket folk. Det är nånting äckligt över guidernas lätt budoirskimrande, parfymerade skämt om det hela – som en sprejad rosendoft på en toalett. Om det är själva *mjugget* som utgör äckligheten är svårt att säga.

Bordellen har tio sängar: fem på övervåningen och fem på nedervåningen. Den har två ingångar: en mot Bordellgränd, vilket är huvudingång, och en annan mot den lilla gränd som tar av till vänster, mellan hotellet och bordellen. Där hänger en klocka, en så kallad tintillabulum.

Turisterna idag går in genom huvudingången och ut genom den mindre.

Genomsnittspriset för att besöka en prostituerad är två ass – det motsvarar två glas vin. Men ända upp till 16 ass kan det kosta, när flickan är väldigt ung och vacker. Allt går till hallicken, i det här fallet till Victor och Africanus (varav den förste själv arbetar på bordellen, där han hyr ut sitt rövhål till manliga kunder. Africanus är gammal, nu döende). Caligula införde på sin tid skatt på prostitution, en summa som motsvarar en kund om dagen. Nero avskaffade på sin tid slavmomsen, men prostitutionsskatten är kvar.

Att köpa en prostituerad kostar, för hallicken, en summa som motsvarar 750 gånger medeltaxan för ett samlag. Som preventivmedel används en bit ylle indränkt i citron, ett slags pessar. Prostituerade får inte bära lång stola, som matronorna, utan de måste visa benen, och de får inte vittna i domstolar. Genom att gifta sig kan en prostituerad höja sig till rangen av matrona. Då kan hon gömma benen och börja vittna.

Ulleriet är granne med knulleriet. Ulleriet stinker värst. På bordellen luktar det egentligen bara lite svett, ammoniak, vitlök och sperma.

De är renliga, pompejanerna.

På den tiden var det patriarkatet.

Mellan vårdagjämningen och sommarsolståndet, och företrädesvis vid nymåne, klipps fåren som betar uppe på Mjölkberget utanför Pompeji. Det är då de börjar svettas. Ibland klipper man dem inte utan rycker loss ullen. Det gör inte så ont. Bara lite ont. Bäää! Sedan forslas ullen till ulleriet.

Golvet i ulleriet på Bordellgränd lutar, och man kan därför tömma karen på golvet så att urinen rinner ut på gatan. Efter tvätten kardas ullen med en ullkarda av järn, och sen bliver den spunnen, ett jobb som brukar påbörjas den 4 augusti i *textrinae*. Sen färgas den lilla ullen.

Många av besökarna på Victors och Africanus bordell klagar bittert på ulleriet. På stanken, och på att man måste passa sig när man går dit och därifrån, så att man inte får fötterna översköljda med urin. Det är ingen rolig början eller avslutning på ett samlag. Flickorna som jobbar på bordellen brukar till en början också tycka att stanken är hemsk, men de vänjer sig, och lär sig se upp när de går till och från jobbet.

Victors och Africanus bordell har stor konkurrens, det finns många bordeller i Pompeji. På Överflödsgatan har de låtit skulptera en fallos i sten, som pekar ut vägen mot bordellen. Ta av nästa till vänster, pekar fallosen.

Nu är Africanus sjuk. Han är döende. Och i sin förtvivlan skriver hans slav Rusticus, som älskar Africanus, hett och innerligt, med rövhålet och hjärtat, dessa ord på bordellens vägg:

Africanus moritur
Scribit puer Rusticus
Condiscet cui dolet
pro Africano
Africanus är döende
Detta skriver hans pojke Rusticus
Den som lider med Africanus
nånting.

Och det är därför Rusticus stormar in till de kristna med den hemska nyheten.

– Alla ska vi den vägen vandra, sa Vergaz.

– Synden straffar sig själv, sa Lenanath.

Maria teg som graven.

Så Rusticus gick helt enkelt därifrån igen.

Utan prut.

Vergaz och Lenanath hade flytt till Pompeji efter Jerusalems förstöring.

Det visade sig att det inte var helt självklart att ta sig ut ur det outgrävda området.

Varken för Paris, Actius Anicetus eller för Dionysos Sabazios, kallad Bes. Inte för Petroselinus heller.

Det här kan förstås låta orealistiskt – grejen är den att de där områdena, som vi kallar outgrävda, de var liksom... frygiska, magnetiska... ja... det var inte helt lätt... Men med lite god vilja lyckades de till slut ta sig ut därifrån...

Så gick en kvalmig augusti i Pompeji mot sin ände. P. Vedius Siricus hade inte fått tillbaks sin Priap. De magiska riternas hus hade inte fått tillbaks sin Bes. Och Methe hade inte fått sin Chrestus. En het augusti avlöstes av en obetydligt svalare september.

Spartacus spöke visade sig i Mercuriustornet tre gånger.

Methe var en rätt bra mima. Akrobatisk. Hon var med i socia mimorum – mimarskrået. Men hon levde ett hårt liv, som alla andra skådespelerskor och mimor i Pompeji och i hela Romarriket runt.

Repetitionerna hade kommit av sig, emedan Paris och Actius Anicetus försvunnit iväg med en staty av Bes. Och Methe kände sig förvirrad. Kollegerna var bortkollrade av magnetiska skäl. Vad skulle hon göra – repetera själv? Det gick inte. Folk i Pompeji började bli sura, eftersom de längtade efter att få se dem göra sina krumbukter på scen. De ville att mimarna på den rektangulära scenen skulle gestalta hela jävla världen bakvänd. De ville se dem trotsa sorgen, lidandet, tvånget och döden med en fars. Och det ville Methe med. Men att komma till tals med Paris och Anicetus var nu som förbålt. De hörde inte ens. Skymtade hon dem någon gång så var de på väg bortstädes. Bortstädes med Bes.

Dessutom var hon olyckligt kär i slaven Chrestus.

Methe var störtkär. Blodet pulserade i hennes kropp som hetaste lavan. Och hjärtat var en liten röd bultande blomma som led och led och led. Huvudet, ingen pardon: smockat med tankar på Chrestus.

– Det är såhär, hade hon sagt till Paris, strax innan han och Anicetus stal Bes, det är något med gudarna. De hatar mig. Jag måste ha retat dem. De måste ha tänkt när de satt där på den där Olympen och konspirerade att vi ska ta och sätta dit miman

Methe. Vi ska ta och krosselimosa hennes hjärta.

– Methepethe, lugna dig...

– Jag är lugn. Jag vet. Om man vill krosselimosa någons hjärta, då skickar man ut Amor.

– Vad är det med den där Chrestus egentligen, jag tycker han verkar vara en fellator.

– En fellator, Chrestus! Så där säger du bara för att trösta mig.

– En mes, då.

– Mes, Chrestus! Du försöker bara svartmåla honom för att jag ska sluta tänka på honom. Men jag ska tala om vad det är med Chrestus. Det är ögona, munnen och händerna. Och förmodligen lukten. Gudarna måste ha skapat näslökarna för hans skull.

– Näslökarna!? Vad i Hades...!?

– Mina näslökar. Det är hans sätt att gå, liksom lite framåtlutad på nåt gulligt vis. Gudarna måste ha skapat uppförsbacken för hanses skull. Och så är det rösten, som sätter igång bävningar i hela mig. Och så är det allt han säger samt gör. Nu förresten, nu vet jag vad det är gudarna har skapat för hanses skull. Mig.

– Lik ruttnar snabbare i månsken än i solsken, lillan, sa Paris.

– Det vet jag väl, men vad har det med saken att göra?

– Du ska låta din kärlek ruttna i natt.

– Du låter som Biria.

– Låt den ruttna säger jag.

– Du din snutfagra fufutor, du vet väl inte vad kärlek är, du går ju bara dit fallos pekar. Det finns väl inte en pupa eller matrona i hela Pompeji som du inte haft symplegma med, och om det är någon som vet vad det innebär att cunnum lingere, så är det väl du! utbrast Methe och flög på fötter, stack in händerna i det stora svarta håret, och stirrade vildsint ut i tomma intet.

– Det är sant (Paris såg stolt och lyrisk ut), med reservation för att jag innerst inne föredrar pojkar. Pedicare... Mmmm... Jag har förvisso gjort utsvävningen till en konst. Men det är därför jag säger åt dig att du ska låta din kärlek ruttna i månsken.

– Men jag är kär, ju.

– Det finns inte en matrona i hela Pompeji som jag inte kan få omkull, skröt Paris.

Han hade kommit att tänka på sina landvinningar på erotikens slagfält. Han hade osökt kommit att tänka på sin egen fanclub, som i och för sig leddes av den jobbiga och efterhängsna Triaria, men det var smickrande ändå. Så han sitter nu, den vackra, hett älskade ärkemimaren, och tittar drömskt upp i taket och tänker på hur populär han är. Inte ens gladiatorn Celadus, "flickornas hjärtklappning", "flickornas doktor och överman", kan riktigt mäta sig med Paris i popularitet.

– "Är du hungrig? Du ska få äta... Å Paris, Paris, jag särar på bena ser du väl... Kör in den innan jag dööör!" Vad ska jag göra? Det är klart man gör som matronorna säger, när matronorna säger sådär. Och puporna. Fast innerst inne föredrar jag pojkar. Pedicare... Mmm...

– Vid Venus, jag talar ju om kärlek, sa Methe.

– Finns ej, sa Paris.

– Gör det visst.

– Icke.

– Jo.

– Du är en dåre.

– Nej.

– Jodå. Dåre! Fast om du vill ha den där Chrestus så kan du nog få omkull honom. Så himla ful är du ju inte. Eller jo. Men ni kan göra det i mörkret.

– Vad ska jag säga då?

– Rajtan tajtan, Venus pendula, inga krav.

– Aldrig i livet. Jag svär vid Venus hulda barm att inte sära på bena förrns jag vet att han är kär upp över öronen.

– Då ska du först kåta upp honom, sen ska du sätta stopp, och hoppas på det bästa. Gå inte ut med kärlekssnacket på en gång, då blir han skraj. Locka med lente impelle, vägra lente impelle, och var noga med ögonkasten, du kan till exempel ge honom en sugande blick samtidigt som du säger nej, det kan funka. Sen ler du, glöm inte att le, olyckligt kära människor har en tendens att se så jävla dystra ut, så du ska le och sen slår du ner blicken, medan du har munnen på glänt för att suggerera en liten trevlig fellatio, eller kanske en liten cunnu. Då kan det hända att han hör av sig igen, det är rätt sannolikt till och med. När han gör det så kör du samma procedur igen, du kan spela lite förvirrad och blyg också, sucka lite. Så håller du på sådär ett tag, du måste säga nej minst tre gånger, tills han står på knä med fallos i hand och bönar och ber. Då kan du bjuda på en kyss och lite hångel, men inget mer. Absolut inte pedicare på det stadiet. Vänta tills han står med hjärtat i hand. Sen kan du ju alltid försöka göra honom svartsjuk också, genom att få nån annan typ att uppvakta dig. Det kan funka. Det kan funka fint. Ja, inte på mig, men på en naivare typ, om den där Chrestus nu är det. På mig funkar bara: ”Å Paris, Paris, rajtan tajtan, jag vill bli din Sköna Helena för en enda natt.”

– Har du aldrig varit kär?

– Jo. En gång.

– Och hon...?

– Hon var inte som andra.

– Det säger alla!

– Jo, fast i det här fallet var det faktiskt så. Vi var femton. Det var i min hemby utanför Surrentum. Hon var rödbarb.

– Vad menar du? En fisk?

– En fin rödbarb. Men jag vill inte prata om det.

– Har ni setts sen dess?

– Jag vill inte prata om det sa jag.

– Vet jag vem det är? Bor hon i Pompeji? Jag känner på mig att hon gör det! Blev hon förtrollad till en rödbarb? Eller var hon en rödbarb från början? Är jag naiv på nåt sätt, jag fattar inte, Paris, är det bara ett sätt att uttrycka sig eller menar du bokstavligen att hon var en rödbarb? Paris!

– Sluta nu, annars kommer det att bli plötslig oväntad tungutskärning på dig, fellatrix.

– Jag har inte sugit en enda kuk i hela mitt liv utom en gång när jag sög två.

– När var det?

– När bröderna Vetti våldtog mig.

– Och det är enda gången? Du borde träna dig lite för att göra den där mesen glad om det nu blir ni två.

– Tycker du att jag borde träna på å fellare!?

– Ja. Du kan få träna på mej om du vill.

– Det är inte en så himla dum idé Paris. Jag har alltid tyckt att du är rätt snygg.

– Det är ju det jag säger!

– Lovar du å inte tala om det för nån då...? För jag menar om Chrestus fick veta...

– Du kan lita på mej. Sådan är Paris. Alla matronor vet det. Alla pupor vet det. Och de som inte redan vet det kommer snart att få reda på det, hehe.

– Håller du löftet då?

– Vissa löften håller jag. Jag ger förresten sällan löften som jag inte har någon avsikt att hålla. I såna fall beror löftesbrottet på ett rent missförstånd från pupan eller matronan i fråga. Det här löftet skulle jag hålla. Du får vara min Sköna Helena för en natt. Jag tiger som Stadsmuren och Mercuriustornet. Jag tiger som Stabianska badets väggar.

– Då kör vi igång då?

– OK. Du kan börja med att...

Methe mindes det som igår. Men det hade inte blivit av, för Anicetus hade kommit in och sett skärrad ut. Och sen hade de båda försvunnit. Och stulit Bes.

Det hade dom gjort.

Och sen dess var det ingen ordning. Men Paris råd surrade i huvudet på Methe.

De sju barnen i Paquius Proculus trädgård leker med orden. Det ekar.

– Sen skulle dom...

– Kolla, en ödla!

– Vilket är värst: att frysa ihjäl, brinna upp, eller bli uppäten av en tiger?

– Att bli uppäten av en tiger. För först äter han upp fötterna så att man inte kan springa sin väg. Sen kommer han tillbaks när han är hungrig igen och äter kanske upp en hand. Och sen äter han upp hela en, lite i taget.

– Nej först äter han upp tårna, och spottar ut benen. Eller så biter han av en tå och håller den med tassarna och gnager av köttet. Och sen kastar han bort benet – såhär. Sen äter han upp hela foten, fast han lämnar kvar hälen för den smakar pyton.

– För att den är svettigast.

– Nej för att den har tjockast skinn.

– Vad äter han upp sen då?

– Vet inte, men han sparar magen till sist för den är smaskigast.

– Ska vi leka Trojanska kriget?

– Jag är Aeneas.

– Nä, det är min tur att vara Aeneas.

– Knubbis får vara hästen.

– Ubbis äst.

– Om vi två är greker så kan vi lägga oss i en hög så lägger sig

Knubbis ovanpå, och sen knuffar vi bort Knubbis och leker att vi kommer ut ur hästen.

– Inte nuffa Ubbis.

– Om du är Akilles, så är jag Menelaos.

– Du får vara Aeneas.

– Vi behöver en till på var sida så du får vara grek, och du får vara trojan.

– Jag vill också vara trojan!

– Det är ingen som *vill* vara grek men några *måste* vara det annars går det inte att leka. Hästen, var är du?

– Inte nuffa Ubbis.

– Men du är ju den trojanska hästen, du måste stå på alla fyra. Nähä, nu vill Knubbis inte vara häst längre.

– Om inte du är häst så dränker vi dig i compluviet.

– Du menar impluviet.

– Det är för grunt.

– Han är så tjock så han flyter säkert.

– Ubbis fytej *inte* uviet!

– Jag vet, vi klättrar upp på taket och slänger ner Knubbis genom impluviet så att han trillar ner i compluviet och slår ihjäl sig.

– Du har fortfarande inte lärt dig det där. Vi slänger ner honom genom *com*pluviet så att han trillar ner i *im*pluviet och slår ihjäl sig.

– Inte nuffa uviet. Ubbis äst.

– Va bra, nu vill han vara häst.

– Äh... Vi går och kollar på alabasterrundeln i stället.

– Ja, det gör vi.

– Battelunden!

– Nej du måste stanna här, Knubbis.

– Kom så springer vi ifrån fettot.

– Näe! Ubbis åsså polla!

– Följ med då men lova att inte kräkas. Du minns väl vad pappa blev arg när han kom hem från Forum och det låg en spya på alabasterrundeln.

– Potta äckit japa me magen.

– Va?

– Han sa spotta äckligt och rapa med magen. Han menar att han kräktes.

– Animula!

Den pompejanska poeten Poppellöf, som ofta ses stå och hänga i Asellinas bar och flirta med "åsninnorna", främst Zmyrina, ja han stannar ofta till vid disken, dricker och skämtar lite grann – men följer med upp i det övre rummet, det gör han aldrig – han har just givit ut en ny samling dikter, Sent under Vesuven.

Den har blivit mycket hyllad.

(Och ett år senare, då Poppellöf av ren tur rest upp till en vän i Tusculum, dit nyheten om Pompejis förstöring nådde honom, så skrev han en dikt till åsninnornas minne –

Vart sprang ni bort, vart sprang ni med vinden
under askan som föll
med tunikorna över huvudet
barbenta, uppskörtade ända till livet).

Men det var ett annat opus. I Sent under Vesuven finner man ett elegiskt distikon till Zmyrina.

Om gift att dö eller drömmar att leva jag ber dig, Zmyrina
Drömmar att leva du ger när du emot mig ler.
Askesen må sluta i månens port som Apollon välsignat
När giftet du har hällt upp ur ett krus som ser ut som en tupp.
Oförmälda med verkligheten den dödes drömmar
Slutar beklaga sin lott, slutar beklaga sin väg.

Neptunus en dag skall återfå mitt havsblåa öga
Men häll först en droppe här, ur ditt krus som ser ut som en räv.
Tusenåriga vindar kammar cypressernas lockar
Och ved för mig värre är, de kammar ock dina Zmyrina
När med ditt tuppkrus och rävkrus på krogen du ilar och kilar.
Men med det krus som är störst släcker du vandrarens törst.

Det senare är en skabrös anspelning som inte precis var smickrande för Zmyrina.

Och i en annan elegi skriver han långt senare om Zmyrina infelix – den olyckliga. Ändå vet vi säkert att de aldrig hade ihop det. Poppellöf var en svärmare, vilket fru Poppellöf såg med illa dold näver.

Den avmagrade, av vinet härjade poeten var mycket omtyckt av åsninnorna. Han gav dricks, och var trevlig. Lite pillimarisk, men på ett rart sätt. Ibland brukade de retas med honom och be honom följa med upp till det övre rummet, men det slog han alltid ifrån sig, djupt rodnande. Därför tyckte de att Poppellöf var en sympatisk filur. Man fick driva med honom, och man slapp ligga med honom.

Det bör sägas att krogarna, som undveks helt av finare folk, Cicero föraktade krogarna djupt, var ganska populära bland skalderna (halvfint folk) för att de där kunde få tillgång till folkets tankevärld och språk. Poppellöf var en sådan poet, han tyckte det var intressant att tala med Maria om hennes dubbelliv, vilket han, trots att hon för honom i första hand var en representant för något oerhört främmande, judiskt utländskt, och folkligt, även hade något att säga om "det besynnerliga kvinnohjärtat" i allmänhet.

– Fast det är inte så himla besynnerligt egentligen, sa Maria. Jag är tvungen att arbeta här, sen är jag med i ett hemligt sällskap också och det är frivilligt. Vi tror på andens möjlighet att frigöra sig från symplegma, bland annat. Vi tror också på livet efter detta.

– Hm, sa Poppellöf. Jag tror på detta livet.

– Lätt för dig att säga. Om du hade jobbat på Asellinas krog i några år skulle du också blivit tveksam, sa Maria.

– Coitus a tergo tror jag inte på. Men symplegma... Jag hörde förresten att ni blivit anklagade för stölden av P. Vedius Siricus Priap.

Maria skakade på huvudet.

– Det som är dolt bevaras bäst i själlösa ting. Ty under stenen ska du viska det som mänskoörat inte rymmer, seru, sa hon, vände sig från Poppellöf, lyfte ett tuppkrus, och serverade en annan kund.

Så gick det med det detektivarbetet. Men särskilt moloken var Poppellöf inte för det. Han gick hem och skrev ett distikon.

Men det var inte bara genom att slå sig i slang med åsninnorna som Poppellöf trädde i kontakt med folkdjupet. Han var en ivrig lusläsare av graffiti också. Precis som konkurrenten Martialis, som för övrigt även han skrev en sorgesång över Pompeji.

Paris och Anicetus hade fått än värre problem med Bes.

Stackars den som med Dionysos Sabazios haver problem, ty besten Bes är ej att leka med,

som sången kom att gå. Det ligger en förfärande verklighet bakom de orden.

Bes kom till liv i etapper. Just nu var det pizzan som levde. Och när pizzan levde ställde den till med ofog. Den pizzade till det för mången god borgare i Pompeji. Det blev ohållbart.

Så Paris och Anicetus blev tvungna att göra något.

Nu sitter de i solregn i Pompeji, på triangelplatsen, vid lavabrunnen, och pratar om vad de ska göra. Petroselinus har ställt sig inuti den runda konstruktionen, inuti skallran så att säga, och går runt brunnen medan han drar handen över den mjuka lavastenen. De andra båda låter det lilla strilregnet väta och coola ner dem.

Men först några ord om hur Pompeji ser ut i solregn.

Tänk er Pompeji i solregn... så likt det första leendet efter många dagars gråt. Så likt melankoli som övergår i förtröstan. Tänk er ett ansikte som klarnar upp, ett ansikte vars drag skärpts till och förädlats av sorg, och där det första hoppet nu bryter fram som en liten gnista mellan bergen och ett svagt leende vid horisonten. Där tårarna sköljt över de bleka kindernas ruiner, och där suckarna ruskat om pinjernas mörka skepnad, så starka att pinjerna böjts mot marken – men nu reser de sig igen, i det frambrytande ljuset. Eller nåt. Så är Pompeji i solregn.

Som någon som reser sig upp på armbågen i sin säng, efter att ha legat och gråtit mot sina lakan, så är Pompeji i solregn.

– Vi måste lämna tillbaks Bes, sa Anicetus.

– Det finns en kul grej som man kan göra med ägg, sa Paris stillsamt. Ett rått ägg ska det vara. Man sticker ett hål i varje äggända med en nål. Sen blåser man luft genom det ena hålet, så att vitan, gulan, rubbet, sprutar ut genom det andra. Sen har man ett TOMT äggskal. Så måste någon ha gjort med ditt huvud.

– Fast jag tycker att det är en bra idé. Vi smyger tillbaks den vettja! sa Petroselinus.

– Det är för sent, sa Paris sammanbitet.

Bes log. Paris var faktiskt rätt snygg. Guden närmade sig mimaren. Viftade lite med getaskinnet.

Med ett enda språng var Petroselinus ute ur den runda barnskallrekonstruktionen. Innan någon hade hunnit fatta något hade han grabbat tag i Bes, hoppat in i skallran igen, och släppt ner guden i lavabrunnen.

När Bes ploppade upp igen var han vred.

Nej, de förryckta Paris och Anicetus gick det inte att få någon verklig, någon sann kontakt med, ständigt på språng var de, skymtade bara ibland, utan att det gick att få något vettigt ur dem. Methe var övergiven av allt och alla, av gudarna, av sina mimarkolleger, men Maria och Amaryllis träffade hon ibland.

Maria hade fått svår ångest efter Pauli epistel, och hon häckade nu främst i gladiatorskasernen. Inte bara för att tala med L. Asicio och Jesus, trosfränderna, utan för att tala med Pinna, Traex, Celadus och alla de andra Spartacus gelikar, de som inte sällan besökte Asellinas krog och ibland följde med en trappa upp. Allt detta ville Maria tala med dem om, och hon gick dit trots att det spårade ur, så att hon, utan att förstå hur det gick till... med någon av de olycksaliga bröderna... Celadus, hur svår var inte han.

Ave Maria, morituri te salutant – hell dig, Maria, de som skall gå till döden hälsa dig! – sa de, varje gång hon dök upp.

Ibland när Maria var där nere och grät, bönade och bad, och blev tröstad på fel sätt, beatifierade sina bröder på fel sätt, kom Julia Felix dit, påtagligt irriterad över att ha hamnat i så dåligt sällskap. Hon klagade över det, med hög och arg stämma.

– Vad har jag hamnat i för dåligt sällskap!

Men alltid gick det lika illa för henne. Hon hade så mycket juveler, och hon var så vacker och buxbomsblek, Julia, men alltid gick det lika illa. För det var "flickornas hjärtklappning" Celadus och det var Traex, Pinna Cerialis och L. Asicio som nöjde sig med att titta på, medan han då och då tog av sig hjälmen och drog handen genom håret.

Och Maria grät. Lika uppbragt var hon när hon gick dit som när hon gick därifrån.

Och Julia Felix, hennes skelett fann man där, långt senare – så långt senare att det nästan inte är fattbart – och det enda som då återstod av gamla Julia var ovan nämnda skelett, och de underbara juvelerna.

Ibland bad Maria Jesus att läsa för henne ur episteln – inte för att hon inte kunde läsa själv, utan för att hon ville ha ett mellanled. Jesus, som var en bus mu sadist, tyckte om att läsa detta brandtal mot sedeslösheten, och se vilka frossbrytningar det orsakade hos Maria.

Det hör till saken att Asellina, Aegle och Zmyrna inte hade någon som helst förståelse för Marias ångest. Vad oroar du dig för? undrade de. Det är ju bara lite lente impelle och sådär. Det dör man inte av.

– Skärp dig Maria, sa Asellina barskt. – Du gör en höna av en fjäder.

– Ja, visst gör jag? sa Maria, och stirrade glatt på Asellina, som en drunknande på ett stort skepp. Men Asellina hade redan vänt ryggen åt henne.

Inte heller Amaryllis förstod mycket av det. Varför all denna skam, och i så fall, varför lät hon inte bli?

Methe fattade nog, men hon var ju drabbad av olycklig kärlek och hade inte ork att tala med Maria om saken.

Maria själv brydde sig inte om att försöka förklara för dem varför hon i sitt hjärta led över detta raseri, och varför hon så ihärdigt försökte frälsa gladiatorerna, trots att hon hela tiden trillade dit igen.

När poeten Poppellöf kom till Asellinas krog en lagom varm junikväll, för att få kontakt med folkdjupet och höra om det kommit fram något nytt om den förfärliga stöldhärvan, fann han en Maria som spillde vin vid sidan av, som inte ville prata, och som var svullen i ansiktet av gråt. Eftersom han var en lyhörd svärmare, och mycket intresserad av alla konstiga skiftningar i alla konstiga själar, tyckte Maria om att prata med Poppellöf. Men inte nu. De enda Maria nu, efter Pauli epistel, ville prata med var gladiatorerna, och där blev det ju inte så mycket snackat. Alldeles för mycket symplegma, och alldeles för lite snack.

Poppellöf kunde inte göra så mycket. Han blev tvungen att sucka och gå därifrån.

Skammens rodnad blev till blekhet i ansiktet på Maria, för med sammanpressade läppar fortsatte hon att skänka i vin, gå en trappa upp, och efter arbetet ränna till gladiatorskasernen; mycket sömn blev det inte, samvetet gnagde sönder henne inifrån, och när hon inte gjorde det med gladiatorer och andra drömde hon att hon gjorde det med gladiatorer och andra.

Och det var därför den svårt plågade Maria, som längtade efter gudarnas straff, som längtade efter att hennes lidande skulle ta en ände, med beslutsam hand ristade in orden Sodom och Gomorra på en vägg på en gata i Pompeji. Och hon tänkte att hon säkert skulle vara Lots hustru, om det blev så. Hon skulle vara den som vände sig om, och hon skulle vara den som förvandlades till en stenstod.

Vid den stadsport som de gamla oskerna kallade Veru Sarinnu, vilket romarna översatte till Porta Saliniensis* – Saltporten – sitter en glad gammal tiger.

Han har klättrat på hustaken. Han har skuttat ner genom det ena compluviet efter det andra och med ett plask landat i det ena impluviet efter det andra, och han har under färden ner sett sin egen spegelbild i vattenytan – glimmande tänder, skimrande päls, svartan nos – som blandats med återspeglingen av stjärnorna på himlapällen. Vad var tigerpäls och vad var stjärnhimmel? Det visste inte tigern.

Han har firat triumfer i det ena atriet efter det andra.

Han har ställt till med förödelse i trädgårdar – bland annat har han ätit upp en hel del.

Frukt.

En kanin.

En höna.

Han har gjort en nattlig visit på amfiteatern.

Och han har helt och hållet undgått upptäckt.

Trots att plasket när han landade i diverse impluvier var öronbedövande har ingen av de i sina skönt målade små rum sovande

*I Pompeji idag kallas den Herculaneumporten för att den vetter mot Herculaneum, och Herculaneumporten är också vad som står på turistkartor och i guider. Men den borde döpas om till sitt riktiga namn, Saltporten. Den hette så för att man importerade salt genom den.

pompejanerna vaknat. Omärkligt har tigern också, efter det att han gjort det han ville, ätit det han ville och pinkat lite – alltid pinka, alltid lämna tigerpiss efter sig, som en morgongåva – kunnat ta sig ut, ofta genom själva huvudingången. Och sen har han kunnat dra vidare. Ströva lite i gränderna, klättra upp på nästa tak, kasta sig genom nästa compluvium osv. En erotisk tigerakrobatik med gott syfte.

Att smyga omkring på gatorna i Pompeji nattetid, och undvika de nattströvare som alltid är i farten – vitmenare, affischmålare, fyllbultar, prostituerade, tjuvar och skådespelare – är ren fröjd för tigern. Att vara så vild och skräckinjagande, och ändå avstå från att skrämma slag på folk, det känns för tigern som att spara på sina juveler. Tigern håller på sig. Med ett skadeglatt flin tänker han på hur han snuvar Pompejis grymma spillror av mänsklighet på den skräck som piggar upp tillvaron för dem. Ty pompejanerna bävar för samma saker som de längtar efter.

Vid Saltporten sitter han, och betraktar egenkärt sin i det bleka månskenet svart-gul-skimrande päls.

– Lastbara släkte! Grymma mänsklighet! En dag kommer domen att falla hårt över Romarriket.

– Det var kejsar Augustus som var först med att förevisa en av oss tigrar i bur. Därför hatar jag kejsar Augustus.

– En gång var det en som skulle mäta hur snabbt en tiger springer. Det var i Indien. Han stal en flock ungar när mamman var ute och jagade. Sen hoppade han upp på en snabb häst och galopperade iväg, bytte häst, red vidare, bytte häst osv. När tigermamman kom tillbaks och fann att ungarna var borta, vädrade hon i luften tills hon kände doften av dem, och så sprang hon. När hon kommit ikapp mannen på hästen släppte han en unge, då tog hon den och sprang tillbaks till boet, sedan sprang hon ikapp mannen igen, som släppte en unge till osv. Det var så han mätte hur snabbt en tiger kan springa. Så där håller människorna på. Den här tigerns hjärta är otröstligt. Röt tigern.

Veru Sarinnu, Saltporten, vetter som vi redan vet mot Gravgatan. En bit bort på Gravgatan finns en avtagsväg mot vad vi i dag kallar Mysterievillan, men som då var känd som Villa Istacidia. Familjen Istacidii, en fin gammal samnitisk familj, hade flytt efter jordbävningen och anförtrott övervakningen av huset åt sin frigivne L. Istacidius Zosimus. Lantvillan hade fått stora skador under jordbävningen och reparationerna var under dagtid i full gång – liksom vinpressarna. Villa Istacidia var en kombination av vingård och aristokratiskt tillhåll för dunkla riter. Istacidierna producerade vin men tillhörde även en dionysisk sekt, en av de mysteriereligioner som länge varit förbjudna men som Rom i längden inte kunnat kväsa – liksom Isiskulten, Kybelekulten och så småningom Jesuskulten. Sedan familjens äldsta dotter Rufilla Istacidia hade blivit Ceresprästinna verkade en förmälning mellan Dionysos Liber Pater och sädesmodern Ceres ha ägt rum.

Tigertusse strövar på Gravgatan, och de trötta trampdynorna kysser de ännu ljumma gatstenarna. Tusse stannar till. Vägen bort mot Villa Istacidia är sänkt i ett dunkel som är ogenomträngligt även för ett tigeröga. Natten ångar av cypresser och narcisser.

Tigern drömmer. Den drömmer om sina år på berget Vesuvius, den flydda grottexistensen före uppstigningen till kratern och samtalet med vulkanen. Augustinatten har slukat hela berget Ves men här och var kan man ana ett ljussken längs sluttningarna. Pompejanerna skulle säga att det var någon häxa som kokade brygd. Tigern skulle inte säga så. Trolldom tror den inte alls på. Kan det vara förrymda slavar som lyser upp sina lövkojor med en fackla? Kan det vara lägereldar? Stora svärmar av eldflugor? Ljusskenet är för tigern och för stunden oförklarligt.

Ett ögonblicks drömmeri räcker för att tigern ska bli ovaksam och inte märka de filurer som närmar sig honom bakifrån. De kommer gående från staden och de bär på något. En otymplig tingest. Så otymplig att en av filurerna plötsligt måste svära – då upptäcker tigern dem, spritter till, och försvinner.

– Vid Venus tuttar! Vi måste göra oss av med skiten.

Methe hade under tiden försökt sätta Paris plan i verket.

Hon hade kastat sugande blickar på Chrestus, sen hade hon fnissat och sprungit sin väg. Nästa gång hon såg honom hade hon upprepat komedin. Han hade inte gjort några framstötar, men någon gång hade han lett. Methe var av den bestämda uppfattningen att det var ett förälskat leende, även om Chrestus inte visste det själv.

Hon hade slagit ner blicken och haft munnen på glänt för att suggerera... tja.

Chrestus hade lett lite bredare. Men någon avance hade han inte gjort, det kunde Methe inte påstå ens i sina mest förborgade fantasier.

Då hade Methe plötsligt övergivit sin plan och hela listigheten, allt det som Paris rått henne till, slängt sig i hans armar och förklarat honom sin okrossbara kärlek och trofasthet forever and ever under Vesuven. Det var på Forum. Chrestus hade milt knuffat undan henne och skulle just till att säga något när hans husbonde ropade på honom från andra sidan Forum. Då hade han lämnat henne utan ett ord, och hon hade därefter inte sett honom på tre veckor.

Tre veckor av sorgsen mima på ett snurrande spett ovanför en eld. När de råkat på varandra igen på Forum hade hon resolut som en femåring slagit armarna om honom.

Då hade han buffat undan henne och skrattat, tills hans husbonde ropat på honom från andra sidan Forum och han måste bege sig ditstädes. Miman hade sprungit hem utan ett ljud och först när hon var på värdshuset slängde hon sig på sängen med ett tjut. Där fann henne Paris tre timmar senare (han hade låtit Anicetus bära hela ansvaret för Bes ett tag, för att han skulle kunna titta till den kranka miman), under vilka hon hade gråtit så att tårkanalerna krängts ut och in.

Hon satt upp i sängen, med håret på ända, och deklamerade en dyster drapa.

Det är som det är som det är som det är
Som det är som det är som det är som det är
För att det bara är så
För att det bara är så
För att det bara är
Som det är
För att det bara är så
För att det bara är så
För att det bara är
Som
Det
Är.

Paris, som ville trösta henne, tog upp det gamla förslaget att hon skulle träna sig på honom för att glömma alltihopa (det är inte så stor skillnad, det är ju bara en anonym köttpinne hävdade han) men Methe ville inte träna sig, hon lät honom hålla om henne för att de var goda vänner som kunde lita på varann, det var det enda.

– Jag är Pompejis, nej Romarrikets… jag vill inte leva längre.

– Schåja schåja Methe.

– Inte det här pisslivet.

– Hör du fututrix…

– Jag är inte din fututrix! Vid Heras snus, det är ditt fel alltihop! Jag vill inte leva detta pisseriliv längre.

Methe lutade kinden mot Paris stolta bröst.

– Mest bortgjord i Romarriket, viskade hon.

– Ty när gudarna träffas i Olympen för att bestämma vem det är som ska erbjuda ett löjligt spektakel härnäst, alla gudar och människor till fröjd och gamman, och när de då kikar ner på jorden, och får syn på mig, då säger de: Vi tar Methe, eller hur? Ja, det gör vi! Man tycker att de någon gång ibland, för omväxlings skull, kunde ta nån annan, men nej. Och när jag en dag befrias från det hemska straff som livet är, de tunga bojor ödet fäst vid mina fötter och den blykedja ödet hängt omkring min hals, när jag äntligen befrias från livet, och kommer fram till floden Styx och Charon står där med sin färja, då säger han: Jaha, är det du, vad heter du nuförtiden – heter du verkligen Methe fortfarande? Det var ju beundransvärt! Och Charon säger att jag borde få någon sorts tröstpris. Men Charon delar inte ut tröstpris, han tar oss bara med till den mörka, hemska underjorden, och det kommer att kännas som en befrielse för mig. Ja, Methe längtar efter döden, eftersom Methe inte längre vågar längta efter kärleken!

– I just want to fuck you. Methe-pethe, vi kan väl kyssas lite och trösta oss med varandra?

– Vad ska du trösta dig för, du har väl inget hjärta.

– Det är tröstlöst att inte ha något hjärta.

– Det är *hjärtlöst* att inte ha något hjärta.
Methe sköt honom ifrån sig och fortsatte deklamera.
Det är som det är som det är som det är…

– Men Paris, vad bråkar du om...

– Ge hit.

– Mycket väsen för lite...

– Jag vet vad du sysslar med när du ansätter mig, du din gladiator.

– Inom rimlighetens gränser ska man väl...

– Då var det alltså ni som stal Priapen? Släpp Bes. Släpp Dionysos Sabazios.

– Hoj hoj hoj!

Paris fick något vilt i blicken, och när han hade tatt tillbaks Bes från gladiatorn försvann han med ett katastrofalt skratt.

L. Asicius tog av sig sin hjälm och putsade på fiskarna.

– Bus mu. Skyll dig själv, sa han.

– Skyll dig själv, och ha det så bra i Hades.

Vart hade Bes tagit vägen?

Och Vedius Priap?

Paris och Anicetus, som verkligen hade stulit Bes, men inte hade något med Priapens försvinnande att göra, visste inte längre var Bes höll hus.

Han hade pizzat till det något så jävligt, och sen hade han gått upp i rök. Med sitt godmodiga flin hade han brustit ut i ett fasansfullt skratt och sen – poff – sen hade han helt enkelt återvänt till det ställe som han blivit stulen ifrån – till Numicia Primigenias och Lesbianus hus, mittemot den urbana sibyllan Biria.

Det var en storartad lättnad för Paris och Anicetus. Nu hade gudarna något annat i beredskap för dem. Nu log lyckan plötsligt emot dem med guldplomber. Pompejis redare, Cornelius Tages, tyckte att det var snudd på skandal att två så firade superstjärnor som Anicetus och Paris rände runt som tokar, och bjöd hem dem till sig.

– Så kanske man får lov att vara lite kulturell till middagen också, sa han. Petroselinus fick följa med, men Methe ansågs inte tillräckligt rumsren.

Så kom det sig att de tre akrobaterna fick tillbringa sina aftnar i glatt sällskap hemma hos den generösa redaren, som älskade mim och inte drog sig för att spexa lite själv, när andan föll på.

En röd och brinnande blomma hade Methe hyst inom sig, i tysthet hade den brunnit och vägrat slockna trots att det inte varit hopp den livnärt sig på, nej hoppet hade inte varit syre för den blommans brand, något hopp hade Methe inte vågat hysa. Den hade brunnit alldeles av sig själv. Och eftersom det, ibland, sker mirakel, då ödet bestämmer sig för att mildra sin dom över någon, ja eftersom det ibland sker att ödet vill att någon som länge trampat vassa stenar ska få gå på mjukan mark, så vann Methe till slut sin Chrestus. Då spred sig elden från den lilla röda blomman och blev en stor brand. Men först, i den stund då Chrestus sa till henne att hennes kärlek var besvarad, då grät Methe så att tårarna sprutade rakt ut ur ögonen på henne, hon grät så vildsint att Chrestus började skratta, tog henne i sin famn och kysste bort alla tårarna. Methe grät ändå, och det fortsatte hon med en lång stund.

Fast sen blev han tvungen att springa iväg för hans husbonde ropade på honom. Och Methe fick gå och trängta en hel dag till. Men på kvällen störtade hon hem till honom.

Han låg redan sprillans naken på sängen och såg glad och förväntansfull ut.

– Aha! ropade Methe, slet av sig tunikan och kastade upp den i luften.

– Nu är alltså den heta stunden kommen! Förbered dig, tappre krigare, för en ärlig strid på kärlekens slagfält!

Sen började hon gråta igen. Hon plockade upp tunikan och försökte trä den över huvudet. Slängde undan den.

– Äh.

Så kravlade hon upp i sängen.

– Se upp där nere! mumlade hon, och sänkte sig mjukt över honom.

Den som en stund senare gick förbi Chrestus slavkyffe på Krokgränd kunde höra hans skrovliga röst genom det lilla fönstret:

– Methe, lumen, va, va, usque va – Methe mitt ljus, kom, kom, låt det gå för dig.

När Methe gick till Stora teatern nästa dag ristade hon in följande ord vid ingången:

Methe från Atella älskar Chrestus med hela hjärtat. Må Venus Pompejana alltid vara dem huld och röra vid deras hjärtan och göra så att de alltid håller sams för all framtid.

Lite sur och svartsjuk blev Paris av att se de rosiga tu, när de med armarna om varann ragglade runt på Pompejis gator. Äckliga turturduvor! Därför klottrade han, på en vägg i ett hus där han var på besök för att förföra en av sönerna:

METHE FELLAT.

Lyssna noga nu, hjärtälskade läsare, så ska ni få höra något märkvärdigt om Venus.

Jag har redan berättat om hur hjärtlös hon är. Kärlekens gudinna är själv ett gigantiskt hjärta utan hjärta, hon är ett hjärta utan hjärta utan hjärta: ja, det är som en labyrint av speglar, en sådan där kammare där den ena spegeln speglar den andra i oändlighet, en sådan som man kan få svindel av. Är Venus narcissist? Har hon en sådan spegelkammare där hjärtat borde sitta?

Venus, Pompejis skyddshelgon. Venus Pompejana, den obevekliga, fruktansvärda Venus. Utan urskillning gör hon människor mycket, mycket lyckliga och mycket, mycket olyckliga. Hon skickar nämligen ut sin son Amor, som har en pilbåge och som siktar omkring sig på måfå. På måfå, verkligen? Det påstås så. Så de som tror att kärlek handlar om lukter, att två lukter som passar bra ihop med varandras näslökar, så att säga, orsakar att det blir kärlek, de som tror på orsak och verkan när det handlar om kärlek, de har fel. Slumpen är allt. Ja det påstår i alla fall alla de som vet något om den där rackarns spjuvern Amor och hans mamma Venus.

Lyssna noga, fututor och fututrix, så ska ni få höra en hel del om Pompejis red hot hoochie coocher Venus.

Nej, det är inte roligt. Kärleken är inte rolig. Den är fruktansvärd, den är en usel plåga för människan under sol och måne. För knappt har två människor ”fått” varandra, om de nu ens har den

”turen”, förrän de ska börja ”lära känna” varandra, och då börjar ett besvär, ja ett enormt trassel helt enkelt. Det är som om man skulle gå vilse i någon annans psyke, och låta någon annan traska omkring i ens eget. Då gäller det att ha mjuka fina fötter, för – ja herregud, vilken plåga. Och om det sen handlar om att lösgöra sig från en annan person, vilket då ibland blir oundvikligt eftersom människan är en varelse som det är omöjligt att begripa sig på, då gör det så ont att det egentligen är ett under att människor ger sig in i det från början. Att riva av plåster är ingenting mot att riva av en blues eller människa. Det säger jag er, älskade läsare, om ni kan undvika kärleken, så gör det.

(En släktskapskuriositet: Amor drabbades ju själv av kärlek, mot sin vilja förstås, till prinsessan Psyke. Resultatet av den plågan blev en dotter som de döpte till Vällusten. Det gör att Venus är farmor till Vällusten, vilket hon ser med ohyggligt illa dold näver, eftersom hon inte gärna vill erkänna att hon är farmor).

Colonia Veneria Cornelia Pompeianorum, ja, Pompeji heter ju så, och det är inte utan att det långa namnet beskriver Venus själv i hela hennes skandalösa utsträckning, som om namnet löpte från topp till tå på henne där hon låg och snarkade i röd sammetsstola på nån sorts soffa. Ni vet såna där antika soffor med djurfötter. Detta långa ortsnamn har alltså Venus inskrivet i själva sitt tjusiga ordfölje. Det märks. Alla vet det. Alla lever i enlighet med detta faktum. Det är ingen överdrift att påstå detta. Pompeji utan Venus skulle inte vara Pompeji. Det skulle vara något annat. Skövde kanske. Vet ej. Men Pompeji, nej, det skulle det inte vara.

Och ändå – ändå har kärleken inte en chans här. Den har inte skuggan av en chans här. Det beror på många saker: på patriarkatet, på slavsystemet, på prostitutionen, på de villkor som möter de älskande (om de inte tillhör det fåtal som har det gott ställt) när de ska försöka skapa sig en familjelycka trots allt – trots de trånga mörka kyffena utan eldstad som de flesta tvingas bo i, antingen i stan eller i förorten Felix, trots att pappa plaskar i urin och mamma jobbar på bordell, och, på senare tid, trots de ständiga jordskalv som påverkar människorna så att de blir nervösa. Det är jordskalven, bland annat, som driver upp tempot i stan. Alla minns den stora jordbävningen och alla vet att samma sak kan hända närsomhelst igen. Att då hålla på med en återuppbyggnad av staden, en återuppbyggnad som nu nästan är färdig, samtidigt som de små skalven påminner om hur bräckligt och meningslöst detta återuppbyggande kanske är, det sätter sig på nerverna. Man skulle kunna säga att det leder till en stämning av *carpe diem* i Pompeji, om man inte glömmer att en stor del av den dag som då skulle gripas består av hårt arbete, hårdare än de flesta av oss känner till.

Nå, så där är det ju. Döden hotar hela tiden. Vad tjänar det egentligen till att bygga upp någonting när det ändå kommer att försvinna ut i Intet en dag. Men låt oss säga att tidsfristen, då man hinner göra nåt och få några barn gjorda så att säga, barn som kanske har en chans att själva sätta egna barn till världen en dag, den tidsfristen känns mycket kort och klen och oviss för pompejanerna. De vet verkligen inte. För det första vet de förstås inte vad vi vet, om sitt öde, men de vet heller inget annat, de räknar inte med någonting alls. De inbillar sig inget. De bygger, arbetar, slåss, super, går på spektakel och blir kära. De skrattar och gråter. De försöker leva sina liv så gott det går. Den dumma jätten vid horisonten, som de inte ens vet är en vulkan, den dumma jätten vid horisonten.

Dum ej jag är. En vesuv jag är.

Jo, dum är du. Dum som ett berg som sprutar eld.

Dumhet, nej. Min vesuv-natur, ja.

Men din vesuv-natur är stendum. Inse det.

Inse ej jag vill, ty vara smart Vesuvius vill.

Din självbild är en katastrof, Vesuvius.

En katastrof ej den är. En hotbild den är.

Din självbild en hotbild? Nu räcker det. Var tyst och lid, lid av din naturliga och katastrofala dumhet.

Tänk att det är en sak jag inte begriper, och det är att den där vulkanen ska lägga sig i. Och ändå – det skulle ju handla om Venus, Pompejis skyddshelgon, hon som i mytologin är gift med Vesuvius värsta rival, Vulcanus, som hon bedrar å det grövsta.

Gift med Vulcanus på riktigt hon ej är.

Det vet jag, jag kan skilja på myt, sanning och myteri. På riktigt är Vulcanus kär i Krakatau, precis som du, din sakramentskade vulkan. Blott i mytologin är guden Vulcanus förmäld med gudinnan Venus, men i den bistra verkligheten har varken den förgörande elden eller den förtärande kärleken några gudar. Det är bara mänskliga påfund, och idealiseringar av mänskliga företeelser. Den sjaskiga sanningen är att du och Vulcanus tävlar om en vulkanissa som struntar i er på alla sätt och vis. Om Krakatau själv fick bestämma skulle hon spy lava intill planetens döddagar, och om hon håller er två vulkaner på halster så är det för att det behagar henne att göra så. Verkligheten är alltid sjaskigare än dikten. Om det så är den enda sak man kan säga med säkerhet om verkligheten. För även om dikten ibland kan vara sjaskig, så är den sjaskig under klart avgränsade former. Sällan är den exakt så obestämbar och luddig som den lite unkna doften som stiger ur ett riktigt människoliv. Bara (eller blott) i dikten bor gudar i vulkaner och stiger gudinnor ner på verkliga gator. Och de stackars pompejanerna lever större delen av sina liv i dikter och myter, de om några skiljer inte på det där. De tror på Venus. De tror på Vulcanus. Men dig, Vesuvius, tror de inte på, för de tror att du är ett vanligt berg.

Påminn mig inte om det, säger Vesuven, ty det är det som gör att Krakatau inte ser åt mig.

Hur fan kan man vara kär i Krakatau.

Vet ej. Kan ej hjälpa det. Är utlämnad åt min egen magmas raseri.

Ja, det är inte bara vi människor som är obegripliga, tydligen är ni vulkaner det också. Man trodde att naturen skulle vara autentisk, att ett berg, eldsprutande eller ej, skulle värdesätta det som är äkta. Men var vulkan har sin plåga.

Och Venus… äkta och äkta, hon är en gudinna bara, äkta och falskt har ingen innebörd för henne. Som stode hon vid ett roulettbord och sa: faites vos jeux! och de stackars spelarna satsade sina sista slantar. Varpå hon säger: rien ne va plus! och skivan snurrar, och snurrar, och snurrar… och alla hjärtats losers står där och väntar på att få det bekräftat att de är hjärtats losers. För vem är det som kammar hem största vinsten, alltid? Jo Venus, den vidriga.

Venus Pompejana, vars tempel raserades helt under jordbävningen, och vilket nu är under rekonstruktion, hon skickar ut sin son Amor med pilbågen. Inte bryr sig Venus om döden. Men hon bryr sig inte om pompejanerna heller.

Det är ju det de lärde hävdar, till exempel gubben Freud, att kärlek är en illusion. Två stora illusioner finns det i världen, hävdar doktor Freud. Två illusioner fångar människan i sitt garn. Den ena är religionen. Den andra är kärleken. På det hela taget hävdar Freud att människan är en bluff. Irrbloss från topp till tå.

Vad pessimistiskt. Nej fy satan. Skulle man inte i stället kunna tänka sig att förälskelsen har ett stort mått av illusion, men att trofastheten, ansvaret, ömheten, bla bla bla, nörd- och lustprincipen, allt det där som infaller efter förälskelsen, då man har en chans att pröva de där illusionerna mot verkligheten, och det som då var falskt faller bort? Skulle man inte kunna tänka sig att Venus beskyddar även detta? Jo. Och det är ju så. Det mesta av det som sagts om Venus är förtal, eller bara sant till viss del.

OCH HÄR KOMMER SJÄLVA BEVISET.

För när kärlekens gudinna satt där uppe i Olympen och hade det småtråkigt, och sände ut sin son för att ställa till med elände, men tröttnade på det en stund, då fick hon plötsligt syn på Methe och Chrestus.

Hon fick syn på dem.

Methe och Chrestus fick hon syn på.

Och vad var det hon såg?

I ett litet slavkyffe på Krokgränd – Venus ser rakt igenom väggar och tak – i ett sånt litet kyffe vars enda möblering var en säng, ett nattkärl, och ett krucifix som den gudlösa Methe hade fått av åsninnan Maria i trolovningsgåva, inte som indoktrineringspresent utan som ett bevis på deras vänskap, i ett sånt litet kyffe ser hon två sovande, sammanslingrade personer av motsatt kön.

Methe har kinden mot Chrestus bröst, håret har fallit ner i ansiktet på henne. Hon har kurat ihop sig i sömnen, men säkert når henne ljudet av Chrestus hjärta ända in i drömmen, som en lugn och stadig rytm.

Chrestus ler i sömnen. Han har ena armen runt Methes midja, han snarkar lite lätt... smackar lite... fnyser... och då och då, som om han drömmer om Methe, biter han lite i luften. Och vad drömmer han om då, i såna fall? Om han drömmer? Han drömmer att han ligger sammanslingrad med sin egen lilla akrobat, som krumbuktat sig så mycket för hans skull, och så drömmer han att han då och då, för att trösta henne för alla hennes vedermödor, biter henne i örat. Det drömmer Chrestus.

Och när Venus ser detta, då rörs hennes hjärta. Ja, alla speglarna i den kammare som skulle föreställa hjärta, de spricker, för då ömmar hon för Methe och för Chrestus.

Venus, Pompejis skyddshelgon, hon som står inskriven i själva dess lite pompösa namn Colonia Veneria osv osv, hon blir av den synen så rörd att hon gråter. För Venus vet, hon vet. Fåfängligt restaurerar pompejanerna hennes tempel, fåfängligt arbetar de i sitt anletes svett för att bygga upp hennes av en jordbävning raserade boning, och Venus vet att det är fåfängligt.

Kärleken står sig slätt mot döden, och det enda altare som människan har för att besvärja den är minnet. För minnet är en tröst. Men Venus tycker inte att det räcker, inte i det här fallet, inte just i fallet Methe och Chrestus. För vem ska minnas dem, vem ska mota bort all meningslöshet när de där båda, som precis funnit varandra, befinner sig på en jordskorpa så bräcklig, så rörlig, en där sprickor och avgrunder hotar att öppna sig, en som bara är ett sketet hölje för eld?

Venus vill inte. Nä, just de här båda, de borde ha rätt att få lite barn gjorda, just de här borde faktiskt...

Hm.

Den lätt frivola Venus kan inte värja sig för den sanningen, som hon nu har fått i sin tjong-skalle, att det skulle vara någonting alldeles ohyggligt meningslöst och bortkastat om inte...

Om inte slaven Chrestus och hans mima Methe...

Hon ser på sin spjuver till son, Amor, som tultar omkring med sin båge, utan impulskontroll, han som vill se till så att alla människor på hela jorden förlorar impulskontrollen och springer efter irrbloss, förlorar sig i sitt begär. Utsänd av sin stolta morsa Venus.

Hm.

Men vad händer med henne nu, är det nåt slags njutånger som infinner sig när hon ser två offer för sin makt? Vad är det som händer med den där gudinnan som är så otroligt upptagen med att vara Venus?

Något som liknar moralisk indignation, samvetsförebråelser och en känsla av maktlöshet, infinner sig hos den i normala fall ganska obekymrade, ganska lättsinniga och ganska självklara Venus som aldrig har en röst som kommer om natten och viskar i hennes öra att tänk på allt lidande du ställer till med. För det här lidandet, som hon har ställt till med, när hon ser på de trötta kropparna, de två människospillrorna som har varandras famn som enda hamn, de två nästan sönderarbetade kroppskulturerna, miman och slaven, och som inte vet hur kort tidsfristen är, det här lidandet borde få sin belöning i några års trälande i äktenskapets nörd-och lustprincip. Det tycker Venus, den beskäftiga individen.

Men kära nån, är hon en gangsterbrutta som brukar stå vid roulettebordet och vara säker på att kamma hem vinsten, och visar det sig plötsligt att gangstern har ett hjärta.

Så gråter Venus.

Blott i Pompeji stiger gudar ner till människorna.

Här krävs en Venus ex machina, snyftar Venus.

Venus. Eftersom du är naturens enda guide.

Samla ihop din vackra klädnad och lyft lite på den så att du inte snavar, samt lubba, lubba snabbt ner från Olympen.

Venus. Eftersom du är den enda som pacificerar Mars.

Venus. Du som sträcker ut dig i en snäcka och flinar åt världen.

Venus. Du som trots allt förtal om hjärtlöshet är den som rett ett bo åt sig i varenda pompejans hjärta, och där idkar hyfsat gott inflytande. Tu, pupa säger en pompejansk pojke till en flicka, må du alltid vara frisk och kåt och må Venus alltid beskydda dig.

Obegripliga Venus som sen plötsligt kastar ut sitt nät och fångar in nån som egentligen tillhör en annan, och åsamkar fruktansvärt lidande.

För att inte tala om, vi kan kalla honom lustigkurren, Amor.

Han med fjun på vingarna. Han med koger.

Sprött och obeständigt är människohjärtat, det skiftar som en kristallkula och inte går det att spå i det. Några långtidsprognoser går det ej att göra, nej, det är bara den omedelbara framtiden som det går att säga något om med intill förvissning gränsande sannolikhet. Snacka inte så mycket om nästa vår, om nästa höst…

Venus. Det där leendet är som Mona Lisas. Exakt samma.

Och Leonardo, den gamla bögen, förevigade det.

Jag har redan berättat att Venus Pompejana blidkades av åsynen av de älskande tu i kyffet. Och att hon tänkte: här krävs en Venus ex machina, en blinkande rymdfarkost som sänker sig ner för att uppbåda all banankontakt i hela världen för att rädda nån eller nåt.

Och det var därför hon bestämde sig för att stiga ner från Olympen, utan prut, på sina världens vackraste fötter, såna som både kvinnor och män skulle vilja, om det var möjligt, ta hela och hållna i munnen. Men de är för stora. Venus är stor, hon är ingen jättinna men hon är en dimension större än människan – hon är faktiskt som en uppförstorad människa. För att ni ska få en idé om hur stor kan vi ta detta med fötterna, de är storlek 58.

Och naglarna är pärlemorskimrande och skulle gå att göra puderdosor av.

Så hjärtlös hon är finns det dock en sak som hon älskar, det är människan, och kärleken till den inbegriper att hon också älskar lidandet, ingen människa utan lidande, resonerar Venus, och det är därför den där vaniljlyckan som vi alla mer eller mindre drömmer om, kanske, aldrig riktigt vill infinna sig. Så har hon tänkt ut det, den hemska gudinnan. Ingen människa utan lidande, hahaha.

Methe och Chrestus kommer aldrig att få någon vaniljlycka – det vet Venus. Vad som än händer kommer fattigdomen att hindra dem från att vara lyckliga, sjukdomar, övergrepp, vad som än händer, dessutom vet Venus att Methes kärlek inte är besvarad, inte fullt ut, och sånt märker man alltid i längden. Så Methes lycka kommer att bli en... vad är det som smakar lite bittert, ta nåt som smakar lite bittert – ingefärslycka, kanske.

Eller kanske, kanske sannolikt, en malörtslycka.

Man ska inte kasta malört.

Det vet Venus. Men nu när den heta kvalmiga augusti onådens år 78 går mot sitt slut, och Venus gluttar ner på de nakna, svettiga älskande tu och rörs i hjärtat, då, ja, då tycker hon att de borde få mer tid på sig än det år som återstår. Mer tid att lida. Och eftersom hon nu ändå har en viss makt över Pompeji bestämmer hon sig för att stiga ner till de arma individerna och göra nåt.

Men först drar hon ut sin vackra stola och kikar ner på sina bröst med ett belåtet grin. Hon är narcissist. De nakna, svettiga, älskade två brösten ligger där och ruvar. Sen samlar hon ihop sin vackra klädnad och lubbar, lubbar ner från Olympen.

I samma textrina som där Amaryllis fellatrix arbetar som spinnerska arbetar en vävare som heter Vesuvius. Han är döpt efter berget. Vesuvius är tystlåten, snäll, han är en lyssnare. Det vill säga, han är alltid med i alla samtal, och han bidrar med att le varmt, nicka. Vem vet vad vävaren Vesuvius gömmer i sitt hjärta. Men det är en vänlig tystnad, Vesuvii tystnad, det är vävarens tystnad när han tänker i moll och svarar i dur, det är vävarens tystnad. Vesuvius har ingen pupa, det är en anledning till att han är såpass melankolisk. Han har ingen pupa för att han är en blyg vävare. Ingen att säga: Tu, pupa, till.

Pannan är bred och låg, och ögonen goda men sorgsna, under framskjutande ögonbryn. De skojar ofta med honom, vävarna och spinnerskorna, de skojar om att han inte har någon pupa.

– Ta nån bara, det kan vara bra att ha, säger Doris.

– Nä, äh… säger han då och slår ifrån sig.

Amaryllis, som annars har en så vass tunga, är aldrig elak mot Vesuvius.

Nu är det så, att vad Venus fått i sin lätt frivola skalle, det är att Vesuvius ska bli ihop med nån, och att detta ska leda till att Methe och Chrestus lämnar Pompeji – utanför stadens stadsmurar upphör Venus starka inflytande, där får de klara sig själva. Dom måste bort. Venus vet att det är så, eftersom orsak och verkan är något som vi än så länge bara kan förnamnet på, vad allt finns det inte av orsak och verkan i världen! Venus vet. Hon vet att Vesuvius ska bli ihop med –

Ja, det var enklare då, för en man att bli ihop med någon, eftersom närmare 40 procent av alla kvinnor i Pompeji var prostituerade. Strängt taget var det bara att hosta upp, så löste det sig på nåt sätt. (Nej, jag tror att mina källor överdriver. Det finns en stark vilja till att 40 procent av alla kvinnor i Pompeji ska ha varit prostituerade, det märker man, man undrar varför. Jag tror att det kan ha varit… tja, 15 procent kanske. Det beror på hur man mäter. Ska man räkna matronorna? Ska man räkna alla som hade samlag, på regelbunden basis eller ej, med män som på nåt sätt betalade för dem? En uttjatad fråga. Men man kan jämföra med England under den viktorianska tiden.)

Venus hade redan utsett en knullkompis åt Vesuvius. Det var – ja, det var Venus, hon som drev Venus bordell på Lyckogatan, och som hade en stamkund som hette Mars. Han som var så mycket stamkund att hon nästan började tänka på honom som på en älskare. Och han som skrev, efter en sällsynt trevlig afton, Venus, du ÄR Venus, på väggen.

Sean Connery må vara James Bond. Men Venus, hon ÄR Venus.

Och Mars tycker att hon är så mycket Venus att han börjar fundera på att skaffa sig ensamrätten till henne. Men det skulle bli dyrt, för först måste han köpa loss henne. Hon tillhör nämligen kommun, det stackars ludret.

Men hon är en riktig seductrix, Venus.

Hon är fututrix och fellatrix. Hon vet att futuere bene, fellare optimo, och pedicare rätt bra.

Hon praktiserar coitus a tergo, ibland lite cunnulingus, symplegma, en plein air, lente impelle, och så det där som Ovidius rekommenderar åt kvinnor med väldigt, väldigt långa ben. Mest av allt praktiserar hon Venus Pendula.

Det var efter en sådan afton, en sådan afton i Pompeji onådens år 78, som den överväldigade Mars skrev: Venus, du ÄR Venus.

Men hennes namne som just lämnat Olympen, hon är på väg, hon har en plan i skallen, hon ska se till att tota ihop Venus med vävaren Vesuvius, om än blott tillfälligt så vet Venus att det kommer att få goda konsekvenser. Det där vet Mars ingenting om, men det man inte vet någonting om har man heller inget ont utav.

Blott i Pompeji stiger Venus till människorna ner.

Hon landar på amfiteatern med tvenne fötter stora, obegripligt vackra fötter. Det är månsken, och de frygiska strålarna blänker i hennes tånaglar.

Hon skuttar ner för trappan.

Hon tar till vänster på Amfiteatergatan, och så till höger, uppför den lilla gata där den burgna och driftiga Julia Felix har sin inrättning.

Hon går förbi Nicanors krog, som trots den sena timman ännu

har öppet – hon kastar en blick in i krogen, där sitter gladiatorn L. Asicius med sin fiskhjälm, den galliske valkaren Gerulus och Amaryllis, spinnerska och fellatrix – de tittar upp, och under ett kort ögonblick ser de Venus, som är så stor att hon måste böja sig ner för att kunna kika in på dem, de små individerna, genom dörren. Under ett kort ögonblick ser de att Venus själv riktar sina strålande ögon in i Nicanors krog, de blir stumma, glasen stannar i luften, bävan, andäkt, detta stora, vackra ansikte som bligar in på dem, det är Venus själv, det är Venus Pompeiana. Amaryllis snyftar till, L. Asicius tar av sig hjälmen och Gerulus bugar sig. Men Venus ler, huld, pillimarisk, och går vidare.

Så kommer hon förbi det vackra hus där nn bor, och där en stor målning av Venus i snäckan breder ut sig i fonden av den underbara trädgården. Venus ler igen, det är ganska likt, men inte på pricken tänker hon. Vilken rolig klädsel jag har.

Uppför hela Överflödsgatan, utan att bekymra sig om de människor som stannar upp, beundrar, en del börjar gråta, andra far ut med händerna i en vädjande gest, åter andra faller på knä; Venus Pompeiana, tänk på mig, är det inte min tur snart, att någon gång få trampa mjukan mark? Med de bautastora nakna fötterna går hon vidare, hon nickar och ler, skrider fram som den Venus hon är. Månen skiner, och de nattvandrare hon möter är understundom rätt berusade, därför är det inte heller så få som helt enkelt bara står där och gnuggar sig i ögonen, vajar, blinkar, blundar, tittar igen, vajar, gnuggar sig i ögonen, skakar på huvudet och vänder om.

Aftonstjärnan ler åt gudinnan Venus, och gudinnan Venus ler åt aftonstjärnan.

Åsninnan Maria har just slutat arbetet och ska gå hem, hon kommer ut från Asellinas krog men stannar till. Venus. Utan ett ord sträcker Maria fram handen och rör vid gudinnans skimrande klädsel. Venus vänder då sitt ansikte emot henne och de dunkelt strålande ögonen träffar Maria, ett varmt och mystiskt leende sköljer över henne, varmt som Sommar-Sarno.

Venus går vidare. Upp till Lyckogatan ska hon, där Venus har sin bordell.

Venus går hem till Venus.

Mars hade just gått. Hans älskarinna Venus, som var rätt trött, och vars fägring började flagna, trött på jobbet, trött på Mars, trött på sin fägring, och trött på att den började flagna. Trött på symplegma och en plein air, och framförallt trött på lente impelle, låg och halvdåsade.

Fel liv, tänkte hon. Fel stad. Fel rubbet.

Och barnen, som sprang omkring löst på Pompejis gator och snodde frukt hos Felix, och åkte på stryk.

Vidriga liv. Ömma, värkande fitta. Manshänder.

Vidriga lemmar. Bort med dem.

Hon har ont. Är för trött för att kunna sova. Häller upp lite Vesuvin åt sig.

Det finns ingen möjlighet för Venus att köpa sig loss.

Fel gudar. Fel öde.

Fel diem. Fel carpe.

Hon tar ut den citronindränkta ullbiten. Häller upp vatten i ett kar för att tvätta sig.

Det luktar garum.

Hela livet luktar garum.
Och inte smakar det gott heller.
De tre barnen sover i hörnet.
Och då –
Just då –
Vad är det Venus viskar i Venus öra?
Den stora, präktiga gudinnan som hukar sig i sin dödliga namnes bostad, emedan hon är så stor att stode hon upprätt bleve hon tvungen att stå böjd. Hellre huka sig då. Annars blir det för jobbigt.
Hon hukar sig, och hennes namne böjer sitt huvud mot hennes mun för att lyssna.
Jo, hon viskar goda råd.

Sen gick Venus hem till vävaren Vesuvius.
Han bor ovanpå väveriet i ett enkelt målat rum – inga jaktlandskap, inga gudar, pygméer, krokodiler, inga illusionseffekter, inga satyrer och menader pryder vävaren Vesuvius väggar, de är bara rödmålade. I den traditionella pompejanska purpurfärgen. Framställd utav en mollusk.
Vesuvius sover. Ingen pupa. Sover ensam.
Tungt, lite snarkande. I drömmen väver han en sån dröm som bara verkligheten vävs utav.
Venus lutar sig över honom.
– Vesuvius, viskar hon.
Då fnyser han till och ruskar på huvudet.
– Vesuvius, viskar Venus.
Vesuvius fnyser igen.

– Vesivesivesivuvius, viskar Venus.

Då ler han i sömnen. Det kittlar fint i örona.

– Tu, pupa, mumlar han i sömnen.

– Ja just det, säger Venus.

– Tu pupa es multum multum.

– Sök upp Venus, viskar Venus.

– Hmf, fnyser Vesuvius.

– Jo! säger Venus.

– Fenus, viskar Vesuvius, det blir lite sluddrigt sådär i sömnen.

– Sök uppna, säger Venus strängt.

– Uppna Fenus, säger Vesuvius.

– Jösses, säger Venus.

Men hon tror uppdraget är slutfört. Och med tårar av ömhet och medlidande på kinderna lämnar gudinnan Venus den stackars vävaren Vesuvius boning.

När han slår upp ögona nästa morgon säger han:

– Uppna Fenus.

Han blinkar. Han fattar ingenting. Men budskapet har gått in ändå. Som en liten robot går Vesuvius raka vägen till Venus bordell, istället för att gå till jobbet, väveriet. Hos Venus blir han grundligt trakterad. Och de kommer överens om att Venus ska sluta träffa Mars. Venus ska bli Vesuvius egen pupa, så långt det nu är möjligt.

Nu ska ni få höra hur detta äktenskapsliknande kontrakt satte igång en händelsekedja som resulterade i att slaven Chrestus, en morgon när han och miman Methe vaknade i varandras armar, sade:

– Vad säger du, min lilla pupa, ska vi flytta till Rom?

– Ja, det gör vi! pep Methe.

Jo:

Mars blev ursinnig. Han trodde att det var Chrestus som snott Venus ifrån honom. Genom illist hade Venus låtit Vesuvius anta Chrestus skepnad då han gick till och från Venus. Mars hotade att döda Chrestus. Chrestus tyckte att det verkade för jävla krångligt att reda ut missförståndet.

Höstregnen kom med svalka och hugsvalelse åt dem allihop.

Vattnet forsade fram på gatorna. Opraktiskt för stunden var det på lite längre sikt bra. Övergångsstenarna fanns för dem som på lite kortare sikt var tvungna att ta sig över gatan. Men den åsne- och oxdragna trafiken avstannade. Inte så många kärror cirkulerade. Svärande förare såg till att nödparkera varhelst de kom åt.

Alla impluvier fylldes på. Taken lutade inåt. Vattnet forsade ner mot den rektangulära öppningen i mitten, och skummade mot de stenskulpturer av vilda djur som omringade öppningen. Vattnet plaskade ner. Inverterade stugtak!

Hela staden lutar åt sydöst.

Den fina Mercuriusgatan i Pompejis nordvästra kvarter, alltid avstängd för trafik, en nästan helt patricisk gågata med stora, vackra palats, en gata fri från krogar, affärer, verkstäder och bordeller, ja på betryggande avstånd från det mesta (ju mer åt sydöst man kommer i Pompeji, desto grötigare blir det, och ju mer åt nordväst, desto spatiösare), blir renast av dem allihop. Regnvattnet slår ner i gatan med början uppe vid Mercuriustornet, sen slår det ner längs hela vägen, och det forsar, och det korsar Lyckogatan, och det passerar Forumbadet, och det korsar Augustalerprästernas gata, och sen klyvs det mot Jupitertemplets rygg – SPLASCH! – plötsligt har vi två forsar! den ena förgreningsgrejen viker av åt höger på Augustalerprästernas gata... den andra vattengrejen tar motsatt håll på samma gata... den första strömmar friskt åt höger och når efter en stund Bordellgränd, där den strömmar in och drar med sig skiten och pinket förbi de två tvärgränderna och sen korsar den Överflödsgatan och brusar nerför Teatergatan och den korsar Jupitergatan, och den far förbi Stora teatern och Lilla teatern och Triangelplatsen och Gladiatorskasernen; och sen hamnar den på nåt sätt där nere, vid den södra stadsmuren, där den blir till en fruktansvärd, fruktansvärd pöl.

Men den där pölen ska nog dunsta med tiden. Så nog är det ytterst bra. Efter några timmars störtskur kan pompejanerna kliva ut i en stad som doftar bene.

Paquius Proculus står i sin gränd med minstingen och älsklingen Knubbis i famnen.

– Det var välan uppfriskande. Nu kan man nästan andas.

– Mmmm, hävdar Knubbis, och gnider näsan mot sin pappas hals.

De går in i huset. Två av Paquius husfolk, hans frigivne Primanus och slaven Cimber, kommer släpande på en dyngblöt slav, Faustus, som försökt rymma men överraskats av regnet.

– Ge honom spö.

Slaven Faustus knän skakar. Ögona står ut som råttpittar på honom.

– Äh, låt han slippa, va, säger Primanus.

– Det var nog inte så allvarligt ment. Det är en bra grabb, egentligen, Faustus. Jag går i god för honom.

Paquius ser med isande blick på Primanus. Borde denne inte redan ha tagit hand om saken, utan att besvära Paquius?

Han vänder ryggen åt sällskapet, och släntrar långsamt ut i trädgården med Knubbis.

Paquius smeker sin son över håret. Det är då förunderligt att man ska känna igen sig mest i den som är oäkta! Piskrappen och slavens tjut når dem strax.

– Bubben kjikej.

– Ja. Han har varit dum. Du vet vad pappa brukar göra när Knubbis varit dum? Som när du rev ner penaterna från altaret?

– Uj.

– Just det. Det är samma sak. Fast lite hårdare, givetvis. Det är för att han inte ska dumma sig igen.

– Ubbis fytej *inte* uviet.

– Vad sa du?

– Ubbis fytej *inte* uviet.

– Nu förstår pappa inte sin älskling.

Paquius har redan börjat se sig om efter en lärare i vältalighet åt Knubbis. Lite för liten är han ännu, men snart nog ska han lära sig skaldens ord:

Dra dig från Forum ibland, låt läsningen leda dig,
lyss hur ödet med dånande steg i historien rusar förbi dig.

Sånt ska tjubbe kunna! Sedan har hans pappa blygsamma men rimligt lysande framtidsplaner för den lilla tjocksmocken.

Paquius sätter ner Knubbis och går in till slavarna. Primanus står och piskar en pelare, Faustus står bredvid och vrålar, medan Cimber kikar efter Paquius. Men Cimber är lite sinnesslö, så när han varnar de andra har Paquius redan genomskådat bluffen.

– Men herregud, ska man då...! Tror ni inte att jag har ögon att se med? utbrister Paquius förtvivlat.

– Var lite bussig nu, patron. Han kom faktiskt bara till Urbulanaporten, säger Primanus.

Bakom en pelare står Celer och fnittrar. Cimber gapar. Faustus jämrar sig lite.

Paquius var en överseende husbonde. Han gav aldrig order om pisk för smärre förseelser, och grövre brott bestraffade han med lätt hand. Han skulle aldrig låta piska upp kocken för att han hade misslyckats med maten, till exempel, om det inte hade varit väldigt viktiga gäster på besök.

Nu rycker han på axlarna, och går ut i köket, där slavinnan Naxta, en lydiska, sitter och rensar ärtor. En enda blick, och hon förstår vad husbonden har i kikarn. Han knullar lite med henne. Sen går han och pratar med sin fru. Är det inte dags att göra något åt vintertrikliniet? För hur länge till skulle de egentligen kunna använda sommartrikliniet?

Nej, den vidriga stöldhärvan detta Pompejis sista år, den hade inte kommit till något uppklarnande.

Det var spökerier i farten, alla märkte det. Alla i hela Pompeji. Spartacus spöke visade sig tre gånger i Mercuriustornet. En tiger strök omkring. De kristna, som fortfarande brukade samlas på Värdshuset Elefanten, fick upprepade brev från Paulus, trots att denne sedan länge var död. Och även om postgången var lite si och så på den tiden, så var det märkligt.

Och så var det också detta med hästen.

För i september detta år, onådens år 78, hade en viss Quintus Decius Hilarus, som var en viss Quintus frigivne, hittat en häst lastad med korgar vid bron över floden Sarno. Och Quintus skrev, samvetsgrann som han var, ett anslag på en av gravarna nere vid Noceraporten:

> *"Den som har blivit av med en häst lastad med korgar kan med fördel infinna sig den 25 september på den här sidan om Sarnobron och där möta Quintus Decius Hilarus, Quintus frigivne, eller Lucius Decius Amphio, Lucius frigivne."*

Han var nämligen inte säker på att han skulle kunna gå dit själv.

Men det kunde han. Den 25 september stod han där med hästen och väntade. Men infann sig någon? Nej. Quintus blev tvungen att bege sig därifrån, med häst, korgar och allt. Innan han gick hem passerade han anslaget, strök över september och skrev dit oktober i stället.

Och den 25 oktober, onådens år 78, begav sig Quintus Decius Hilarius, Quintus frigivne, åter till Sarnobron med häst, korgar och allt, och väntade. Men dök någon upp?

Det var en underbar höstdag, strax efter det stora regnet: hög luft, klara färger, floden brusade milt. Quintus väntade. Han väntade tills havet åter krävt sin Apollon (floden kräver ingenting), sen gick han därifrån, passerade det gamla anslaget, strök över månaden oktober och skrev dit – inte november, för då kunde han inte – utan december.

Hästen begrep inte mycket av allt detta.

Men när december månad kom, den kyliga december, då begav sig Quintus Decius Hilarius åter till samma mötesplats. Och han hade hästen med sig. Och hästen var lastad med samma korgar, tomma som de varit från början.

Och han väntade.

Och då – ja, då dök han upp.

Ja, det gjorde han.

Det finns en familj i Pompeji som skryter med att härstamma från en man som föll i Sarno, och som steg upp, och långsamt förvandlade sig till en havsgud. Så långsamt förvandlade han sig till en havsgud att inte ens den mest skarpögde hade kunnat registrera den långsamma förvandlingen. Men en förvandling var det, och nu kliver havsguden upp igen, skrämmer nästan slag på den stackars Quintus, för att inte tala om hästen, som inte fattar mycket av vad som händer. Havsguden närmar sig de två skräckslagna gestalterna vid bron, och med dimmig hand tar han tag i grimman på hästen, och leder ner hästen i floden Sarno.

Nu blir det frygiskt igen. Frygiskt som havet.

Nu sänker sig dimman över ett Pompeji där alla fryser. Vinter... januari... dimman väller upp ur havet som är blått och rullar, blått och skummande vitt på alla sjövarelsers vis, blått som en siren när hon med sin sällsamma sång lockar sjöfararna med sig ner i havet, först lockar hon dem upp på grund, sedan ner i djupet. Sirenen, havets skogsrå. Lyssna inte, sjöfarare, där du står på däck och håller hårt i linan så att masten inte tippar över ner i vattnet! Skeppet gungar, vågen svallar, och det susar farligt i vinden.

Lyssna inte på sirenerna som sitter i Surrentum och jämrar sig så hjärtskärande!

Varför är kärleken frygisk? Håll i rodret, styr båten bort från musiken, lyssna inte på musiken.

Ett skepp är på väg mot Pompeji och passerar Surrentum, där sirenerna sitter och sjunger sin farliga sång.

Båten stiger upp på vågen ner i dalen, vågen bryts och skummet yr och skeppet rullar...

Vad är det för nånting som susar så underbart i vinden?

Vad är det för nånting som viskar fram så skira toner?

En siren som är siren som är siren

som är siren som är siren som är siren...

En avlägsen kust, ett avlägset Surrentum skymtar genom dimmorna. En avlägsen kust som är fjärran som är fjärran som är närmare.

Kapten har låtit vira fast sig i masten som Odyssevs, men hans sjömän, som stoppat tygbitar i öronen, kan inte låta bli att ge efter lite och lyssna, de kan inte låta bli att dra ut tygbitarna och lyssna. Då blir de galna, den trolska hjärtskärande klangen mol och mol och plågar dem, tills de skulle vilja krossa sina skallar mot relingen för att slippa höra. Lyssna inte! Styr skeppet förbi sirenernas kust.

Det sjunger och brusar så vackert i vinden...

Och havet gungar. Och med havet skeppet.

En avlägsen siren som är en fjärran siren som är siren, vågen bryts och yr och vågen skummar, en siren som är siren som är siren, som är avlägsen som är närmare som är närmare som är närmare, som är avlägsen avlägsen avlägsen närmare närmare, havets vågor skvalpar och fjärmar och närmar och fjärmar, sjömännen slåss mot sin sjösjuka, mot vågorna och sången, men de närmar sig närmar sig, de närmar sig en siren som är en avlägsen siren som är en närmare närmare närmare siren, som är en närmare närmare närmare siren som är siren.

Vad är det för spöklikt blå armar som sträcker sig upp ur havet och famlar efter det skepp som seglar mot Pompeji, dimmiga armar som när de inte lyckas dra med sig skeppet kryper upp mot staden, smyger in i dess gränder, och med sina fingrar söker sig in genom fönster och ljusgårdar, där de upplöses och fyller husens alla rum och gårdar?

Onådens år 78 har blivit onådens år 79.

Den fruktansvärda stöldhärvan i Pompeji har inte kommit till något uppklarnande.

Ingen har fått tillbaks nånting alls. Priapen är ännu spårlös.

Bes har förvisso knallat hem till Numicia och Lesbianus igen, men han har inte bett om ursäkt, och därmed heller inte bedyrat något alls.

Det blev tidig vår i Pompeji.

Tidig vår i Pompeji... Oleandrarna blommar.

Körsbärsträden blommar.

Det blommar och blommar.

Och det är så otroligt vackert.

Och det azur-skimrande havet, den där böljan blå, och den guldgula solen, nej inte ens gudarna skulle kunna ha det speciellt tjusigare i Olympen.

Neapelbukten – "världens vackraste bukt", pulcherrimus sinus, som någon sa. Jag tror det var Cicero.

Neapelbukten.

Vesuvius ligger där och ruvar. Kägeln ryker slött.

Du tunga, brungröna berg.

En flöjtist spelar för nåra gosiga lamm.

Dessa betar lugnt på Vesuvens flank.

Bäääää! säger lammen.

Herden lutar sig mot staven och kisar mot solflimret.

Vid gladiatorspelen den 12 till 15 mars kämpade Pugnacus och Murranus mot varandra: båda hade tre segrar vardera bakom sig. Pugnacus vann, Murranos dödades.

Cienus kämpade mot Murmillo. Cienus, med åtta segrar bakom sig, lyckades vinna över Murmillo, som hade 14 segrar bakom sig. Publiken benådade Murmillo.

Celadus, som hade 51 segrar bakom sig, besegrades av Atticus, som hade 26 segrar bakom sig.

Det skulle mycket till för att publiken skulle visa tummen ner för någon med så många segrar bakom sig som Celadus – 51 styckna! – de ville helt enkelt se honom igen. Särskilt kvinnorna, som satt och halkade runt på läktarn. Så de benådade honom.

Tummen upp för tjejernas hjärtklappning Celadus.

Julia Felix är en av dem som visar så mycket tummen upp att hon nästan försvinner bland molnen.

Methe och Chrestus planerar flykten till Rom. Chrestus, som sparat pengar länge, och lyckats stjäla en hel del från sitt hushåll utan att bli upptäckt, har fått ihop en nätt liten summa, dock inte tillräckligt för att köpa sig fri. Flykten är inbokad till sommaren, i augusti, då patronen & matronan är på landet med större delen av hushållet, och bara Chrestus och hans patrons frigivne är kvar i stan för att vakta huset och göra nåt mer, vet inte exakt, nåt som motsvarar att vattna blommorna.

Ibland öppnar Chrestus den lilla skinnlägeln där han har sina sestertier och räknar dem, så att ingen ska ha snott nåt sen sist, ty noga skådar uven i egen påse när påsen är liten. Och var gång han upptäcker att summan är densamma som sist ler han ett sestertiumgrin. Rom.

Rom!

Romarrikets huvudstad!

Flytta från den här hålan!

Chrestus är inte kär i Methe. Men han tycker rätt bra om henne.

Jupiterfesten den 15/3 var stillsam.

Jupiterfesten lite senare var också stillsam.

Jupiter, Jupiter… vad gör du.

Sen var det dags för valrörelsen.

Pompeji difficilis est, skrev Cicero. Pompeji är svårartat. Han syftade på att det nästan var omöjligt att komma utifrån och göra politisk karriär i stan. Ett antal familjer, väl förankrade i Pompeji, stöddes av sina grannar, klienter och vänner.

Under valrörelsen i mars 79 stödde Paquius Proculus den unge Caius Cuspius Pansas kandidatur till edilskapet. Caius Cuspius Pansas farfar, som också hette Caius Cuspius Pansa, hade bekostat reparationen av amfiteatern efter jordbävningen. Hur skulle någon utböling nånsin kunna hävda sig mot det.

Ett klingande distikon på Paquius vägg talar sig varmt för den unge Caius Cuspius Pansa.

Si quae verecunde iuventi gloria danda est
huic iuvveni DeBet Gloria digna dari
Om den som lever ett redbart liv bör visas ära
bör denne unge man visas ära.

Cuspius hade stöd av många: alla mulåsnedrivare och snickare, valkaren Ululitremulus, och Paridianerna, m.fl. Hans släkt hade etruskiskt påbrå.

Han blev faktiskt vald till edil, detta sista valår, jämte Lucius Popidius Secundus, som i valmanifesten kallas "en ärlig yngling", och "renhjärtad". Popidius släkt hade samnitiskt påbrå.

Vid dessa sista val blev Caius Gavius Rufus och Marcus Holconius Priscus valda till borgmästare.

Holconius stöddes av valkarna, frukthandlarna, snickarna och många affärsinnehavare.

Han kom från en romersk familj som hade deltagit i stadens politiska liv ända sedan kejsar Augustus dagar.

Amaryllis, spinnerska och fellatrix, fortsatte som vanligt, obekymrad, fräck och cynisk som hon var. Men krogflickan Maria var det fortfarande synd om.

Rännandet till gladiatorskasernen tog en ände på följande vis: Maria fick tandvärk. Det bästa sättet att bota tandvärk är att bränna huvudet på en hund som dött i rabies, blanda askan med cypressolja och droppa det i det öra som är närmast den värkande tanden.

Maria tog inte själv itu med denna process. Nej, hon köpte lite olja på den officina farmaceutica som ligger i Pompejis allra minsta kvarter, ett litet trekantigt kvarter i västra Pompeji, i slutet av Lyckogatan, det som ligger i Tröstgatans skrev. Officinan ligger i triangelns topp, så att säga, och där fann man långt senare, så långt senare att det nästan är obegripligt, en hel del burkar och piller, bland annat. Ditstädes gick Maria och köpte lite av oljan.

Men det blev fel när hon droppade den i örat. Effekten blev fel. Asellina, hennes chef, och Aegle och Zmyrna, hennes kollegor i vin och i symplegma, upptäckte att den av dåligt samvete och tandvärk pinade åsninnan Maria, vars tanke var öm (synd var det om den stora kristna flickan Maria) – i sin helhet en vacker judisk flicka, med sneda körsbärsfärgade ögon, parant kran och en antydan till mustasch liknande ett sorgflor hängande ovanför de naturligt ceriseröda amorbågarna – ja, som två svarta tylldraperier på var sin sida ovan en rosa lyxsäng – vännerna i bedrövelsen, kollegorna i vin och i symplegma upptäckte att hon efter att ha droppat ner den där sörjan i örat pö om pö förvandlades till en liten hund.

> *Ur den krömpta på alla fyra stående pupans*
> *hud sköt det fram små röda borst överallt.*

Och det var efter det att hon hade klottrat Sodom och Gomorra, i tron att hon skulle vara den som vände sig om och blev till en stenstod.

Hon förvandlades nu till en liten hund. En oerhört flirtig, älskvärd liten hund förvandlades hon till, den goda Maria, och väckte stor förtjusning på Asellinas krog.

Suputerna böjde sig fram över den L-formade disken som stod öppen mot Överflödsgatan, mot Vicus Urublanus Urbulanus, Schlaraffenlandgatan, och kikade ner på den söta hunden, medan röken ringlade sig upp ur terrakottaröret.

Folk var vana vid metamorfoser under antiken, problemet var att Maria inte kunde jobba kvar på Asellinas krog, hon kunde varken skänka i vin ur tuppkrus och rävkrus eller gå en trappa upp i den skepnad hon var nu. Även om det fanns människor som gillade tidelag med hundar också under den mörka antiken.

Åsninnorna Aegle och Zmyrna, och Asellina själv, blev bekymrade över sin lilla vän och kliade henne under hakan. Då tindrade den nätta hunden med ögonen. Kvar hade Maria sina långa ögonfransar, och med dem klippte hon åt sina åsninneväninnor. Men håren gick mothårs, och ville man klappa henne fick man gott göra det från svansen och framåt. Bringan var dock alldeles krusig. Den lilla hunden Maria hade också ett besynnerligt underbett: när käften var stängd stack de undre hörntänderna upp en bra bit, vilket fick henne att se skräckinjagande ut.

Det var blyg-kraften, blyg-kraften i Pompeji.

Den som har olika förtecken.

Blyg-kraften.

Det var därför.

Så kan en enkel tandvärk få stora, eller kanske ska man säga små, konsekvenser.

Sen fick hon rabies.

Hon försvann som en pil nerför Överflödsgatan, åt amfiteatern till, och lämnade en bara liten pöl med fradga efter sig.

– *Oräkneliga ägde rum på den tid när sådant var möjligt katasterismer då nymfer och mänskor förvandlas till stjärnor*, sa Poppellöf sorgset.

– *I Grekland hände det ju att ett barn blev förvandlat till en ödla. Men Maria, lilla Maria, hon blev förvandlad till en liten röd hund med underbett.*

– Varning för hunden, skämtade suputerna.

– Varning för hunden, för här kommer Maria!

Celadus gick och funderade på revolt. Han hade talat med Myrmillo om saken, och tillsammans hade de diskuterat Spartacus, vad lärdom man kunde draga ifrån honom, och vilka av hans misstag man borde undvika. Då kände han något blött och varmt mot sin fotknöl. Han såg ner, och fick syn på en liten röd hund med underbett, som – om än något skräckinjagande – bligade upp på honom med milda och kranka ögon.

– Vid Venus tuttar, mumlade han.

Han böjde sig ner för att klia den motsträvhåriga hunden under hakan. Då kände han igen Marias kors, som glimmade på den krusiga bringan.

– Hm. En metamorfos.

Maria började slicka Celadus mellan tårna. Han skrattade, ty kittlig var den ståtlige Celadus, kittlig som en pinje.

När puphunden hade slickat tårna övergick den till fingrarna. Var hade de varit? Inuti Julia Felix? Sedan såg den sorgset på Celadus, och travade vidare.

Den första april, då Venusfesten äger rum, var det larm. Högtidliga och högljudda parader till den älskade gudinnans ära Musik och rökelse. Tamburiner och sång. Flöjtspel och dans. Ingen urflippning, dock. Venustemplet, det snart helt restaurerade, fylls av människor som offrar, ber och ropar. Offerkakeförsäljarna gör sig goda dagar Paquius Proculus, som är "veneriosus", det vill säga extra huld när det gäller just Venus, har bekostat stora delar av festligheterna. Däremot har han inte finansierat reparationen av templet. Det var Nero och Poppaea, innan de dog, som hostade upp när de var på kondoleansbesök.

Paquius Proculus befinner sig nu inuti själva templet och bevittnar gudstjänsten med sin maka. Venusprästerna struntar i att allt inte är helt funktionsdugligt ännu och förrättar gudstjänsten, de förrättar och förrättar och förrättar gudstjänsten. Rökelsen är tät och bedövande för näsan, ljudet trakasserar öronen, och vad gäller ögat så sprakar färgerna av purpur, smaragdgrönt, azurblått och guld.

Men motströms, mot paraden till gudinnans ära som löper från Forum mot det trasiga tempel där själva kokpunkten finns, motströms springer den där puphunden Maria, och vad allt skulle hon inte välta omkull om något funnes att välta omkull, nu är det mest de stora fötterna hon måste se upp med. Ibland stannar hon till och skäller, och blir rädd för sitt skall. Hon ser sin skugga, ser sina tassar, skuggan tassarna, tassarna skuggan, hon skäller och blir rädd. Hon springer förbi de offentliga latrinerna på Forum, därunder ligger ju guldet. Adpud, amnud, aflukad, alltram, alafaternum, hon travar vidare.

I middagshettan, då solen är obarmhärtig, har slavarna ställt ifrån sig soluret. Då ser de att skuggan till Posthumus solur börjar krypa motsols, först sakta, sedan allt fortare. Till slut snurrar den runt med stor hastighet, så att det i stället för en avgränsad linje är en suddig grå, rund platta.

De två slavarna, samt Posthumus och Maximus, ställer sig på knä runt soluret och stirrar förfärat på. De ser upp i himlen – men solen, som är till hälften dold bakom ett moln, står stilla och kikar ner på dem. När de åter vänder sina blickar ner mot marken har allt återgått till det normala igen. Skuggan visar fortfarande fel – men den rör åtminstone inte på sig.

– Om tigrar äter oss människostackare, varför ska vi människostackare inte desto hellre äta tigrar? sa Pinna.

Han och Traex, och L. Asicio, Tetraites och Murmillo, hade hittat en best, och fångat en best – Traex hade måttat ett slag med klubban mot tigerns huvud, och sen hade det inte varit svårt att göra slut på djuret.

Men det var inte vår kära gamla kisse. Det var hans efterträdare, den nya tigern.

Gudarna gav en het och kvalmig april, utan regn. Det var så torrt att frukt- och grönsaksodlingarna i trädgårdarna helt förtvinade. Det blev inga primörer den våren i Pompejis trädgårdar – edilerna hade utfärdat vattningsförbud. Brunnarna höll redan på att torka ut.

På Stora teatern har Methe och kompani satt upp Lånehajen.

Caecilius Statius, som skrev Lånehajen, var en frigiven ur insubrernas stam. Insubrerna var ett galliskt folk som troligen invandrade i norra Italien runt 400 f.Kr., där de kuvade etruskerna och gjorde Mediolanum till sin huvudstad. Den heter nu Milano. När romarna hade kuvat bojer och lingoner år 224 f.Kr. angrep de även insubrerna, och mördade deras konung Virdumarus. När konung Virdumarus var död fogade sig även insubrerna under romarna. Men inte förrns 191 f.Kr., när nya krig hade blossat upp i norra Italien (ingen av dessa Asterix gelikar ville innerst inne tillhöra romarriket), var bojer, lingoner och insubrer helt och hållet besegrade av romarna.

Den frigivne slaven Caecilius Statius levde på hundratalet f.Kr. och skrev många komedier. Det återstår bara fragment av alla utom av en, Lånehajen, som har återfunnits i ett bibliotek i Herculaneum; en pergamentsrulle som långsamt, med hjälp av ett speciallim, har rullats upp.

På Lilla teatern å andra sidan spelar andra skådespelare fortfarande Senecas läsdrama Trojas förstöring. Publiken är tunnsådd men intresserad. Och stoisk, givetvis.

Paris, Anicetus och Petroselinus bor fortfarande hemma hos redaren Cornelius, och där bor de kungligt. De äter gott, sover på madrasser med purpurstoppning och scharlakansstoppning (Paris har purpurstoppning och Anicetus scharlakansstoppning, men lille Petroselinus sover på en kudde). De äldre skådespelarna har fri tillgång till slavinnorna. Som betalning spexar de lite för sin värd om kvällarna. Cornelius är den bästa publik de nånsin haft, han skrattar åt vadsomhelst. Nu håller de på att skriva en pjäs åt den glade redaren, där han ska spela huvudrollen: han ska spela Jupiter. Men han är mycket bestämd över att det ska vara en tragedi, eftersom det är lite högtidligare. En tragedi med lyckligt slut, betonar han.

– Jag gillar ju lite fart och fläkt, men man kan ju faktiskt inte hålla på och akrobatera hursomhelst, det passar sig inte för en man i min ställning, så ta och skriv ihop nåt lite tjusigt, säger Cornelius.

– Jajemensan Jupiter, jag ska spela Jupiter!

– Å, vad roligt det ska bli! säger Petroselinus.

Cornelius vill också att hans älskade brons-efeb ska vara med. Det är en staty av en yngling som håller i en fackla, vilken lyser upp gästabuden i Cornelius natt-triklinium.

Hela mars och långt in i april travade puphunden runt i Pompeji. Men den 25 april, under Robigalierna, tog det en brysk ände.

Robigus är sädesrostens gud. För att slippa sädesrost offrar man en eller flera rostfärgade hundar och får. Och vem skulle passa bättre att offra än denna lilla vovve, som visserligen inte var rostfärgad, utan snarare terrakottafärgad? Ingen, resonerade Robigalieprästerna. De hade sitt ansvar att tänka på. Ansvaret att förhindra sädesrosten.

När de hann upp henne, vid brunnen där Krokgränd börjar, fattade en präst tag i hennes bakben, en annan i frambenen, sedan lyfte de upp henne på brunnen, och den tredje prästen plockade fram kniven.

Men när han satte kniven i den lilla röda hunden skedde då detta, att medan blodet sprutade som en fontän, och hunden tjöt som en nybliven änka, vart det en långsam återförtrollning. Hunden blev under stor smärta åter pupa rätt och slätt.

Örona dinglade ej mer.
Ur den stora på tvenne ben stående pupans
hud sköt det ej längre fram några små röda borst.

Maria återtog så lyckligt sin forna skepnad. Redan morgonen efter återmetamorfosen infann hon sig på Asellinas krog i avförvandlat skick och utan rabies. Hon blev varmt välkomnad av sin boss

Asellina, av kollegorna Aegle och Zmyrna, och av suputerna som stod och skrävlade i baren. Medan röken från elden som brann under disken för att hålla käket varmt ringlade sig upp genom röret.

– Det var för väl, suckade Poppellöf.

Den onda tanden hade trillat ut, och Maria hade nu en glugg där vänster hörntand hade suttit, något som drog ner hennes värde som hora. Men de resterande tänderna var fortfarande pärlvita, och när Maria kom till gladiatorskasernen den kvällen sa Celadus att det bara såg gulligt ut med gluggen. Alla hennes vänner låg i matsalen och åt.

Maria varnade kamraterna för det farliga botemedlet mot tandvärk.

– Vad ni än gör, så använd aldrig askan av ett huvud från en hund som haft rabies, sa hon förtrytsamt, och gladiatorerna lovade dyrt och heligt att följa hennes råd.

Sen följde hon med Celadus till hans cell. Hon satt på golvet och väntade medan han klädde av sig och sträckte ut sig på sängen. Sen kröp hon upp och la sig med vänstra kinden mot hans högra bröstvårta.

– Jag vill helst att vi bara sover i natt, viskade hon. Celadus gnuggade hakan mot hennes hjässa, och brast ut i ett våldsamt skratt.

– Stackars lilla Maria, sa han och pussade henne petyru-pert på örat.

Nu var det sprickor i jorden.

Edilerna flackade med blicken. Det var inte deras fel. Akvedukten var i och för sig ännu delvis ur funktion, annars hade problemet inte varit lika stort. Det kanske skulle komma att bli nödvändigt att stänga badhusen.

Under Lemuria, festen till de dödas ära, den 9, 11 och 13 maj, blev Publius Paquius Proculus lite motvilligt tvungen att följa seden att kliva upp vid midnatt, gå runt barfota i huset, och spotta ut nio svarta bönor, som spökena skulle äta.

Spökena hette LEMURES.

Det var inte riktigt i hans stil. Men alla familjefäder gjorde ju så. Han gjorde det mest för att slavarna skulle hålla sig lugna. Paquius var from, men han gillade inte sånt som han tyckte var idioti.

När han nu gick runt i huset vid midnatt gjorde han samtidigt MANO FICO-tecknet mot onda ögat.

(MANO FICO: man knyter näven och sticker in tummen mellan pek- och långfinger).

Nej, det var inte i Paquius stil. Han rådfrågade heller aldrig astrologer, eller inälvstydare.

– Det enda jag spår i, det är väl anletsdrag, i så fall, sa han, vid en middagsbjudning han och hans fru ordnade i sommartrikliniet i mitten av maj, då man diskuterade Lemuria, och varför man nu fortsatte att följa seder som man inte trodde ett smack på.

Paquius kusin Crocus, och poeten Poppellöf, var inbjudna med sina fruar. De låg där och käkade och drack vin från Taormina. Faustus och Naxta passade upp.

– Se folk i ögona – då märker man på ett ungefär vad de är för ena. Men lemurerna... herregud... Det är klart att man ska vörda sina anfäder, men det finns väl vettigare sätt.

Poppellöf hade problem med armbågarna och satt upp och åt.

– Kära nån, sa Paquius fru.

– Man blir ju nervös. Ska du inte ta och lägga dig på rygg i stället, så får Faustus eller Naxta mata dig.

– Ja, det ser otroligt rastlöst ut, instämde Paquius.

Poppellöf suckade och la sig ner.

– I forna dagar, under Republiken, då satt kvinnorna medan männen låg, kvittrade fru Crocus.

– Republikens kvinnor var alertare, sa Paquius och log. – Nu har de minsann blivit lite lojare.

Paquius hade en tid oroat sig för Knubbis. Pojken hade haft många kräkningar, utan att någon läkare hade kunnat förklara vad de berodde på. Han hade fått astma, och det hjälpte inte med pulveriserad rävlever. Han hade legat och vridit sig i sin säng hela nätterna, haft feber och yrat om uviet. Läkarna flockades kring bädden.

”Colostratio är det inte, i alla fall. Och inte orthopnoea. Har någon månne skrämt honom med strikerna?”

Paquius körde ut kvacksalvarna. Ut med er, charlatanpatrask!

Paquius hustru, som inte kunde uppbåda något annat än ganska styvmoderliga känslor för sin makes bastard, hade då hävdat att det måste vara inbillningssjuka. Klemade Proculus inte bort pojken på ett sätt som bara kunde ge upphov till en riktig vekling? En mer korrekt behandling och iskalla bad skulle säkerligen ta sjukdomsfasonerna ur honom. Var det förresten inte vansinnigt orättfärdigt att hans legitima barn blev så groteskt försummade, medan oäktingen blev så uppenbart skandalöst favoriserad? Vad skulle folk tro?

Proculus var inte säker. Han ville inte öppet ge sin hustru rätt i att han ömmade mer för den illegitime, och att Knubbis var den ende av sönerna där han tyckte sig se spår av sina egna drag och sin egen karaktär, eftersom detta ofrånkomligen skulle ha lett till uppslitande diskussioner. Men han kunde heller ej förneka det. Därför teg han.

I hemlighet lät han istället Primanus vaka extra över tjocksmocken, laga till maten åt honom, och sitta vid hans säng om nätterna.

Efter några veckor tillfrisknade också Knubbis. Då köpte hans far en trakisk leksaksrustning åt honom. Pojken knallade dädanefter alltid runt i den, och mångas hjärtan smälte när de såg honom.

Men under Lemuria var han fortfarande sjuk, och den majkväll då Paquius Proculus och hans fru hade främmat i sommartrikliniet hade de tidigare på dagen haft det lilla grälet om den stora saken.

Paquius fru bad alltså Poppellöf att lägga sig ner, eftersom hans sittande var lika störande som om någon skulle stå vid bordet och äta idag, eller springa och äta i morgon då andra står eller går.

Republikens kvinnor kunde väl göra det, men det var då en helt annan sak. Hennes make hade instämt, ett litet leende från henne hade följt – sen sträckte han ut armen och nöp matronan i näsan.

Poppellöf ville inte låta vare sig Faustus eller Naxta mata honom, utan pinade sin armbåge tills hela han kändes som en armbåge.

Det är härligt på det stora havet, Byzantia...

Efter middagen tog Proculus en päronformad oljelampa av brons, på vars handtag fanns ett huvud av Zevs Ammon med de krumsvängda vädurshornen, i handen och gick genom den cypressångande trädgården, där cikadorna sjöng. Natten var lugn. Men från slavavdelningen hördes skratt och skrän.

Proculus satte sig i sitt tablinium och räknade lite.

855 denarier
= 3422 sestertier
= 13688 ass

– Jag vet mig ingen levandes råd, suckade han.

Han begrov huvudet i händerna.

– Pakis inim niir!

Han fnissade.

Paquius mormor hade pratat oskiska. Hon sa fruktatiuf när hon menade frukt, och eksuk! när hon menade kom hit! Då Proculus blev borgmästare var hon stoltast av dem alla, och hävdade envist att han hade blivit meddíss tùvtiks.

Och som hon böjde verben! Estud, fufans, fust...

När Proculus åkte ut till familjens lantegendomar utanför Pompeji var det bra att han kunde tala hyfsad oskiska, eftersom de bönder som hade arrenderat gården i mer än tvåhundra år aldrig hade övergått till latin.

– Çebnust kersnu?

– Amprufid.

– Damia kulupu?

– Ekak, kumbened.

– Ehtrad!

– Amprufid mestru pir, pedu perse.

– Perse! Teremnattens pedu perse!

– Seoum. Termnome.

– Panta muta, etantu mutu. Sakrafir.

– Mutil ehtrad…

– Mutil kersnu.

– Kumbened?

– Kumbened.

(De hade släckt en eld med fötterna, och det stod en krympling utanför som de skulle bjuda på kersnu. Ingen visste vems kulupu var. Det var OK, kumbened, och det skulle helgas, sakrafir).

Men det var nu snart ett halvår sedan han var där sist. Han planerade därför en ny sväng ut till gården för att se efter vilka skador torkan hade åstadkommit på aprikos- och olivodlingarna.

När Paquius hade planerat och räknat färdigt tog han den päronformade bronslampan, där oljan nästan hade brunnit ut, gick genom den ångande trädgården, där nu bara cikadorna väsnades, och styrde stegen mot sin frus rum.

Påfyllningshålet i mitten av lampan hade formen av en tår.

Vid soluret intill Amfiteatern.

– Det är en sak jag inte riktigt...

– Vad då?

– Hur kan vi veta att soluren står exakt bredvid varandra?

– Ska vi strunta i det?

– Ja. Du får helt enkelt skaffa dig ett nytt solur. Det är nog enklast, Posthumus.

– Ja, det är väl det. Men det är dyrt. Sen är det en sak till, jag vet i och för sig att du inte håller med, du är ju förnuftet självt, så fort man kommer med ett påstående som inte riktigt stämmer med din världsbild, vilken inte har utrymme för någon som helst luftficka där andra förklaringar skulle kunna andas, så fort man slänger fram något lite... eljest, så att säga – något om att det skulle kunna finnas något bortom det gröna Vesuvius – konstigt det där molnet som hänger över toppen förresten – så protesterar du, men det är faktiskt en sak som jag vidhåller –

– Att det är solen det är fel på. Men snart kräver h åter sin a, och då finns det inget apolliniskt ljus att mäta längre. Vi måste nog bordlägga.

– Slavar, så bordlägger vi... Fast vänta. Solen går ner säger du.

– Vill du testa soluret på månskenet?

– Nej, jag tror inte att det skulle göra någon skillnad... Men vem vet... Månens sken må vara diffust, men innerst inne är det skarpare än solens. Nä... Knappast... Det är bara det att jag skulle vilja be dig om något.

– Tala.

– Jo, det finns en etruskisk kärring som bor vid Vesuvius fot – påfallande konstigt det där molnet förresten – och som är kunnig i all slags trolldom. Hon har kanske en förklaring. Men man måste besöka henne nattetid, det är ju förbjudet att anlita häxor. Dessutom lär hon bara vara verksam om natten, dagtid snarkar hon och har stängt sin praktik.

– Menar du Biria? Hon har flyttat till stan.

– Har Biria flyttat till stan?!

– Javisst! Hon bor borta vid Julia Felix kvarter nuförtiden, nära Nicanors krog.

– En urban häxa. Men då kan vi ju gå dit hur lätt som helst.

– Japp.

– Du är med på det alltså?

– Javisst, inte för att jag tror på det, men jag är nyfiken på vad en etruskisk kärring kan ha att säga om ett solur.

– Kom slavar, så går vi bort och pratar med trollpackan. Nej nu glor ni sådär igen, jag som betalade massor för er. Det enda ni tänker på är pengar, pengar, pengar, pengar eller på att rymma.

De fyra männen går vidare.

– Jag har köpt en ny slavinna, som jag hyr ut för en halv ass, säger Maximus.

– En halv ass!

– Hon är helspattig.

– Det var förfärligt att höra.

– Ja, hon ger kunderna onda ögat under själva ejakulationen.

– O fy satan! Vilken pärs! Men ska vi verkligen gå hem till Biria?

– Ja, varför inte?

– Är inte det lite vidskepligt?

– Eliten är inte vidskeplig, Posthumus. Eliten är religiös.

– Är du säker på det?

– Ja. Det är bara kvinnor, slavar och lägre stående folkslag som är vidskepliga. Vill du begå en överträdelse, och det är väl det du vill, eller hur? på nåt sätt? vrida ditt solur framåt? eller solen bakåt? – vill du försöka rubba verkligheten till din fördel med hjälp av magi – och det är väl det du vill, eller hur? – då ska du vända dig till en utländsk trollpacka. Men då ska du veta att du leker med illegitima krafter. Den som sätter sig över naturlagarna har som syfte att såra gudarna och all ordning. Införa kaos och död. Den som en gång gläntat på den gravdörren kan aldrig stänga den igen. Så tänk dig för, Posthumus, tänk dig noga för. Fast vidskeplig är du inte, inte du personligen. Inte jag heller. Så du behöver inte oroa dig för det. Akta dig för en kvinnas hämnd förresten. Det var en kvinna jag försmådde en gång, hon vände sig till en etruskisk tant som lyckades få mig impotent ett halvår.

– Ruggigt.

– Ja. Sen släppte förbannelsen. Varför vet jag inte. Men nu talar vi om den urgamla konflikten mellan religion och magi, om ett solur, som eventuellt går fel, och om vissa praktiska kärringkunskaper som vi kanske kan vara behjälpta utav. Vi ska inte få panik, som alla dem som guden Pan jävlas med. Det handlar bara om att ta reda på om, och i så fall varför, ditt solur går fel, Posthumus.

– Just det, Maximus.

– Kanske den där häxan kan få solen att sacka lite. Om ditt solur inte rättar sig efter solen, så får väl solen rätta sig efter ditt solur.

På Värdshuset Elefanten har Sittius lagt sig till bords med de kristna, som använder Pauli senaste epistel till att fläkta sig med i hettan. Svetten rinner ur L. Asicius hjälm. Han tar den inte av sig, för han har fått bölder på huvudet. Det är hans tur att fläkta sig med den obegripliga episteln. Död eller ej, Paulus fortsätter att skriva brev.

Om jag bedrövade eder genom mitt brev, så ångrar jag nu icke detta. Nej, om jag förut ångrade det – eftersom jag ser att det brevet har bedrövat eder, låt vara allenast för en liten tid – så gläder jag mig nu istället, icke därför att I bleven bedrövade, utan därför att eder bedrövelse lände eder till bättring, hade Paulus skrivit.

Sittius fyller på gästernas glas med vatten. Ända upp. Så snart tillbringaren är tom går han behjärtansvärt ut i köket och fyller på. Och så fort hans gäster tömt sina glas häller han lika behjärtansvärt upp igen.

– Och deras lilla Augusta, då. Som dog så liten. Lärt sig gå hade hon ju inte ens. Å vad han sörjde då, Nero. Han vart ju helt sjuk av det.

Maria kliar sig på magen.

– Ja, så blidde hon i välsignat tillstånd igen då, Poppaea. Och som han sörjde efter den första lilla så hoppades man ju, säger Sittius. Han blir helt tyst och moloken.

– Vem det än var som sparkade ihjäl henne, så nog var det synd och skam.

Marias mage, som redan under senvintern hade börjat visa en liten försynt tendens att växa, hade den senaste månaden, efter förvandlingen och återförvandlingen, nästan explosionsartat ökat i omfång. Hon visste inte vem som var fadern. Någon av gladiatorerna, eller någon av de män som brukade följa med en trappa upp från Asellinas krog och gned sin stav i hennes trötta fitta. Hon hade slarvat med den citronindränkta ullbiten.

Eftersom hon tyckte bäst om Celadus, så hoppades hon att det var han som var fadern. Celadus trakiska kran och förhäxande ögon borde i såna fall få genomslag, tänkte Maria förtröstansfullt.

Methe visste med intill förvissning gränsande sannolikhet att det var Chrestus som bar halva skulden till att hon kräktes om morgnarna, men Maria visste inget.

I juni kom ett befriande sommarregn, inget skyfall men ett ihärdigt, långt duggregn som pågick i ett och ett halvt dygn. Många var de pompejaner som då gick ut på gatan och ställde sig där, många var de som vände ansiktet uppåt och på så sätt välkomnade det mjuka regnet med sina anleten.

Men efter detta strilande låg ett tjockt, grått molntäcke kvar över hela Neapelbukten. Då och då hördes en åskknall, en blixt slog ner – men utan att följas av det efterlängtade regnet. Laddningen i luften var sådan att det hände att hårstrån reste sig, främst på barnen som har tunnare sådana, men även på en del vuxna: ett par, tre hårstrån steg mot himlen, svävade fritt, och man slätade då ut håret med handen, och man frågade sig: varför i hela fridens dar gör de så?

Barnen hemma hos Paquius Proculus tjöt av förtjusning när de såg varandras hårstrån sväva vid sidan av huvudet. De bärgade sig från att hoppa jämfota av glädje, för att inte störa hårstrånas svävning.

På Vesuvius flank vallade herdarna sina får. Ullen sprakade till med jämna mellanrum och gav fåren stötar, vilket skrämde vettet ur dem. Somliga blev så rädda att de föll pladask på mage, och sedan var de tvungna att nödslaktas, eftersom denna ofrivilliga spagat spräckt höftkotorna på dem.

Den tunga luften gjorde att många då undrade om det skulle börja regna kött, eller järn, som det hade gjort en gång i Lukanien, eller blod och tegelstenar, eller om man kanske skulle få se en hel armé dra över himlen, vilket hade skett under kriget mot cimbrerna. Det var många barn som fick näsblod. Trumhinnorna gick sönder på andra.

I slutet av juni åskade det och haglade, samtidigt som en öppning i det tjocka täcket släppte igenom solsken – ett naturfenomen som ingen hade skådat på mycket länge – och en praktfull regnbåge välvde sig över Medelhavet. Därav slöt sig många till att det lite längre bort, över havet, inte haglade, utan regnade.

Det är härligt på det stora havet, Byzantia

Haglet som studsade mot hustaken rullade ner och bassängerna fylldes med hagelbollar som var så stora och kompakta att det tog dem bortåt en halvtimme att smälta.

Hemma hos Paquius Proculus hade barnen hagelbollskrig, och lite för många bollar hamnade på Knubbis för att det skulle kunna vara en slump. Han hade sin trakiska leksaksrustning på, men grät ändå. Paquius fru, som gick förbi, tuktade sitt styvmoderliga hjärta, örfilade upp två av de större barnen och rufsade Knubbis i håret (hjälmen hade trillat av). Sedan gick hon vidare.

Efter hagelskuren lättade det atmosfäriska trycket. Molntäcket låg emellertid kvar. Det hål där solskenet hade slunkit igenom slöt sig inte helt, men ett lättare cirrusmoln drog en slöja över det och släppte bara igenom ett skirt, gyllene ljus, som i kontrast mot den blygrå molnmassan framstod som prinsesshår.

I juli födde Maria en pojke. När hon kom till gladiatorskasernen sa hennes vänner att Celadus och Myrmillo var slagna i bojor. De hade försökt anstifta upplopp, och nu satt de där de satt, i fängelsehålan, halvt ihjälpiskade och rådbråkade med träpåkar. Maria grät mot barnets skorviga nacke.

Solskenet flödade ånyo. Posthumus och Maximus, som på grund av vädrets makter och en lång rad vidriga problem inte hade lyckats få någon klarhet i vad det var för fel på Posthumus solur, beslöt sig för att ta tillfället i akt och begiva sig till den urbana häxan.

Sibyllan Biria bor på en tvärgata till Överflödsgatan, ganska långt ner mot amfiteatern. Hon har sin praktik i ena hörnet av sin inombordsträdgård. Så här är magin rent arkitektoniskt organiserad:

Man går in från den lilla tvärgatan och kommer då rakt in i en pelarhall. Där tar man till höger, och befinner sig då på en liten gård. Och i det nordöstra hörnet av denna lilla gård står det en underlig, rund historia, en rund vägg ser det ut som (typ en kakelugn) och lutad mot den står en stege.

För den som vill konsultera Biria blir det till att klättra upp för den där stegen, kliva över väggen, och klättra ner för en annan stege, på insidan.

Och där sitter hon.

Håret som svarta ringlande ormar, förryckta ögon, massor av smycken, sitter hon i rökelsens imma. Tänder glesa som övergångsstenar, och av samma färg.

Ute i trädgården, i väntrummet, sitter människor och våndas med sina problem. Jämrar sig, vrider sina händer.

Där sitter Maria, som vill veta om Celadus kommer att släppas fri. Där sitter Vedius Siricus, som vill veta vart hans Priap har tagit vägen. Där sitter Paquius Proculus, som vill veta vad det är för fel på Knubbis, som blivit sjuk igen. Där sitter Petroselinus, som blivit upp över öronen kär i Cornelius Tages, och vill veta om han ska bosätta sig för gott hos den snälle glade tjocke rödhårige redaren. Där sitter bordellmamman Venus, som vill veta om hon ska tacka ja till vävaren Vesuvius frieri. Där sitter tvenne spöken: Spartacus och Ni. Pupie. Och många, många fler. Denna tjugoandra augusti anno 79 sitter där även Posthumus, Maximus och de två slavarna, och de har soluret med sig.

– Ska vi ha med oss soluret ner? viskar Posthumus.

– Ja, hur skulle hon annars kunna säga nåt om det, fräser Maximus.

– Men ska vi gå ner alla fyra då, viskar Posthumus och sneglar på de två slavarna.

– Får vi verkligen plats allihopa?

Slavarna ler överslätande.

– Hon tar bara emot en i taget, påpekar Maximus.

– Men jag orkar inte bära soluret själv, inte på den där jäkla stegen, säger Posthumus. – Jag tycker att hon får komma ut i stället, eller så skiter vi i det. Det får väl gå efter då, jag bryr mig inte om det. Så himla mycket går det ju inte efter heller, säger Posthumus.

Maximus begraver huvudet i händerna och grimaserar.

– Nu har vi kommit ända hit, Posthumus. Inte ska vi backa då, säger han och lägger armen om sin vän.

– Nä... Men vi kan i alla fall inte skicka ner en av slavarna. Jag vill höra vad hon säger, säger Posthumus.

– Det vill jag med, säger Maximus.

– Det är ju ingen *sol* där nere hos Biria heller.

– *Det* spelar nog ingen roll.

Upp ur inhägnaden stiger plötsligt sibyllans fördömande tordöns-stämma.

– Varför rakar du din gamla fitta.

Detta utgör tydligen slutet av konsultationen, ty kort därpå klättrar sibyllans föregående kund ner för stegen. Det är Julia Felix, och hon ser både arg och förgrymmad ut.

– Kärringen är en uppenbar bluff, fräser hon. – Förresten har hon en Priap där nere.

P. Vedius Siricus ögon smalnar.

Inifrån Sibyllans praktik kommer ett hest skratt.

– Hohoho, ropar hon.

– Var god nästa!

Posthumus reser sig. Med stor möda lyfter han soluret. Så går han raglande mot den runda väggen. Sätter ner foten på det första steget.

– Nä, det går inte! Jag vill inte längre, säger han och ställer ner soluret. Det hamnar på en tå och han svär.

– Jag skiter fullständigt i det här!

De båda slavarna går fram och lyfter upp uret. Så enas de om att Posthumus ska klättra över, och att en slav ska komma efter med uret och räcka honom det över väggen.

– Vad smart, säger Posthumus lättat.

De verkställer planen.

Maximus smyger fram och lutar örat mot väggen, men hör inget.

Länge är Posthumus borta.

Länge länge.

Man hör inget.

Ser bara lite rök som stiger upp ur den magiska rundeln.

Tiden går.

Slavarna suckar återhållet.

Maximus studerar sina naglar.

Men så dyker ett glädjestrålande ansikte upp, det är Posthumus. Raskt klättrar han nerför stegen.

– Vi ska slänga det i havet. Äh grabbar, ta och klättra ner och hämta upp det satans soluret! Solen går ner, havet kräver åter sin Apollon – ja, det var vad sibyllan Biria sa – vi ska slänga det i havet vid solnedgång.

Aftonstjärna, du i särklass vackraste stjärna.

Barnet ber dig lysa när det trött efter dagens lekar kilar hem till sin mamma. Ditt ljus glimmar i de små små alabasterplattorna i trottoaren, de som löper som radband för att man även om natten, då gatorna är helt mörka, ska kunna hitta hem. Då är det månskenet som får de där små fyrkanterna att skina lite grann, som när Hans och Greta följde kiselstenarna hem genom skogen.

Men redan under den tid från solnedgång till skymningens slut som lite magiskt kallas för afton glimmar de en aning, först glimmar de rött i ljuset från solnedgången, sen glimmar de spökigt blått i ljuset från, bland andra, Aftonstjärnan, världens i särklass vackraste stjärna.

Så kallas nämligen planeten Venus, då den visar sig i väster på en kvällshimmel. Morgonstjärna kallas planeten Venus då den visar sig i öster på en gryningshimmel.

Tigern, sedd av ingen, smyger mot amfiteatern. Så klättrar han upp på amfiteaterns mur. Och ur hans kropp kommer ett vilt, ett ohejdbart rytande, som dånar över hela Pompeji. Med sorg ser han en sista gång på staden. När han klättrat ner igen springer han österut, österut, österut, utan att vända sig om.

Det är solnedgång, den 23 augusti, onådens år 79.

Maria går och bär sitt barn i solnedgången nere i hamnen – hon ser fyra män, varav två håller ett solur, som de slänger ner i de purpurröda vågorna; fyra män står kvar och ser ner i det svallande djupet – hon går där och begrundar det ena med det andra i sitt hjärta. Hon ska strax gå hem till Methe, hon har fått ledigt ikväll av sin barska chef Asellina, som ända sedan förvandlingen, återförvandlingen och barnafödandet har varit lite mildare till sinnes mot Maria. Maria är befriad. Hon är avklarnad. Fylld av allt och intet vandrar hon lugnt. Sorgen över Celadus öde mildras av vetskapen om att han snart ska bli fri. Hon möter parfymhandlerskan Gavia Severa, som alltid omvärvd av en underbar doft av parfym. Även Gavia Severa är ute för att ta sig en liten solnedgångspromenad. De slår följe ett slag, går in genom Hamnporten, och förbi Venus tempel. Hantverkarnas knackande ljuder ännu, det kommer inte att upphöra förrän det blivit mörkt.

De går förbi Apollontemplet, där offerkakeförsäljarna ropar ut sina varor. På sin andra sida har de Basilikan, det är något tumult som pågår, en rättegång förmodligen. Arga röster och okvädingsord.

Och in på Forum, där slavmarknaden är igång. Där skiljs Maria och Gavia Severa. Den senare viker in över Forum, i sitt moln av väldoft, medan Maria fortsätter rakt fram, mot Överflödsgatan.

Så kom det sig att de tre väninnorna Methe, Amaryllis och Maria träffades för att fira av Methe, när hon skulle flytta till Rom med Chrestus.

Små skalv har plågat Pompeji de senaste dagarna. Vulkanalierna är inställda.

De kramas. De gråter. De lovar att ses igen.

– Methe, snörvlar Maria.

– Inte får man se ungen heller, säger Amaryllis och klappar Methe på den trinda magen.

– Jag kommer tillbaks och hälsar på såklart, säger Methe.

– Det blir väl inte så mycket mimat på ett tag, kantänka, säger Amaryllis.

– Nä… inte mycket mimat… inte med den här kistan… säger Methe.

– Åker ni i kväll alltså? Med mulåsna? säger Maria.

– Vi tror det, men det kanske måste bli i morgon. Chrestus ska ju rymma. Han får inte bli upptäckt, det kanske får bli i gryningen innan de andra vaknat. Jag skulle helst vilja att vi åkte nu, på stört.

– Nä, sa Maria och grät än värre.

– Äh, Rom, ska det va nåt, sa Amaryllis.

– Där får ni säkert pest. Den brukar vi i alla fall slippa här i Pompeji.

Hon pussade Methe ljudligt på båda kinderna.

– Vad ska ni döpa ungen till?

– Om det är en flicka ska hon heta Spes, som är hopp, eller Specula, som är stråle av hopp. Är det en pojke ska han heta Felix.

Ett skalv fick flickorna att vackla till. De la armarna om varandra.

De stod i Methes rum. Methe hade dukat upp på golvet – något bord hade hon inte. Vin, bröd och nötter.

– Åker vi ikväll så kommer Chrestus hit snart och hämtar mig. Åker vi i morgon så kan vi supa multum, sa Methe glatt.

Paris stack in huvudet.

– Ta hand om dig nu, Methe-pethe. Din gamla fututrix, ska du verkligen få gå lös i Rom.

– Å Paris, om du kunde följa med...

– Och bo hos din moster Calpurnia? Det tror jag inte, sa Paris.

– Vi kunde uppträda på Marcellusteatern... sa Methe.

– Ja, när det här har lugnat ner sig, förstås, sa hon och la handen på magen.

– Jorå, jag kommer till Rom, inget snack. Carpe Diem! Och kom ihåg att nemo saltat sobrius! sa Paris, kysste Methe på mun, och gick.

– Spes, Specula... Eller Felix... Det är fint, sa Maria drömskt, och vyssjade sin ännu namnlöse pojke, som skrek lite.

– Var nånstans i Rom bor din moster Calpurnia? undrade Amaryllis.

– Helt nära Forum faktiskt. Mitt i smeten, sa Methe nöjt.

– I de brandhärjade kvarteren? sa Amaryllis.

– Närå, det där är fixat nu, enligt min kära moster, sa Methe.

– Lova att inte gå på Colosseum, sa Maria.

– Ska du beröva mig värsta nöjet, sa Methe.
– Men –
– Ja ja ja. Prometto.
– Äh, Rom, sa Amaryllis.
– Du din mima, ska du överge oss, grät Maria.
Då dök Chrestus upp.
– Det är dags, pullan, sa han. – Nu sticker vi.
Methe flög om hans hals.
Han såg stolt och lyrisk ut, och det flimrade om honom när han höll henne till sitt bröst.
– Min lilla akrobat.
I dörren vände sig Methe om.
– Felicitas.
– Detsamma, och trötta inte ut Chrestus med för mycket Venus pendula nu, sa Amaryllis.
– Pax! sa Maria.
– Jahapp! sa Methe.
Men mulåsnedrivaren, som väntade på skådespelerskan och den förrymda slaven vid Saltporten, han sa ingenting när de hoppade upp i hans vagn, i skymningen. Han bara log i mjugg, och lät piskan vina i luften.
Till Rom!

Natten föll. Cikadorna var tysta.

Hela natten tung och tyst.

Månens sken föll genom Paquius Proculus compluvium, och speglade sig i hans impluvium, utan att ljuskällan röjde sig, ty aldrig stod månen så att den själv kunde spegla sig i vattnet. Så högt på himlen står aldrig månen.

Månen står väl aldrig i zenit?

Så högt på himlen står aldrig månen.

Månen står väl aldrig i zenit?

Månen står aldrig i zenit. Eller rättare sagt, då är den i jordskugga, och syns inte.

Därför visar sig aldrig månen i Paquius impluvium. Snett faller månens sken genom öppningen i taket, och får vattnet i bassängen att glänsa.

Paquius sitter vaken i sitt tablinum med huvudet i händerna. Tribarakattins, tribarakattuset, tribarakkiuf, triibarakavum. Oljelampan sprider ett svagt sken. Han tar lampan och går in till sin fru. Blåser ut lågan, och kryper ner. Irriterat mumlar hon att om de här skalven fortgår kanske de ändå bör överväga att flytta ut på landet.

De sju barnen tassar ut ur sina rum med öppna ögon, och armarna utsträckta framför sig. De gnyr i sömnen, klagar, smyger utan att se varandra till impluviet och omringar det, sträcker sina armar över vattnet, armarna glänser i månskenet. Knubbis sjunger. Först i gryningen upphör klagosången. De sju barnen slår upp sina ögon och ser på varandra. De vänder om, går tillbaks till sina sängar. De vaknar, sträcker på sig, kliver upp, sömndruckna. De går ut i trädgården, i glömsko av natten, och återtar leken.

Amaryllis sitter vid sin spinnrock. Hon spinner en sån tråd som bara verkligheten spinns utav. Runt henne sitter de andra spinnerskorna, Doris bland annat, präktiga, bussiga Doris.

De sitter där och spinner.

Sländorna snurrar. Ljudet är behagligt, surrande.

Trådar långa som dagar spinner de.

I rummet intill sitter vävarna. Vävaren Vesuvius, bland andra. Döpt efter berget är han. Han har ett belåtet leende på läpparna.

Det dunsar gemytligt från vävstolarna. Det surrar vackert från spinnrockarna.

Klockan är tio.

Så mysigt har de det, arbetet är hårt men inte outhärdligt. Det finns tid att munhuggas.

Men –

En fruktansvärd smäll. Amaryllis sticker sig på sländan.

Paris springer mot hamnen.

Maria springer till gladiatorskasernen, där hon för att rädda sin lille undan askregnet lägger honom i en kruka.

Celadus i fängelsehålan vrider sig i sina bojor.

De sju barnen i Paquius Proculus atrium ropar på mamma och pappa. De krossas av det nerfallande taket.

I Kampanien inträffade fasansfulla och sällsamma händelser. Mot hösten av året utbröt helt plötsligt en väldig brand. Berget Vesvion ligger nära havet vid Neapolis och har rika eldkällor. Fordom var det överallt lika högt, och ur dess mitt uppsteg lågan; endast där är eldhärden; de yttre delarna av berget äro alla, även i våra dagar, oberörda av elden. På grund härav, då nu dessa delar städse varit oförtärda av branden, men det inre mittpartiet däremot bränts och föraskats, bibehålla de periferiska krönen sin gamla höjd intill nu, men det eldförtärda har under tidens lopp förvandlats till ett tomrum, så att berget fått ett slags likhet med en amfiteater, om man kan jämföra små ting med stora. Och bergshöjden bär både träd och vinrankor i mängd, men den inre ruinen brinner och ger om dagen ifrån sig rök, om natten låga, så att det ser ut, som om därinne skulle offras många och olikartade offer. Och detta pågår jämt och ständigt, stundom visserligen i större, stundom i mindre grad. Ofta kastar berget även upp aska och slungar upp stenar, när det pressas av ångan. Och det brusar och dånar i dess innandömen…

Sådant är Vesvion… Men vad som då hände var högst förunderligt. Det som inträffade var nämligen följande. Man trodde sig se många stora, övermänskligt väldiga gestalter, såsom man utmålar giganterna, vandra omkring dag och natt på jorden och sväva fram i luften. Därpå följde en fruktansvärd torka och plötsliga starka jordstötar, så att hela marken kastades upp och kullar höj-

de sig. Och ljud förnummos dels under jorden såsom tordön, dels över densamma såsom vilda djurs rytanden, och samtidigt kom havet i stark svallning och himmelen återkallade dånet. Därefter hörde man plötsligt en oerhörd knall, såsom om berget sammanstörtade; det kastades först upp kolossala stenblock mot höjden, så följde eldmassor och en fruktansvärd rök, så att luften blev förmörkad och solen helt och hållen inhöljd, såsom vid en solförmörkelse. Så förvandlade sig dagen i natt och ljuset i skugga, och många trodde, att giganterna stodo upp (ty åter visade sig allehanda jättevidunder i röken, och man hörde skall som av en basun), andra åter förklarade, att världen nu förginges i eld. Därför uppstod en vild rusning; somliga flydde ur husen ut på gatan, andra utifrån in i husen, ännu andra från havet in på land och från land ut på havet, bestörta och menande varje avlägsnande vara säkrare än närheten. Medan detta skedde, stormade ett oerhört askregn fram, vilket uppfyllde land och hav och hela atmosfären. Detta gjorde på många platser skada, hur och var det träffade, på människor, på mark, på boskap, dödade alla fiskar och fåglar, och begrov till och med två städer, Herculaneum och Pompeji. Detta låter otroligt, men man kan väl förstå det, då man vet, att en del av askan spred sig ända till Afrika, Syrien och Egypten, till och med till Rom, där den uppfyllde luften och fördunklade solen.

Därför uppstod också i Rom en icke ringa, flera dagar ihållande panik, ty ingen visste vad som hade inträffat, och ingen kunde gissa det; men man menade till och med här, att hela världsalltet vände sig upp och ned, att solen sjönk ned i jorden och slocknade, medan jorden höjde sig mot himmelen. För ögonblicket gjorde emellertid askan ingen större skada i Rom, men senare utbröt i följd av densamma en fruktansvärd pest.

Dion Kassius, 200 e.Kr.

Denna roman tillägnas Amaryllis, som var spinnerska i Pompeji.

Den tillägnas Methe från Atella, som var skådespelerska, och Maria, som arbetade på Asellinas krog.

Den tillägnas Asellina, Aegle och Zmyrna.

Den tillägnas Chrestus, som var slav och älskades av Methe. Hennes kärleksförklaring står än i dag inristad vid Stora teaterns ingång.

Den tillägnas gladiatorn Celadus, som i graffiti kallas "tjejernas hjärtklappning" och "flickornas doktor och överman", och som kan ha varit en av de två män som återfanns i bojor i gladiatorskasernens fängelsehåla.

Den tillägnas Felix, som hade Felix Frukt på den gata som vi idag kallar för Överflödsgatan.

Den tillägnas Paris och Actius Anicetus, två populära skådespelare. Petroselinus, en annan lite mindre känd skådespelare i Pompeji.

Och L. Asicio, gladiator som lär ha haft bilder av fiskar på hjälmen. Och Jesus, bus mu, som var en judisk skämtare och gladiator med svart humor.

Den tillägnas osken Ni. Pupie, som tillverkade tegelstenar.

Den tillägnas Gavia Severa, som var parfymhandlerska.

Victor och Africanus, som drev Pompejis största bordell. Africanus slav Rusticus.

Sittius, som drev det lilla värdshuset Elefanten på samma gata.

Faktum är att den tillägnas alla pompejaner, både de till namnet kända och dem vars namn vi inte vet. Som de sju barn som lekte i Publius Paquius Proculus atrium då vulkanutbrottet ägde rum, och som dödades av det nedfallande taket. Deras namn vet vi inte.

Den tillägnas Paquius Proculus själv, före detta borgmästare. Den tillägnas hans fru, vars namn jag inte har hittat.

Den tillägnas Paquius frigivne Primanus, och hans slavar Faustus, Naxta, Cimber, Celer, Corintus, Rufus, Romanus, Minucius Salvianus, M. Fabius, Alogiosus, Caro, Lupercus, Anthus, C. Rusti, Iustus, Blastus, P. Orbius Colonus, Munus och Lebnus, som alla lämnat klotter efter sig i köket.

Och Venus, bordellmamman som VAR Venus, enligt graffiti.

Hennes älskare Mars.

Vävaren Vesuvius, som arbetade på samma textrina som Amaryllis.

Julia Felix, som ägde en stor inrättning med ”veneriskt bad”, restauranger och affärer på Överflödsgatan.

Valkaren Ululitremulus och hans anställda Calamus, Leno, Pegte, Ephebus, Ricinus och Gerulus.

P. Vedius Siricus och hans lillebror Nummianus.

Epidius Hymaeneus, ”moraltanten”.

Möbelsnickaren M. Volusius Juvencus, som mycket väl kan ha varit den man som återfanns i Volusius Juvencus snickeri, liggande på en säng och kramande en kudde, med en väska med tjugosex silvermynt värda 104 sestertier bredvid sig.

Redaren Cornelius Tages, som bodde i samma kvarter som P. Paquius Proculus.

Bankiren Caecilius Jocundus, vars bokföring (i form av vaxtavlor) man har återfunnit.

P.C.F.

Kvinnan med juvelerna, som återfanns i gladiatorskasernen (i egenskap av juvelprytt skelett). Vem hon var vet vi inte, kanske var det Julia.

Det spädbarn man återfann i en kruka i gladiatorskasernen.

Jag önskar att jag hade kunnat använda den poetiska friheten och låtit er undkomma allihop, men det hade varit verklighetsförfalskning, och nog för att man får hitta på, men förfalska verkligheten, nej, det får man inte.

Den tillägnas Quintus Decius Hilarius, Quintus frigivne, som stod vid Sarnobron med en häst med tomma korgar, inte tre månader i rad för en månad kunde han inte, men den 25 september, oktober och december. Enligt anslaget.

Er tillägnar jag den här boken.

* * *

Den populära skådespelaren Paris avrättades fem år senare av kejsar Domitianus, för att han hade haft en historia med kejsarinnan (hon landsförvisades). Paris är den enda av de personer jag har utgått ifrån som jag vet säkert att han undkom. Han fick fem år till, och dem brukade han väl.

Jag har också sett uppgifter om att Cornelius Tages lyckades fly. Men jag har inte lyckats få det bekräftat.

* * *

Tack Carl Darling Buck, som skrivit ett lexikon över oskiskan.

* * *

Boken tillägnas också de gamla uppslurpade oskerna. Och de gamla uppslurpade etruskerna.

Förresten, en grej som jag inte får glömma innan jag slutar: den tillägnas alla människor: födda, döda, och dem som är på väg.

Och djuren, aprikoserna, osv osv.

Osv osv osv.

Och, trots att jag är arg, tillägnas den Vesuvius.